AF546588

DIE KRÄFTE DES LEBENS

Aus dem Französischen übersetzt.
Originaltitel:
»Les Puissances de La vie«

Französische Ausgaben:

Deutsche Ausgaben:

ISBN 978-3-89515-069-2

Druck 2020: Interpress, Ungarn

Omraam Mikhaël Aïvanhov

DIE KRÄFTE DES LEBENS

Gesamtwerke Band 5

PROSVETA VERLAG

INHALT

Da Meister Omraam Mikhaël Aïvanhov seine Lehre ausschließlich mündlich überlieferte, wurden seine Bücher aus den Stenomitschriften, Tonband- oder Videoaufnahmen seiner frei gehaltenen Vorträge zusammengestellt.

Omraam Mikhaël Aïvanhov

Kapitel 1

DAS LEBEN

Teil 1

Damit euch bewusst wird, welch große Bedeutung das Leben hat, dass es ohne das Leben überhaupt nichts gibt, muss ich lange zu euch sprechen und dabei viele Erklärungen, Argumente und Bilder bringen.

Als ich noch recht jung war, stellte mir damals in Bulgarien Meister Peter Deunov, der wusste, dass ich die Handlesekunst studierte, während eines Vortrags vor der ganzen Bruderschaft von Sofia einmal die Frage: »Welche Linie der Hand ist als erste erschienen?« Ich antwortete: »Die Lebenslinie.« »Und dann?« »Die Herzlinie.« »Und danach?« »Die Kopflinie.« Das stimmte, und der Meister war mit meiner Antwort zufrieden.

Am Anfang steht das Leben. Schaut nur die Geschöpfe an, zuerst einmal erhalten sie das Leben, dann erst beginnen sie mehr oder weniger zu fühlen und zu denken.

Leben..., dieses Wort beinhaltet die ganze Fülle des Universums, die undifferenziert und ungeordnet darauf wartet, dass eine Kraft kommt und sie gestaltet. So schließt das Wort »Leben« alle zukünftigen Entwicklungsformen mit ein. In einer Zelle sind alle Organe, die eines Tages daraus entstehen sollen, schon als Anlage enthalten, wie zum Beispiel bei einem Samen, den man in die Erde legt, begießt und pflegt, um zu sehen, was daraus erwächst. Genauso wie bei dem Samen, beginnt also alles aus dieser Ursubstanz, dem Urchaos, der ungeformten Realität des Lebens herauszuwachsen und Gestalt anzunehmen.

Auf diese Weise sind die Organe erschienen, die wir gegenwärtig besitzen, und viele weitere werden in der Zukunft noch hinzukommen. Der physische Körper ist ja nach dem Vorbild des Astralkörpers gemacht, dieser entsprechend dem Mentalkörper usw. bis hin zur göttlichen Ebene. Da der Mensch nun fünf Sinne für den physischen Bereich besitzt, hat er ebenso fünf Sinne im Astral- und Mentalbereich, auch dort besitzt er Tast-, Geschmacks-, Geruchs-, Gehör- und Gesichtssinn. In den weiteren Ebenen sind diese Organe noch nicht entwickelt, warten aber nur auf den Augenblick, in Erscheinung zu treten.[1] Sind diese einmal gebildet, dann werden dem Menschen unerhörte Möglichkeiten offen stehen, zu sehen, fühlen, hören, schmecken, zu handeln und auch sich fortzubewegen. Das Leben, das Lebewesen, die lebende Zelle, der Mikroorganismus enthält schon alle Entwicklungsmöglichkeiten, aber einige Jahrtausende sind noch nötig, bis diese sich voll und ganz zeigen können. Darin liegt das Geheimnis, aber auch alle Herrlichkeit des Lebens.

Die Menschen arbeiten, vergnügen sich und geben sich den verschiedensten Beschäftigungen hin, aber dabei wird ihr Leben beschmutzt, geschwächt, es geht abwärts damit, denn sie kümmern sich nicht weiter darum. Sie meinen, da sie ja einmal das Leben haben, können sie es benutzen, um dieses und jenes zu erreichen, um Reichtum, Wissen und Ruhm zu erlangen. So schöpfen und schöpfen sie aus ihrer Lebensenergie. Und wenn dann alles ausgeschöpft ist, müssen sie wohl oder übel alle Aktivitäten einstellen. Es ist aber unsinnig, so zu handeln, denn wenn man die Lebensenergie verliert, hat man keine Kraftquelle mehr. Darum haben die Weisen schon immer gesagt, die Hauptsache ist das Leben, und darum muss man es bewahren, läutern, heilig halten und daraus entfernen, was hinderlich oder störend wirkt. Denn durch das Leben erhält man schließlich alles, Intelligenz, Stärke, Schönheit und Kraft.

In dem Vortrag, »Les cinq vierges sages et les cinq vierges folles« habe ich euch erklärt, dass das Öl, von dem Jesus sprach, ein Symbol für das Leben ist.[2] Wenn der Mensch keinen Tropfen Lebensenergie mehr besitzt, erlischt seine Lampe, er stirbt. Das Leben kann man symbolhaft in allen Bereichen antreffen: Fürs Auto ist es das Benzin, für die Pflanzen das Wasser, für alle Geschöpfe auf der Erde ist es die Luft, aber für den Menschen ist es in besonderem Maße auch das Blut; für das Geschäftsleben ist es Gold und Silber usw.

Das Leben ist das Reservoir, aus dem täglich neue Schöpfungen hervorquellen, die sich dann bis ins Unendliche hinein weiterverzweigen und verästeln. Aus diesem undifferenzierten, ausdruckslosen Leben, das sich schlicht und einfach als Möglichkeit anbietet, schafft der Geist unablässig neue Elemente, neue Mittel, neue Formen... Das Leben stellt also die Urmaterie dar und ist deshalb von so großer Bedeutung.

Die Leute kümmern sich allgemein allerdings um alles andere, nur nicht um das Leben. Würden sie in erster Linie an das Leben denken, daran, wie sie es bewahren, schützen und in der größten Reinheit erhalten können, bekämen sie mehr und mehr Möglichkeiten, das zu erlangen, wonach sie streben, denn dieses erhellte, durchlichtete, intensive Leben kann ihnen alles geben. Da sie aber diese Lebensweisheit nicht besitzen, vergeuden sie ihr Leben, denn sie denken, da sie ja lebendig sind, können sie sich alles erlauben. Sie sagen sich: »Da wir nun einmal das Leben haben, müssen wir ja etwas damit anfangen...« Selten allerdings gelingt es ihnen dann, ihre Wünsche zu verwirklichen, weil sie mit allem Raubbau treiben. Sie müssen nun eine andere Lebenseinstellung annehmen und wissen, dass die Art und Weise ihres Denkens schon auf ihr Leben einwirkt, auf ihre Kraftreserven, auf die Quintessenz ihres Seins und dass sie durch falsches Denken alles verderben. Das muss man der Menschheit beibringen.

Nehmen wir ein Beispiel. Ein junger Bursche hat einen sehr reichen Vater. Er studiert und arbeitet fleißig und der Vater unterstützt ihn finanziell. Da fängt der Sohn mit einem Mal an, Dummheiten zu machen, die dem Ansehen des Vaters schaden. Dieser dreht den Hahn zu und gibt dem Sohn kein Geld mehr. Worin liegt nun der Fehler des Sohnes? Er hat den größten Fehler dadurch begangen, dass er seinem eigenen Leben geschadet hat, indem er nämlich die günstigen Umstände, die Energien und die Kraftströme aufs Spiel gesetzt hat, für die das Geld hier bildhaft steht. Wenn wir nun das Gleiche tun und unser Leben benutzen und missbrauchen, wie es uns gerade einfällt und dabei noch alle geistigen Gesetze übertreten, dann zerstören wir damit unsere Reserven, haben den Energiestrom, die Kräfte nicht mehr und geraten in Not, vielleicht nicht in äußere, materielle, aber in innere Not. Das Leben ist der einzige Reichtum, der wirklich existiert. Und es ist dabei einerlei, welchen Namen man ihm gibt, sei es Reichtum, Unterstützung, Öl oder Quintessenz, das läuft alles aufs Gleiche hinaus, denn alle diese Ausdrücke können für das Wort Leben stehen. Das Leben ist und bleibt das Wichtigste, und wenn der Mensch weder intelligent noch darüber aufgeklärt ist, zerstört er die Quelle all seiner Möglichkeiten, seiner Freuden und seiner Inspiration.

Und als Jesus sagte: »Ich bin gekommen, damit sie das Leben in Fülle haben«, welches Leben meinte er da?[3] Als ich das vor recht langer Zeit zum ersten Mal gelesen habe, war ich erstaunt. Ich sagte mir: »Aber seine Jünger lebten doch! Welches Leben sollten sie durch ihn erhalten?« Ihr kennt auch das Lied von Meister Peter Deunov: »Sine moï, pazi jivota« – »Mein Sohn, bewahre dein Leben, den in dir verborgenen Funken...«. Das zeigt, dass Meister Peter Deunov die Bedeutung des Lebens genauso hoch einschätzte. Ja, und nun sind Lehrer und Pädagogen nötig, die in diesen entscheidenden Punkt, das Leben, Klarheit bringen.

Schaut euch die Menschen an... Warum versuchen sie ihr Leben lang Dinge zu erreichen, die nicht so wichtig sind, wie das Leben selbst? Jahrelang arbeiten sie, um reich zu werden, und eines Tages sind sie schließlich so ausgelaugt und allem so überdrüssig, dass man feststellen muss, wenn man einmal in die Waagschale legt, was sie dabei erhalten und was sie dabei verloren haben, dass sie alles verloren und sehr wenig gewonnen haben. Aber die Leute sind nun einmal so, dass sie bereit sind, alles zu verlieren, da man ihnen nicht beigebracht hat, dass es wichtiger ist, Kraft, Gesundheit und Freude zu besitzen – selbst wenn das alles ist, was man hat – als sich Reichtümer zu erwerben, die man letztendlich nicht nutzen kann, weil man mit seiner Kraft am Ende ist. Ein Sprichwort sagt: »Ein lebender Hund ist mehr wert als ein toter Löwe.« Viele ziehen es allerdings vor, tote Löwen zu sein.

Ja, liebe Brüder und Schwestern, was fehlt, ist die wahre Philosophie. Schon von Kindesbeinen an müssen die Menschen lernen, ihr Leben nicht zu verschwenden, damit sie es nachher einem hohen Ziel weihen können; denn dadurch wird es ein reiches Leben, voller Kraft und Intensität. Das ist genauso wie bei einem Kapital, das man gewinnbringend anlegt. Und so habt ihr euer Lebenskapital auf einer Bank der höheren Regionen angelegt, wo es sich vermehrt anstatt verschwendet und verschleudert zu werden, und da ihr so innerlich reicher werdet, habt ihr nachher bessere Möglichkeiten, Kenntnisse zu erwerben, dann arbeitet ihr besser und gewinnt sogar an Schönheit und Ansehen. Ist es nicht vernünftiger, so zu argumentieren?

Jeden Tag zeigt ihr euch wohl erstaunt darüber, wie wahr alles ist, was ich euch sage, und ihr ruft aus, dass ihr so etwas ja noch nie gehört habt, aber trotzdem macht ihr weiter wie zuvor, was ihr gehört habt, wird irgendwo gespeichert, nur benutzt wird es nicht. Ihr solltet jetzt euer Leben aber lichtvollen, göttlichen Tätigkeiten widmen; dann hört ihr nicht nur auf, es zu vergeuden, sondern ihr stärkt es darüber hinaus noch, und mit diesem Kapital könnt ihr weitaus mehr anfangen. Wenn ihr euch hingegen euren Emotionen, eurer Sinnlichkeit und den Vergnügungen hingebt, verpfuscht ihr euer Leben, denn alles was ihr dabei erhaltet, müsst ihr bezahlen, und ihr bezahlt es mit eurem Leben. Niemals erhält man etwas, ohne etwas anderes dafür zu opfern. So wie es in dem französischen Sprichwort heißt: »Man kann kein Omelett machen, ohne dabei Eier zu zerschlagen.« Nun sage ich euch aber, dass ihr doch ein Omelett machen könnt, ohne dass ihr dabei Eier zerschlagen müsst. Ja, ich kenne das Geheimnis. Ihr denkt vielleicht, das sei unmöglich? Ganz gewiss nicht. Legt euer Kapital bei einer Bank der höheren Regionen an, und dann werdet ihr durch eure Arbeit immer kraftvoller und stärker. Ja, anstatt schwächer zu werden, gewinnt ihr an Stärke, denn jedes Mal, wenn ihr nun etwas ausgebt, strömt wieder etwas in euch ein, um es zu ersetzen. Dafür müsst ihr allerdings euer »Geld«, euer »Kapital« bei einer himmlischen Bank angelegt haben.

Darum ist es so wichtig, dass ihr wisst, mit welchem Ziel und für wen ihr arbeitet, denn davon hängt die Richtung ab, in die eure Energien gelenkt werden. Wenn der, für den ihr arbeitet, zum Beispiel euer Vater ist, verliert ihr nur nichts, sondern gewinnt noch dabei. Das Wichtigste ist also, dass ihr wisst, wofür ihr eure Kräfte einsetzt und in welche Richtung ihr arbeitet, denn davon hängt eure Zukunft ab: Entweder verarmt ihr oder aber ihr bereichert euch.

Ohne es zu wissen, arbeiten viele Leute für einen in ihnen selbst versteckten Feind, der sie ausraubt und arm macht. Ein echter Spiritualist ist intelligenter, er arbeitet und setzt seine Energien für jemanden ein, der in Wirklichkeit er selber ist, und so gewinnt er dabei. Reicher und nicht ärmer werden, das nenne ich Intelligenz. Und das ist gar nicht ichbezogen, egoistisch, ganz im Gegenteil. Ihr entschließt euch zum Beispiel nicht für euch, sondern für die Gemeinschaft zu arbeiten...

Ja, ihr seid nun aber mit dieser Gemeinschaft verbunden, also ein Teil davon, und wenn diese besser und harmonischer wird, wirkt sich das auf alle aus, folglich auch auf euch. Ihr gewinnt etwas dabei, weil ihr euer Kapital bei einer Bank angelegt habt, die sich Familie, Gemeinschaft, Universelle Bruderschaft nennt, der ihr selber angehört. Arbeitet ihr hingegen nur für euch selber, das heißt für euer kleines, begrenztes Ich, dann ist das verlorene Mühe, und nichts Gutes kann euch daraus erwachsen. Nun mögt ihr sagen: »Aber doch, aber doch, schließlich arbeite ich für mich...« Nein, denn euer persönliches, isoliertes, egoistisches Ich ist ein Abgrund, und wenn ihr dafür arbeitet, werft ihr alles dort hinein. So sollte man nicht arbeiten. Die Individualisten und Egoisten sehen nicht, was sie alles erlangen könnten, wären sie für die Gemeinschaft tätig. Sie sagen sich: »Ich bin nicht dumm, ich arbeite für mich und komme schon zurecht...« Und eben genau in diesem Augenblick verlieren sie ihr ganzes Kapital. Die Wahrheit ist also das Gegenteil dessen, was sie zu sein scheint. Ja, so ist es. Die Eingeweihten, die wissen, dass man das Gegenteil des äußeren Scheins nehmen muss, um die Wahrheit zu finden, sind für die Gemeinschaft tätig, und für sie selber ergeben sich daraus die größten Wohltaten.

Wenn ich von der Gemeinschaft spreche, meine ich damit nicht nur die Menschheit, sondern das ganze Universum mit allen Geschöpfen, ja, Gott selbst. Diese unermesslich große Gemeinschaft, für die ihr arbeitet, ist wie eine Bank, und alles, was ihr dafür tut, kommt eines Tages verstärkt auf euch zurück. Da das Universum ständig gigantische »Geschäfte« macht, sich unablässig mit neuen Sternkonstellationen, Sternennebeln und Galaxien bereichert, werden all diese Schätze auf euch zukommen.[4]

Alle, die nur für sich selber anstatt für das große Ganze arbeiten, machen sich damit arm; denn nachher denkt niemand an sie, niemand liebt sie, nicht einmal die eigene Familie, da sie viel zu ichbezogen sind. Nie haben sie an die anderen gedacht, warum sollte man nun an sie denken? Und ihr Leben endet in Enttäuschung, Bitterkeit und Kummer. Nur kommt es ihnen dabei niemals in den Sinn, dass vielleicht ihre Lebensauffassung nicht die richtige war... Oh! Nein, nein, nein, sie hatten immer Recht, und die anderen waren die Ungerechten und die Bösen. Sie selbst verdienten es natürlich, dass man sie liebte und ihnen half... So, so, sie verdienten es... aber was haben sie denn Gutes getan, um auch nur den geringsten Verdienst zu haben? Bei denjenigen hingegen, die voller Liebe, Güte und Opferbereitschaft sind, selbst wenn man anfangs meint, man könne mit ihnen umspringen, wie man mag, und wenn man sie auch dumm und dusselig findet, wird man mit der Zeit mehr und mehr spüren, dass es wirklich außergewöhnliche Menschen sind, und eines Tages werden sie von allen Seiten ihren Lohn empfangen, sie werden verwöhnt und geliebt. Sie haben für das ganze Universum gearbeitet, und eines Tages werden sie ihre Belohnung dafür erhalten... Aber natürlich nicht sofort.

Wenn ihr bei einer Bank Geld anlegt, bekommt ihr die Zinsen ja auch nicht gleich am nächsten Tag, sondern ihr müsst eine Zeit lang warten, und je länger ihr wartet, umso höher sind die Zinsen. Im Geistigen gilt genau das gleiche Gesetz. Ihr arbeitet mit viel Liebe, Geduld und Vertrauen und anfangs seht ihr keinerlei Ergebnis. Verliert dann nur nicht den Mut. Wenn ihr euch entmutigen lasst, zeigt ihr, dass ihr die auf der Erde gültigen Gesetze nicht gut begriffen habt. Ja, ihr müsst die im Bankwesen und in der Verwaltung gültigen Gesetzmäßigkeiten kennen! Und wenn ihr die kennt, ist euch klar, dass ihr abwarten müsst. Nachher wird die Fülle von allen Seiten auf euch niederprasseln, und selbst wenn ihr flüchten wolltet, gäbe es kein Entkommen! Das ganze Universum wird euch mit seinen Schätzen nur so überschütten, denn das habt ihr dann selber ausgelöst. Das ist die waltende Gerechtigkeit!

Da seht ihr, wie dumm eine egozentrische Lebenseinstellung ist. Man vertraut auf den äußeren Schein, aber der ist trügerisch. Wie oft habe ich euch das doch schon gesagt! Wenn man die

Sonne und die Sterne betrachtet, hat man ständig den Eindruck, diese wären in Bewegung, und die Erde stände still. Ja, dem Anschein nach... Um die Wahrheit herauszufinden, muss man jenseits des Scheinbaren suchen. Was in der Gegenwart als vorteilhaft und nützlich angesehen wird, erweist sich oft als schädlich in der Zukunft. Darum richten sich die Eingeweihten nicht nach den Maßstäben der unwissenden Masse, und ihnen sollte man nachfolgen, denn sie haben als Einzige begriffen. Also, setzt euer Leben für nichts in der Welt aufs Spiel, denn nichts kommt dem Leben an Wert gleich. Selbstverständlich gibt es Ausnahmefälle, wo Menschen ihr Leben hingegeben haben, um andere zu retten oder sich für bestimmte Ideen einzusetzen. Ja, nur in solchen Fällen hat man das Recht, sein Leben zu opfern, sonst muss man es sorgsam bewahren.

Die Propheten und Eingeweihten, die ihr Leben für eine Idee oder zur Ehre Gottes hingegeben haben, haben in Wirklichkeit nichts verloren, denn im Himmel haben sie daraufhin ein neues, sehr viel reicheres und schöneres Leben erhalten, da sie ihres für das Gute geopfert hatten. Ich sage also nicht, dass man unter allen Umständen sein Leben bewahren muss, nein, es gibt Ausnahmefälle... Im Allgemeinen sollte der Schüler sein Leben allerdings wahren, läutern und intensiver werden lassen, denn darin liegt ja die Quelle, liegen die Reserven, der Ausgangspunkt für jegliche weitere Entwicklung, sei es im intellektuellen, religiösen, ästhetischen oder im Gefühlsleben. Vor allen anderen Dingen steht das Leben, und in dieses unterschiedslose, undifferenzierte Leben sind schon die Keime für alles Zukünftige hineingelegt, genau wie bei einem Samen. Ja, am Anfang steht das Leben, danach erst kommen Wissen, Weisheit und Licht. Das Leben, man weiß gar nicht, was das eigentlich ist; es ist sehr schwer, das genau zu umreißen, es hat weder Form noch Farbe, birgt in sich aber alle Möglichkeiten. Niemand kann vorhersehen, was noch alles aus dem Leben hervorgehen wird, das geht bis ins Unendliche hinein...

Wenn ich sage, die Menschen kümmern sich nicht um das Leben und bemühen sich nicht, es zu erhalten, könnt ihr mir entgegenhalten, das sei ja nicht wahr, und alle würden sich sogar darum bemühen, es zu verlängern. Ja, es zu verlängern, nur wer denkt daran, es zu vergeistigen, zu läutern, es ins Licht zu stellen, es zu heiligen und ins Göttliche zu erheben? Man möchte sein Leben verlängern, damit man umso besser seinen »Schweinigeleien« nachgehen kann, sich in Schulden stürzen oder Verbrechen begehen. Das ist so ein Punkt, den weder die Gelehrten, die Mediziner noch die Apotheker recht begriffen haben. Meint ihr vielleicht, sie würden das Leben der Menschen verlängern, damit es dem Dienst Gottes oder Seinem Reich geweiht würde... ganz und gar nicht! Wenn ich also sage, dass man sich nicht um das Leben kümmert, habe ich Recht, denn man kümmert sich nicht um das wahre Leben, das heißt, man ist nicht in der Lage, Freude, Schönheit, Stärke, Reichtum, Ruhm, Kenntnisse zu erlangen, ohne dabei sein Leben zu verpfuschen. Was man auch anfängt, immer richtet man es so ein, dass man sein Leben dabei verpfuscht.

Wenn sich die Eingeweihten ausschließlich damit beschäftigen, ihr Leben schöner zu gestalten und intensiver werden zu lassen, es zu weihen, zu läutern und zu heiligen, dann arbeiten sie schon daran, ihre Intelligenz, ihre Stärke und ihr Glück zu erhöhen. Denn das so geläuterte, harmonische, himmlische Leben dringt in andere Regionen vor, wo es auf eine Menge intelligenter Wesen einwirkt, die ihnen dann Inspirationen bringen. Und auch ihr, wenn ihr euch nur um das wahre Leben bemüht, erlangt so Intelligenz, Wissen und Kraft. Denn das Leben, vorausgesetzt allerdings, es ist vollkommen geworden, verschafft euch indirekt alles andere. Ohne dass ihr euch dann noch in Bibliotheken oder bei Gelehrten Wissen aneignen müsstet, wird euch das Leben, da es nun rein, edel und göttlich geworden ist, außergewöhnlich reiche Kenntnisse vermitteln, die es aus den Archiven des Universums schöpft.

Und anstatt nun hinzugehen, wie manche es tun, und Magie zu betreiben, damit man euch liebt und verehrt, kümmert euch lieber um das Leben! Wenn das von euch ausstrahlende Leben licht- und liebevoll ist, bringt das euch die Liebe Tausender von Menschen. Es ist also das von euch ausgehende Leben, das dafür sorgt, dass ihr nicht ungeliebt bleibt. Nun ja, man weiß gar nicht, was es in den Menschen genau auslöst, wie es zu ihnen spricht, aber auf einmal wird man von allen geliebt. Das kommt von dem Leben, das ganz von alleine euch einmal Liebe, dann wieder Kenntnisse und schließlich auch Freude verschafft.

Die größte Magie, die größte weiße Magie besteht also in einem lichtvollen Leben. Und wenn ihr dieses Leben in alle Richtungen aussendet, dann könnt ihr euch eines Tages gar nicht mehr retten. Selbst wenn ihr euch auf andere Planeten flüchtet, wird man euch mit Liebe verfolgen. Auch wenn ihr sagt: »Lasst mir meine Ruhe!«, nichts zu machen... Und wenn euer Leben trübe ist und chaotisch und auf krummen Wegen verläuft, dann werdet ihr euch genauso wenig retten können. Euer Leben selber wird bei so manchen feindselige Reaktionen auslösen, und die Katastrophen werden von allen Seiten über euch hereinbrechen. Die wahre, die stärkste und wahrhaftigste Magie ist das Leben selbst, das Leben, das ihr führt. Kümmert euch sonst um weiter nichts, weder um Magie, Wissen oder Liebe, alles das wird euch zufallen. Manch einer sagt nun: »Aber ich lebe... ich lebe doch... ich esse, trinke und mache Geschäfte.« Nein, so lebt ihr nicht, sondern begnügt euch damit, dahinzuvegetieren; denn so wisst ihr noch gar nicht, was leben bedeutet. Ja, im Leben gibt es Abstufungen, Milliarden von Abstufungen.

An dem Tag, an dem ihr begriffen habt, dass die wahre Magie in der Lebensführung liegt, werdet ihr alles bekommen, was ihr euch wünscht, selbst ohne dass ihr darum bitten müsst. Und darum habe ich direkt Lust, euch das Gegenteil der Worte Jesu zu sagen: Bittet nicht und ihr werdet empfangen! Sucht nicht und ihr werdet finden! Klopft nicht an und euch wird aufgetan! Ja, aber wann? Dann, wenn ihr ein göttliches Leben lebt. Genau dann! Und so wird es eines Tages im neuen Evangelium stehen, denn auch Jesus dachte so, konnte es aber noch nicht sagen. Zu seiner Zeit hätten es die Leute noch nicht fassen können. Käme er heute wieder, würde er sagen: »Lebt ein göttliches Leben und verlangt nichts. Ihr werdet alles bekommen!« Wie ist das möglich? Wenn ihr ein göttliches Leben lebt, dann gebt ihr. Also werdet ihr empfangen. Selbst wenn ihr keinerlei Wunsch geäußert habt, das ist ohne Belang, man gibt euch alles Nötige. Natürlich, gäbe es die Inquisition noch, die würde jetzt toben: »Was bildet der sich ein!... Was für eine Anmaßung!... Er will die Lehre Jesu verdrehen!«, und ich würde auf dem Scheiterhaufen landen. Bisher habe ich immer erklärt und auch hervorgehoben, was Jesus gesagt hatte, und heute erlaube ich es mir zum ersten Mal, das Gegenteil zu sagen – allerdings unter welchen Voraussetzungen... das gilt es zu begreifen.

Ich will nicht zunichte machen, was Jesus gesagt hat, nein, denn das ist wahrhaftig und absolut. In einem Vortrag habe ich übrigens die Sätze erklärt: »Bittet und ihr werdet empfangen! Suchet und so werdet ihr finden![5] Klopft an, und es wird euch aufgetan!« Dabei habe ich auch aufgezeigt, wie gut Jesus die menschliche Natur und die Dreiheit von Intellekt, Herz und Wille im Menschen kannte. Wer bittet? Wer sucht? Wer klopft an? Es ist das Herz, das bittet, der Intellekt, der sucht, und der Wille, der anklopft. Um was bittet nun das Herz? Um Wärme und Liebe. Was sucht der Intellekt? Licht, Weisheit und Intelligenz. Und der Wille, warum klopft der an die Tür? Weil er eingesperrt ist und weil er Raum und Freiheit braucht, um schöpferisch tätig zu werden. Damit haben wir die Dreifaltigkeit: Liebe erbitten, Weisheit suchen und anklopfen, um Freiheit zu erlangen. Da seht ihr einmal die Tiefe des Wissens Jesu! Nur haben die Jünger vielleicht nicht alles aufgeschrieben. Denn »bittet und ihr werdet empfangen« ist ja so noch nicht klar. Bitten... ja, aber um was? Um Geld, Autos, Frauen? Und was soll man suchen? Streit mit dem Nachbarn?...

Und wo anklopfen?... All das wurde ja nie genau erklärt. Nun bitten die Leute, suchen und klopfen an und wundern sich, dass nichts dabei herauskommt, sie empfangen nichts, finden nichts und niemand macht ihnen auf. Und dabei sind das doch präzise, feststehende und nicht zu leugnende Dinge.

Es ist das Herz, das bittet, und zwar weder um Weisheit noch um Kraft, sondern um Liebe und Wärme. Und der Intellekt, der bittet nicht, sondern er sucht und zwar nach Kenntnissen, danach, Geheimnisse zu ergründen und nach Wahrheiten. Der Wille strebt weder nach Kenntnissen noch nach Wärme, sondern er braucht die Tat; er will stark, tatkräftig, schöpferisch und frei sein. Seht doch nur, welche Präzision darin liegt! Jede Eigenschaft des Menschen ist eigens für eine bestimmte Aufgabe vorbereitet. Das ist die wahre Psychologie. Man darf nicht alles durcheinander bringen. Als ich aber noch tiefer in das Denken Jesu vorgedrungen bin, habe ich herausgefunden, dass man diese Sätze jetzt umkehren muss – lasst die Christen allemal darüber entsetzt sein! – und nun sagen muss: »Bittet nicht und ihr werdet empfangen! Sucht nicht und ihr werdet finden! Klopft nicht an, und es wird euch aufgetan!« Ja, aber unter der Voraussetzung, dass euer Leben in seiner Ausstrahlung, in den Wellen, die es aussendet, in seinen Emanationen göttlich geworden ist.

Anmerkungen

1. Siehe Band 219 der Reihe Izvor »Geheimnis Mensch«, Kapitel 1: »Die menschliche Evolution und die Entwicklung der spirituellen Organe«.
2. Siehe Band 3 der Reihe Gesamtwerke »Die beiden Bäume im Paradies«, Kapitel 7: »Das Gleichnis von den fünf klugen und den fünf törichten Jungfrauen«.
3. Siehe Band 240 der Reihe Izvor »Söhne und Töchter Gottes«, Kapitel 1: »Ich bin gekommen, damit sie das Leben haben«.
4. Siehe Band 11 der Reihe Gesamtwerke »Der Schlüssel zur Lösung der Lebensprobleme«, Kapitel 22: »Das Wirken für die weltweite Verbrüderung«.
5. Siehe Band 1 der Reihe Gesamtwerke »Das geistige Erwachen«, Kapitel 2: »Bittet, so wird euch gegeben. Suchet, so werdet ihr finden. Klopfet an, so wird euch aufgetan.«.

Teil 2

Nun, meine lieben Brüder und Schwestern, wie ihr seht... anfangs meintet ihr wohl zu wissen, was das Leben ist, und nachher musstet ihr erstaunt feststellen, dass ihr in Wirklichkeit nicht sonderlich viel darüber wusstet. Ja, denn solange ihr nicht gelernt habt, Leben auszustrahlen, sodass dieses Leben euch alles zuführt, euch alles enthüllt und euch alle Türen öffnet, so lange wisst ihr nicht, was das Leben eigentlich ist.

Von nun an heißt es also, daran zu arbeiten, dieses Leben intensiver werden zu lassen, auf dass es Früchte bringt, denn dann kann es eine große magische Wirkung ausüben auf die Herzen, die Seelen, auf alle mit Intelligenz begabten Wesen, auf die Kräfte und Wesen der Natur und sogar auf physische Gegenstände. Ja, der Augenblick wird kommen, wo man auf der ganzen Welt begreifen muss, wie blödsinnig es ist, sich den Zugang zu einer Ewigkeit in Herrlichkeit zu verbauen für ein nichtiges Leben, das man damit zugebracht hat, zu essen, zu trinken, zu schlafen und sich so recht und schlecht durchzuwinden. Man hetzt sich ab, arbeitet, um Besitz anzuhäufen, und am Ende muss man erkennen, dass man im Grunde alles verloren hat. Sagt doch mal ehrlich, ist es intelligent, es so weit kommen zu lassen? Wenn die Eingeweihten Ausgeglichenheit, Frieden, Freude, Gesundheit haben und alle Segnungen dazu, so deshalb, weil sie sich um das Leben gekümmert haben, weil sie begriffen haben, dass die stärkste Magie, die es gibt, einzig und allein im

Leben zu finden ist und sonst nirgends. Ja, es gibt keine größere Magie, als die, Leben zu spenden, die Menschen zu beseelen, zu stimulieren, sie innerlich zu erheben und zu neuem Leben zu erwecken. Das ist das wahre Leben, nämlich auf einer höheren Stufe, denn im Leben gibt es Stufen über Stufen.

Die Menschen haben noch keinerlei Vorstellung von der Stufenleiter des Lebens. Sie haben auf den niedersten Stufen Halt gemacht und fristen ein kümmerliches Dasein. Wenn sie aber einmal anderweitig unterrichtet und beraten werden und anfangen, anstatt ihr Leben nutzlos zu vertun, dieses zu stärken und zu heiligen, werden sie voll verwunderten Erstaunens entdecken, dass dieses Leben nun die wahre Magie ist, dass es in alle Richtungen hin wirksam wird und dabei die erstaunlichsten Phänomene hervorruft, vor allem aber, dass man ihnen von nun an Liebe entgegenbringt! Ihr spendet Leben, reines, intensives, lichtvolles Leben, und ihr werdet dafür geliebt. Teilt ihr hingegen Schmutz aus, das heißt, wenn von euch etwas ausgeht, was den Menschen die Ausstrahlung nimmt, sie niederdrückt und was zersetzend wirkt, dann bringt ihr den Tod mit euch, dann fangen die Leute an, euch abzulehnen und ihre Türen bleiben euch verschlossen. Gewiss ist das auch eine Art Magie, allerdings schwarze Magie. Und genau das lernen die Leute, nämlich was sie tun müssen, um sich die Türen nach oben zu verschließen. Ja doch, wenn ihr nur noch Unordnung und Missklang um euch herum verbreitet, dann erhaltet ihr vom Himmel nichts mehr, er gibt euch nicht mehr seine Energien, um euch zu beleben und zu inspirieren. Die himmlischen Wesen verlassen euch mehr und mehr, und ihr fühlt euch frustriert, begrenzt und leer. Und schließlich fangen auch die Menschen an, euch ihre Türen zu verschließen. Warum ist man in diesen Dingen nur so unwissend? Dabei hat man Jahre an der Universität zugebracht! Ja, aber an der Universität erhält man darüber keine Erklärungen.

Die Menschen haben noch nicht damit begonnen, die wahre Wissenschaft zu studieren, denn die finden sie weder in der Chemie, Biologie, Astronomie, noch in der Mathematik... Die wahre Wissenschaft ist die Wissenschaft des Lebens, die uns leben lehrt; sie ist aber auch die einzige, von der nirgendwo gesprochen wird, an den Universitäten ist dafür jedenfalls kein Platz. Ich allerdings werde, solange ich lebe, nicht aufhören zu wiederholen: »Ihr habt dieses Licht nicht angenommen, das seit Jahrtausenden von den Eingeweihten weitergegeben wird, ihr folgt einer schädlichen Philosophie und seid auf dem besten Wege, alles kaputt zu machen und die Wurzeln sowie die Quelle eures Lebens zu zerstören. Ihr wisst nicht, was das wahre Leben ist!«

Warum esst ihr dreimal täglich... oder sogar viermal? Ihr esst und trinkt und danach macht ihr euch an die Arbeit, ihr lest usw. Warum esst ihr zuerst einmal? Und lernt oder arbeitet ihr dabei? Nein, sondern ihr nehmt Leben in euch auf, und wenn das in euch einströmt, verteilt es sich auf alle Zellen der Arme und Beine, der Ohren, von Mund und Gehirn usw., die dadurch ihre Energie erhalten. Dann können die Beine tüchtig rennen und ihr bekommt den ersten Preis im Dauerlauf. Die Arme können kräftig zuhauen, ihr werdet Boxer oder irgend so etwas, und schon wieder ein erster Preis!... Dann fangt ihr an zu reden, das rattert los wie ein Maschinengewehr... und ein weiterer Sieg ist errungen! Und so geht es weiter, mit den Ohren, dem Gehirn, ja mit allem. Wenn ihr aber nicht esst, könnt ihr weder laufen noch zupacken oder sprechen. Ihr seht also, wenn ihr das Leben in euch aufnehmt, kümmert es sich um alle Zellen, stärkt sie und regt sie an, und all eure Fähigkeiten erwachen. Folglich liegt allem das Leben zugrunde, es belebt und versorgt alles.

Auf die gleiche Weise kann das Leben für euch die Verbindung zur göttlichen Welt herstellen. Diesen Schluss habe ich eben aus ganz alltäglichen Geschehnissen gezogen. Das ist ja nicht frei erfunden, nur versteht ihr es nicht recht, zu beobachten. Aber eure Augen können doch nur sehen und eure Ohren hören, wenn ihr gegessen habt. Esst einmal einige Tage lang nicht und dann hört und seht ihr nicht mehr so gut. Das zeigt, wenn das Leben fehlt, fehlt auch alles Übrige... Wenn das Leben jedoch intensiv, lichtvoll und rein ist, öffnet es in euch andere Ohren und andere Augen, und ihr beginnt im feinstofflichen Bereich zu sehen und zu hören, ihr erkennt Gesetze, Wahrheiten, Entsprechungen... Die Eingeweihten haben ihr Wissen nicht aus Büchern, aber sie können in der unsichtbaren Welt subtile Realitäten wahrnehmen, die die größten Gelehrten noch nicht entdeckt haben. Sie machen diese Wahrnehmungen, weil sie das Leben auf einer höheren Stufe besitzen, das die entsprechenden Organe belebt, und dann sehen ihre Augen, und ihre Ohren hören... Dieses Leben ist es, das ihnen die Offenbarungen verschafft. Es geht also nur darum, dieses Leben zu haben.

Als Jesus sagte: »Ich bin gekommen, damit sie das Leben in Fülle haben«, von welchem Leben sprach er da? Er sprach von einem anderen Leben auf einer so feinstofflichen, spirituellen, lichtvollen und göttlichen Stufe, dass es damit möglich wird, Dinge zu sehen, hören, fühlen, schmecken und zu berühren, die man mit einem rein physischen, tierhaften Leben nicht erreichen kann. So sah Jesus das Leben, und er betete darum, der Himmel möge seinen Jüngern dieses spirituelle Leben schenken, das allein es ermöglicht, die himmlischen Dinge zu begreifen und die Luft himmlischer Regionen zu atmen.

Nehmt einen Samen und eines Tages wird daraus ein Baum, mit Wurzeln, Stamm, Ästen und Zweigen, Blättern, Blüten und Früchten. Das Leben hat für diese Entwicklung gesorgt. Das Leben enthält alle Möglichkeiten, nur muss man es in die richtige Richtung lenken, so wie man auch den Lauf des Wassers lenkt. Wenn ihr das Wasser nicht zum Gemüse und zu den Fruchtpflanzen leitet, kann es diese nicht bewässern, und sie gehen ein. Der Gärtner aber, der das weiß, zieht Bewässerungsgräben, dann leitet er das Wasser dort ein, das dem vorgezeichneten Weg folgt und alle Pflanzen versorgt. Warum wurde darüber noch nicht nachgedacht? Man würde begreifen, dass man sich zuerst mit dem Leben befassen muss, also zuerst einmal Wasser finden und es dann kanalisieren, damit es nach oben strömt, so wie man es bei Gebäuden macht, die fünfzig, hundert und hundertfünfzig Stockwerke haben.

Der Mensch ist auch so ein Wolkenkratzer, und nicht hundertfünfzig, nein, sondern Tausende von Etagen gibt es in jedem Geschöpf, und man muss bis hin zu den Bewohnern der obersten Etage, bis zum Gehirn, alle versorgen. Aber anstatt das Wasser nach oben zu leiten, um die spirituellen Zellen zu versorgen, wird es zumeist nur nach unten gelenkt, zu den Instinkten, den Leidenschaften, den niedersten Begierden, und es bleibt nichts übrig für die Zellen von oben. Dann bleiben diese Bewohner im Dämmerschlaf, unbeweglich, unterernährt und unproduktiv. Ja, im Gehirn gibt es lebendige Wesen, die Forschungen betreiben, Beobachtungen machen, die sprechen und Mitteilungen versenden, aber sie sind wie gelähmt – es herrscht Wassermangel! – und so können sie weder ihre Arbeit machen noch ihre Aufgaben erfüllen. Ihr wisst ja gar nicht, was es in euch alles für Apparate gibt! Und was für Bewohner!... Ich könnte euch ihren Charakter beschreiben, ihre Arbeit, ihre Kleidung, auch ihre Farben, ihre Vorlieben und was sie essen, aber das ist für ein andermal.

Ihr seht also, das, was fehlt, ist das Leben, weil man nicht daran denkt, es zu den höchsten Regionen zu lenken und zu leiten. Das Leben ist das, was Früchte hervorbringt, was alles schöner macht und zum Aufblühen bringt. Wenn ihr einen Samen in die Erde legt, dann zeigt sich bald darauf das Leben. Seine Sprache ist das Aufkeimen, das Erscheinen der Würzelchen, der kleinen Blättchen... Das ist das Leben, Aufblühen, Verschönerung, Fülle, die sich nach allen Seiten ausdehnt! Wenn ihr anfangt, euch um das Leben zu kümmern, wenn ihr sät und begießt, wenn ihr es nach oben lenkt, dann blüht es auf, und in diesem Aufblühen erweckt es Zellen und damit Fähigkeiten, von deren Vorhandensein ihr noch nicht einmal etwas ahntet. In der Ernährung findet man eine Erklärung für alles.

Übers Essen nehmt ihr Leben in euch auf, und dieses Leben verteilt sich überall hin, wobei es euch Freude bringt und Bewusstseinszustände von unerhörter Fülle und Herrlichkeit. Selbst Dichter und Musiker sind nicht in der Lage, alle Formen, Farben, Erscheinungen und Melodien wiederzugeben, in denen das Leben sich zeigen kann.

Und warum weiß nun niemand, nicht einmal unter den Wissenschaftlern, was das Leben an sich ist? Sie haben umfassende Kenntnisse und können sich zu Unmengen von chemischen Verbindungen äußern, wenn es aber um das Leben geht, ist es aus mit ihrem Wissen, und sie begnügen sich damit zu sagen: »Das ist das größte Geheimnis.« Und warum ist es ein großes Geheimnis? Weil sie noch nicht begriffen haben, dass man in weitaus höheren Regionen suchen muss, wenn man erkennen will, was das Leben ist. Dort oben kann man es erkennen, aber unten nicht; unten findet man nur die Instinkte des Überlebens, das Leben auf der Ebene von Tier, Pflanze und Mineral... Wenn die Menschen jedoch in die hohen Regionen aufsteigen, dorthin, wo das Leben entspringt, wenn ihre Wahrnehmungen also stark vergeistigt und sehr viel feiner geworden sind, dann werden sie erkennen, was das Leben eigentlich ist.

Das Leben, das ist Gott selbst.[1] Außerhalb Gottes gibt es kein Leben. Er hat das Leben geschaffen und ausgeteilt, und wenn die Menschen keine Erkenntnis darüber erlangen, so deshalb, weil sie nicht mehr an Gott glauben. Das Leben hat seinen Ursprung in Gott, und nur wer sich Ihm nähert, kommt zur Erkenntnis des Lebens. Die Menschen sind jedoch derart überheblich, dass sie sich sogar einbilden, sie seien es, die ihren Kindern das Leben schenken. Aber nein, sie sind nur treuhänderische Verwalter. Ein Teil des Lebens, das Er selber geschaffen hat, hat Gott dem Mann und der Frau zu treuen Händen übergeben, damit sie es austeilen, sie selbst sind aber nicht dazu in der Lage, es zu produzieren. Gott allein erschafft das Leben und kann uns über das Mysterium des Lebens belehren.

Versteht mich doch wenigstens zum ersten Mal heute und sagt: »Wir geben unserem Leben jetzt eine neue Ausrichtung, es soll schöner werden, Frucht bringen, wir wollen es weihen und heiligen.« Und gleich beginnt alles sich zu wandeln; eure Gesundheit, das Gefühl, was ihr von euch selber habt, und alles, was von da an auf euch zukommt, ist völlig anders geartet. Bleibt ihr aber starrköpfig bei euren alten Vorstellungen, dann geschieht es euch recht, ihr werdet niemals etwas finden. Ihr werdet noch einige Jahre kümmerlich dahinleben, und wenn ihr dann hinübergeht, wird man euch zeigen, wie weit unten, wie ärmlich und jämmerlich euer Leben doch war. Selbst wenn ihr ganze Bibliotheken durchgelesen und an fünf oder sechs Universitäten studiert habt, wird man euch sagen, dass ihr auf der Stufe der Tiere gelebt und eure Evolution enorm verzögert habt. Und von neuem steht ihr vor Leid und Schwierigkeiten. Diejenigen allerdings, die mich verstanden haben, öffnen nun neue Türen, und ihr Schicksal wird sich wandeln.

Ich habe euch schon gesagt, wesentlich ist es, welche Richtung ihr einschlagt, für wen und auf welches Ziel ihr hinarbeitet, für welche Idee ihr lebt. Darin ist alles enthalten. Da nun aber immer gesagt wurde, man müsse in dieser und jener Art und Weise leben und denken, um vor den anderen gut dazustehen, lebt man eben seit Jahrtausenden den Konventionen entsprechend, ohne zu wissen, dass dies nicht das wahre Leben ist. Diejenigen hingegen, die begriffen haben, die zum göttlichen Leben entschlossen sind, die keine Angst haben, sondern den Mut und die Geduld, trotz Hindernissen und Widrigkeiten weiterzumarschieren, die werden eines Tages Stärke, Kraft und Licht erlangen. Eine Zeit lang werden sie wohl zu leiden haben, aber das dauert nicht lange. Das ist nur der Schein, die Realität ist ganz anders. Realität ist, dass sie eines Tages in Licht und Herrlichkeit sein werden. Alle jedoch, die den äußeren Schein gewählt haben, befinden sich in einer Sackgasse. Ja, so ist es, die Menschen befinden sich in einer Sackgasse, weil sie sich für den äußeren Schein entschieden haben.

Natürlich findet man auch auf der Seite des bloßen Scheins immer ein paar Brocken, dass man nicht verhungert, aber welche Tragödien spielen sich doch dabei ab! Die Menschen begnügen sich nun aber mit ein paar Brocken zum Knabbern, ohne zu bemerken, dass diese Art zu leben an ihrer eigenen Substanz zehrt... und wie! Alle, die jedoch nicht beim äußeren Schein stehen geblieben sind, sondern sich für die wahre Realität entschieden haben, können euch erzählen, in welcher Fülle und Herrlichkeit sie leben. Nur werdet ihr ihnen doch nicht glauben und auf den ausgetretenen Pfaden weiterlaufen. Weil ja alle da entlang marschieren, scheint das natürlich sicherer, während man sich auf den schmalen Pfaden, die zu den Gipfeln führen, vielleicht Gefahren aussetzt. Darum sage ich: »Arme Menschheit!...« Was für Argumente... was für Kriterien!... Es ist einfach traurig! Und es gibt kein Mittel, sie aus ihrem Leidensweg herauszuführen, niemand glaubt einem. Manchmal bin ich sehr unglücklich, wenn ich sehe, von welchen Wahrheiten ich auch sprechen mag, die ich doch buchstäblich angefasst und erprobt habe, die Brüder und Schwestern glauben mir nicht. Sie halten sich an die Masse, da die Mehrheit sich für diesen guten alten und verstaubten Weg ausgesprochen hat, den auch alle schon eingeschlagen haben. Zum Glück gibt es einige Ausnahmen, einige »sonnige Gemüter«, die auf mich hören und mir folgen und die den anderen später Gutes berichten können, wie es ja schon vorgekommen ist.

Also das Wesentliche liegt in der Frage, für wen ihr arbeitet und in welche Richtung ihr euer Leben lenkt. Leben ist wie nährendes und belebendes Wasser, und wenn ihr es in die Höhe leitet, um dort all die unterernährten und schläfrigen Wesen zu versorgen, dann werden sie aufwachen, ihre Arbeit wieder aufnehmen und mit Hilfe ihrer Instrumente werden sie euch alle Auskünfte über das Universum geben, über euer inneres Leben... Ist es nötig, dass ich euch noch einige Beispiele gebe, um euch zu zeigen, wie man seine Lebensenergie verschwendet?

Schaut in den Bereich der Liebe. Wie viele Leute verschleudern ihre Liebe in den Staub, anstatt diese Kraft den Bewohnern ihres Gehirns zukommen zu lassen! Dabei stumpfen sie ab und verfinstern sich, weil sie ihre Lebensenergien in die Abgründe geleitet haben. Während andere, die sich bemühen, diese Energie zu vergeistigen und zu heiligen, Genies geworden sind, Lehrer und Wohltäter der Menschheit. Warum haben die Wissenschaftler sich noch nicht mit dieser Frage befasst? Sie verstehen nicht viel davon und raten den Menschen, ihre Energien nach unten wegströmen zu lassen, sie könnten sonst krank werden, heißt es. Das sind ihre Erkenntnisse!

Noch einmal stelle ich die Frage: »Wem dient ihr? In welche Richtung marschiert ihr? Was ist euer Ziel und euer Ideal? Sagt es mir!« Ihr werdet nun fragen: »Aber warum stellen Sie uns denn diese Frage?« – »Damit ich euch eure Zukunft voraussagen kann und wie die verschiedenen Ereignisse für euch verlaufen werden, ob ihr stark oder schwach sein werdet, reich oder im Elend, im Licht oder in der Finsternis.« – »Ja, besteht denn da ein Zusammenhang?« – »Ganz gewiss, da besteht eine Verbindung. Antwortet auf die Frage, und ich werde euch sogleich alles sagen, was euch erwartet.« Aber die Leute sehen einfach nicht die Entsprechungen, die zwischen zwei Dingen bestehen.

Wenn ihr mich heute recht verstanden habt, könnt ihr eure Zukunft neu aufbauen. Entschließt euch doch endlich, die Wesen zu beleben, die in euch wohnen, damit sie ihre Arbeiten tun können. Ihr werdet sehen, das Leben ist in der Lage, euch alles zu geben, sei es Erkenntnis, Liebe, Güte, Schönheit. Bisher war euch die Sache nicht recht klar, ihr habt es nicht verstanden, die Phänomene, die sich täglich vor euren Augen abspielen, richtig zu deuten, euch war nicht klar, dass es genau dem entspricht, was sich im Geistigen abspielt. Und vor allem hattet ihr nicht erkannt, dass das Leben die wahre Magie ist, und dass es euch die Wertschätzung, Achtung und Liebe der Menschen und des ganzen Universums bringen kann. Wenn ihr Magie betreiben wollt, das könnt ihr, aber ohne Zauberformeln auszusprechen, ohne Kreise zu ziehen und ohne Weihrauch und Zeremonien. Konzentriert euch nur auf ein besseres Leben, damit es erfüllt ist, sich entfaltet und voller Liebe, Opferbereitschaft und Lauterkeit ist, und dann verschenkt dieses Leben um euch herum, ja strahlt es hinaus ins ganze Universum.

Jede andere Magie bringt Risiken, Einbußen und Schäden mit sich. Nur die Magie des göttlichen Lebens ist gefahrlos.[2] Natürlich braucht es damit Zeit, während die anderen wesentlich schneller wirken. Aber dann muss man auch die Kehrseite der Medaille mit in Kauf nehmen. Wenn ihr Magie praktiziert und Rezepte anwendet, die ihr in Büchern gefunden habt, um so von dieser oder jener Frau geliebt zu werden, dann gelingt es euch vielleicht, ihre Liebe auf euch zu ziehen, da ihr das aber erzwungen habt, sie quasi dazu genötigt habt, habt ihr das Gesetz des freien Willens übertreten, und ein anderes Gesetz wird nun dafür sorgen, dass ihr Ärger und Schwierigkeiten bekommt. Ihr müsst das also teuer bezahlen. Und außerdem ist gar nicht gesagt, dass ihr durch die Liebe dieser Frau glücklicher werdet oder im Leben mehr Glück habt. Vielleicht zieht ihr durch diese Liebe sogar alles Unglück auf euch. Nun ja, wenn ihr magische Praktiken ausübt, müsst ihr euch immer fragen: »Habe ich etwa ein Gesetz übertreten? Was handele ich mir damit ein? Wofür werde ich einmal bezahlen müssen?...« Auf der Erde gibt es immer irgendetwas zu bezahlen, das haben die Magier noch nicht erkannt; so hat es mit vielen ein böses Ende genommen! Ihr seht, so haben sie bezahlt.

Die einzige Magie, bei der man nachher nichts zu bezahlen hat, ist die des göttlichen Lebens. Ihr verlangt ja nichts, ihr unternehmt nichts, um etwas Bestimmtes zu erhalten, und doch wird euch alles gegeben. Das wollte Jesus letztendlich sagen: »Wenn ihr ein göttliches Leben lebt, bittet ihr nicht mehr, und euch wird doch gegeben, ihr sucht nicht mehr und findet doch alles, ihr klopft nicht mehr an, und alle Türen tun sich euch auf.« Darin liegt alle Weisheit, das ist die Quintessenz der esoterischen Philosophie. Ihr denkt nun: »Aber in jedem Vortrag sagen Sie uns das Gleiche!« Ja, das stimmt, weil jeder Vortrag die Quintessenz des ganzen Lebens beinhaltet, dargelegt allerdings jedes Mal unter einem anderen Gesichtspunkt.

Selbstverständlich sind noch viele Punkte klarzustellen, wie zum Beispiel die Frage der Bewohner oben im Gehirn, aber dazu kommen wir später einmal. Nehmt für den Augenblick das an, was ich euch sage und vergeudet nicht eure Lebensenergie. Nun werdet ihr sagen: »Ja, soll man denn nicht arbeiten, um Geld zu verdienen, ein Haus und ein Auto zu haben, um zu heiraten und Kinder zu haben?« Das habe ich nie gesagt. Ich sage nur, so wie man es heutzutage macht, treibt man es zu weit und macht sich kaputt. Wenn ihr für euren Lebensunterhalt arbeitet und euch so die Möglichkeit schafft, zu denken, zu meditieren und zu lieben, dann ist das sehr gut. Aber warum sich deshalb gierig auf alles stürzen? Zuerst will man dies, dann noch das, da-rauf ein weiteres... und man verschwendet seine Lebensenergie, um all das zu bekommen. Nein, man muss nur vernünftig arbeiten und alles einer göttlichen Idee weihen. All die Leute, die Multimilliardär, König oder dies und jenes werden wollen, müssen dafür notgedrungen bestimmte Grenzen überschreiten. Da-runter leidet natürlich ihre Gesundheit, sie verlieren das innere Gleichgewicht und oft enden sie im Krankenhaus oder in psychiatrischen Anstalten. Und das sind dann Leute, die alle Welt zum Vorbild nimmt!

Für die Jugend sind es die Kinostars, die großen Macher, Drogenabhängige oder Anarchisten, die sie zum Vorbild nehmen, und sie geben alles dafür, es ihnen gleichzutun. Presse, Kino, Theater, Werbung, alles trägt dazu bei, sie auf einen gefährlichen Weg zu bringen. Man könnte meinen, alle hätten sich auf den Untergang der Menschheit verschworen... ihren eigenen übrigens mit eingeschlossen! Die Menschen laufen munter auf die Abgründe zu, und weil man die nicht schon gleich von weitem sieht, rennen alle nichts ahnend immer weiter darauf zu. Wäre es möglich, sie schon von weitem zu sehen, könnte man Vorsichtsmaßnahmen treffen; da sie jedoch ein gutes Stück weg sind und auch verdeckt, laufen und laufen alle darauf zu... nachher können sie nicht mehr anhalten und stürzen hinein. Denn von einem bestimmten Punkt an ist es zu spät, selbst wenn man dann die Abgründe sieht, kann man nicht mehr bremsen und umkehren, es ist vorbei. Wie viele Leute habe ich sagen hören: »Ich sehe den offenen Abgrund vor mir, aber ich kann nicht mehr anhalten!«

Selig alle, die mich heute verstanden haben! Aber selbst, wenn ihr mich nicht verstanden habt, es gibt Tausende in der Welt, die mich verstehen werden, denn sie haben Antennen, mit denen sie die von mir ausgesandten Wellen auffangen. Ja, wenn ihr nicht begreift, was ich sage, so gibt es andere, die es begreifen und die meine Worte besser aufnehmen als viele von euch. Schon lese und höre ich in der Welt manche meiner Sätze und Aussprüche... Es ist großartig, wie man das aufgefangen hat!

Sèvres, 6. April 1970

Anmerkungen

1. Siehe Band 238 der Reihe Izvor »Der Glaube versetzt Berge«, Kapitel 11: »Die Identifikation mit Gott«.
2. Siehe Band 226 der Reihe Izvor »Das Buch der göttlichen Magie«.

Teil 3

Im letzten Vortrag habe ich euch ein Beispiel gegeben, das euch zum Nachdenken bringen sollte, nämlich das des Gärtners. Der Gärtner hat Gemüse angebaut und Obstbäume gepflanzt, er hat auch Bewässerungsgräben gezogen; wenn es dann aber an Wasser mangelt, vertrocknen die Pflanzen doch. Und so schauen die Pflanzungen der Menschen aus, sie haben alles hergerichtet, nichts fehlt, nur das Wasser, das haben sie vergessen, das heißt das Leben, die Energie; und so vertrocknet alles und geht ein. Der Unterschied zwischen einem Eingeweihten und einem gewöhnlichen Menschen besteht nun gerade darin, dass der Eingeweihte sich zuerst darum kümmert, Wasser in den Garten zu bringen, denn er weiß, es findet dort seinen Weg.

Der Mensch besitzt Arme und Beine, einen Magen, eine Lunge, ein Herz, eine Leber, ein Gehirn... also alles ist da, nichts fehlt. Wenn es aber an Wasser mangelt, das heißt hier an Blut, dann geht es mit dem Menschen schnell zu Ende. Aber kaum dass er Blut gespendet bekommt, kommt schon wieder Leben in seine Organe, er kann wieder sprechen, gehen und gestikulieren. Das weiß ein jeder. Warum will man denn nun im Bereich des seelischen und geistigen Lebens nicht wahr haben, dass man zuerst für Wasser sorgen muss? Man kümmert sich um alles andere außer um das Wasser, und dann ist man müde, schläfrig und stumpf. Dabei ist alles so gut hergerichtet... Ja, man hat für alles gesorgt, nur nicht für das Wasser.

Nehmen wir ein anderes Beispiel: Jedes Haus ist mit einem Elektroanschluss ausgestattet, wenn dann aber kein Strom da ist, funktioniert nichts. Und das ist überall das gleiche Phänomen. Man muss also diese Lebensauffassung ändern, sich darauf zu beschränken, immer nur die äußeren Aspekte des Lebens weiterzuentwickeln, ohne die Qualität des Lebens selber zu verbessern, also für Wasser zu sorgen. Wenn es um Landwirtschaft geht, weiß ein jeder, dass man sich um Wasser kümmern muss, denn nur so wachsen die Pflanzen. Geht es aber um das Leben der Menschen, weiß man nicht mehr, was zu tun ist. Und so wird das Wissen um das Leben eines Tages die größte Entdeckung sein.

Nun, meine lieben Brüder und Schwestern, es gibt noch viele Dinge, die gesagt werden müssen, und ihr werdet sie gesagt bekommen. Diejenigen, die an ihrer Vollkommenheit, also wirklich an sich selber arbeiten wollen, finden hier alles. Mögen sie nur kommen, und dann bekommen sie die Argumente, Methoden und Mittel, das Material und die Bedingungen, die sie brauchen, um ihr Leben zu ändern. Denn das gilt es zu tun, sein Leben ändern. Lebt ein reines, intensives, lichtvolles Leben, und dieses Leben zieht dann die Menschen an, die euch geneigt sind, die euch helfen und euch lieben. Lebt nur dieses Leben und lasst es wirken; ihr wisst ja gar nicht, bis wohin es überall gehen kann, um die Geschöpfe einzuladen und zu euch zu führen, die genau zu euch passen. Und eines Tages werdet ihr sagen: »Ich habe meine Schwesterseele, meinen lieben Schatz gar nicht gesucht, und doch ist sie nun da... aus den tiefen des Universums ist sie aufgetaucht...«[1]

Versucht aber einmal den Menschen das begreiflich zu machen! Sie senden nichts aus, sie strahlen dieses Leben nicht aus, das jemanden anziehen könnte, der ihnen entspricht, und um ihre Schwesterseele zu finden, schreiben sie an Zeitungen, gehen überallhin auf Empfänge und sogar in Nachtlokale. Und dann werden sie fündig... und wie! Der Topf hat seinen Deckel gefunden, wie man so schön sagt. Sie haben sich zum gemeinsamen Leid gefunden und um sich die Haare zu raufen. Warum ist das so? Weil man so eben nicht suchen darf. Heute werdet ihr zum ersten Mal etwas völlig Neues hören: Sucht nicht nach eurer Schwesterseele, bemüht euch nur um ein göttliches Leben, und dieses göttliche Leben wird es so einrichten, dass ihr sie findet. Wenn ihr euch dann begegnet, werdet ihr sagen: »Ja, dich habe ich schon so lange gesucht. Ich kenne dich, seit Jahrtausenden gehören wir zusammen...« Und dann gibt es keinen Zank und keine Diskussionen mehr, so wie man es heute überall sieht... in diesen allzu gewöhnlichen Liebesbeziehungen. Da finden die Leute kaum zusammen und sind schon dabei, sich gegenseitig zu massakrieren, einfach, weil sie zu weit unten gesucht haben.

Wir hatten eine Schwester in der Bruderschaft, sie war zauberhaft! Ja, sie hatte eine wunderschöne Stimme, wie es sonst vielleicht in der ganzen Welt keine gibt. Sie hätte wie eine Prinzessin leben können, sie konnte alles bekommen, was sie wollte, aber sie war dumm, sie wollte um jeden Preis heiraten. Und sie war noch so jung, was habe ich nicht alles versucht, um ihr das zu erklären! Sie sollte noch ein wenig warten, und dann würden Hunderte, ja Tausende auf sie zukommen; wenn sie es aber zu eilig hätte, würde sie nur eine Dummheit machen und nachher darunter leiden... Sie hat aber nicht auf mich gehört und dann schließlich bei ihren Nachtlokalbesuchen jemanden gefunden, ja, in einem Nachtlokal... Ich habe sie nochmals gewarnt, aber da war nichts zu machen, die beiden haben geheiratet. Aber kaum verheiratet, haben sie sich fast gegenseitig umgebracht. Sie haben sich regelrecht geschlagen... das war schon toll! Sie haben sich geschlagen, um meine Worte noch zu bekräftigen. Ja, meine Worte wurden bekräftigt, und wie! Schließlich haben sie sich getrennt, er ist nach Südamerika gegangen, und sie ist in Frankreich geblieben. Daraufhin hat sie sich natürlich einen zweiten Mann gesucht, das war die gleiche Geschichte. Dann einen dritten, und das war auch nicht besser. Jetzt ist sie allein... aber in was für einem Zustand!

Ich rate euch: »Sucht nicht! Lebt zuerst, und dann werdet ihr Tausende finden, die auf euch zukommen.« Nehmen wir einmal an, es ist Winter und es ist bitterkalt, alle Leute frieren; wenn ihr nun aber voller Feuer seid, kommen sie, sich an eurer Flamme zu wärmen. Bemüht euch also zuerst um dieses Feuer, und dann werden alle kommen, um sich bei euch zu wärmen. Aber ohne das geringste Feuer zu haben, halb erfroren sagt man: »Warum kommt denn niemand?... Warum liebt mich keiner?...« Eben weil du zu kalt bist. Einfach deshalb, das ist doch so einfach! Aber die Leute begreifen das nicht. Nun, liebe Brüder und Schwestern, ihr seid erstaunt, wie einfach das ist... Das Einfache, was ist das, die Einfachheit? Das ist leben; einfach leben, aber göttlich. Es gibt zu viele komplizierte, hochgestochene, trügerische Dinge. Die Leute bluffen, paradieren und machen sich mit schönen Worten gegenseitig etwas vor. Und ich sage euch sogar: »Wenn ihr wollt, dann glaubt nicht einmal, was ich euch erzähle; bemüht euch aber zu spüren, zu erkennen, ob ich das auch lebe, wovon ich spreche, und dann glaubt nur dem Leben. Ich jedenfalls, glaube nur dem Leben.«

Und wenn ihr mich jetzt fragt: »Warum gibt es denn so wenig Leute, die sich dazu entschließen, ihr Leben zu ändern, ihre Art zu denken, zu fühlen und zu handeln? Woran liegt denn das?« Zuerst einmal haben sie keine klare Vorstellung von den Vorteilen, die eine solche Änderung mit sich bringt. Sie sind fest überzeugt, das Leben, so wie es alle führen, sei das wahre Leben. Das zeigt sich schon daran, dass allgemein gesagt wird: »So ist das Leben.« Wenn etwas Trauriges oder sogar Grässliches passiert, wird immer wieder gesagt: »Was soll ich da tun, alter Junge, so ist das Leben nun mal!« Wie käme man nun dazu, etwas zu ändern? Zweitens glaubt man gar nicht, dass es möglich ist sich zu ändern. Und drittens ist es für die meisten

Leute tatsächlich sehr schwierig, deshalb sind sie damit auch nicht sehr entschlussfreudig. Alles andere ist einfach, Diplome machen, Geld verdienen, ja, das ist sehr einfach... aber sein Leben ändern?! Und ich, glaubt ihr etwa, als ich jung war, wäre ich so gewesen, wie ich heute bin? Keineswegs war ich so, ich war ein Lausebengel, so wie viele Kinder. Man kommt nicht vollkommen auf die Erde. Um ein besserer Mensch zu werden, braucht man viele, viele Jahre. Und wenn man schon ein ausschweifendes Leben führt, wenn man ein Trinker, ein Dieb oder sogar ein Mörder ist, ändert man sich nicht so einfach, das kann manchmal einige Inkarnationen dauern.

Und diesbezüglich möchte ich euch zeigen, dass die Christen nicht viel vom Denken Jesu begriffen haben. Jesus wusste um die Reinkarnation, er glaubte daran und hat das auch deutlich gemacht, nur haben die Christen das nicht erkannt. Schaut doch nur, wie konnte ein Sohn Gottes, der so rein und so weise war, gleichzeitig so naiv sein, von den schwachen, sündhaften Menschen zu verlangen: »Seid vollkommen wie euer Vater im Himmel«?[2] Ja, kannte Jesus denn wirklich die Menschen? War er klug, so zu reden? Nein, nach dem zu urteilen, wie ihn die Christen darstellen, war er kein sehr heller Kopf, von den so schwächlichen, bejammernswerten Menschen zu verlangen, vollkommen wie der Vater im Himmel zu werden. In Wirklichkeit aber, um so etwas zu fordern, setzte er die Reinkarnation als Gegebenheit voraus, denn in einer einzigen Inkarnation kann niemand werden wie der Herr, das ist unmöglich! Oder noch ein zweiter Punkt, über den Unklarheit herrscht, und der zum ersten hinzukommt, besteht darin, dass die Christen nicht wissen, was der Herr eigentlich ist. Um zu glauben, es sei so einfach, ebenso vollkommen zu werden wie Er, darf man sich Ihn ja kaum ein wenig besser vorstellen als die gewöhnlichen Leute, also als einen alten Mann mit einem langen Bart, so wie man Einsiedler und Asketen darstellt. Das ist die Vollkommenheit der Christen! Die ist natürlich leicht zu erreichen, dafür braucht man nur in die Kirche zu gehen, die Predigten von irgendwelchen Pfarrern anzuhören und sich mit Weihwasser zu besprengen... Wenn das so einfach wäre! Aber in ihren Köpfen ist das so einfach.

Die Christen sind weit davon entfernt auch nur zu ahnen, welches Wissen Jesus besaß. Sie haben die Evangelien nicht tief gehend studiert, niemals haben sie versucht, Jesus zum Vorbild zu nehmen und jahrelang daran zu arbeiten sich mit ihm zu identifizieren, um so erfassen zu können, was er dachte, um zu verstehen, wie er die Dinge sah. Sie wissen übrigens nicht einmal, dass dieses Sich-Identifizieren möglich ist und dass dies die einzige geistige Übung ist, die es ermöglicht, zu Seele, Herz und Geist von jemandem Zugang zu finden, selbst wenn dieser schon seit Tausenden von Jahren nicht mehr auf der Erde ist. Sich mit ihm zu identifizieren, ist so als würde man sich in seinen Kopf hineinversetzen.

Die Leute – und selbst die Gelehrten – haben nicht begriffen, warum die Ägypter zum Beispiel sich verkleideten und Masken aufsetzten, die bestimmte Gottheiten oder Tiere darstellten, und auch nicht, warum in manchen Ländern, bei den so genannten primitiven Völkern, in Indonesien, in Malaysia, Nepal, Tibet usw. die Medizinmänner Masken von Ungeheuern aufsetzen und sich bemühen, die Gestalt von bestimmten guten oder bösen Wesen anzunehmen. Das machen sie einfach nur, um sich wenigstens einige Minuten lang mit diesen identifizieren zu können. Wenn sie so deren Gestalt annehmen und sich wie diese bewegen, wobei sie bestimmte Gesten ausführen, bringen sie im Innern Kräfte und Ströme in Bewegung und nehmen die Eigenart dieser Wesen derart gut in sich auf, dass sie nun Dinge spüren und begreifen können, die sie in ihrer normalen Menschengestalt nicht erspüren und begreifen können. Einen anderen Grund dafür gibt es nicht. Diejenigen allerdings, die die okkulte Bedeutung dieser Verkleidungen nicht erkannt haben, machen sich darüber lustig und sagen: »Schaut euch nur einmal das an, wie das ausschaut!« Ja, so zeigen sie ihr mangelndes

Verständnis und ihre Unwissenheit! Wenn in den ägyptischen Tempeln die Priester also die Gestalt von Osiris, Isis, Seth oder auch von etlichen anderen schrecklichen Gottheiten annahmen, so taten sie dies, um Zugang zu bestimmten Realitäten zu bekommen und bestimmte Kräfte auszuströmen, denn durch die Identifikation erlangt man die Möglichkeit, zumindest für einige Minuten den Wesen zu gleichen, mit denen man sich identifiziert.

Also nehmen wir nun einmal an, ihr macht diese Übung mit Jesus. All euer Bemühen ist darauf ausgerichtet, euch vorzustellen, dass ihr, zweitausend Jahre zurück, in Palästina lebt, wie ihr die dortigen Wege entlang schreitet, mit den Jüngern sprecht, und ihr stellt euch das wie eine absolute Realität vor; so könnt ihr unwahrscheinliche Dinge entdecken. Auf diese Weise kann man herausfinden, was Jesus dachte, als er bestimmte Worte aussprach. Und als er sagte: »Seid vollkommen, wie euer Vater im Himmel vollkommen ist«, wusste er, dass der Mensch nicht dazu in der Lage ist, in einer einzigen Inkarnation diese Vollkommenheit zu erlangen, sondern dass durch sein Bestreben und seine Arbeit dieser Wunsch in ihm so stark und lebendig wird, dass bei seiner nächsten oder übernächsten Rückkehr auf die Erde die von ihm geschaffenen spirituellen Ströme ihn nicht mehr loslassen, er somit immer die gleiche Richtung beibehält und eines Tages endlich ans Ziel kommt! Aber nicht in einer einzigen Inkarnation. Es ist überaus unwahrscheinlich und dumm zu behaupten, der Mensch könne in einer Inkarnation die Vollkommenheit des Herrn erlangen. Oder aber man weiß nicht, was der Herr ist. Der Herr, der so immens, stark, lichtvoll, schön, liebevoll ist, wie kann man Ihn nur so klein machen? Man ist nicht einmal in der Lage mit Rauchen, Trinken, Karten spielen, Verleumdungen und Betrügereien Schluss zu machen und will in einigen Jahren werden wie der Herr! Ich sage euch, man weiß gar nicht, was der Herr ist.

Wenn man nicht erkennt, dass Jesus das Wissen um die Reinkarnation als selbstverständlich voraussetzte, dann bringt man ihn in eine peinliche Lage, denn entweder war er kein guter Menschenkenner, er hatte keine Ahnung von der menschlichen Natur und verlangte von Babys, Berge zu versetzen oder aber er kannte den Himmlischen Vater nicht und redete ungereimtes Zeug daher. Streicht die Reinkarnation, und alles in der Bibel, in den Evangelien und auch im Leben verliert seinen Sinn. Wie oft habe ich euch das doch schon gezeigt! So wird Gott wie ein launenhaftes Wesen dargestellt, das tut, was ihm gerade passt und das mit einem Schlag zornig werden kann und dann die Leute zur ewigen Höllenstrafe verdammt. Ja, wie kann man denn an einen solchen Unhold von einem Gott glauben? Und auch im Leben findet so nichts eine Erklärung, warum ihr gerade ein solches Kind habt, warum ihr arm oder reich, krank oder gesund seid, gut oder böse, intelligent oder dumm, schön oder hässlich, nichts. Alles das sollte eine Laune Gottes sein. Wo bleibt unter diesen Umständen die Verantwortung des Menschen? Er hat keine mehr... Warum heißt es dann, er sei verantwortlich für sein Tun? Da ist doch etwas nicht logisch. Alles erklärt sich aber durch die Reinkarnation, alles wird klar und sinnvoll. Warum haben die Christen gerade den Pfeiler weggenommen, der das ganze Gebäude stützte? So stürzt alles ein... sie wollen etwas ohne die Reinkarnation machen, aber das gelingt ihnen nicht. Erst an dem Tag, an dem sie die Reinkarnation akzeptieren, wird alles klar.

Heute ist allerdings nicht der Augenblick, um über Reinkarnation zu sprechen. Darüber habe ich schon so oft zu euch gesprochen.[3] Ich wollte euch damit nur zeigen, als Jesus sagte: »Seid vollkommen, wie der Vater im Himmel vollkommen ist«, setzte er die Reinkarnation als selbstverständlich voraus. Selbst Moses erwähnt sie am Anfang der Schöpfungsgeschichte. Zwar steht das dort nicht im Klartext, er sagt nicht: »Es gibt die Reinkarnation.« Nirgendwo in der Bibel ist das genau angegeben, denn der Glaube daran war so sehr verbreitet, dass es unnötig war, davon zu sprechen, manche Passagen können aber ohne die Reinkarnation nicht gedeutet werden.

Und wo hat Moses nun von der Reinkarnation gesprochen? In der Schöpfungsgeschichte heißt es: »Und Gott sprach: Lasset uns Menschen machen, ein Bild, das uns gleich sei,...« und etwas weiter im Text: »Gott schuf den Menschen zu seinem Bilde, zum Bilde Gottes schuf Er ihn.« Wo ist das ‘Gleichsein’ geblieben? Hat Moses etwa das Gedächtnis verloren, dass er sich nicht mehr an das erinnert, was er im ersten Satz gesagt hat? Warum spricht er im zweiten Satz zweimal vom Bild?... Und das ‘Gleichsein’? Eben genau darin hat er die Reinkarnation versteckt. Denn das bedeutet: Lasst uns den Menschen nach unserem Bilde machen, und nach zahlreichen Inkarnationen wird er uns gleich sein. Gott hat den Menschen nach Seinem Bilde geschaffen, aber nicht Ihm gleich. Er hat nur alles in ihm so angelegt, dass er dieses Gleichsein erlangen kann – das bedeutet »nach seinem Bilde«. Es ist wie bei einer Eichel, diese trägt das Bild der Eiche in sich, sie besitzt alles Nötige, um der Eiche gleich zu werden, gleicht ihr aber noch nicht. Sie wird ihr gleich werden, wenn sie in die Erde gesteckt wird und dann wächst.

Der Mensch ist nach dem Ebenbild Gottes geschaffen, wie Er, ist der Mensch zum Denken, Fühlen und Handeln befähigt. Aber sein Denken gleicht nicht dem des Herrn, er ist nicht ebenso weise, er ist nicht allwissend. Er fühlt auch nicht wie der Herr, denn er ist nicht reine Liebe. Auch erschafft er nicht wie dieser, denn er ist nicht allmächtig. Also bezüglich seiner Fähigkeit zu denken, zu fühlen und zu handeln, ist er Sein Ebenbild, und eines Tages, wenn er sich einmal völlig entwickelt hat – und dafür sind eben mehrere Leben nötig – wird er Ihm gleich sein, ebenso mächtig, schön, weise und liebevoll wie Er. Schaut die Kinder an, sie sind nach dem Bilde ihres Vaters geschaffen, gleichen ihm aber noch nicht, da sie noch nicht so weit sind, die gleichen Eigenschaften und Fähigkeiten zu haben, sie sind ja noch ganz klein; um wie er zu werden, müssen sie erst eine ganze Zeit lang leben. Das Gleiche gilt für den Menschen, eines Tages wird er seinem Himmlischen Vater gleichen. Das ist es, was Moses sagen wollte, aber nur wer es versteht nachzuforschen und in die Tiefe vorzudringen, kann diese Textstelle deuten.

Kommen wir aber auf das Leben zurück. Warum entschließen die Menschen sich nicht, ihr Leben zu ändern? Wie ich euch schon gesagt habe, wissen sie schon nicht welche Vorteile diese Änderung mit sich bringt. Und dann glauben sie auch nicht, dass es möglich sei, sich zu wandeln. Die Wissenschaftler suchen wohl nach Möglichkeiten, das Menschengeschlecht zu bessern, arbeiten dabei aber nur auf der physischen Ebene. Sie meinen, durch Chromosomenänderungen mit einem Schlag Genies hervorbringen zu können. Das ist möglich... aber das ist eine andere Frage. Der dritte Grund besteht darin, dass es tatsächlich schwierig ist sich zu bessern. Aber wie viel Methoden habe ich euch doch schon gegeben, mit denen ihr euer Leben ändern und euch wandeln könnt!... zum Beispiel die Veredelung. Ihr habt in eurem Garten einen kräftigen Quittenbaum, der aber sehr herbe, saure Früchte liefert. Da er aber sehr viel Saft und Kraft besitzt, könnt ihr ihn veredeln und erhaltet so saftige Früchte. Wie ich euch schon erklärt habe, muss man diese Veredelung natürlich im inneren, seelischen Bereich verstehen. Ich habe euch auch gesagt, dass die Sonne Edelreiser in großer Fülle enthält und dass ihr dort alles finden könnt, was ihr wollt, um euch schnell zu wandeln und saftige, schmackhafte Früchte hervorzubringen.

In Wirklichkeit ist es gar nicht so schwierig sich zu wandeln. Es hängt davon ab, wie stark der Wunsch dazu ist. Wenn man sich selbst satt hat und so sehr angewidert ist, dass man sich nicht mehr ertragen kann, wenn man wirklich den tiefen Wunsch hegt sich zu ändern, zu sehen, dass man sich ein wenig bessert, dann kann dieser Wunsch außerordentliche Wirkungen hervorbringen. Aber haben die Leute eben diesen tiefen Wunsch? Ja, vielleicht ein, zwei Tage lang, aber dann geben sie auf, und all die guten Vorsätze fallen ins Wasser. Diesen Wunsch muss man beständig nähren und eines schönen Tages ändert und wandelt man sich. Das ist dann die Auferstehung, von der ich schon zu euch gesprochen habe. Viele stellen sich vor, man müsse für die Auferstehung das Ende der Zeiten abwarten, wenn die Toten erwachen und aus ihren Gräbern aufstehen. Ja, so verstehen die Christen die Dinge! Und dann all diese Toten, dass wird vielleicht ein wunderschönes, herrliches Schauspiel abgeben... Großartig! Nein, meine lieben Brüder und Schwestern, jetzt, in diesem Leben muss man auferstehen.[4]

Natürlich gäbe es da noch einiges über das Leben zu sagen: Was ist zu tun, damit man es nicht vergeudet. Auch darüber ist nicht viel bekannt, man hat weder Maß noch Verhältnis, das sehe ich wohl. Oft haben die Geschwister gute Absichten und sagen: »Ich will endlich ein göttliches Leben führen, es schöner gestalten, vergeistigen und heiligen...« Aber dann stoßen sie auf so große Probleme, dass sie nicht mehr wissen, woran sie sind, sie sind völlig hilflos und begehen Dummheiten, da sie weder das Maß, noch die Grenzen oder Dosierungen kennen. Die Frage ist also noch nicht erschöpfend behandelt und müsste weiter besprochen werden, bis sie euch völlig klar ist. Diese Vorträge habe ich nur gehalten, damit ihr euch entschließt, euch mit dem Leben zu beschäftigen, aber es gibt noch viele andere Dinge dazu zu sagen. Das Leben, das ist ein Bereich, der ist sehr weit, vielgestaltig, ja unendlich.

Genau darum gefällt mir die Einweihungswissenschaft so sehr, es besteht keine Hoffnung, damit zu Ende zu kommen. Diese Art Hoffnungslosigkeit ist wunderbar, sich zu sagen, man wird nie am Ende anlangen, das ist es, was ich liebe. Wenn ich die Unendlichkeit dieser Unternehmung sehe, dann freue ich mich... Für manche ist es allerdings das Gegenteil, sie sagen sich: »Wenn das so langwierig ist, dann gebe ich auf...«, und sie nehmen sich eine Arbeit vor, die sehr schnell zu Ende zu führen ist, aber dann stellen sie bald fest, dass es auch mit ihnen zu Ende geht. Ja, denn sie haben etwas Begrenztes angenommen. Man muss das Unendliche, Unbegrenzte annehmen, was sich jenseits von Raum und Zeit befindet, dann wird man unsterblich, ewig und unermesslich. Flüchtet euch nicht in das, was klein und begrenzt ist! Nehmt die Unendlichkeit in euch auf, und auch eure Freude wird unendlich sein; es wird beständiges Glück sein, Licht, Kraft, Erfüllung... Anstatt euch irgendwo ein paar kleine Fläschchen zu nehmen, stillt euren Durst am Ozean, denn der Ozean ist so weit, dass ihr Tausende von Jahren daraus trinken könnt, ohne auf den Grund zu kommen. Ja, liebe Brüder und Schwestern, trinkt am unendlichen Ozean!

Licht und Friede sei mit euch!

Sévres, 7. April 1970

Anmerkungen

1. Siehe Band 14 der Reihe Gesamtwerke »Liebe und Sexualität«, Kapitel 19: »Die Schwesterseele«.
2. Siehe Band 215 der Reihe Izvor »Die wahre Lehre Christi«, Kapitel 3: »Seid vollkommen, wie euer Vater im Himmel vollkommen ist«.
3. Siehe Band 12 der Reihe Gesamtwerke »Die Gesetze der kosmischen Moral«, Kapitel 8: »Die Reinkarnation«.
4. Siehe Band 9 der Reihe Gesamtwerke »Im Anfang war das Wort – Kommentare zu den Evangelien«, Kapitel 11: »Die Auferstehung und das Jüngste Gericht«.

Kapitel 2

CHARAKTER UND TEMPERAMENT

Frage: »Meister, können Sie uns erklären, was der Charakter ist?«

Im Allgemeinen sagt man von jedem Lebewesen, sei es ein Tier, ein Insekt oder auch ein Mensch, es habe seine Charaktermerkmale oder im weiteren Sinne seine charakteristischen Merkmale. Damit die Sache aber etwas klarer wird, müssen wir zuerst einmal unterscheiden zwischen Charakter und Temperament, denn diese beiden Begriffe werden oft durcheinander gebracht.

Das Temperament ist im Wesentlichen mit den Vitalfunktionen verbunden. Es setzt sich zusammen aus Instinkten, Begierden, Neigungen und all diesen Dingen, die der Mensch schwerlich bessern oder gänzlich verschwinden lassen kann, da sie ihren Ursprung in seiner biologischen und physiologischen Natur haben. Das Temperament steht also eher mit dem Tierhaften in Beziehung. Den Charakter kann man nun zwar nicht vom Temperament losgelöst betrachten, aber er stellt die intelligente, bewusste, dem Willen unterworfene Seite des Menschen dar. Wenn dieser einen Vorteil darin oder die Notwendigkeit dazu sieht, kann er auf manche seiner Charaktereigenschaften einwirken. Somit ist der Charakter das, was der Mensch mit Hilfe seiner Intelligenz, seines Bewusstseins oder über seine Wünsche an seinem Temperament geändert hat durch Hinzufügen oder Wegnehmen an dem, was die Natur ihm mitgegeben hat. Der Charakter entsteht durch das Verhalten eines intelligenten, bewussten Wesens, das sich darüber im Klaren ist, was es macht und wohin es will. Das Temperament hingegen stellt nur die biologisch und von der Natur bedingten Triebe dar, es entspricht der Konstitution und den unbewussten und unterbewussten Neigungen. Den Charakter kann man also als die Gesamtheit der Besonderheiten des Temperaments betrachten, die der Mensch dank seiner Intelligenz, seines Wollens und seines Ideals beherrscht und bemeistert.

Es ist fast unmöglich an seinem Temperament etwas zu verändern, denn dessen Merkmale stehen schon genau fest, wenn man auf die Welt kommt. Da der Charakter aber durch die Bestrebungen des Menschen gebildet wird, der denkt, überlegt, und der letztlich selber wünscht, sich besser oder schlechter zu zeigen, kann so eine innere Einstellung, ein Verhalten, ein Benehmen entstehen, das oftmals in Gegensatz zum Temperament steht. Und das ist dann der Charakter. In gewisser Weise ist der Charakter mit dem Temperament identisch, stellt aber den Teil dar, der Nuancierungen und bestimmte Färbungen erhält, der auf ein Ziel ausgerichtet, zu einem Ideal hingeführt wird. Er besteht aus Gewohnheiten, die man sich bewusst aneignet und die schließlich zu einer zweiten Natur werden. Trotz des geläufigen Ausdrucks von den »charakteristischen Merkmalen« eines Lebewesens, muss man also sagen, dass der Charakter anfangs noch gar nicht da ist, sondern sich erst mit der Zeit bildet. Das kann man auch an den Kindern sehen, sie haben wohl schon ihr Temperament aber noch keinen eigenen Charakter.

Seit Hippokrates unterscheidet man vier Temperamente, den Sanguiniker, den Phlegmatiker, den Choleriker und den Melancholiker. Später kamen dann noch weitere Unterteilungen hinzu. In der traditionellen Astrologie gibt es sieben, die folgenden Planeten zugeordnet sind: Sonne, Mond, Merkur, Venus, Mars, Jupiter, Saturn. Man kann auch eine Unterteilung in drei Gruppen machen, je nachdem ob der Mensch eher instinktiv ist (die biologisch bestimmte Seite herrscht vor) oder eher sentimental (Übergewicht auf der affektiven Seite) oder mehr intellektuell (Schwerpunkt im Mentalbereich). Fast alle Menschen können nach dem Schema dieser drei Temperamente unterschieden werden.

Es ist also fast unmöglich, das Temperament zu ändern, aber Milieu, Familie, Gesellschaft, Bildung usw. üben darauf einen Einfluss aus. Darum kann man auch sagen, dass der Mensch seinen Charakter entsprechend seines Milieus und seiner Lebensumstände formt und dass dieser besser oder schlechter werden kann. Bei der Charakterbildung greift das persönliche, bewusste Wollen ein, es spielt sogar eine bedeutende Rolle dabei, ebenso wie das Wollen der anderen. Man sieht letztendlich daran, dass der Mensch entschieden oder auch akzeptiert hat, so oder so zu sein. Somit findet im Charakter eher die bewusste Seite des Menschen ihren Ausdruck, während sich im Temperament mehr das Unbewusste und Unterbewusste zeigt.

Es ist ja nicht nötig, dass ich euch erneut erkläre, dass es nicht ohne Grund geschieht, wenn jemand mit diesem oder jenem Temperament zur Welt kommt. Ihr wisst es bereits, das kommt von den früheren Leben, erklärt sich also durch die Reinkarnation. In der Vergangenheit hat sich der Mensch durch seine Taten an bestimmte Kräfte gebunden, die nun sein Unterbewusstsein bestimmen und damit sein Temperament. Daran kann er nicht viel ändern. Das ist wie beim Muskelsystem oder mehr noch wie beim Knochensystem, daran kann der Mensch nichts ändern, weder kann er seinen Schädel erweitern, noch seine Nase länger machen und wenn er ein fliehendes Kinn hat, kann er dies ebenso wenig verlängern. Auch diese Details machen das Temperament aus, und obwohl alles in der Natur durch die alles bewirkende Kraft des Denkens und des Wollens umgewandelt oder verändert werden kann, sind diese Wandlungen doch so langsam und nicht direkt wahrnehmbar, dass man sie hier einmal als gar nicht existent betrachten kann. Den Charakter hingegen kann man verändern, bessern und formen, und eben das ist unser aller Arbeit in der Einweihungslehre.

Stellt euch einen dynamischen, heftigen, ja sogar gewalttätigen Mann vor. Er ist so schroff und kategorisch, dass er keinen Satz von sich geben kann, ohne die anderen zu verletzen oder ihre Interessen zu beschneiden. Sein impulsives Temperament treibt ihn zu Zornausbrüchen und zum Explodieren. Eines Tages erkennt dieser Mann nun, dass sein Verhalten ihm selber sehr schadet, und durch seine Willensanstrengungen gelingt es ihm nach einiger Zeit, seinen Charakter zu besänftigen und, wie man so sagt, etwas kürzer zu treten. Zwar ist er immer noch in der Lage, schlagkräftig zu antworten, Ohrfeigen auszuteilen und auch mal dreinzuschlagen – und das wird bis zu seinem Lebensende so bleiben – aber durch sein Wollen gelingt es ihm sich zu beherrschen. Leider sind nur sehr wenige Menschen gewillt, diese Anstrengung auf sich zu nehmen, aber es gibt doch einige, und vor allem sind es die Eingeweihten. Die Eingeweihten sind inwendig reines Feuer, aber es gelingt ihnen sich zu kontrollieren, sich zu bemeistern, die rechte Geste, das Wort, den Blick zu finden, die keinen Schaden anrichten. Genau das ist der Charakter.

Der Charakter ist also ein Verhalten, welches das Temperament zur Basis hat, diesem aufgepfropft ist, wenn ihr so wollt, und zwar ein Verhalten sich selbst ebenso wie den anderen gegenüber. Er besteht in einer Einstellung, einer Art zu handeln, die aus dem Zusammenwirken verschiedener Elemente, eben guter und schlechter Eigenschaften, resultiert. Das sich daraus ergebende Gesamtbild ist das, was man den Charakter nennt.

Die Arbeit des Schülers in der Universellen Weißen Bruderschaft gründet also auf dem Wissen bezüglich Temperament und Charakter, sodass es ihm gelingt – selbst wenn sein Temperament ihm nicht gerade die Veranlagung dazu mitgibt – sich einen Charakter, geprägt von außergewöhnlicher Güte, von Sinn für Schönheit, von innerer Größe und von Großmut zu formen. Das ist natürlich nicht ganz einfach, sonst hätten ja schon alle einen göttlichen Charakter.

Schauen wir uns noch einmal das Beispiel des Baumes an. Wo hat der sein Temperament? Das ist in den Wurzeln. Denn diese bestimmen den ganzen Aufbau, die Eigenschaften und Kräfte des Baumes. Und der Charakter? Natürlich kann ein Baum keinen Charakter haben, aber seine Blüten und Früchte haben doch bestimmte Eigenschaften, charakteristische Merkmale (sie wirken zusammenziehend, abführend, beruhigend, anregend, sind nahrhaft usw.), und man kann sagen, dass sie so etwas wie den Charakter des Baumes darstellen. Nun könnte der Baum eben diese charakteristischen Merkmale nicht hervorbringen, wenn er keine Wurzeln hätte. Selbstverständlich passt das Bild des Baumes nicht in allen Teilen auf den Menschen, denn die Abhängigkeit der Äste von den Wurzeln ist fast absolut, außer wenn der Mensch eingreift und zum Beispiel über die Veredelung den »Charakter«, also hier Blüten und Früchte, verändert. Aber ebenso wie der Baum keine Blüten und Früchte hervorbringen könnte, wenn er keine Wurzeln hätte, so könnte der Mensch auch keinen Charakter bilden, hätte er kein Temperament.[1] Dieses dient ihm also gewissermaßen als Lagerstätte, aus der er die Elemente für seine Personalität bezieht. Das ist wie in einer Fabrik oder einem Labor; Aktivität und Produktion richten sich nach der Art des Labors oder der Fabrik, es gibt also Grenzen.

Auch bei den Tieren kann man noch nicht von einem Charakter sprechen. Der »Charakter« von Katzen, Hunden oder Mäusen besteht in der ihnen eigenen Art und Weise zu beißen, kratzen, bellen, fressen und zu laufen. Das ist also unbedeutend. Tiere haben nur ein Temperament, denn wie ich schon erklärt habe, besteht der Charakter in Eigenheiten, die der Mensch selber formt. Die Tiere hingegen können nichts tun, um sich zu ändern, sie sind so, wie die Natur sie geschaffen hat. Der Unterschied zwischen Tieren und Menschen liegt also darin, dass die Tiere dazu verurteilt sind, innerhalb der von der Natur gesetzten Grenzen ihres Temperamentes zu verbleiben. Daher bleiben sie ihrem Instinkt treu, während dem Menschen sehr viel mehr Möglichkeiten und günstige Bedingungen zur Verfügung stehen, um sich zum Guten oder zum Schlechten zu wandeln, ja sogar so weit, dass er den Gehorsam verweigern und die Naturgesetze übertreten kann. Die Tiere allerdings tragen selbst dann keine Schuld, wenn sie sich gegenseitig auffressen. Sie verletzen dabei kein Naturgesetz, denn sie handeln ja entsprechend den Gesetzen, da die Natur ihnen den Aggressionstrieb mitgegeben hat.

Nun kommen wir zu einer weitaus praktischeren Frage, nämlich wie kann man seinen Charakter ändern, bessern, ja vervollkommnen? Wenn ihr die Biologen hinsichtlich der Erblehre befragt, werden sie euch sagen, dass alle Charakterzüge, die das Kind bei der Geburt mitbekommt, in den Chromosomen angelegt sind und weiter, gelänge es, die Chromosomen zu verändern, könnte man den Charakter jedes Menschen ändern. Es ist zwar richtig, dass die Chromosomen alle zur Bildung der charakteristischen Merkmale eines Kindes nötigen Elemente enthalten, aber trotzdem sind die Chromosomen nur der biochemische Teil dabei. Die Wissenschaftler haben dieses Problem ja niemals aus der Sicht der Eingeweihten untersucht und wissen daher nicht, dass sich im Ätherkörper des Menschen eine Art Bildvorlagen befinden, die von größerer Bedeutung sind als die Chromosomen.

In der esoterischen Wissenschaft heißt es, jedes Organ und jede Zelle besitze ein ätherisches Gegenstück. Hinter den physischen Augen befinden sich also noch andere Augen, hinter den Armen andere Arme und hinter der Lunge eine andere Lunge. Eben das ist der Ätherkörper, das so genannte ätherische Doppel, das genaue Abbild des physischen Körpers.[2] Die Eingeweihten haben die Sache genauer untersucht und herausgefunden, dass alle Zellen, aber vor allem die der grauen und der weißen Zellmasse von Gehirn und Solarplexus, ein Gedächtnis besitzen und die geringste Tat, den leisesten Wunsch und den geringsten Gedanken aufzeichnen. Und damit haben wir die eben erwähnte

Bildvorlage. Alles was einmal so gespeichert ist, wiederholt sich so zwangsläufig. Daraus entsteht die Gewohnheit, und will man diese ändern, muss man zuerst das innere Bild ändern.

Ich habe euch schon einmal erzählt, als ich in der Nähe des Parc des Princes in Boulogne-sur-Seine wohnte, ging ich einmal fort, um Briefe, die ich geschrieben hatte, in den Postkasten zu werfen. Ich hatte sie in die Manteltasche gesteckt, wollte einen Spaziergang machen und dabei an der Post vorbeigehen... Nun ja, aber die Briefe sind in meiner Tasche geblieben... Erst zwei oder drei Tage später bemerkte ich, dass ich vergessen hatte, sie einzuwerfen. Statt »Poste restante« waren sie »Poche restante« (»poche« heißt Tasche auf Französisch), sie waren in meiner Tasche geblieben! Und wenn man einmal etwas vergessen hat, dann ist es vorbei, dann haben wir das Bild in uns und könnten nun jedes Mal vergessen. So ging es mir jedenfalls, ich habe es ein zweites, ein drittes Mal vergessen... und schließlich einen Entschluss gefasst. Ich nahm mir vor, die Briefe nicht mehr in die Tasche zu stecken, sondern in der Hand zu halten. So habe ich das innere Bild geändert und das Einwerfen nicht mehr vergessen. Das gilt nicht nur für Briefe, sondern unterschiedslos für alles. Vielleicht hat einer die Gewohnheit zu rauchen oder auch alle hübschen Mädchen zu küssen, vielleicht steckt man seine Hand gewohnheitsmäßig in die Tasche anderer Leute, dann ist es so weit, das Bild ist im Zellgedächtnis eingeprägt und will sich nun ewig wiederholen. Das ist wie in einer Druckerei, solange ihr die Vorlage nicht ändert, wird ständig der gleiche Text gedruckt. Als ich das einmal begriffen hatte, habe ich große Schlüsse daraus gezogen und diese an die Brüder und Schwestern weitergegeben.

Nehmen wir das Beispiel von jemandem, der Klavier spielen lernt. Kennt er die Gesetze nicht, von denen ich gerade gesprochen habe, so beginnt er vielleicht, ein Stück schnell und mehr oder weniger aufmerksam einzustudieren. Bei dieser Schnelligkeit und Unbesonnenheit macht er natürlich mindestens einen, wenn nicht sogar mehrere Fehler. Ist dieser Fehler einmal eingeprägt, dann ist es vorbei, er wird ihn nicht mehr los. Noch zwanzig oder dreißig Jahre später, auch wenn er das Stück in- und auswendig kann, wird er in einem unbesonnenen Moment den gleichen Fehler wieder machen, denn das innere Bild ist da. Daher habe ich den Musikern geraten, zu Beginn ihre Stücke ohne Eile einzuüben, Note für Note, und sich die nötige Zeit zu nehmen, eine einwandfreie Bildvorlage zu erstellen. Nachher können sie dann sehr, ja äußerst schnell spielen. Sie können dann im Schlaf oder meinetwegen beim Essen spielen und doch spielen sie fehlerfrei, da es so im Unterbewusstsein eingeprägt ist.

Was ich euch da sage, gilt absolut. Wenn man diese Methode nicht anwendet, muss man drei-, vier- und zehnfach von vorn beginnen, und damit ist es noch nicht genug, unablässig muss man Acht geben, und das ist unnötiger Energieverschleiß. Mit etwas Weisheit und Klugheit kann man diese Energien, die Kraft und die Zeit jedoch sparen. Man sollte also nichts übereilen, sondern an der ersten Bildvorlage arbeiten, damit diese vollkommen ist. Stellt euch einen Kupferstecher vor, wenn er gehetzt oder nervös ist, geht ihm vielleicht ein Strich auf dem Metall daneben, und dann ist es vorbei, er kann das nicht mehr korrigieren oder wegnehmen, das ist eingraviert. Er muss von vorn beginnen, und das ist nicht gerade wirtschaftlich. Darum habe ich meinen Freunden dementsprechende Ratschläge gegeben, und alle, die sie anwenden, bestätigen mir, wie nützlich das ist.

Mit dem richtigen Wissen vermeidet man Kummer, Enttäuschungen und bittere Erfahrungen. Aber die Menschen, die niemanden haben, der sie richtig unterweist, erlauben sich alles Mögliche, und das prägt sich ein. Die Natur ist treu aber unerbittlich, sie registriert alles. Zwar sagt man: »Das mache ich zum ersten und zum letzten Mal«, aber es wird doch gespeichert, und dann macht man es zweimal, dreimal und viele Male... Ein Mann hatte beschlossen, nicht mehr in die Kneipe zu gehen und sagte: »Das war das letzte Mal, jetzt ist Schluss, ich höre auf zu trinken... also, das müssen wir begießen!« und so geht es natürlich weiter.

Aber nicht nur das Schlechte wird gespeichert, sondern auch das Gute. Ich habe Diebe gekannt, die jeden Tag beteten. Ich fragte sie, wie sie denn bei ihrer Art »Geschäfte« zu treiben, weiterhin beten konnten. Sie antworteten, dass sei eine Gewohnheit, die ihr Vater ihnen beigebracht hatte, als sie noch klein waren, und dass sie damit nicht aufhören könnten. Die Natur ist also treu; das Gute wie das Böse, alles prägt sich ein.

Nun geht es um die Frage, wie man die alten Prägungen, die alten Bilder, die in uns gespeichert sind, wieder wegbekommt, um ein neues, lichtvolles Leben zu beginnen. Viele versuchen es, ihr Leben zu ändern, aber man hört sie jammern und klagen, weil sie immer wieder in dieselben Schwächen zurückfallen. Wie kann man da herausfinden? Einfach durch das Bemühen, das Gegenteil von dem zu tun, was man gewohnheitsmäßig tut, also dadurch, dass man sich im Innern neue Bilder schafft. Allerdings braucht man dazu eine außergewöhnlich große Wachsamkeit, denn ohne diese vergisst man sich, und das alte Bild kommt treu immer wieder zum Vorschein. In den Evangelien heißt es: »Seid wachsam, denn das Böse geht umher wie ein brüllender Löwe und will euch verschlingen.«[3] Gerade in dieser Wachsamkeit liegt das Geheimnis des Sichänderns, und von nun an müsst ihr lernen, andere Gesten zu machen, andere Dinge auszusprechen, anders zu schauen, um tief in eurem Innern die Bildvorlagen des neuen Lebens einzuprägen, das aus den himmlischen Regionen kommt. Wenn ihr euch daran gewöhnt, hier in der Bruderschaft diese Übungen zu machen, ändert ihr die alten Bildvorlagen in euch.

In Wirklichkeit werden diese alten Bilder niemals verschwinden, denn nichts in der Natur verschwindet völlig. Und woran liegt das? Die Natur speichert in einer Art Archiv die gesamte Geschichte der Welt, das Geschehen von Milliarden von Jahren. Diese Aufzeichnung wird Akashachronik genannt. Akasha bedeutet Äther, somit wird alles in den ätherischen

Bereichen aufgezeichnet, und das geht ohne unser Wissen vor sich. Es gibt Menschen, die haben eine so hohe Entwicklungsstufe erreicht, dass sie bis in diese Archive vordringen konnten und so die Geschichte der Welt kennen gelernt haben. Auf diese Weise haben sie uns enthüllt, was vor Millionen von Jahren geschah, wie viele Menschheitsgeschlechter schon über die Erde gegangen sind, warum sie wieder verschwunden und bis zu welchem Entwicklungsstand sie gekommen sind. So kann man viele Dinge erfahren, von denen die offizielle Wissenschaft keine Ahnung hat. Ihre kleine Geschichte geht gerade bis auf einige Tausend Jahre zurück... welch ein Jammer!

In einem anderen Vortrag habe ich euch erklärt, wie man an sich selbst mit Hilfe der Veredelung arbeiten kann. Stellt euch einmal vor, ihr habt einen enorm kräftigen, widerstandsfähigen Baum, der aber nur herbe, ungenießbare Früchte bringt; und den wollt ihr nun veredeln. Auf diese Weise kann man von einem wilden Birnbaum die herrlichsten Birnen bekommen oder sogar verschiedenartige Früchte. Dafür muss man allerdings die Naturgesetze kennen, denn man kann nicht einfach die unterschiedlichen Obstarten auf egal welchen Baum pfropfen. Auch da bestehen Verwandtschaften und Entsprechungen, und auf Steinobst kann man zum Beispiel kein Kernobst aufpfropfen. Die Veredelung ist schon eine Wissenschaft für sich. Nun kann der Schüler auf die gleiche Weise Veredelungen an seinen früheren Neigungen vornehmen, zum Beispiel an seinem Hang zum Zorn. Auf dem Baum des Zornes, der Eitelkeit, der Sinnlichkeit kann er andere Zweige aufpfropfen, die dann die feinsten Früchte hervorbringen. Und der größte Lieferant von Edelreisern ist die Sonne.[4] Wenn man den Aufgang der Sonne betrachten soll, dann eben gerade dafür, dass man dabei um diese Edelreiser bittet.

Ist eure Sinnlichkeit so stark, dass ihr darunter leidet und sie euch zu einem ausschweifenden Leben treibt, dann könnt ihr doch davon ausgehen, dass dies eine wunderbare Kraft ist, ein gewaltiger Baum, dessen Energien ihr nutzen könnt, wenn ihr darauf eine neue Idee, neue Wünsche, ein neues Ideal aufpfropft. Ihr leitet diese Energien also in andere Kanäle um, und, anstatt euch das Leben schwer zu machen, kann die Sinnlichkeit euch als reich fließende Kraft dazu dienen, euch bis zur Göttlichen Mutter, bis zum göttlichen Vater zu bringen. Nun ja, aber das sind Methoden, die muss man lernen, und da die Leute gewöhnlich noch nicht einmal eine vage Vorstellung davon haben, leiden sie und machen sich regelrecht kaputt, da sie es nicht verstehen, mit der Veredelung oder den Bildvorlagen zu arbeiten. Diese inneren Bilder müssen geändert werden; auslöschen kann man sie nicht, sondern nur andere darüber legen, die früheren bleiben in den Archiven, das heißt im Unterbewusstsein. Diese Bilder kann man also nicht völlig wegwischen, sondern nur durch andere ersetzen, indem man anstelle der schlechten Gewohnheiten bessere setzt.

Nehmen wir einen Zug als Beispiel; ihr könnt ihn nicht lenken, er wird immer den Gleisen folgen, und wenn ihr wollt, dass er eine andere Richtung nimmt, müsst ihr neue Gleise legen. Nun, die Bildvorlagen in uns sind wie Gleise, und der Schüler muss in sich selbst neue Gleise legen, das heißt, sich ein neues Leitbild setzen mit neuen Neigungen und neuen Interessen. Wenn er nicht weiß, wie er das machen soll, dann sagt er vergebens: »Ich will mich ändern und bessern... nächstes Mal wird es schon besser gehen.«. Wenn er nichts dafür getan hat, um sich zu bessern, wird das nächste Mal genauso sein wie das davor, und der Zug wird ständig den gleichen Weg nehmen. Sagt lieber nichts, sondern verlegt die Gleise neu, und dann wird der Zug auch die neue Richtung nehmen.

Die Arbeit mit den inneren Bildern und die geistige Veredelung sind zwei verschiedene Methoden, die ihr anzuwenden lernen müsst. Die Bildvorlagen müssen ausgetauscht werden, bei der Veredelung ist es aber anders, da genügt es, das Neue aufzupfropfen. Und die Wurzel müsst ihr behalten, die dürft ihr nicht herausreißen, denn sie ist voller Lebenskraft ebenso wie der Stamm. Darauf müsst ihr das Edelreis setzen, denn Stamm und Wurzel besitzen Kräfte, mit denen ihr die Verbindung zu einem Geistwesen, einem Lichtgeist, Engel oder Erzengel herstellen könnt. Das ist die geistige Veredelung. Alle Eingeweihten mussten diese Veredelung an sich vornehmen. So haben sie sich immer mit Wesen verbunden, die höher entwickelt waren als sie selbst, und dadurch wurden ihre Früchte besser.

Die wirkungsvollste und höchste Veredelung ist es aber, sich mit dem Herrn zu verbinden und zu sagen: »Herr, was ich aus mir heraus mache, ist nicht so besonders; so bitte ich Dich, ziehe Du ein in mich, wirke, ja offenbare Dich durch mich. Ich will für Dein Reich und Deine Gerechtigkeit arbeiten.« Und wenn Gott in diesem Augenblick die Bitte erhört, dann wird der Baum, das heißt ihr selbst, die ihr in der Vergangenheit ungenießbare Früchte hervorbrachtet, von da an köstliche, wohlschmeckende Früchte tragen. Von eurem Baum sind nur Wurzel und Stamm geblieben, das Edelreis aber, nämlich die unsichtbare, die göttliche, die himmlische Welt, hat seine Früchte zum Reifen gebracht. Wie ist das vor sich gegangen? Ihr habt all die rohen, primitiven und überschäumenden Kräfte in euch in den Dienst des Himmels gestellt; die himmlischen Wesen haben sie genommen und umgewandelt. Im Wald findet man auch manchmal kleine wilde Birnen, die fast ungenießbar sind. Wenn man die aber einige Minuten in den Ofen tut, werden sie süß. Woher kommt das? Die Wärme hat sie so verändert. Und wenn es schon dem Menschen möglich ist, die Wildbirnen genießbar zu machen, meint ihr da etwa, die unsichtbare Welt sei nicht in der Lage, all eure sauren Früchte in süße und schmackhafte zu verwandeln?

Ein Schüler, der seine niederen Neigungen kennt, bittet um Edelreiser und sagt: »Mein Herr und Gott, ich bin allein, und es gelingt mir nicht, mich zu wandeln; so bitte ich Dich, hilf

Du mir, verfüge über mich, wirke durch mich, ich stehe Dir zu Diensten und will Deinen Willen erfüllen.« In diesem Augenblick ist es vielleicht nicht der Herr in Person, der erscheint, Er schickt aber einen Engel oder Erzengel, wie Er das auch bei allen Patriarchen, Propheten, Aposteln und Heiligen getan hat. Diese wurden von Engeln besucht und unterwiesen.

Das sind Dinge von höchster Wichtigkeit, und wer das vernachlässigt oder davon nichts weiß, kann sich nicht weiterentwickeln. Die Menschen haben einen harten Schädel, aber das Leben bringt sie doch zur Reife. Ich weiß, wovon ich da spreche. Alles, was ich euch sage, habe ich zuvor überprüft und an mir selbst erfahren. Ich enthülle euch diese Wahrheiten, um euch zu helfen, und es ist nun eure Aufgabe, dies zu spüren, zu begreifen und einen Entschluss zu fassen, damit ihr zu konkreten Ergebnissen kommt.

Schaut nur einmal, wie weit wir ausgeholt haben, um auf die Frage zum Charakter zu antworten. Denn ohne all diese Kenntnisse kann man seinen Charakter nicht wirklich bessern, strahlend, lichtvoll und göttlich werden lassen. Man kann sich nicht wandeln, wenn man diese großen Wahrheiten nicht kennt, wenn man nicht viel Liebe für den Wunsch mitbringt, diese auch zu verwirklichen, und nicht den unerschütterlichen Willen besitzt, bei dieser Arbeit dann auch durchzuhalten. Das sind die drei notwendigen Voraussetzungen: zuerst wissen, dann wollen und schließlich können.

Ich weiß, dass einige von euch so konsequent an ihrem Charakter gearbeitet haben, dass sie nicht mehr dieselben sind. Äußerlich haben sie sich natürlich nicht verändert, aber innerlich sind sie andere Menschen geworden. Sie leiden nicht mehr wie zuvor, fühlen sich nicht mehr so gedrückt und begrenzt, stehen nicht mehr im Finstern, sondern besitzen neue Schätze, neue Kenntnisse, sind wie in Licht getaucht und strahlen. Darin besteht die Veränderung! Sich zu ändern bedeutet nicht, dass man äußerlich nicht mehr wiederzuerkennen wäre, nein, jeder wird noch sehen, dass ihr es seid. Es ist vielmehr ein innerer Wandel im Bereich der Schwingung und der Ausstrahlung: Das Wasser, das ihr dann berührt, erweckt einen Sterbenden zu neuem Leben. So seid ihr wahrhaft ein neuer Mensch geworden!

Nehmt nichts weiter als das, was ich euch heute enthüllt habe, arbeitet an den inneren Bildern und mit der Veredelung, so wird sich euer ganzes Leben wandeln. Wie oft habe ich euch schon gesagt: »Es genügt, wenn ihr behaltet, was ich euch heute sage!« – Immer wieder behaupte ich das Gleiche, das wird wohl langweilig, nicht wahr? Und doch ist es die Wahrheit, jeder Vortrag ist in sich vollständig, und ihr könnt damit euer Leben wandeln. Selbstverständlich stellt er nur einen bestimmten Punkt dar, aber gerade darin liegt das wahre Wissen: Jeder dieser Punkte ist im Zentrum des Universums. In jedem Vortrag spreche ich so, dass jemand, der nur diesen einen hört, mit diesem als Ausgangspunkt seine ganze Zukunft aufbauen kann. Ganz bewusst gehe ich so vor; jede Wahrheit, die ich euch aufzeige, ist im Zentrum des Universums, im Zentrum des Lebens, und ihr könnt sie als Ausgangspunkt für eure Arbeit, ja für euer ganzes Leben hernehmen. Ausgehend von dieser Wahrheit könnt ihr alles andere entdecken und alles erlangen.

Videlinata (Schweiz), 13 März 1969

Anmerkungen

1. Siehe Band 221 der Reihe Izvor »Alchimistische Arbeit und Vollkommenheit«, Kapitel 2: »Der menschliche Baum«.
2. Siehe Band 12 der Reihe Gesamtwerke »Die Gesetze der kosmischen Moral«, Kapitel 17: »Das ätherische Doppel«.
3. Siehe Band 215 der Reihe Izvor »Die wahre Lehre Christi«, Kapitel 9: »Wachet und betet«.
4. Siehe Band 10 der Reihe Gesamtwerke »Sonnen Yoga – Pracht und Herrlichkeit von Tiphereth«, Kapitel 13: »Der neue Himmel und die neue Erde – Die geistige Veredelung«.

Kapitel 3

GUT UND BÖSE

Teil 1

Im Leben hat jeder Erwartungen... Auch ihr erwartet etwas, aber was? So viele Dinge kann man erwarten! Ihr müsst jedoch wissen, meine lieben Brüder und Schwestern, die wunderbarste Erwartung ist die, eins zu werden mit dem Unermesslichen, mit der Allseele, um endlich die Fülle zu haben, um ein Leben in Gott zu leben. Das ist die beste Erwartung, die einzige, die uns niemals Enttäuschungen bringt. Als Gott uns geschaffen hat, hat er uns alle Möglichkeiten mitgegeben, diese Fülle zu erreichen. Und wo befinden sich diese Möglichkeiten? – In unserem Denken! Darum sollte man sich zur Gewohnheit machen, sich jeden Tag über die Gedanken mit Gott zu verbinden und dies vor allem mit Liebe zu tun.

Im Menschen sind alle Möglichkeiten angelegt, nur weiß er nichts davon, denn sie wurden ihm niemals vor Augen geführt, und so nutzt er sie nicht, sondern sucht anderswo, im Äußeren. In der äußeren Welt kann er jedoch nur Mittel finden, um die Materie zu bearbeiten, aber nicht, um sich innerlich zu wandeln und auf Seele und Geist einzuwirken. An seinem Körper kann man wohl mit äußeren, materiellen Mitteln arbeiten, um aber mit Gott eins zu werden, findet man alles Nötige nur in seinem Innern, im Denken. Darum bemüht sich der Schüler einer Einweihungsschule, alle Fähigkeiten zu erwecken, die Gott in ihm angelegt hat.

Vorhin beim Meditieren kam mir der Wunsch, euch eine weitere Arbeitsmethode zu geben. Nehmen wir an, ihr liebt die Schönheit und die Intelligenz und wünscht euch diese. Versucht, euch zu konzentrieren und dabei euch selbst so vorzustellen, wie ihr sein möchtet. Betrachtet euch einige Minuten lang so, wie ihr werden wollt, und dabei werdet ihr spüren, wie eure Freude, eure Hoffnung und eure Lebenskraft zunimmt, so wie ein Vorgeschmack auf das, was eines Tages sein wird. Stellt euch zehn bis zwanzig Minuten lang vor, das, was ihr euch wünscht, sei bereits Wirklichkeit; schaut euch im Lichte, in der Nähe Gottes, beschäftigt mit wunderbaren Tätigkeiten. Das Denken, das so den Boden vorbereitet, wird euch Schritt für Schritt zur Verwirklichung eures Wunsches führen.

Gewiss gibt es noch vieles darüber zu sagen, vor allem, dass man die Führung und Unterweisung eines Meisters dabei braucht, um nicht auf falsche Wege zu geraten oder Dinge auszulösen, die nachher, wenn sie sich verwirklichen, euch eher Klagelieder anstimmen lassen statt Dankeshymnen an den Himmel. Diese Übung darf man nicht machen, ohne entsprechend aufgeklärt zu sein. Es gibt Geheimgesellschaften, die zu dieser Methode der inneren Schau anraten, um Wünsche zu verwirklichen, ohne jedoch zu erklären, was geschieht, wenn diese Wünsche zu persönlich und egoistisch sind, wenn sie Naturgesetze missachten und gegen die göttliche Ordnung verstoßen. Es wird nur gesagt: »Macht dies... und macht das...«, und die Leute machen es. Und was kommt nachher auf sie zu! Darum ist die Methode, die ich euch anrate, nur dann gut und brauchbar, wenn eure Wünsche göttlich sind, zum Wohle der ganzen Welt und nicht nur gut für euch selbst. Denn ihr müsst wissen, dass sich alles verwirklicht, und darin liegt die Gefahr. Ihr werdet nun sagen, dass ihr keine Gefahr dabei seht. Aber wer garantiert denn, dass ihr nicht darunter leiden werdet, wenn eure Wünsche wahr werden, weil ihr nicht voraussehen konntet, welche Komplikationen sich daraus ergeben mögen, und das, weil ihr euch nicht damit befasst habt, welche Beziehungen zwischen diesen Wünschen und den Gesetzen der Natur und des Lebens bestehen oder einfach, weil ihr euch nicht gefragt habt, was das wohl geben könnte, wenn sie in Erfüllung gingen?

Die Methode, die ich euch angebe, ist gut, bedarf aber Erklärungen und Klarstellungen. Ich rate euch hier, euch einige Minuten lang vorzustellen, was ihr sein möchtet, und da mag einer auf die Idee kommen, sich vorzustellen, er sei ein großer Eroberer, der sich mit Ruhm bedeckt, er sieht sich ständig als Befehlshaber, der seine Feinde vernichtet. Und ein anderer mit einer großen Liebe zum Geld wird sich womöglich vorstellen, wie das Gold von allen Seiten waggonweise auf ihn zuströmt und dass er damit nun seine Wünsche befriedigt, Festmähler hält und sich alles nur Erdenkliche erlaubt. Er sieht sich schon mit Geschäften und Filialen, treibt seine Konkurrenten in den Ruin und beherrscht ganz alleine den Markt... Das ist gewiss nicht, wozu ich euch rate, aber manch einer wird mich so verstehen!

Hierzu muss ich euch auch noch auf ein fast unvermeidliches Phänomen aufmerksam machen. Selbst wenn eure Wünsche wirklich hochgeistig sind, provoziert ihr damit dennoch die niedere Natur, die dann in euch gegensätzliche Kräfte auslöst. Denn glaubt nicht, dass ihr völlig frei seid! Die andere Seite ist auch da, eure andere Natur, die an die göttliche angrenzt. Oder habt ihr schon einmal gesehen, dass die Äste eines Baumes keinerlei Verbindung zu den Wurzeln hätten? Was der Mensch in der Höhe an Großartigem wünscht, erweckt in seinen Wurzeln entgegengesetzte Wünsche und Kräfte. Es ist so, als würde sich im Gehirn des Menschen, der göttliche Entschlüsse gefasst hat, eine ganze Delegation präsentieren, um ihn zu überzeugen, dass er nur nichts übereilen, seine Entschlüsse aufgeben oder sogar etwas Gegenteiliges tun sollte. In den Tiefen der menschlichen Seele laufen schon recht mysteriöse Dinge ab! Oh ja, es kann so weit kommen, dass man göttliche Vorsätze hatte, aber ganz allmählich schleichen sich dann andere Elemente ein und geben allem eine andere Richtung.

Bei dem Schüler natürlich, der es sich zur Gewohnheit gemacht hat, sich zu analysieren und immer auf der Hut zu sein, führen diese Schliche der niederen Natur, die ihre Vertreter in die Versammlung der Heiligen und Propheten oben im Kopf einschmuggeln will, nicht so leicht zu einem Erfolg, denn während er arbeitet, meditiert und aufbaut, stellt ein solcher Schüler Wesen um sich herum auf, die aufpassen und ihn schützen. Daran erkennt man einen fortgeschrittenen Schüler, er trifft Vorsichtsmaßnahmen. Übrigens wurde in der ursprünglichen Freimaurerbewegung, die auf einem wahren Wissen basierte, der Maurer dargestellt, wie er bei der Arbeit in der einen Hand die Kelle und in der anderen das Schwert zu seiner Verteidigung hält. Das ist natürlich symbolisch gemeint. Der mit seiner Kelle arbeitende Maurer ist ein Symbol für den Schüler. Während er arbeitet passt ein anderes Wesen in ihm auf, es wird durch das Schwert dargestellt, und blickt wie mit Scheinwerfern umher, um sicher zu gehen, dass keine Feinde im Schutze der Dunkelheit in die Festung eindringen, um sie einzunehmen.

Ohne weiter auf das innere Leben und die Intimsphäre des Schülers eingehen zu wollen, möchte ich euch einfach noch Folgendes sagen: Wünscht euch, was ihr wollt, erschafft mit euren Gedanken, was euch beliebt, überprüft aber gleichzeitig sorgfältigst diese Wünsche und Vorhaben, denn wenn die zu persönlich sind und nicht mit der von Gott für die ganze Schöpfung aufgestellten Ordnung in Harmonie schwingen, dann werden sie mit Lebensformen, mit Wesen, mit einem ganzen Schwingungsbereich in Konflikt geraten und ihr werdet keinen Erfolg damit haben. Sollte der sich allerdings doch einstellen, wäre es noch schlimmer. Unter solchen Umständen ist es besser, wenn ihr nichts erreicht. Dieser Misserfolg erspart euch dann immerhin die verschiedensten Enttäuschungen und Unfälle, denn da ihr ja nichts erreicht habt, bleibt ihr verschont. Es ist besser, wenn man mit seinen schlechten Absichten keinen Erfolg hat, sonst sind die karmischen Folgen unüberschaubar. Vielleicht wolltet ihr euch an jemandem rächen, ihn umbringen, weil die Sache aber schief gegangen ist, gebt ihr auf... na, umso besser! So habt ihr weniger abzutragen, als wenn es euch gelungen wäre, denn damit hättet ihr euch eine gewaltige Schuld aufgeladen.

Finden all diese Fragen immer Beachtung, wird darüber nachgedacht? Leider nein, und doch bilden sie die subtile Seite im Leben des Schülers. Er steht im Leben und muss sich bewusst werden über alles, was geschieht. Er isst, trinkt, atmet, handelt und ist sich dabei oft nicht im Klaren, was mit ihm, um ihn herum und in ihm eigentlich vor sich geht, und damit legt er natürlich keine Ehre ein. Ein Schüler muss wissen, warum er auf der Erde ist, warum er einen Körper hat, was dieser Körper darstellt und wie er sich verhalten muss, damit er alles zum Guten wendet. Auch ich musste mir darüber klar werden, was in mir und um mich herum geschieht, musste mich fragen, warum ich auf der Erde bin und was man von mir erwartet. Im Übrigen werden sich alle Menschen eines Tages vor diese Frage gestellt sehen.

Wenn der Schüler sich diese Frage ehrlich stellt, tut sich eine neue Welt vor ihm auf, er erkennt, dass sich die Dinge nicht unbedingt so abspielen, wie er es sich vorstellt, und dass über ihm eine höhere Ordnung besteht, die stärker ist als er, der er sich fügen und auf die er sich einstellen muss.[1] Es würde gar nichts nützen, wollte er sich dagegen sträuben, sich auflehnen, sich wie ein bockiges Kind benehmen. Die Gesetze sind unwandelbar, und schließlich wird er doch einsehen, dass er dies akzeptieren und sich nach ihnen richten muss. Das ist dann der Beginn der wahren Evolution. Man muss sich nicht einbilden, damit Stärke und Kraft zu beweisen, wenn man der göttlichen Ordnung trotzt. Manche Leute bilden sich ein, wenn sie die göttliche Ordnung ablehnen und nur machen, was ihnen passt, wäre dies ein Beweis ihrer großen Macht! Nun ja, aber wie lange geht das gut? Die intelligentesten Menschen, die es gibt und die es je gab, haben alle erkannt, dass es Gesetze gibt, denen der Mensch sich unterordnen muss. Haben sie einmal diese Gesetze verstanden und akzeptiert, zeigen sich auch bald die wahren Kräfte und Fähigkeiten in ihnen.

Ich werde euch an einem Beispiel zeigen, wie es dem ergeht, der nur mit seiner Personalität, also nur mit seinen eigenen Mitteln arbeitet. Was sind diese Mittel wohl wert? Wirklich nicht viel. Stellt euch einen Mann vor, der ins Ausland geht und dort verkündet: »Ich bin der Repräsentant Frankreichs. Versammelt euch mit Trompeten und Fanfaren und gebt mir die Ehre. Ich möchte euch die Gründe meines Besuchs darlegen...« Die Leute werden ihm ins Gesicht lachen und ihn womöglich noch einsperren. Niemand zollt ihm Anerkennung, denn er kommt nur mit seinen eigenen Mitteln. Kommt nun aber ein wirklicher Gesandter Frankreichs, selbst wenn er klein, schmächtig und schwächlich ist, wird er doch mit großen Ehren empfangen, im Klang der Fanfaren marschieren Soldaten vorbei, man verneigt sich vor ihm, da er als Abgesandter Frankreichs kommt. Es ist ja ein großes, reiches, allgemein anerkanntes Land, und so gelten die Ehrenbezeugungen dem französischen Staat und nicht diesem unbedeutenden Männlein, das zeichnet sich doch nur durch einige Medaillen und Orden auf der Brust aus. Das Gleiche gilt für einen Menschen, der sich nicht in die göttliche Ordnung fügt und sich eigenmächtig vor den Kräften des Lichtes und der Natur präsentiert. Weder diese Kräfte noch die Eingeweihten erkennen ihn an und fragen nur: »Woher kommst denn du? Zeige uns einmal dein Beglaubigungsschreiben!« Und da er nichts vorweisen kann, wird er abgewiesen.

Ein Schüler ist derjenige, der anerkennt, dass es eine Welt gibt, die sehr viel stärker, reicher und schöner ist als die seine; also fügt er sich und tritt in ihren Dienst, er will lernen, gemäß ihren Plänen arbeiten und ihren Willen ausführen. Von diesem Augenblick an ändert sich alles: Er bekommt Papiere und Kennzeichen seiner Vollmachten, ja alles was er braucht, er verfügt über enorme Mittel. Allerdings sind das nun nicht mehr seine eigenen Mittel, denn er kommt ja im Namen des Herrn und eine ganze Welt steht hinter ihm, um ihn zu stützen.

Die engstirnigen Menschen, die dieses Gesetz noch nicht begriffen haben, spielen sich weiterhin als die großen Chefs auf, und darum bekommen sie auch nicht die wahren Vollmachten. Ein echter Schüler hingegen sieht, wie die Dinge in Wirklichkeit liegen, und sagt sich: »Was war ich doch dumm, dass ich mich so aufspielen wollte! Ich werde jetzt aufhören, mich so aufzuführen und werde mich der göttlichen Ordnung fügen.« Dann fängt er langsam an, über Mittel zu verfügen, die nicht mehr die seinen sind, sondern die der ganzen Natur und des gesamten Kosmos, denn er ist einer ihrer Repräsentanten geworden. Da seht ihr, wer eigensinnig ist, bleibt auf seine eigenen Kräfte angewiesen, die immer weniger werden, der einsichtige Schüler hingegen wird stärker und erfährt eine Bereicherung, da er ja über ein göttliches, kosmisches Kapital verfügt.

Vorhin spürte ich beim Sprechen, wie ihr auf einmal den Wahrheitsgehalt meiner Worte überprüft habt, und ich hörte euch sagen: »Wie wahr das ist! So oft hatte ich schon großartige, selbstlose, göttliche Wünsche, aber nach einiger Zeit hat sich irgendetwas in mir eingeschlichen und die Sache aus der Bahn geworfen. Woher kam das?« Das kam von der anderen Natur, die wir auch in uns tragen... Und das ist so gekommen, weil euch die Dinge nicht klar genug waren, weil ihr nicht wusstet, dass gegensätzliche Elemente sich in euch einschleichen konnten. Die hättet ihr aussondern oder besser noch benutzen müssen – denn alles ist verwendbar – nur verstehen die Menschen es nicht, sich negativer Dinge zu entledigen oder aber sie richtig zu nutzen.

Ich habe euch schon gesagt, es gibt zwei Schulen: die des Guten und die des Bösen. In der Schule des Guten wird angeraten, alles Schlechte in der Hoffnung zu verwerfen, dadurch das Heil zu finden. In der Schule des Bösen kämpft man gegen das Gute an in dem Glauben, es könnte gelingen, dieses zu vernichten. Aber es gibt tatsächlich eine weitaus höhere Schule, die weit über der des Guten und der des Bösen steht, da sie beides zu nutzen versteht. Ja, sie bedient sich auch des Bösen, allerdings in homöopathischen Dosierungen, und sie erreicht damit enorme Dinge; sie verwirft nichts, sondern lehrt: »Wenn das Böse existiert, so nur, weil Gott seine Existenz zulässt, sonst wäre es schon seit langem verschwunden. Wenn es aber immer noch besteht, so hat es seine Daseinsberechtigung. Warum also sollte man es bekämpfen. Warum will man sich einbilden, man könne es vernichten? Man kann das Böse nicht zunichte machen. Folglich gibt es eine andere Lösung.

Und bildet euch vor allem nicht ein, dass Gott, wenn er das Böse in der Welt zulässt, dies täte, weil er seiner nicht Herr wird und dass er die Menschen bräuchte, damit sie ihm dabei helfen. Die Anschauungsweise, die ich euch darlegen möchte, mag euch erstaunen, und doch muss ich euch sagen, das so genannte Böse ist nötig, ja für das Wirken der Natur sogar unerlässlich, und sie versteht es, es richtig einzusetzen. Das ist wie in den Labors, wo Gifte verwendet werden, um höchstwirksame Medikamente herzustellen. Das Böse ist wie ein Gift, an dem Schwache und Unwissende sterben können, aber für starke und kluge Leute ist es ein Heilmittel, es macht sie gesund. Das ist die Anschauungsweise der dritten Schule: Man kann das Böse nutzbar machen.

Manche bekämpfen es unablässig und in diesem Kampf richten sie sich schließlich selber zugrunde, ohne dass es ihnen gelänge, das Problem zu lösen, denn das Böse besteht weiter. Warum also kämpfen? Ist es nicht besser, zu lernen, wie man das Böse benutzen kann? Ihr werdet nun antworten: »Aber das ist doch unmoralisch!« Nun gut, aber überlegt einmal. Wenn Krieg ist, was macht man mit den Gefangenen? Anstatt sie umzubringen, lässt man sie arbeiten. In früheren Kulturen wurden die gefangenen Feinde alle umgebracht, und man blieb ohne Arbeiter, denn die Männer des Landes waren ja in den Krieg gezogen, heute hingegen werden sie zur Arbeit eingesetzt. Das ist eine neue Erscheinung bei den Menschen, die ich verstehe und zu deuten weiß. Vielleicht machen sie das noch instinktiv und unbewusst, aber es ist schon ein Zeichen der Zeit. Das zeigt, dass sie langsam lernen, das Übel einzusetzen, um die Pläne Gottes zu realisieren.

Hiermit habe ich ein sehr heikles und schwieriges Thema angeschnitten. Seit jeher wurde dazu angeraten, das Übel zu bekämpfen, ich kann euch aber schon jetzt voraussagen, dass man mit der neuen Lebensanschauung nicht mehr lehren wird, es zu vernichten, sondern es im Gegenteil einzusetzen, umzuwandeln und sich dadurch zu bereichern. Wie geht man denn mit reißenden Wasserläufen um, mit Blitz, Wind und allem, was brennt und zerstört? Man hat sich diese Kräfte gefügig gemacht und nutzt sie nun. Und doch wurden diese Elemente in der Vergangenheit als ein Übel angesehen, gegen das man ankämpfen musste. Und nun benutzt man sie... Warum sollte man im seelischen Bereich, wo das Übel auch vorkommt, nicht genauso vorgehen? Was man in der Vergangenheit als ein Übel ansah, wird man künftig als eine gigantische Kraft betrachten, die zwar immer noch in der Lage sein wird, Zerstörungen und Verwüstungen anzurichten, aber auch, uns auf den verschiedensten Gebieten zu bereichern.

Die Erde denkt nicht so, wie wir es heute noch tun. Schaut doch nur, allen Schmutz und alle Abfälle muss sie aufnehmen, und sie nimmt diese als einen wertvollen Rohstoff an, den sie in Pflanzen, Blumen und Früchte umwandelt. Und die Kohle, wie ist die entstanden? Oder das Erdöl? Und die Edelsteine? Nun, wenn die Erde und auch die Eingeweihten diese Weisheit besitzen, wenn Gott selbst diese Weisheit besitzt, da Er ja das Übel nicht vernichten will, warum sollten wir nicht versuchen, sie auch zu erlangen? Seit Tausenden von Jahren bitten die Menschen flehentlich: »Herr und Gott, vernichte das Übel!« Aber der liebe Gott kratzt sich am Kopf, lächelt und sagt: »Die

Ärmsten! Wenn sie einmal begriffen haben, dass das Übel notwendig ist, werden sie aufhören, mich deswegen anzuflehen.« Aber so lange wird fleißig gebetet! Natürlich soll man beten, aber dabei sollte man um Folgendes bitten: »Herr und Gott, lehre mich verstehen, nach welchen Gesetzen Du die Welt erschaffen hast und wie Du die Dinge siehst... Gib mir Verständnis, Weisheit und Klugheit, auf dass auch ich, Dir gleich, über dem Übel stehen kann, sodass es mich nicht mehr berührt, und ich dennoch in der Lage bin, es zu nutzen, um Großes zu verwirklichen.« Wenn man so denkt, wird man gewahr, dass es nichts Schlechtes in der Natur gibt. Ihr werdet vielleicht sagen, dass man euch anders unterrichtet hat. Nun, das weiß ich schon, aber diese Lehrmeinung ist nicht vollständig. Für die Kinder mag sie gut und recht sein, die Realität sieht jedoch ganz anders aus. Die gesamte Schöpfung ist ein Beweis für den Wahrheitsgehalt meiner Worte.

Wenn es das Übel gibt, so deshalb, weil Gott seine Existenz zulässt, sonst müsste man davon ausgehen, dass es einen Feind gäbe, der stärker wäre als Er, und mit dem Er nicht fertig würde, und somit wäre Er nicht der allmächtige Herr, der das Universum regiert. Denn wenn Ihm etwas trotzen kann, wer sollte es erschaffen haben? Doch nur ein anderer stärkerer Gott als Er selbst. Übrigens haben genau das die Menschen oft geglaubt. Sie sagten sich: »Ja, was ist denn das für ein Gott, der nicht viel zuwege bringt? Er kann nicht alles, weder Weissagungen noch Wunder bringt er zustande, der andere hingegen kann das. Gehen wir also zu dem!« In gewisser Hinsicht argumentieren sie richtig. Warum sollte man einem unfähigen Gott dienen, wenn alles Wissen und alle Gaben von Seinem Gegenspieler dem Teufel kämen? Und gerade die Aussagen der Kirche ließen darauf schließen! Vollbrachte jemand ein Wunder... so steckte der Teufel dahinter! Manche der Kirchenleute haben niemals zugegeben, dass Gott diese Wunder bewirkte, in ihren Köpfen war Gott dazu völlig unfähig. Man braucht sich also nicht zu wundern, wenn die Leute einen Pakt mit dem Satan schlossen, das war eine logische Sache. Da seht ihr, wohin man gerät, wenn man nicht das wahre Wissen besitzt.[2]

Was ich euch hier enthülle, wirft vielleicht all eure Vorstellungen über den Haufen und bringt eure Gedanken in Wallung, aber in einigen Jahren wird die ganze Welt diese Anschauungsweise angenommen haben, denn das ist die einzig wahre und die einzige, die den Dingen endlich ihren wahren Stellenwert gibt. Die Kämpfe und die innere Zerrissenheit in den Menschen wird ein Ende haben, die Widersprüche werden aufhören, Einheit wird sein. Das Gute und das Böse wird zusammen in dieselbe Richtung marschieren, sie werden gemeinsam zur Arbeit eingesetzt werden. Solange der Mensch das Gute dem Bösen entgegensetzt, ist er mit sich selbst im Zwiespalt und lebt in einer Zerrissenheit, die bis zu seiner Vernichtung gehen kann. Was kann ein Mensch erreichen, der ständig im Kampf mit sich selber steht? Mit dieser überalterten Lebensanschauung wird der Friede sich niemals einstellen. Friede und Harmonie stellen sich nur dann ein, wenn man die Einheit herstellt, wenn alles sich in der gleichen Richtung bewegt. Ja, ist denn das möglich? Gewiss, für die höher stehenden Geschöpfe ist das schon Realität, alles gehorcht und dient ihnen.

Und ihr müsst auch wissen, liebe Brüder und Schwestern, auch die Teufel und die Höllengeister sind Diener Gottes. Meint ihr, die Engel würden sich mit Bestrafungen abgeben? Die haben anderes zu tun! Es sind die Teufel, welche die Menschen quälen, wenn diese die göttliche Ordnung durcheinander bringen. Und wenn der Mensch die göttliche Ordnung in sich selbst wiederhergestellt und sich wieder in Harmonie mit den Plänen Gottes gebracht hat, dann kommen sie nicht mehr. Das ist der Grund, warum Gott diese Wesen nicht vernichten will, sie sind ja nützlich. Wenn irgendwo Schmutz und Unrat herumliegt, kommen bestimmte Insekten und fressen das auf, ja, sie säubern das Gelände! Schafft man diesen Unrat jedoch weg, kommen sie nicht mehr.

Solange die Menschen die göttlichen Gesetze verletzen, kommen die Höllengeister und quälen sie. Das machen weder die Engel noch die Erzengel, deren Aufgabe es ja ist, die Ordnung wiederherzustellen und die Menschen zur Weisheit zu führen; das haben sie versucht, sie haben gebeten, erklärt, jedoch die Menschen haben nicht auf sie gehört, sondern sich trotzig gestellt. Nun ist es nicht die Aufgabe der Engel zu strafen, denn sie leben nur in Harmonie, Schönheit und Vollkommenheit. Aber sie sagen zu anderen: »Also, geht ihr jetzt hin!« Und diese anderen gehorchen, sie sind pflichtgetreu, denn sie haben versprochen, den Willen Gottes zu erfüllen. Diese anderen, das sind die Teufel, Dämonen und Würgeengel. Natürlich werdet ihr nun sagen, dass in der Offenbarung des Johannes aber steht, es seien Engel, die den Menschen die Plagen bringen. Gewiss, aber sie sind so mächtig, dass ein Zeichen von ihnen genügt, damit andere Kräfte in Aktion treten und die Erde verwüsten.

Sogar die Weisen, die Heiligen und die Propheten wurden von bösen Geistern gequält, die ihnen geschickt wurden, um sie zu prüfen und sie dadurch noch stärker zu machen. Diese Geister sind Diener, sie gehen dorthin, wohin sie geschickt werden, sie gehorchen dem Befehl. Und diejenigen von ihnen, die die Menschheit mit Unglück und Krankheit schlagen, wurden auch von Wesen geschickt, die darüber wachen, dass die Gesetze geachtet werden. Kehren die Menschen zur Ordnung zurück, verlassen diese Geister sie wieder. Das müssen sie tun, denn sie handeln nicht nach ihrem eigenen Willen, dazu haben sie kein Recht.

Falls ihr das Buch Hiob gelesen habt, habt ihr euch von dem, was ich gerade sage, selbst überzeugen können. Das Buch Hiob ist das älteste Buch der Bibel, und sein Verfasser besaß ein tiefes Einweihungswissen. Es heißt darin, dass Satan bei der

Versammlung der Söhne Gottes anwesend war. Warum hatte man ihn zugelassen? Warum wurde er nicht davongejagt, wo er doch Böses tut? Aber nein, er war dabei und unterhielt sich mit dem Herrn, denn er bat Ihn ja um die Erlaubnis, Hiob quälen zu dürfen, um ihn zu prüfen. Und es ist nun sehr interessant festzustellen, dass der Herr ihm dies gestattete, jedoch Bedingungen daran knüpfte: Beim ersten Mal durfte Satan lediglich Hiobs Besitz mit seinen Plagen treffen, aber nicht ihn persönlich, und so nahm er ihm seine Herden, seine Diener und seine Kinder. Beim zweiten Mal erreichte Satan beim Herrn, dass er Hiobs Körper mit Geschwüren bedecken durfte, aber er musste ihm das Leben lassen. Und jedes Mal gehorchte Satan, er tat Hiob nichts über das Vereinbarte hinaus an; ohne diese Anweisung Gottes, hätte er ihn sterben lassen können.

Manche Theologen und Geistliche waren so verwirrt darüber, Satan in einer Unterhaltung mit Gott zu sehen, dass sie dieses Buch, das sich all ihren Vorstellungen entgegenstellte, aus der Bibel herausnehmen wollten. In Wirklichkeit bringt einen diese Erzählung zum Nachdenken; und wer darüber nachdenkt, muss schließlich zugeben, wie tiefsinnig sie ist. Es ist die reinste Fundgrube! Die Versuchungen der Heiligen – denn meint nicht, nur der heilige Anton wäre so schrecklichen Versuchungen ausgesetzt gewesen – ihre Prüfungen waren absichtlich zugelassen, um zu sehen, wie sie reagieren würden.

In seinem »Faust« hat Goethe diesen Gedanken aus dem Buch Hiob wieder aufgegriffen, und das Werk beginnt gleichermaßen mit einem Gespräch zwischen Gott und Mephisto über Faust. Heute ist bekannt, dass Faust tatsächlich gelebt hat und ein sehr großer Magier war. Er war ein Zeitgenosse von Luther, Paracelsus, Melanchthon, Agrippa, Trithemus... Luther kannte ihn und missbilligte natürlich sein Handeln und nannte ihn einen Satansknecht, eine Ausgeburt der Hölle... In der Überlieferung heißt es, dass Faust in dem Pakt, den er mit dem Teufel schloss, Jugend, Reichtum, Machtstellungen und alle Genüsse gefordert hatte... Die Dauer dieses Paktes, den er mit seinem eigenen Blut unterzeichnet hatte, betrug vierundzwanzig Jahre. Während dieser Zeit musste der Teufel ihm jeden Wunsch erfüllen, er ließ ihn sogar durch den Raum fliegen. Als die vierundzwanzig Jahre dann um waren, weigerte sich Faust, der nun sterben sollte, sich zu fügen. Es wird erzählt, dass die ganze Nacht hindurch das Haus erbebte, und am folgenden Tag fand man ihn mit gespaltenem Schädel; die ganze Zeit lang sagte ihm der Teufel wieder und wieder: »Du hast unterzeichnet und musst dich an die Regeln halten.« Faust glaubte, er könnte noch dagegen ankämpfen. Aber nein, eine gewisse Zeit lang hatte der Teufel ihm Gehorsam geleistet, aber dann war das vorbei. Also, meine lieben Brüder und Schwestern, man muss schon überlegen und wissen, dass sich die Dinge niemals genau so abspielen, wie man es sich vorstellt.

Das Gute existiert, darin sind wir uns einig, ebenso wie das Übel. Nun gibt es aber eine dritte Schule, die über beides verfügt. Eines Tages wird man das alles ganz anders betrachten, und es wird eine neue Lebensauffassung geben, die weit über Gut und Böse stehen wird. Ich habe es euch schon gesagt, es ist genauso wie bei einem Wissenschaftler, der in seinem Labor allerlei gefährliche Stoffe benutzt, es aber versteht, diese so zu dosieren und zu kombinieren, dass sie heilkräftig werden. Oder auch wie bei der Erde... für die Erde ist nichts schmutzig, und nichts wird weggeworfen. Warum sollte nun ein Eingeweihter nicht das Gleiche können, was auch die Erde kann? Warum sollte er wegen einer unsauberen Tat, einer Beleidigung oder Schmähung den Halt verlieren? Aber wie viele Leute, vor allem unter den Künstlern, ließen sich doch schon durch böse Kritik vergiften! Wie viele Maler, Dichter und Musiker sind schon vor Kummer in den Tod gegangen, und das wegen Verleumdungen, Schmähbriefen oder gehässigen Artikeln! Wenn das Übel eine solch starke Wirkung auf sie ausüben konnte, dann nur deshalb, weil sie nicht in der Lage waren, es zu nutzen, um dadurch stärker zu werden.

Die Wissenschaft der Zukunft wird darin bestehen, zu lernen, wie man alles umwandeln, läutern und nutzen kann, um dadurch stärker zu werden. Diese Lebensanschauung wird eines Tages auf die ganze Welt übergreifen, da die Menschen erkennen werden, wie wahr und völlig offensichtlich das ist. Die Wissenschaftler handeln schon instinktiv so, sie benutzen Gifte, Feuer, die Kraft des Blitzes oder des Wassers usw. Eines Tages wird man sogar Atombomben zur Erzeugung von Wärme und Elektrizität benutzen. Nun hat man einmal diese Bomben hergestellt und weiß jetzt nicht mehr, was man damit anfangen soll... wenn man sie nicht zur Zerstörung einsetzen will. Ich weiß nicht, ob die Wissenschaftler schon daran gedacht haben, aber ich denke, anstatt die Energie plötzlich durch eine Explosion freizusetzen, könnte man dies ganz langsam und gleichmäßig geschehen lassen. Da es ja gelingt, die Kernspaltung langsam ablaufen zu lassen, müsste sich auch ein Weg finden lassen, die in den Bomben angestaute Energie langsam freizusetzen. Gewiss ist das sehr gefährlich, aber es wird kommen. Auf jeden Fall ist es sicher, dass man eines Tages aus Material wie Plutonium und Uran, aus dem Atombomben hergestellt werden, Energie zur Stromversorgung der Städte gewinnen wird.

Falls man euch über Gut und Böse andere Erklärungen gegeben hat, als die, die ich euch dazu gebe, so muss ich euch sagen, dass die nicht der Wahrheit entsprechen. Mir wurden die gleichen Erklärungen dazu gegeben wie euch, aber ich musste feststellen, dass ihr Wahrheitsgehalt nirgendwo bewiesen war und dass die ganze Natur das Gegenteil davon erkennen lässt. Für das jedoch, was ich euch dazu gesagt habe, liefert die gesamte Natur den Beweis. Geht nur hin, überzeugt euch selbst, analysiert und vergleicht!

Betrachtet den Menschen einmal genau. Schaut man den oberen Teil an, Mund, Nase, Augen und Gehirn ist man voller Bewunderung. Schaut man jedoch weiter unten, wo Magen, Gedärme usw. sind, ist man leicht ein wenig angewidert. Den Beweis jedoch, dass beide Teile zusammenarbeiten, sieht man schon darin, dass der Mensch immer mit dem Ober- und Unterkörper herumläuft, beide nimmt er überall hin mit. Er lässt nicht eine Hälfte irgendwo zurück, um nur die andere mitzunehmen, die er schicklicher und ästhetischer findet. Warum trennt er die beiden also in seinem Denken? Die beiden Hälften arbeiten miteinander und erhalten so das Leben und sorgen für die Entwicklung all seiner Fähigkeiten. Wenn sie gegeneinander arbeiten, dann liegt das am Menschen, der in seiner Unwissenheit in sich selbst ein Durcheinander und Zwietracht geschaffen hat. Tatsächlich gehören sie zusammen und arbeiten miteinander.

Wenn ich euch erzähle, wie weit ich in meinen Überlegungen gegangen bin, werdet ihr erschreckt sein. Stellt euch vor, ich würde die Theologen, die Geistlichen und all diese Puritaner fragen: »Nun, sagt mir einmal, wie ihr euch das Paradies vorstellt und das Himmelreich. Wenn die Menschen dort oben ankommen, meint ihr, sie hätten eine Hälfte von sich woanders gelassen oder meint ihr, sie kommen vollständig? All das, von dem ihr so angewidert seid, was sollen sie damit machen? Erklärt mir das einmal!« Sie werden sagen: »Daran haben wir noch gar nicht gedacht.« – »Also, dann fehlt etwas bei euren Vorstellungen. All die Männer und Frauen dort oben, wie schauen sie aus? Haben sie alle ihre Organe oder haben sie nur Gehirn, Kopf und Augen behalten?« Das ist eine peinliche Frage, nicht wahr? Und selbst ihr habt vielleicht noch gar nicht darüber nachgedacht und seid nun erstaunt. Ihr werdet vielleicht sagen: »Ja gewiss, es gibt das Paradies, aber wie sieht es da aus, und wo befindet es sich?« Ich kann euch versichern, das Paradies, so wie es sich die Geistlichkeit vorstellt, muss ganz schön langweilig sein. Das sieht man schon daran, dass sie sich beeilen, zur Erde zurückzukehren!... Nein, versteht mich recht, ich rede nur so, um euch zu zeigen, dass viele Dinge weder so richtig klar noch logisch sind, und um euch in eine Lage zu versetzen, die euch bestimmte Probleme ins Bewusstsein bringt, mit denen ihr euch vielleicht noch nicht befasst habt. Das ist meine Aufgabe.

Nun werdet ihr euch wohl fragen: »Ja, wie lebt man denn eigentlich, wenn man einmal dort ist?« Und eben das weiß ich... Gott hat den Menschen nicht geschaffen, um ihn dann zu halbieren. Das wäre auch so unästhetisch, dass die Maler und Bildhauer angewidert wären, ihn so verstümmelt, verpfuscht und ganz kaputt zu sehen. Und wem will man damit einen Gefallen tun? Gott ist der größte Ästhet und hat den Menschen nicht einfach irgendwie geschaffen. Man weiß nicht einmal wie lange er dafür gebraucht hat. »Doch,« werdet ihr sagen, »das ist bekannt, einen Tag, den sechsten.« Ihr wisst aber gut Bescheid! Einen Tag... ihr glaubt wirklich, nur ein Tag sei nötig gewesen, um den Menschen zu erschaffen, so wie er ist, mit all dem, was wir sehen, und dem, was wir noch nicht von ihm sehen, seinen lichthaften Körpern! Versucht einmal, euch all diese Pracht vor Augen zu führen, und dann begreift ihr, warum der Herr den Menschen nicht verpfuschen mag, indem er ihn in zwei Teile zerlegt, nur um einigen Unwissenden einen Gefallen zu tun. Ich weiß, wie die Wesen dort oben im Himmelreich sind. Was ihr widerlich, hässlich und beschämend findet, ist im Gegenteil so schön, lichtvoll und großartig, dass diese Wesen nicht auf den gleichen Einfall kommen könnten wie ihr, Verstümmelungen vorzunehmen. Sie sind vielmehr voller Bewunderung über die Fülle im Menschen, so wie Gott ihn in Seinem Kopf erdacht hat, mit den vielen Möglichkeiten die er hat, sich in Pracht und Vollkommenheit zu zeigen.

Ich kann euch sagen, wie das dort oben vor sich geht, nur würdet ihr mir doch nicht glauben, ihr wäret eher schockiert. So spare ich das lieber für später auf. Alle heiligen Bücher machen diesbezüglich Andeutungen, aber es darf noch nicht offen gesagt werden, man muss abwarten, bis ihr in der Lage seid, es zu verstehen. Dann werdet ihr wissen, was es bedeutet, in der Liebe zu leben. In der Höhe ist alles Liebe, dort gibt es nur die Liebe. Aber in welcher Form?... In welcher Art und Weise?... Ich spüre, dass der Augenblick noch nicht gekommen ist, offen darüber zu sprechen.

Nach und nach werdet ihr erkennen, wie logisch und wahr alles ist, was ich euch sage, wie sehr es der Realität entspricht. Allerdings rate ich euch nicht, es in den Büchern der Unwissenden nachlesen zu wollen. Haltet euch an das Buch der Natur, an die Schöpfung, dort werdet ihr sehen, dass alles, was ich gerade gesagt habe, überall geschrieben steht. Aus dem Buch der Natur habe ich mein Wissen und nicht aus den Büchern der Menschen, die ich nicht anerkenne. Die Bibel, die Evangelien und andere heilige Bücher, die schon, aber nicht die Schriftwerke von Menschen, die weder richtig aufgeklärt noch erleuchtet waren. Die lese ich wohl manchmal aus Neugier, um ein wenig auf dem Laufenden zu bleiben, aber darin suche ich nicht das wahre Wissen.

Alles steht um uns herum im Buch der Natur geschrieben, jedoch braucht man Augen, die es sehen können. Ja, auch das, was ich euch gerade über Gut und Böse gesagt habe, ist uns ständig vor Augen und in uns selbst. Auch darüber sollte man nachdenken, um vorwärts zu kommen. Und falls manche meinen, was ich euch sage, sei gegen die Religion gerichtet und ich wolle Aufruhr stiften, nun gut, wenn sie so ängstlich und schwach sind, mögen sie bleiben, wo sie sind! Sollen doch nur die weiter voranschreiten, die es wagen, sich dem wahren Wissen anzunähern!

Um das Übel lenken, beherrschen und umwandeln zu können, muss man ein Diener Gottes sein. Es genügt nicht, ein Diener des Guten zu sein, denn, wie ich euch schon gesagt habe, das Gute ist begrenzt. Dass es dem Guten nicht gelungen ist, das Übel zu besiegen, zeigt, dass es noch nicht Gott selbst ist, es ist nur eine Hälfte von Ihm, das Übel ist die andere Hälfte. Gut und Böse sind Bruder und Schwester, wenn ihr so wollt, aber sie sind nicht der Vater. Und man muss doch zum Vater gehen, der den Sohn und die Tochter oder eben die Geschwister, leitet. Zum Vater zu gehen bedeutet, ein Diener Gottes zu werden und nicht nur des Guten. Man muss also höher hinaufsteigen, um Gott zu dienen, der das Gute und das Böse lenkt. Dort findet man wahre Geborgenheit. Natürlich gibt es oben im Himmel kein Übel, und insoweit das Gute Vollkommenheit bedeutet, kann man sagen, Diener des Guten zu sein, bedeutet, Diener Gottes zu sein. Das Gute jedoch, so wie man es intellektuell versteht, also als Gegner des Übels, das ist noch nicht Gott, sondern nur die eine Hälfte.

Hört mir aufmerksam zu. Ich will euch noch weitere Beispiele geben, die euch den Wahrheitsgehalt dessen, was ich sage, besser begreiflich machen. Nehmen wir einmal den Blutkreislauf. Gäbe es nur den arteriellen Kreislauf, wäre kein Leben möglich, denn alle Schlackenstoffe müssen abtransportiert werden, und dazu dient der venöse Kreislauf, die andere Hälfte. Das Blut passiert die Lunge, wo es sich reinigt, und danach kehrt es zum Herzen zurück. Aus dem Herzen strömt nun also das reine Blut, das Gute. Aber so gut es auch sein mag, nach einiger Zeit enthält es von neuem Unreinheiten. Hat man sich wohl schon damit befasst, was dieses Phänomen bedeutet?

Die gleiche Erscheinung findet man beim Verkehrsfluss auf den Straßen, es gibt eine linke und eine rechte Fahrbahn... Wären alles Einbahnstraßen in eine Richtung, was täten dann die Autos, die zurückkehren müssen? Immer nur hinfahren und nicht zurückkommen? Hier noch ein weiteres Beispiel: In der Vergangenheit, und in manchen Ländern sogar noch heutzutage, stellen sich Menschen links und rechts von einem waagrecht liegenden Rad auf, das dazu dient, Mehl zu mahlen oder Wasser zu fördern. Um dieses Rad zum Drehen zu bringen, wird auf beiden Seiten geschoben, und es scheint, als würde man in entgegengesetzter Richtung arbeiten, denn die einen kommen und die anderen gehen, aber nur so bringen sie das Rad in Bewegung.

Dementsprechend sind Gut und Böse an dasselbe Rad gespannt. Gäbe es nur das Gute, würde es diesem nicht gelingen, das Rad zu bewegen. Vielleicht bin ich der Erste, der zu sagen wagt, das Gute allein ist nicht in der Lage, die ganze

Arbeit zu bewältigen, wenn das Übel ihm dabei nicht zur Hand geht. Ihr mögt wohl sagen, dies ist aber eine entgegengesetzte Kraft. Nun, das muss ja so sein, dass sie entgegengesetzt ist! Wenn ihr eine Flasche entkorkt oder sie wieder verschließt, nehmt ihr eure beiden Hände dazu, und die arbeiten dann nach verschiedenen Seiten, die eine zieht in die eine Richtung und die andere dieser entgegen, und nur so können beide gemeinsam den Korken hineindrücken oder herausziehen. Jetzt begreift ihr, wie entgegengesetzte Kräfte für einen bestimmten Zweck eingesetzt werden. Das ist ein Vorgang, den ihr täglich vor Augen habt und doch nicht seht.

Sévres, 28. Dezember 1964

Anmerkungen

1. Siehe Band 12 der Reihe Gesamtwerke »Die Gesetze der kosmischen Moral«.
2. Siehe Band 237 der Reihe Izvor »Das kosmische Gleichgewicht - Die Zahl 2«, Kapitel 5: »Gott steht über dem Guten und dem Bösen«.

Teil 2

Was ich euch heute Morgen gesagt habe, das behaltet für euch. Wenn ihr das nun überall herumerzählt, bekommt ihr nur Ärger. Die Leute sind noch nicht bereit dafür, solche Wahrheiten zu hören. Schaut nur, ihr habt Jahre gebraucht, um so weit zu kommen, dass ihr dies verstehen könnt, und es ist noch nicht einmal sicher, dass ihr das wirklich versteht, so sehr ist die Menschheit in falschen Traditionen gefangen! Generationen sind nötig, um sie davon zu befreien.

Die Menschen stehen in einem ständigen Kampf mit sich selbst und leben in einem Zwiespalt, da sie nur auf die äußere Erscheinung schauen. Sie sagen: »Seht her, hier ist das Licht und dort die Finsternis... Hier ist der Geist und dort die Materie... Hier ist das Gute und dort das Böse...« Aber diese Spaltung haben sie selbst erfunden. Die wahren Eingeweihten haben so etwas nie gesagt, sie haben immer an die Einheit geglaubt, die Dualität ist für sie nur eine Erscheinungsform der Einheit.

Wenn man wenigstens wüsste, wo das Gute und wo das Böse zu suchen ist! Aber ohne das eigentlich zu wissen, liegt man ständig im Kampf. Man kämpft gegen Gott selbst an, weil man ihn für den Teufel hält, und oft wird der Teufel angebetet, weil man ihn für Gott hält. Wüsste man zumindest, was gut und was schlecht ist, so würde das die Sache erleichtern, aber alles wird durcheinander gebracht. Kämpfen, das gefällt den Menschen, sei es mit sich selbst, mit ihrem Schatten oder mit Gott, sie wollen den Kampf. Ihr kennt doch Don Quichotte... bei ihm waren es Windmühlen, aber das war einerlei, Hauptsache, man konnte jemandem den Krieg erklären. Ich sage euch, mit dem Dualismus wird der Frieden sich niemals einstellen.

Über dieses Thema könnte ich noch lange zu euch sprechen, das würde aber nicht viel nützen, da ihr für diese Wahrheiten noch nicht bereit seid. Da soll einer die Menschen verstehen! Sie sagen, die Genitalien seien etwas Beschämendes, Abstoßendes und Teuflisches, alle Versuchungen kämen von dort, und dabei zeugen sie mit eben denselben Organen ihre Kinder... Sind demnach alle Kinder teuflisch? Was ist das für eine Logik? Und würden diese Organe wirklich in die Hölle führen, warum lässt die Weisheit Gottes dann zu, dass Weise, Heilige und Eingeweihte, wenn sie zur Welt kommen, den Weg eben über diese Organe nehmen? Wie kann man nur eine solche Theorie annehmen, und warum habt ihr sie so lange angenommen? Weil die Kirche das gesagt hat? Eines Tages wird die Kirche vieles anerkennen müssen, was sie bis dahin verdammt und verworfen hatte.

Glaubt nicht, ich sei der Erste oder der Einzige, der so über Gut und Böse denkt. Im Altertum gab es Menschen, die diese Wahrheiten kannten, sie aber nicht weitergaben oder wenn sie es taten, dann sprachen sie in so verhüllenden Worten, dass niemand sie verstand. Vor einigen Tausend Jahren, lange vor Jesus, sagte Hermes Trismegistos in der Smaragdtafel: »Was unten ist, ist wie das, was oben ist, und was oben ist, ist wie das, was unten ist, um die Wunder aus einer einzigen Sache zu wirken.« Habt ihr verstanden, was diese Worte bedeuten? Sie sind die Quintessenz dessen, was ich euch gerade gesagt habe. Allerdings hat Hermes Trismegistos damit nicht etwas erklärt, sondern ein Resümee gezogen. Das, was unten ist... was verstand er unter dem Begriff »das, was unten ist«? Und warum hat er angefangen mit dem, was unten ist, und nicht mit dem, was oben ist?

Hermes Trismegistos schließt die Smaragdtafel mit den Worten: »Man nennt mich Hermes Trismegistos (Trismegistos bedeutet: dreifach sehr groß), weil ich das Wissen der drei Welten besitze.« Er hat diesen Namen bekommen, weil er das Geheimnis der Einheit kannte. Er verstand es, sich dieser einzigartigen Kraft mit den vielfachen Anwendungsmöglichkeiten zu bedienen, und besaß dadurch ein allumfassendes Können. Von dieser Kraft sagt man auch, wer sie besitzt, wird alle Herrlichkeit der Welt erlangen. Und wenn Hermes Trismegistos sie besaß, sollten andere das nicht auch erreichen können?

Die Dualität ist nichts anderes, als eine Ausdrucksform der Einheit. Die Zahl 1 ist die erste und einzige Zahl. Allein die Zahl 1 ist existent, das muss man begreifen. Und was ist dann die 2, die 3, die 4 usw.?... Das sind Unterteilungen der 1. Willkürlich wird die 1 unterteilt in 2, 3, 4, 5, 6... und jede Unterteilung wird als neue Zahl dargestellt, obwohl sie nur eine andere Betrachtungsweise der 1 ist.[1] Was ist nun also die 2? Das ist die polarisierte 1. Nehmt einen Magneten, er ist polarisiert, aber nicht geteilt, er ist eins und bleibt eins. Nirgendwo ist die 2 von der 1 getrennt. Ganz gleich welcher Gegenstand – und auch der Mensch – besitzt zwei Enden, zwei Pole und bleibt doch immer eins. Und die 3? Nun, das sind die zwei Pole, die miteinander verbunden sind und aufeinander einwirken, wobei sie ein Wesen oder einen Gegenstand entstehen lassen, der die 3 darstellt; auch die 3 existiert nicht getrennt von ihnen. Die 4 und die 5 sind weitere Aspekte der Zahl 1; sie haben kein eigenständiges Dasein, das hat nur die 1.

Bisher war man immer der Meinung, jede Zahl hätte eine eigene Existenz, also dass es die 1 gäbe, dann die 2, dann die 3, das heißt, alle Zahlen ständen gleichberechtigt neben der 1. Aber nein, nur die 1 existiert. Gott ist die Liebe, Er ist der Vater, der Urgrund, der Ursprung allen Seins. Das hat man jedoch nicht begriffen und glaubt daher, die 1 und die 2 würden getrennt, jede für sich, existieren, also dass Gott und der Teufel auf einer Stufe ständen, dass sie die gleiche Kraft besäßen. Das ist aber falsch, denn der Teufel existiert nicht für sich, um Gott die Stirn zu bieten. Der Teufel ist nur ein Aspekt der Einheit, er befindet sich irgendwo im Ganzen, bleibt aber der Einheit verbunden. Schaut euch zum Beispiel die Kanalisation an, sie ist nicht von der Stadt getrennt.

Natürlich wurde die Frage des Übels noch niemals auf diese Weise erklärt. Aber ihr seht nun, es gibt nur eine Zahl, die 1. Alle anderen sind nur verschiedene Aspekte, vielfache Unterteilungen der 1, die alle anderen in sich enthält. Es ist unmöglich, Gott, die 1, zu verlassen. Das ist die wahre Philosophie, die zu allen Zeiten in den Tempeln und den Geheimlehren gelehrt wurde. Der Masse der Menschen hat man jedoch ihr Spielzeug gelassen, um kein Spielverderber zu sein, und so hat man sie glauben lassen, was sie wollte.

Es ist lediglich notwendig, die 1 zu kennen, denn sie enthält ja alle anderen Zahlen. Es hat keinen Sinn, diese anderswo zu suchen als in der 1, dort sind sie nicht. Alle diejenigen, die nicht bei der 1 geblieben sind, die Gott darstellt, haben den Teufel gefunden, der ihnen so arg zugesetzt hat, dass sie Gott aus den Augen verloren haben, da sie nicht mehr an Ihn dachten. Schaut, wie es im Mittelalter zuging, in den Kathedralen und überall wurden der Teufel und die Qualen der Verdammten in der Hölle in Bildern und Skulpturen dargestellt... und Gott, von Ihm war nicht mehr die Rede... was stellte Er schon dar, dieser armselige liebe Gott, wo der Teufel doch so stark war? Seht ihr die Verirrung und wie tief man gefallen ist!... Der größte Fehler der Menschheit besteht darin, dass sie die 1 verlassen wollte, denn denkt man an die 1, verschwindet alles Negative und Feindliche, allein Gott bleibt.

Unter dem Gesichtspunkt der Einheit muss man auch den Menschen betrachten. Selbst wenn der Mensch zweigeteilt ist, in Seele und Körper, Individualität und Personalität, Inneres und Äußeres, oben und unten, Geist und Materie, gebendes und empfangendes Prinzip, in Konkaves und Konvexes, in Mann und Frau, Gut und Böse, Himmel und Hölle, er bleibt eins. Man kann ihn auch in drei unterteilen, in Kopf, Rumpf und Glieder oder in Kopf, Lunge und Bauch, aber immer ist er eins. Die Alchimisten unterteilen ihn in vier, die Theosophen in sieben, noch andere in neun oder zwölf, aber immer ist er eins. Wer hat nun Recht? Alle haben Recht; mögen sie ihn so oft unterteilen, wie sie wollen, immer wird er eins sein.

Arbeitet also mit der Eins, denn es gibt weder die Zwei noch die Drei. Selbst wenn ihr ihn bis ins Unendliche mit seinen Organen, Nerven, Kapillaren usw. unterteilt, werdet ihr damit den Menschen, das heißt die Einheit, nicht verlassen. Was uns also interessiert, ist die Einheit. Wenn ihr den Menschen teilt, dann verstümmelt, zerstückelt ihr ihn und nehmt ihn auseinander. Seht ihr ihn jedoch als Einheit, bewahrt ihr ihm das Leben und die Kraft.

Die Zahl 1 ist die Harmonie, die Fülle, die Unsterblichkeit, die anderen Zahlen bringen hingegen schon den Zerfall mit sich. Die 2 ist der Krieg, die Gegensätzlichkeit, das Gute und das Böse, Ormuzd und Ahriman, der Tag und die Nacht. Die 3 versöhnt die beiden für einen Augenblick, es ist der Sohn, der spricht: »Papa, Mama, streitet euch nicht!...«, und er umarmt die beiden. Nun, aus Liebe zum Kind halten die zwei ein wenig Frieden, haben aber doch ständig Auseinandersetzungen, sogar mit dem Kind. Ihr wisst ja, wie das geht!... Dann kommt ein Töchterchen, die 4, und von neuem gibt es Krieg, denn die Mutter zieht den Sohn vor und der Vater die Tochter. Und wieder nicht enden wollende Auseinandersetzungen. Allein in der 1 ist Frieden.

Merkt euch gut, was ich euch heute Morgen gesagt habe, ihr müsst euch über Gut und Böse erheben. Das Gute allein genügt nicht, denn bisher hat es ja das Problem der Existenz des Bösen nicht lösen können, da es doch ständig mit diesem im Kampf liegt und es nicht besiegen kann. Genauso wenig gelingt es dem Bösen, das Gute zu Boden zu bringen. Es verfolgt dieses mit Feuer und Schwert, aber das Gute entsteht immer wieder neu, es wächst und verbreitet sich überall, denn auch es ist zäh! Mit Gut und Böse ist also nicht viel anzufangen, man muss schon darüber stehen.

Ihr habt doch in der Bibel gelesen, dass im Garten Eden zwei Bäume standen, der Baum der Erkenntnis von Gut und Böse, den Adam und Eva nicht anrühren sollten, und der Baum des Lebens, dessen Früchte sie essen durften.[2] Warum war das so geregelt? Weil die Früchte des Lebensbaumes, ganz im Gegensatz zu denen des anderen Baumes, sie über Gut und Böse stellte. Hat man die Früchte des Baumes der Erkenntnis von Gut und Böse gegessen, dann kostet man bald das Gute und bald das Böse, einmal die Freude und dann wieder die Trauer, einmal fühlt man sich gut, einmal ist man krank, man ist glücklich und darauf unglücklich. Durch diesen Zwiespalt im Menschen manifestiert sich die Zahl 2. Um diesem Kampf ein Ende zu bereiten, muss man zur Quelle zurückkehren und von den Früchten des Lebensbaumes essen. Der Baum des Lebens ist die Einheit. Und wie kann man in die Einheit zurückkehren? Es heißt doch, dass ein Erzengel, bewaffnet mit einem flammenden Schwert, den Zugang zum Garten bewacht... Gewiss, aber es gibt schon ein Mittel, um Einlass zu finden, das ist die Liebe, die Liebe zum Schöpfer, damit wird der Erzengel euch hineinlassen, denn Gott hat ihn angewiesen: »Du darfst nur diejenigen hineinlassen, die dankbaren Herzens sind, rein und voller Liebe.« Der Baum des Lebens existiert, er ist etwas Reales, man kann dorthin gelangen und von seinen Früchten essen, um so das Leben in sich zum Fließen zu bringen; vorher muss man sich allerdings läutern und wandeln.

Die Eingeweihten früherer Zeiten lehrten nur diese Philosophie der Einheit. Erst später tauchte der Dualismus auf, wie zum Beispiel im Manichäismus, einer persischen Religion oder im Christentum, das den Teufel als einen Gegenspieler Gottes darstellt. Aber Gott hat keinen Gegenspieler und kann auch keinen haben, alles beugt sich vor Ihm und gehorcht Ihm, da Er der Schöpfer ist. Wir haben vielleicht Gegner, weil wir unwissend sind und unaufhörlich die Gesetze übertreten, aber nicht Gott.

Ihr solltet also all diese falsch verstandenen Dinge über Bord werfen, die euch nur in der Evolution behindern, denn allein die Philosophie der Einheit kann euch retten. »Es gibt keinen anderen Gott als Gott,« sagen die Moslems, »und Mohammed ist sein Prophet.« Sie hätten hinzufügen sollen, dass es neben Mohammed trotzdem noch andere Propheten gibt, aber der erste Teil dieser Aussage ist großartig. »Es gibt keinen anderen Gott als Gott...« Für sie hat Er also keinen Gegenspieler, aber sie wissen, dass es einen gibt, der gegen die Menschen arbeitet, und sie nennen ihn Scheitan. Ihr seht, das ist der gleiche Name wie Satan, der bei den Ägyptern Seth hieß. Für die Kabbalisten und die Astrologen stellen Worte wie Saturn, Satan, Scheitan das S dar, die Schlange, die große Schlange, die für den Teufel steht. Nicht aus Zufall besteht eine Entsprechung zwischen all diesen Namen.

Der Mensch trägt diese Schlange in sich selbst, in seiner Wirbelsäule, denn diese stellt die Schlange dar. Ebenso findet man sie in den Händen wieder, die eine zusammengerollte Schlange darstellen.

Auf dem Hermesstab befinden sich auch zwei Schlangen. Warum? Der Stab ist die Wirbelsäule mit den beiden Strömen Ida und Pingala.[3] Das sind die zwei Kräfte, mit denen die Eingeweihten arbeiten, es sind also auch die beiden Hände. Aber darüber habe ich auch schon in den früheren Vorträgen gesprochen. Dabei habe ich euch auch gesagt, ihr solltet den Daumen nicht in der geschlossenen Hand halten, da dies ein Zeichen von Schwäche ist. Haltet euren Daumen immer gut sichtbar nach außen.

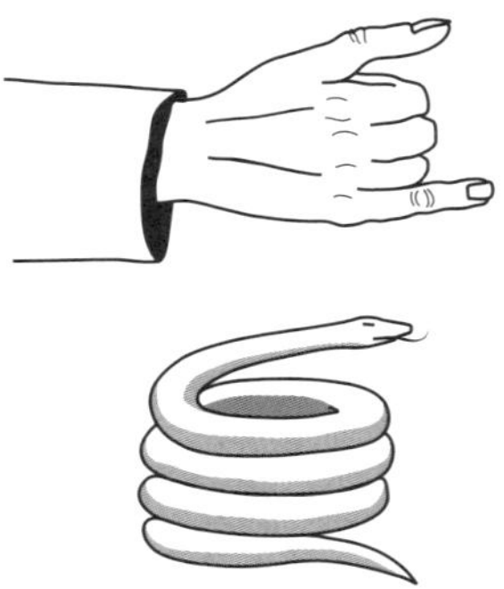

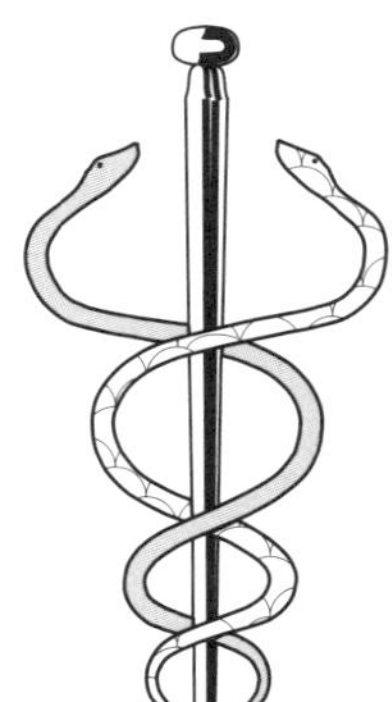

Ich möchte noch einmal auf die Frage der Einheit zurückkommen. Über der Dualität, der Polarität, steht die 1. Ich habe nie gesagt, ihr solltet euch nicht auch mit den anderen Zahlen befassen, nein, das müsst ihr sogar tun, allerdings in dem Bewusstsein, dass sie nur Aspekte, Erscheinungsformen der 1 sind, und daher müsst ihr immer wieder zur 1 zurückkehren. Jetzt fällt es euch noch schwer, mich zu verstehen, aber eines Tages werdet ihr mich verstehen. Für den Augenblick merkt euch nur, dass die anderen Zahlen isoliert nur in Klassifizierungen, Analysen und schematischen Darstellungen vorkommen und dass in Wirklichkeit alles in der 1 enthalten ist.

Auf jeden Fall rate ich euch nicht, das, was ich euch heute gesagt habe, nun überall zu verbreiten, denn die Menschen sind noch so sehr von den alten Vorstellungen beeinflusst, die ihnen eingetrichtert wurden, dass sie euch nicht nur verständnislos gegenüberstehen, sondern euch auch noch Unannehmlichkeiten bereiten würden. Als Johannes Huss auf seinem brennenden Scheiterhaufen stand und eine alte Frau sah, die noch ein Reisigbündel herantrug, rief er aus: »O sancta simplicitas!« (Heilige Einfalt!) Sie war natürlich überzeugt, etwas Gutes zu tun. Und viele Leute sind so, sie würden euch mit dem größten Vergnügen auf den Scheiterhaufen stellen und sich dabei einbilden,

Gott einen Dienst zu erweisen. Der Herr scheint es wohl nötig zu haben, dass man Ihm die Häretiker verbrennt, anscheinend ist er so begierig, Blut und Feuer zu sehen. Man hat Ihn gewiss nach seiner Meinung gefragt! Und auch euch würde man in gewisser Weise auf den Scheiterhaufen stellen, wenn ihr diese Wahrheiten geistig abgestumpften Leuten weitererzählen würdet. Gäbe es noch die Inquisition, hätte man mich schon längst zwanzigmal verbrannt, und zwar für Geringeres als das, denn die menschliche Engstirnigkeit und Unwissenheit ist erschreckend groß.

Es gibt Fälle, wo man sich gezwungen sieht, die Leute in ihrer Unkenntnis und ihren Leiden zu belassen, in ihrem Unverständnis gegenüber der Größe und Liebe Gottes. Ihr selbst stellt euch vielleicht manchmal die Frage: »Warum kommt Gott uns nicht zu Hilfe und erlöst uns von unseren Leiden und unserem Unglück?« Wir haben eben so viele Barrieren zwischen Ihm und uns aufgebaut, so viele falsche und willkürlich aufgestellte Vorstellungen, dass er es nicht mehr kann. Und dann haben die Menschen nur noch im Kopf, dass Gott fern und unerreichbar ist, dass Er sie nicht mehr hört, während der Teufel ihnen nahe ist, sie hört und sie erhören kann. Macht die Probe aufs Exempel, hört euch um, und ihr werdet sehen, ob die Leute nicht so denken: »Dieser Gott, den wir schon so lange anflehen, Er ist unerreichbar für uns... taub... in Schlaf versunken... der Teufel jedoch, der ist munter und sofort zur Stelle.« Das mag richtig sein, nur wissen die Menschen nicht, dass sie selbst diese Entfernung, diesen Abgrund zwischen sich und Gott geschaffen haben. In Wirklichkeit ist uns kein Wesen so nah, liebt uns niemand so sehr wie Gott und niemand will uns so sehr helfen wie Er; allerdings müssen wir alles ablegen, was diese Liebe daran hindert, bis zu uns zu gelangen.

Erinnert ihr euch, einmal habe ich darüber gesprochen, dass die Sonne, die alle Planeten in Bewegung hält und die Vegetation hervorruft, aber auch Epidemien, Kriege und die verschiedensten Ereignisse durch eine simple Änderung der von ihr ausgesandten Ströme auslöst, dass diese Sonne gegen zugezogene Vorhänge nichts ausrichten kann. Oder besser gesagt, sie könnte diese verschwinden lassen, will es aber nicht; es ist unsere Aufgabe, sie aufzuziehen, dann kann die Sonne herein, und es wird hell. Aber einen Vorhang aufziehen kann sie nicht. Selbst wenn ihr sie Millionen Jahre lang anflehen würdet: »Liebe Sonne, komm herein zu mir, bring mir dein Licht, du bist so schön!« dann würde sie euch antworten: »Ich kann es nicht... ich kann es nicht... zuerst musst du die Vorhänge aufziehen.« Und man wartet nun darauf, dass Gott unsere Vorhänge aufzieht! Aber das geht nicht, und selbst auf die Gefahr hin, als ein Gotteslästerer zu gelten, muss ich euch sagen: »Gott kann wohl alles, nur zugezogenen Vorhängen gegenüber ist er ausgesprochen schwach... sie aufzuziehen, das ist unsere Sache.«

Die Christen sind der Ansicht, Gott könne alles. Ja, außer Vorhänge entfernen, die wir selbst, bewusst oder unbewusst, gewoben haben. Wenn die Sonne in unser Zimmer hineinscheint, wird alles schön und hell, aber zuerst muss man einen Handgriff tun: die Vorhänge aufziehen. Und dann, welch ein Licht! Ihr seht also, selbst wenn ich all die Dummheiten, die sich in den Köpfen der Menschen angesammelt haben, wegnehmen will, so kann ich doch nichts ohne ihre Hilfe tun, solange sie nicht selbst die Vorhänge abnehmen wollen, die sie oder andere gewoben haben. Wenn Gott es nicht kann, wenn die Sonne es nicht kann, so wird es mir auch nicht möglich sein.

Für den Augenblick, bevor ihr mit den Menschen über Gut und Böse sprecht, bietet ihnen erst einmal andere Themen an. Ihr selbst aber hört nun auf, euch von diesen Aufspaltungen irreführen zu lassen, die nur dann nützlich sind, wenn man etwas theoretisch erklären will. In Wirklichkeit muss man zusammenfassen und nicht teilen. Alle Teilbereiche sind in der Synthese enthalten, und man darf diese nicht verlassen. Selbst die Analysen müssen innerhalb der Synthese vollzogen werden, denn sonst führen sie zum Tod. Das ist derart wahr, dass man warten muss, bis der Mensch gestorben ist, bevor man ihn sezieren kann. Die Analyse, so wie man sie allgemein versteht, ist ein Synonym von Tod. Um eine solche Analyse durchzuführen, muss man alles das beiseite nehmen, was das Leben erzeugt und erhält. In der Zukunft wird man allerdings auf eine andere Art analysieren. Um das Leben, die Einheit, zu erhalten, wird man zum Beispiel eine Frucht am Baum untersuchen, ohne sie abzupflücken. Eine tote Frucht oder einen toten Menschen zu untersuchen, kann ja nur zu falschen Vorstellungen führen; sie jedoch lebend zu studieren führt zu wahren Schlussfolgerungen.

Aber lassen wir es damit genug sein. Das Problem von Gut und Böse ist nicht einfach zu lösen. Was die Menschen gewöhnlich als ein Übel bezeichnen, ist das wirklich immer für den ganzen Kosmos etwas Schlechtes? Und wie oft ist doch ein Übel, über das sich einer beklagt, etwas Gutes für jemand anderen! Wenn ihr euer Portmonee verliert, so ist das übel für euch... aber für den, der es findet?! Tiere zu töten, um ihr Fell zu verkaufen, Wurst, Schinken und sonstige Fleischwaren daraus zu machen, erscheint den Menschen als etwas Gutes, aber für die armen Tiere? Und wenn die Autos auf den Straßen in zwei entgegengesetzten Richtungen fahren, wo ist etwas Böses dabei? Sie dürfen nur nicht zusammenstoßen, das ist alles. Es ist nichts Schlimmes dabei, wenn der venöse und arterielle Blutkreislauf in entgegengesetzter Richtung verlaufen, nur dürfen sie sich nicht vermischen, sonst läuft man ganz blau an. Und es ist auch kein Übel, dass jede Stadt ihre Kanalisation fürs Abwasser hat, nur sollte man nicht hineinfallen. Und in ähnlicher Weise geht es weiter mit allem anderem.

Das Übel hat seinen Ursprung also nicht in der Tatsache, dass es einander entgegengesetzte Kräfte gibt, denn diese wirken zusammen. Wenn diese Kräfte allerdings, anstatt die von der kosmischen Intelligenz vorgesehene Arbeit auszuführen, aufeinander prallen, sich bekämpfen und gegenseitig vernichten, dann haben wir das Übel. Das ist wie mit Feuer und Wasser. Was für großartige

Dinge kann man vollbringen, wenn man Wasser aufs Feuer stellt! Allerdings mit einer Trennwand dazwischen, sonst bringt das Feuer das Wasser sofort zum Verdampfen, und das Wasser löscht das Feuer, was übrigens in allen Lebensbereichen immer wieder vorkommt, wenn man sich damit nicht auskennt. Die Kräfte und die Gifte sind für den Menschen nur dann schädlich, wenn er damit nicht umzugehen versteht oder nicht stark genug ist, um sie zu benutzen. Für die Natur aber gibt es kein Übel.

Alle Geschöpfe müssen essen und trinken, danach jedoch müssen sie alles ausscheiden, was den Organismus belastet, sich aber doch in der Nahrung befand, die gut war. So muss man die Hölle mit all ihren Bewohnern als den Ort ansehen, wo alle Abfälle sämtlicher Geschöpfe angehäuft sind. Dieses Bild macht deutlich, dass die Hölle eine Folgeerscheinung von allem Unreinen und allen Bosheiten ist, die die Geschöpfe selber von sich gegeben haben. Und wenn es ihnen nicht gelingt, sich zu reinigen und sich zu vervollkommnen, so werden sie selber durch das Gesetz der Anziehung und der Wesensverwandtschaft in diese Hölle hinabgezogen, da gibt es kein Entrinnen.

Existiert die Hölle wirklich irgendwo als räumlich begrenzter Ort oder ist sie nur ein Bewusstseinszustand, eine Schwingung, eine Wellenlänge? Über dieses Thema werden wir ein andermal sprechen. Merkt euch nur, dass Gott über Gut und Böse steht und, um sich auch darüber zu erheben, man so weit kommen muss, mit Ihm eins zu werden.

Sévres, 28. Dezember 1964

Anmerkungen

1. Siehe Band 235 der Reihe Izvor »Im Geist und in der Wahrheit«, Kapitel 5: »Von der Vielfalt zur Einheit , Teil 1 und Teil 2«.
2. Siehe Band 210 der Reihe Izvor »Die Antwort auf das Böse«, Kapitel 1: »Die beiden Bäume im Paradies«.
3. Siehe Band 219 der Reihe Izvor »Geheimnis Mensch«, Kapitel 5: »Die Kundalinikraft«.

Kapitel 4

DER KAMPF MIT DEM DRACHEN

Ihr seid vielleicht ein wenig verwundert über das, was ich gestern zum Thema Eitelkeit gesagt habe, aber es entspricht der Wahrheit. Wenn ihr den Entschluss fasst, die Eitelkeit einzusetzen, um damit einer Idee zu dienen, wird sie zu einer gewaltigen Kraft, die euch anspornt und dem Himmel zutreibt, und eines Tages wird es keine Eitelkeit mehr sein, sondern göttlicher Glorienschein. Hochmut, Zorn und Sexualkraft sind ebenso Kräfte, die zum Guten oder zum Bösen benutzt werden können, also für eine göttliche Idee oder aber für persönliches Vergnügen und Eigennutz.[1] Schon früher, wenn ich davon sprach, dass man seine Fehler und Laster nutzen kann, waren viele erstaunt, denn sie meinten, dass man sich derer eher entledigen müsse. Aber in der Zukunft werden die Menschen so klug sein, anstatt gegen diese Kräfte anzukämpfen – die sie im Übrigen sowieso nicht völlig vernichten können –, sie zu benutzen, um so in allen Bereichen stärker und reicher zu werden.

Bisher hat die Religion, in Unkenntnis der gewaltigen Kräfte, die das Übel in sich birgt, immer davon gesprochen, man müsse es ausreißen mitsamt der Wurzel, es völlig ausrotten. Schaut euch zum Beispiel manche Mystiker und Mönche an, die sich vorgenommen hatten, kein Frauengesicht mehr anzublicken. Denn die Frauen stellen ja eine Versuchung dar, also ist es doch klar, sie sind Geschöpfe der Hölle, des Teufels, und man muss sie meiden, um ihnen nicht mehr ins Garn zu gehen... Folglich gingen sie nicht mehr hinaus oder senkten den Blick, wenn sie durch die Straßen gingen oder aber sie zogen sich in Klöster oder Grotten zurück. Und was war das Ergebnis? Sie hatten bald kein Leben mehr in sich, die Quellen versiegten, ihr Gesicht wurde ganz runzelig und sie waren unglücklich! Sie verloren ihren Schwung und ihre Freude und meinten, sie würden so zu Heiligen. Aber Heiligkeit, das ist etwas anderes! In der Vergangenheit haben ganze Generationen diesen Weg eingeschlagen, und was kam dabei heraus?... Natürlich gab es unter diesen Tausenden von Mystikern einige, die wirkliche Gaben besaßen, eine außergewöhnliche Intelligenz und Willenskraft, die ihnen diese innere Verödung überwinden half, aber doch entfalteten sie sich nicht wirklich. Und warum nicht? Weil sie nicht wussten, dass die Sexualkraft eine Urkraft ist, die Gott uns zum Segen der Menschheit mitgegeben hat.

In der Zukunft wird es eine neue Lebensanschauung geben, welche die Männer und Frauen lehren wird, wie sie die Energien einsetzen können, die sie sich gegenseitig geben, diese Zustände von beglückter Bewunderung, wenn sie einander betrachten, um so ständig inspiriert zu sein und zu Genies, ja zu Gottheiten zu werden. Anstatt also innerlich zu veröden, werden sie dank der Liebe, durch die sie Unterstützung, Hilfe und Antrieb erfahren, voller Leben sein, schön und ausdrucksvoll.[2] In der Vergangenheit wurden jedoch alle, die diese Lebensanschauung nicht besaßen, ausdruckslos, unglücklich und verbittert, da eben dieselbe Kraft, anstatt ihnen eine Hilfe zu sein, sie am Boden zerstörte. Ja, dieselbe Kraft! Daher rate ich euch nicht, die irrigen Vorstellungen der Vergangenheit zu übernehmen, denn diese führen zu schlechten Resultaten. Nicht einmal den Psychoanalytikern gelingt es, solche Leute zu retten. Nichts und niemand kann ihnen helfen, außer einer Einweihungslehre, die den Menschen lehrt, diese Triebkräfte für seine Evolution einzusetzen.

Und für die Eitelkeit gilt die gleiche Lösung wie für die Sexualkraft. Solange die Eitelkeit nicht für eine Arbeit eingespannt und mobil gemacht und auch auf ein Ziel ausgerichtet ist, schwächt sie den Menschen. Er will den anderen seinen

Reichtum, seine ganze Pracht und Herrlichkeit zeigen, dabei geht sein ganzes Geld drauf, seine Eitelkeit ruiniert ihn. Und ebenso seine anderen Energien, im intellektuellen und seelischen Bereich, werden von der Eitelkeit umgeleitet, in Beschlag genommen und benutzt. Somit kann uns die Eitelkeit seelisch und materiell völlig verarmen lassen. Setzt ihr sie jedoch gezielt ein, um inneren Schwung zu bekommen, euch vorwärts zu treiben, so wie man Brennstoffe wie Benzin und Kohle verwendet, dann könnt ihr damit vieles erreichen. Immer will man das Negative herausreißen, abtöten, umbringen, mitsamt der Wurzel entfernen und nur die positive Seite behalten. Aber dann stellt sich bald heraus, wenn man einzig und allein mit der positiven Seite arbeitet, fehlt immer ein Element; denn wenn die negative Seite existiert, bedeutet dies, dass die kosmische Intelligenz ihr einen Platz zugewiesen hat, damit sie zu etwas nützlich ist.

Auch das sind völlig neue Vorstellungen, die sich weit von dem entfernen, was Moral und Religion lehren. Es ist wohl noch etwas früh, euch dies alles zu enthüllen, aber ich sage euch, dass man sich in der Zukunft mit dieser Frage eingehend befassen und erkennen wird, dass man sogar die Kräfte der Hölle benutzen kann; jedoch muss man lernen, damit umzugehen.

Als Erstes muss man wissen, dass das Übel nur in homöopathischen Dosierungen eine gute Wirkung haben kann. Wer das nicht weiß, wird die bösen Folgen zu spüren bekommen, denn in allopathischer Dosis ist das Übel eine schreckliche Kraft, die alles zerstört und verwüstet. Darum hat die Religion auch immer gefordert, es zu meiden oder aber es zu bekämpfen und nur mit dem Guten zu arbeiten. Man wusste wohl auch nicht, dass das Übel benutzt werden kann. Da Gott nun aber dem Übel ebenso wie dem Guten die Möglichkeit gegeben hat, in Erscheinung zu treten, so hat das seinen Grund. Solange die Menschen sehr schwach sind, ist es natürlich sehr riskant, ihnen die Nützlichkeit des Übels aufzuzeigen. Um diese Wahrheiten zu ertragen, braucht es sehr starke und intelligente Leute. Später jedoch, wenn das Einweihungswissen weiter verbreitet ist, wird sie Licht in diese unerforschten Tiefen bringen, die man das Böse, die Hölle, die Finsternis, den Höllenschlund nennt.

Bisher habe ich euch nur eine Seite der Dinge gezeigt, die positive, spirituelle, himmlische Seite. Um jedoch Vollkommenheit zu erlangen, um die höchste Stufe der Einweihung zu erreichen, darf der Schüler nichts übergehen und muss sich auch mit der anderen Seite befassen. Hermes Trismegistos hat gesagt: »Was unten ist, ist wie das, was oben ist, und was oben ist, ist wie das, was unten ist.« Da er in der Smaragdtafel nun aber nicht erklärt hat, was er mit den beiden Wörtern »unten« und »oben« meinte, glaubten die Okkultisten, dies bedeute, Menschen, Tiere, Bäume und alles, was sich unten, auf der Erde befindet, sei wie das, was oben, im Himmel ist. Genau das haben sie darunter verstanden, da sie in Wirklichkeit nicht bis in die Tiefe des Denkens von Hermes Trismegistos vorgedrungen sind. Er trug aber den Namen Trismegistos eben gerade deshalb, weil er die Erkenntnis der drei Welten besaß, der höheren, der mittleren und der niederen Welt.

Um allerdings die niedere Welt erforschen zu können, muss man stark und gewappnet sein. Heutzutage hingegen macht man sich an die Erforschung des Unterbewusstseins ohne großes Licht und große Weisheit zu besitzen. Immerhin ist die Psychoanalyse, auch wenn sie mit viel Ungeschicklichkeit praktiziert wird, doch ein Zeichen dafür, dass für den Menschen die Zeit gekommen ist, diese im Dunkel liegenden und unbekannten Bereiche seines Wesens zu erforschen. Dies ist erst der Beginn, auf gut Glück tastet er sich voran, ohne den Aufbau und die Struktur dieser Bereiche recht zu kennen oder zu wissen, wie deren Material und Bestandteile sich zusammensetzen, noch welche Kräfte und Wesenheiten dort wirken. Ohne diese Vorkenntnisse zu haben, sind die Menschen in den Bereich des Unterbewussten vorgedrungen, weil sie wagemutig sind, aber auch, weil ganz bestimmte Kräfte sie in diese Richtung drängen, nämlich die Kräfte des Wassermanns. Die den Anfang gemacht haben, sind Mediziner oder Akademiker, die nicht genügend darauf vorbereitet sind, denn allein die Eingeweihten besitzen die entsprechenden Kenntnisse. Immerhin finden sie mit ihren begrenzten Mitteln doch einige Brocken der Wahrheit, und es ist ein Zeichen dafür, dass die Zeit gekommen ist, in diese andere Seite der Schöpfung vorzudringen und sie zu erforschen.

Bisher habe ich zu euch nur über das höhere Bewusstsein, das Bewusstsein seiner selbst und das gewöhnliche Bewusstsein gesprochen, also über das, was in der Smaragdtafel mit »oben« bezeichnet wird, denn ihr seid noch nicht bereit dafür, euch den Kräften des Unterbewusstseins zu stellen. Das Unterbewusstsein besteht aus zahlreichen Schichten, und das, womit die Psychoanalytiker sich befassen, ist oftmals nur die Oberfläche. In den untersten Schichten befindet sich die Hölle, denn eben das ist die Hölle, der entgegengesetzte Pol; und wer sich ohne die nötige Vorbereitung dort hineinwagt, wird aufgefressen, genauso als ginge er in ein Gebiet, wo noch alle wilden Tiere in freier Wildbahn leben. Ja, es ist sehr gefährlich und riskant in die Tiefen der menschlichen Natur hinabzusteigen, ohne entsprechend unterrichtet und zu seinem Schutz ausgerüstet zu sein, denn dabei werden feindselige und widerwärtige Kräfte geweckt, deren Angriffen man ausgesetzt ist.

Und im Folgenden werden wir sehen, dass dieses »Unten« gar kein so abstoßender und beschämender Ort ist, wie er von der Kirche dargestellt wurde. Denn gerade in diesem unteren Bereich findet das Schöpfungsgeschehen statt und werden die Kinder geboren, genau dorther kommt das Leben. Dort ist auch das Zentrum des menschlichen Wesens, und oben ist lediglich die Peripherie. In den alchimistischen Büchern und den Evangelien wird dieses Zentrum erwähnt, das Basilius Valentin in seinem Buch »Die zwölf Schlüssel« das Zentrum der Erde nennt, wo das Feuer brennt. In diesen Bereich, so sagt er, müsse man hinabsteigen, um den Stein der Weisen zu finden. Allerdings ist diese Erde, zu deren Zentrum man hinab muss, unsere eigene Erde, das Innere unseres Seins. Genau dort muss man nach den vergrabenen Schätzen suchen. Dieses Zentrum ist die Quelle des Lebens, von dort strömt das Leben, zirkuliert und steigt auf; und auch das Gehirn wird von dort aus versorgt und funktioniert dank dieses Zentrums.[3] Sobald der Mensch sich davon entfernt, gerät er aus dem Gleichgewicht, beherrscht seine Leidenschaften nicht mehr und ist den negativen Kräften hilflos ausgeliefert.

Es gibt Methoden, die von den Eingeweihten stammen und die es ermöglichen, in dieses Zentrum vorzudringen und so zur Ausgeglichenheit zu finden, dort Energien, ja eine überreiche Fülle an Vitalkräften zu schöpfen. Möglicherweise werde ich euch bald einige dieser Methoden angeben, damit ihr lernt die beiden Enden miteinander zu verbinden, das Obere mit dem Unteren und das Untere mit dem Oberen, denn auf diese Weise verwirklicht der Mensch in sich die Fülle. Allerdings ist das mit Gefahren verbunden, denn seit Urzeiten hat sich alles Lasterhafte und Finstere in diesem Zentrum angesammelt. Versteht man es jedoch, nur ganz kleine Teilchen daraus zu entnehmen, wird man erkennen, dass das Übel genau das Element mitbringt, das an der Fülle noch fehlte.

Im Talmud heißt es, dass am Ende der Zeiten die Gerechten, das heißt die Eingeweihten, ein Festmahl bereiten werden aus dem Fleisch des Leviathan, dieses Ungeheuers, das auf dem Grund des Ozeans lebt. Ja, man wird ihn fangen, zerlegen, einsalzen, in Gefriertruhen aufbewahren, und wenn der Zeitpunkt gekommen ist, werden die Gerechten sich an einigen Fleischbrocken des Leviathans gütlich tun. Was für herrliche Aussichten! Wenn das wörtlich zu nehmen ist, werden – glaube ich – viele Leute, Christen wie Ästheten, wahrhaft angewidert sein. Man muss es also interpretieren, und zwar folgendermaßen: Da der Leviathan, der doch ein Ungeheuer ist, für die Gerechten ein Festschmaus sein soll, bedeutet dies, wenn man es versteht, das Übel richtig zu nutzen, wird es zu einer Quelle der Fülle und des Segens.

Schaut euch Naturkräfte an wie Blitz, Elektrizität, Feuer, Wildbäche... Jetzt, wo der Mensch es gelernt hat, diese zu beherrschen und zu nutzen, bereichert er sich damit. Und doch waren es vorher feindliche Kräfte, sie stellten ein Übel dar. Und Hass, Wut, Eifersucht usw. sind Gifte. Aber in den neuen Apotheken der Universellen Weißen Bruderschaft werdet ihr lernen, sie zu nutzen. Ihr werdet sogar Methoden bekommen, mit denen ihr euch sämtliche negativen Kräfte, die ihr im Überfluss besitzt, nutzbar machen könnt. Freut euch darauf! Bisher raufte man sich verzweifelt die Haare, weil man sich sagte: »Ich bin ein Verdammter... in alle Ewigkeit werde ich in einem See aus Feuer und Schwefel schmoren.« Jetzt jedoch tun sich gute Perspektiven vor euch auf! Natürlich darf man sich nicht wie toll auf das Übel stürzen und große Brocken davon verschlingen wollen. Man muss sich mit einem Elektron, einem Atom davon begnügen und dies gut verdauen.

In der Zukunft werden die wagemutigen sich mit den Problemen Eifersucht, Hass, Angst, Sexualkraft eingehend befassen und lernen, diese Kräfte zu nutzen. Sie werden diese sogar »in Flaschen abfüllen« und in ihre Hausapotheke stellen, um sie bei Bedarf immer bei der Hand zu haben. In euren Köpfen muss jetzt eine große Wandlung stattfinden, ihr dürft vor dem Übel keine Angst mehr haben, und dann wird der ständige Kampf ein Ende nehmen. Bei den religiösen Menschen, den Mystikern und den Spiritualisten spielt sich im Innern ein unaufhörlicher Kampf ab, da sie die Schöpfung und das Leben nicht richtig begriffen haben. Die ganze Zeit ringen sie mit sich selber, da sie meinen, das Gute müsse das Übel vernichten. Und dann müssen sie feststellen, dass das Übel zäh ist und sich nicht ausrotten lässt. Anstatt nun dagegen anzukämpfen, muss man es nutzen, damit es nicht mehr Kampf und Zwist gibt, sondern damit eine Arbeit geleistet wird. Also kämpfen die Eingeweihten nicht mehr, denn sie haben begriffen, dass es niemals gelingen wird, dass Übel zu vernichten, und so haben sie Frieden.

Man kann das Übel zähmen, einschläfern, benutzen, es sogar zerlegen, um es zu verspeisen, nur töten kann man es nicht. Und seht doch auch, in der Apokalypse ist keine Rede davon, dass der Drache, der das Übel darstellt, getötet würde. Es heißt nur, er werde gebunden und für tausend Jahre in den Abgrund geworfen (natürlich muss man noch verstehen, was diese tausend Jahre bedeuten sollen); und danach wird er wieder freigelassen. Soll das heißen, dass von neuem das Übel herrschen werde? Gewiss nicht, denn während dieser tausend Jahre wird man ihn gut erzogen haben. Niemand hat je daran gedacht, was dort unten mit dem Drachen wohl geschehen mag. Nun, dort werden Erzieher um ihn sein, auch Fuß- und Klauenpfleger sowie Zahnärzte, die ihm seine Reißzähne nehmen und ihm Nägel und Krallen stutzen werden. Wenn er dort herauskommt, wird er ganz harmlos geworden sein. Ihr seht, damit hat sich noch niemand befasst. Ich allerdings habe mich aus Neugier einmal erkundigt und man hat mir gesagt: »Ja, sehen Sie, man kann den Drachen doch nicht tausend Jahre dort lassen, ohne sich um ihn zu kümmern!« Also wird er gut erzogen und ganz brav geworden sein, wenn er von dort wieder herauskommt, fast zu einem Diener der Menschheit. Denn ihr müsst wissen, selbst im Innern der Erde gibt es Erzieher. Das ist eine neue Philosophie, eine neue Wissenschaft, eine neue Religion!

Auch wurde noch nie erklärt, warum Jesus, bevor er zum Himmel auffuhr, in die Hölle hinabstieg.[4] Es heißt, er habe dort unten einige arme Seelen befreit!... Eine solche Antwort scheint mir jedoch etwas voreilig zu sein. Aber warum musste Jesus denn dann in die Hölle hinab? Was ist die Hölle, und was stellt sie im Menschen dar? Dort ist sie die Quelle des Lebens. Ja, diese ganze Region, von der gesagt wird, sie sei beschämend, abstoßend und teuflisch, warum hat Gott es sich einfallen lassen, uns alle von dorther in diese Welt kommen zu lassen? Das sind Geheimnisse, die noch nicht gelüftet sind, es eines Tages aber sein werden, denn es steht geschrieben, dass in den letzten Tagen alles offenbar werde.

Gewiss sind diese letzten Tage nicht endgültig die allerletzten, sondern die letzten Tage einer Epoche. Immer wird es die letzten Tage einer Epoche und die ersten Tage einer neuen Epoche geben, das muss man begreifen. Mehrfach wurde schon das Ende der Welt für ein bestimmtes Jahr vorausgesagt, und viele machten sich bereit zum Sterben, die Ärmsten, und dann ging es mit der Welt doch nicht zu Ende. Lediglich eine Epoche war vorbei. Man musste verstehen, dass »die Welt« hier ein Zeitalter bedeutete. Und auch jetzt leben wir in den letzten Tagen der Welt, denn ein neues Zeitalter bricht an. In einer Zeitung, die ich vorgestern gelesen habe, war sogar von einem neuen Menschentyp, von einer neuen Menschheit die Rede, die auf der Erde erscheinen soll. Ihr seht, die Leute besitzen doch immerhin Antennen, sie spüren, dass etwas Neues in die Welt kommen wird. Natürlich können sie nicht genau sagen, was das für eine neue Rasse sein wird, die Menschen der Wassermannära, da sie sich nur auf wissenschaftliche Daten stützen.

Gewiss kann man jetzt seine Fantasie spielen lassen und sagen, diese Menschen würden auf den Mond gehen und dort die verschiedensten Anlagen bauen,... nachher auf den Mars usw. Das ist sicher möglich, nur können diese Leute nicht voraussagen, auf welchem Stand die menschliche Seele dann sein wird, wie die Menschen dann denken und wie sie ihre Liebe ausdrücken werden, was für Eigenschaften sie haben und welch ein Leben sie führen werden, weil ihnen für solche Voraussagen die Elemente fehlen, da sie zu sehr von der offiziellen Wissenschaft beeinflusst sind. Aber sie wissen gar nicht, welch überraschenden Ereignissen die Wissenschaft entgegengeht, möglicherweise macht deren Weg bald eine Wende in Richtung der Einweihungswissenschaft. Es werden Hoffnungen in diese oder jene Entdeckung gesetzt, in die Entwicklung dieser oder jener Technik, und dabei kann die Wissenschaft eine Kursänderung erfahren. Ja, denn sie schreitet nicht geradlinig voran, sondern spiralförmig, und bald wird sie mit der Einweihungswissenschaft zusammentreffen.

Für den Menschen ist es äußerst wichtig, dass er es versteht, all seine Schwächen nützlich einzusetzen. In der Zukunft werden das alle lernen müssen. Ihr habt übrigens schon damit begonnen. Viele von euch haben schon einen Anfang gemacht, und anstatt zu versuchen, sich endgültig der negativen Kräfte, von denen sie geplagt werden, zu entledigen, bemühen sie sich, diese zu nutzen und damit sehr stark zu werden. Wie kann man zum Beispiel den Zweifel sinnvoll einsetzen? Das ist immer eine Frage der Ausrichtung. Warum sollte man, anstatt an der kosmischen Intelligenz, an der Existenz des Herrn oder an der Güte der anderen zu zweifeln, nicht einmal sich selbst und den Wahrheitsgehalt des eigenen Standpunktes in Zweifel ziehen und sich sagen: »Habe ich wirklich Recht? Liege ich völlig richtig? Gibt es nicht bessere Schlussfolgerungen als die meinen?« Und dann kann man sich auf die Suche machen. Leider glaubt man da, absolut Recht zu haben, daran wird nicht gezweifelt.[5] Alles andere wird in Zweifel gezogen, nur nicht das eigene begrenzte Urteilsvermögen, und damit verrennt man sich ganz gewaltig. Besonders klug ist das nicht.

Anstatt zu glauben, all unsere Wünsche und Begierden seien gerechtfertigt, berechtigt, wunderbar, und sie somit zu verteidigen, sollten wir besser anfangen, uns ihretwegen Fragen zu stellen. Anstatt ständig an unserer höheren Natur, unserem erhabenen Geist und allen Schätzen, die Gott uns mitgegeben hat, zu zweifeln, sollten wir an unserer Personalität zweifeln. Stattdessen wird an den besten Dingen gezweifelt, die Gott uns geschenkt hat, und man folgt blindlings den Kräften, die in einem toben, in der Meinung, man müsse sie befriedigen. Nun ja, das muss sich ändern, und wenn man unbedingt zweifeln will, sollte man zumindest wissen, was in Zweifel zu ziehen ist. So wie ich zu einigen sagte, die im Gefängnis saßen: »Wisst ihr, warum ihr hier seid?« – »Ja, natürlich wissen wir das,« war die Antwort, »weil wir uns haben schnappen lassen.« – »Nein, sondern weil ihr zu sehr an eure Klugheit, eure Berechnungen und eure Tricks geglaubt habt. Ihr wart euch eurer Sache zu sicher und meintet, euer Plan sei einwandfrei. Hättet ihr gezweifelt, wärt ihr jetzt nicht hier. Gerade da hättet ihr zweifeln müssen und habt zu fest daran geglaubt...«

Ihr seht, was man alles sagen kann zu dem Thema, die negative Seite sinnvoll einzusetzen und sie zu einer Stärke zu machen, ja sogar zu einem Schutz. Um nun allerdings zu lernen, wie man vorzugehen hat, muss man in eine Einweihungsschule eintreten, denn nur dort bekommt man erklärt, was die verschiedenen Tugenden, Kräfte und Gedanken eigentlich sind und wie man damit arbeitet. Ich glaube nicht, dass man eine Lösung außerhalb dieses Lichtes finden kann, das uns die Einweihungswissenschaft bringt, denn sie allein gründet auf der Kenntnis der menschlichen Natur. Aber wer glaubt schon noch an all das?

Heutzutage bildet man sich ein, völlig richtig zu liegen, wenn man an nichts mehr glaubt. Das ist eine Katastrophe! Nur wie kann man den Menschen, und vor allem der Jugend, erklären, dass man sein Leben nicht auf dem Nichts aufbauen kann, dass man eine Philosophie braucht, ein hohes Ideal? Die jungen Leute wollen jeglichen Glauben kaputt machen, und nachher wundern sie sich, wenn sie seelisch aus dem Gleichgewicht geraten. Das ist wirklich nicht sehr intelligent. Sie mögen viele Kenntnisse besitzen, aber keine Intelligenz. Dies ist eine Fähigkeit, die nicht von der Menge der Kenntnisse abhängt. Das ist eine Sichtweise, eine innere Schau, eine unerklärliche Intuition, die einen die Realität der Dinge erkennen lässt; und mit Hilfe dieser Intuition, dieses Empfindens bringt ihr euch in Übereinstimmung, in Harmonie mit sämtlichen Kräften der Natur und des Kosmos. Sich mit seinen Diplomen zu brüsten oder damit, dass man diese Schrift und jenes Buch gelesen hat, obwohl im eigenen Innern ein großes Durcheinander herrscht, nun, das zeigt, dass es an Intelligenz mangelt, denn die Intelligenz, so wie sie die Eingeweihten verstehen, ist nicht diese

Eigenschaft, die man allgemein dem Gehirn zuschreibt. Die wahre Intelligenz bringt euch Gesundheit, Ausgeglichenheit, Freude und alle Segnungen.[6]

Was ich euch heute gesagt habe, ist ein Versuch, ein Bemühen. Ich wollte euch einen neuen Weg öffnen, aber ich frage mich doch, ob das nicht ein wenig verfrüht war und ob euch die Sache mit der negativen Seite wohl klar sein wird. Das Gute, was sich oben befindet, ist nur die eine Hälfte, und man darf die andere Hälfte nicht vernachlässigen. Allerdings muss man immer oben, mit dem Guten, beginnen, damit man sich schützen kann.

Wenn in einem Haus Hornissen- oder Wespennester zu entfernen sind, lässt man Feuerwehrleute kommen, die dicke Kleidung, Masken und Räuchergeräte haben, denn sonst wäre es gefährlich, man liefe Gefahr, gestochen zu werden und sogar daran zu sterben. Begibt man sich in die Tiefen des Meeres oder der Erde hinab, ist auch eine ganze Schutzausrüstung nötig. Für jegliche ein wenig gefahrvolle Unternehmung muss man sich also vorbereiten und entsprechend schützen. Wenn die Leute jedoch in die Tiefen ihrer eigenen Natur hinabsteigen, bilden sie sich ein, dies sei ganz einfach und völlig gefahrlos. Nun ist aber gerade das mit den größten Gefahren verbunden, und man muss dafür gerüstet sein. Ihr beginnt nun damit, euch zu rüsten, denn ihr arbeitet mit den Kräften von oben, mit dem Licht, der Liebe, der Reinheit und der Güte, und das ist die Ausrüstung, das sind die Waffen und die Masken. So könnt ihr bald in die Tiefen und in die Grotten hinabsteigen, dorthin, wo es feucht, dunkel, klebrig oder rutschig ist, denn ihr seid mit den himmlischen Wesen verbunden. Und diese lassen euch nicht im Stich. Sie wissen, um die letzten Stufen der Einweihung zu erreichen, müsst ihr die Abgründe in euch erforschen.

In jedem Wesen befinden sich beide Prinzipien, Gut und Böse. Möglicherweise ist das Böse eingeschläfert oder wie in Tierparks in Käfige gesperrt. Ja, die Tiger, Bären und Kobras sind vielleicht eingesperrt, aber doch sind sie da, in jedem

Geschöpf.[7] Das zeigt sich daran, wenn ihr die entsprechenden Bedingungen schafft, dann wird das allerliebste und keuscheste Mädchen und der feinste und reinste Junge zu einem Dämon. Dann sagt ihr: »Wie ist denn das möglich? Das ist ja unglaublich! Darauf waren wir nicht gefasst...« Aber gerade darauf muss man gefasst sein. Sämtliche reißenden Tiere befinden sich im Innern, nur hatten sie noch nicht die Gelegenheit sich zu zeigen, und an dem Tag, an dem diese Gelegenheit sich ergibt... ist man wie vom Donner getroffen!

In jedem Geschöpf, selbst dem allerbesten, sind immer höllische Neigungen verborgen, die von einer weit zurückliegenden Vergangenheit herrühren. Wichtig ist es nun, dass man sie nicht in der Vorstellung, sie nutzbar machen zu wollen, mit einem Schlag alle hervorholt. Man muss sozusagen eine Sonde benutzen und lediglich einige Elemente davon entnehmen. Auf keinen Fall geht es darum, sich leichtsinnigerweise in Händel mit der Hölle einzulassen, da würde man den Kürzeren ziehen. Man muss wissen, wie vorzugehen ist. So müsst ihr weiterhin mit den Kräften von oben arbeiten, mit dem Gebet, der Harmonie, der Sonne, der Liebe, und wenn dann von Zeit zu Zeit etwas, das Krallen, Zähne und Stacheln besitzt, aus den Tiefen eures Seins auftaucht und euch zu Dummheiten verleiten will, dann ergreift es, fangt es, untersucht es in eurem Labor und lasst es sogar sein Gift absondern, damit ihr dies verwenden könnt. Allerdings möchte ich wiederholen, liebe Brüder und Schwestern, seid vorsichtig, lasst euch nun nicht durch meine Worte zu einer leichtsinnigen Kraftprobe mit dem Bösen verleiten. Sagt nicht: »Ah, jetzt weiß ich Bescheid, nun wollen wir doch einmal sehen, was dabei herauskommt!«, denn ihr selbst würdet vielleicht nicht heil dabei herauskommen. Manchen ist es schon so ergangen. Sie hielten sich für sehr stark, obwohl ihre Verbindung mit dem Guten, dem Licht nicht genug gefestigt war, und nun befinden sich die armen Kerle in einem schlimmen Zustand! Alle negativen Kräfte sind in ihnen entfesselt.

Heutzutage leben Tausende von Menschen in Irrsinn und Chaos, denn mit dem, was jetzt an Büchern, Filmen, Musik, Theater, Malerei und Tanz aufkommt, ist die ganze Welt dabei, die Kräfte der Hölle und der Astralebene zu entfesseln. Fast alle, die im Bereich der Kunst tätig sind, holen sich ihre Inspirationen in infernalischen Regionen. Das mag originell sein, vielleicht auch interessant, aber die Menschen müssen gut vorbereitet sein, um dem nicht zu erliegen. Sie wollen etwas Neues, gut, einverstanden, nur anstatt es in den höheren Regionen zu suchen, holen sie es unten. Gerade mit diesen Neuheiten lösen sie astrale Kräfte in der gesamten Natur aus, und da sie sich nicht zu schützen wissen, erliegen sie diesen. Damit nimmt die Religiosität ab, die Moral sinkt und nirgendwo findet sich mehr gesunder Menschenverstand. Überall begegnet man Mutlosigkeit, Verzweiflung, Irrsinn. Die Astralwelt überschwemmt die Menschheit.

Jedoch die Universelle Weiße Bruderschaft kann diesen Zustand wieder in Ordnung bringen. Darum sage ich euch: »Macht euch bereit, und ihr werdet denen, die kommen werden, ein Vorbild sein.« In der Welt gibt es immer mehr Leute, die aus dem inneren Gleichgewicht geraten, und das ist schlimm, denn solchen Erschütterungen ist das Nervensystem nicht gewachsen. Damit ihr diesen Menschen wenigstens den rechten Weg aufzeigen könnt, müsst ihr euch vorbereiten. Dafür brauchen wir hier einen unwahrscheinlichen Zusammenhalt, größte Harmonie und bestes Einvernehmen. Dann helfen uns die Engel, Erzengel, Eingeweihten und die großen Meister, die Patriarchen und die Propheten dabei, diese Kräfte zu vertreiben und unter die Erde zurückzuschicken. So steht es in der Offenbarung des Johannes geschrieben. All diese himmlischen Wesen, die in dem Symbol des Erzengels Michael vereint sind, repräsentieren die Kräfte des Guten, die den Drachen binden werden. Allerdings braucht es Arbeiter, die diese Kräfte herbeirufen, und die Arbeiter, das ist die Universelle Weiße Bruderschaft.

Diese Aufgabe ist so großartig, so glorreich, dass ihr euch endlich entscheiden solltet, etwas Besseres zu tun, als das, was ihr bisher gemacht habt. Ihr müsst sagen: »Auch ich will mitmachen und mich mit den Arbeitern des Himmels verbinden, die in der ganzen Welt tätig sind, um die Menschheit aufzuklären.« Dann werden die Lichtkräfte des Guten immer mit der Bruderschaft sein.

Sévres, 29. Dezember 1968

Anmerkungen

1. Siehe Band 221 der Reihe Izvor »Alchimistische Arbeit und Vollkommenheit«, Kapitel 10: »Eitelkeit und göttlicher Ruhm«.
2. Siehe Band 28 der Reihe Gesamtwerke »Die Pädagogik in der Einweihungslehre, Teil 2 und 3«, Kapitel 10: »Die Sonne als Vorbild«.
3. Siehe Band 6 der Reihe Gesamtwerke »Die Harmonie«, Kapitel 10: »Das Harazentrum«.
4. Siehe Band 234 der Reihe Izvor »Die Wahrheit, Frucht der Weisheit und der Liebe«, Kapitel 17: »Die Wahrheit jenseits von Gute und Böse«.
5. Siehe Band 239 der Reihe Izvor »Die Liebe ist größer als der Glaube«, Kapitel 3: »Der heilsame Zweifel«.
6. Siehe Band 6 der Reihe Gesamtwerke »Die Harmonie«, Kapitel 8: »Menschlicher Intellekt und kosmische Intelligenz«.
7. Siehe Band 11 der Reihe Gesamtwerke »Der Schlüssel zur Lösung der Lebensprobleme«, Kapitel 19: »Wie man die inwendigen Tiere bezähmt«.

Kapitel 5

ANWESENHEIT UND ABWESENHEIT

In diesen Tagen, meine lieben Brüder und Schwestern, habe ich zu euch über die Achtsamkeit gesprochen. Mancherorts, in der Armee zum Beispiel oder in manchen Schulen, ruft man zum Überprüfen, ob alle da sind, die Namen auf, und wer da ist, antwortet mit: »Anwesend!« Ist jemand nicht da, sagt man von ihm, er sei abwesend. Das ist alles sehr einfach, ja kinderleicht, in Wirklichkeit sind Anwesenheit und Abwesenheit jedoch zwei Wörter, die uns viele Dinge klar machen können. Seid ihr während der Mahlzeiten nicht achtsam, also ein wenig abwesend, dann stoßt ihr mit dem Besteck überall an und macht Lärm. Und so ist es in allen Bereichen des Lebens, ohne Geistesgegenwart, wenn euer Geist also nicht anwesend ist, ohne Achtsamkeit, Wachsamkeit und Bewusstheit, steht der Mensch auf verlorenem Posten. Wenn man abwesend ist, kann einem alles zustoßen, Stürze, Unfälle, Unglücke.

Nehmen wir einmal das Wort Anwesenheit als Ausgangspunkt, so können wir höchst interessante Dinge feststellen. Werfen wir einen Blick auf die Phänomene des Lebens, und was sehen wir dann? Wenn Sauerstoff anwesend ist, so ist es gut, dann geht das Leben weiter. Ansonsten wäre zu viel Kohlendioxid da, und mit der Gesundheit des Menschen ginge es bergab. Wenn ein Funke da ist, können Sauerstoff und Wasserstoff Wasser erzeugen oder, unter anderen Bedingungen, eine Explosion hervorrufen. Ja, die Anwesenheit eines Funkens!

Wenn die Vitamine fehlen, entstehen Mangelerscheinungen und Krankheiten. Wo Ameisen sind, verschwinden die Schlangen. Die Anwesenheit der Ameisen lässt sie die Flucht ergreifen. Hühner und andere Vögel spüren instinktiv die Anwesenheit eines Adlers und verstecken sich. Die Geier ihrerseits werden angezogen durch die Anwesenheit von Kadavern. Honig zieht Bienen an, während Schmutz anderes Getier herbeilockt. Die Anwesenheit eines hübschen Mädchens wird möglicherweise bei anderen Mädchen Eifersucht, böses Gerede und Ärger hervorrufen, während es bei den Jungen andere Gefühle weckt. Ist sie unschuldsvoll, treuherzig und schwach, werden sie den Wunsch bekommen, sich edel, großmütig und als Beschützer zu zeigen. Hat sie dabei noch viel Charme, werden die Burschen in einen Strudel von Sinnlichkeit hineingezogen. Natürlich kommt es ganz auf die Jungen und die Mädchen an, aber im Allgemeinen werden Jungen in Gegenwart von Mädchen aufmerksamer, ritterlicher. Und die Gegenwart von Gold, was erweckt die bei den Leuten? Die Habgier, sie fangen an, Pläne zu schmieden und werden unehrlich. Sind jedoch Blumen da und Farben, löst dies andere Empfindungen aus.

Was auch immer da sein mag, die Anwesenheit von etwas ruft immer Veränderungen hervor. Darum wird das Wort »Anwesenheit« sehr bedeutsam, wenn man es in den verschiedenen Bereichen und in all seinen Erscheinungsformen betrachtet. Jeder weiß, dass die Anwesenheit von Wasser die Pflanzen gedeihen lässt und die der Sonne sie zur Reife bringt, dass die Anwesenheit von Nahrung und Luft Leben spendet und deren Fehlen alles eingehen lässt. Aber weiter schaut man nicht. Nun muss man aber verstehen, dass das Wort »Anwesenheit« sich nicht nur auf die physische, sondern auch auf die weiteren Ebenen beziehen kann. Ihr befindet euch zum Beispiel in einer Besprechung, und in euch ist ein teuflischer Gedanke oder Wunsch anwesend. Wisst ihr, wie er sich auf die anderen auswirken wird und welche Folgen das mit sich bringt? Die Leute werden vielleicht nicht wissen, was in euch vorgeht, weil sie nicht genügend entwickelt und nicht hellsichtig sind, aber instinktiv werden sie Unruhe und Antipathie verspüren aufgrund dessen, was ihr da in eurem Inneren ausheckt. Wären sie jedoch hellsichtig, würden sie Kraken, Schlangen, Tiger, Wildschweine und sonstige erschreckende Wesen sehen, die in euch toben.

Da die Menschen in Unkenntnis dessen sind, was in der unsichtbaren Welt vor sich geht, so wissen sie nicht, von welchen Gefühlen und Gedanken die unerwünschten Wesen angezogen und die Lichtwesen abgestoßen werden – und umgekehrt – und so ziehen sie, ohne es zu merken, finstere, schädliche Wesen an. Die Anwesenheit!... In uns und um uns herum ist in solchen Momenten der gesamte Raum von unheilvollen Wesen bevölkert, und empfindsame Menschen verspüren ein Grauen. Sie nehmen Gerüche und Ströme wahr, von denen es ihnen sehr unwohl wird. Wüssten sie nur, wie sie reagieren müssen, dass sie durch Gebet und Meditation dem entgegenwirken können! Aber meist wissen sie es nicht und lassen diese unerwünschten Wesen alles in ihnen verdüstern und kaputt machen, was äußerst negative Folgen haben kann.

Ihr alle habt schon die Erfahrung gemacht, dass ihr an manchen Tagen eine drückende Atmosphäre verspürtet, die Anwesenheit von etwas Beunruhigendem, ohne dass ihr jedoch wusstet, was das war und wie ihr euch schützen konntet. Und auch das Gegenteil kennt ihr, wenn ihr schöne Farben seht, eine schöne Musik hört oder gute Worte, wenn ihr in einem Zustand mystischer Bewunderung seid, voller Entzücken, dann gelingt es euch, herrliche Geschöpfe anzuziehen, deren Anwesenheit sich auch bemerkbar macht. Ihr fühlt euch weit, entzückt und voller Licht, und ihr entschließt euch endlich zu einem sinnvollen Leben, wollt die ganze Schöpfung umarmen und mit dem ganzen Universum in Harmonie sein. Es ist die Gegenwart dieser Wesen, die das bewirkt, ohne dass ihr möglicherweise etwas davon wisst.

So eine Anwesenheit kann äußerlich sein, kann aber auch im Inneren stattfinden. Die Gegenwart, die sich die Eingeweihten daher mit aller Kraft herbeiwünschen und die sie in ihrem Herzen, in ihrer Seele erleben wollen, ist die Gegenwart des Herrn. Tag und Nacht arbeiten sie, studieren und reinigen sich, damit ihr ganzes Wesen ein Tempel wird, in den der heilige Geist einzieht. Ein wahrer Eingeweihter wünscht nichts mehr als die Gegenwart Gottes, weil er weiß, dass er damit alles erreichen und zum Wohle der ganzen Welt wirken kann. Nur ist es nicht gerade leicht, die Gegenwart des Herrn zu erlangen. Er ist allwissend und allmächtig, hat aber auch ein ästhetisches Empfinden und wird nicht an einen Ort kommen, wo Er nur Ekel erregende Gerüche vorfindet, glanzlose und hässliche Farben, unharmonische Bewegungen und chaotische Bewusstseinszustände. An einen solchen Ort mag Er nicht gehen, das ist keine Umgebung für Ihn.

Wäre es im Übrigen nicht so schwierig, die Gegenwart des Herrn zu erlangen, wären ja alle Menschen von Ihm erfüllt, denn jeder ist in der Lage zu begreifen, wie erstrebenswert Seine Gegenwart ist, die doch alles besser und schöner werden lässt. Die Anwesenheit eines üblen Geistes in einer Familie oder einem Haus lässt hingegen nur Unsegen wie Misserfolge, Krankheiten, Unfälle und Ruin darüber hereinbrechen. Ja, allein durch seine Anwesenheit! Denn jedes Ding hat seine ganz bestimmten Eigenschaften. Die Anwesenheit einer Rose, vor allem einer bulgarischen Rose, durchdringt die Atmosphäre eines ganzen Raumes mit ihrem Duft, so dass jeder, der hereinkommt, entzückt ist. Ist jedoch ein übler Geruch in der Luft,... so halten sich alle die Nase zu und nehmen Reißaus!

Meditiert nur über das Wort »Anwesenheit« und bittet immer um die Gegenwart des Herrn in euch. Warum?... Wenn ein König seine Residenz verlässt, so macht er sich niemals allein auf den Weg. Sogleich ist alles, was Rang und Namen hat, zur Stelle, um ihn zu begleiten, und eine ganze Volksmenge geht ihm voraus und hinter ihm her, um ihm zuzujubeln. Glaubt ihr da vielleicht, der Herr wäre allein, wenn Er irgendwo hinkommt. Gewiss nicht, viele Wesen werden um Ihn sein, und da jedes dieser Geschöpfe etwas von Ihm ausstrahlt, verbreitet und verströmt, bringt es Segen mit sich. Die Gegenwart Gottes ist daher in allen Bereichen segensreich. Da die Menschen jedoch nicht wissen, wie sie diese in sich erlangen können, ziehen sie immer wieder die Gegenwart der Finsternis an, die sie dann nicht mehr loswerden. Und nachher sind sie ihr Leben lang unglücklich, beklagen sich und wissen nicht, was sie dagegen tun können. Gegen die Anwesenheit finsterer Wesen hilft nur die Reinheit und das Licht, aber da die Menschen wenig Wert darauf legen, sich diese Tugenden zu erarbeiten, verlassen die üblen Wesen sie nicht. Was geschieht, wenn im Blut Bakterien, Viren oder Krebszellen vorhanden sind und ihr Unwesen treiben?... Und wie ist es, wenn diese Bakterien, Viren oder Krebszellen den Körper wieder verlassen? Ihr seht, durch die Anwesenheit oder Abwesenheit erklärt sich alles.

Die Anwesenheit!... Was wir uns am meisten wünschen und worum wir bitten müssen, ist die Anwesenheit des Herrn. Natürlich verlässt der Herr seinen Platz nicht so ohne weiteres, aber er wird zumindest einen Seiner Repräsentanten entsenden. Wie ihr übrigens seht, enthält schon das Wort »Repräsentant« den Gedanken der Präsenz, also der Anwesenheit. Und auch ein Präsent, ein Geschenk, lässt an die Präsenz des Schenkenden denken. Und wenn ein Ruf aus dem Himmel an uns ergeht, wie wunderbar wäre es doch, wenn wir dann auch sogleich mit: »Ja, Herr, anwesend!« antworten könnten. Leider ist man in diesen Momenten meistens abwesend.

Manchmal, wenn ich wissen will, in was für einem Zustand meine Brüder und Schwestern sind – ich bin vielleicht in Sèvres oder in Le Bonfin, und sie irgendwo in ihrer Stadt oder bei sich zu Hause –, dann werfe ich einen Blick auf die ganze

Bruderschaft, und alle, die nicht wankend geworden sind und auf dem Weg des Lichtes weiter voranschreiten, sind da, sie sind anwesend, ich spüre ihre Anwesenheit. Diejenigen jedoch, die schwach geworden sind, die es nicht geschafft haben treu zu bleiben, die spüre ich nicht mehr, sie sind abwesend – und das gibt Anlass zur Sorge ihretwegen! Wenn die Schüler nicht mehr zu ihrem Meister kommen, braucht sich der Meister nicht nach der Ursache zu fragen, er weiß sie bereits: Irgendetwas hat sie abgehalten. Und was ist dieses Etwas, das den Schüler abhält, im Raum des Lichtes anwesend zu sein? Auf jeden Fall dürfte das weder Güte, Reinheit noch göttliche Liebe sein, die ihn gebunden und seine Anwesenheit verhindert haben, und ein Eingeweihter weiß dann schon, was für Wesen dahinter stecken. Um seine Abwesenheit zu rechtfertigen, sagt man: »Nun ja,... wir konnten nicht kommen.« Aber da gibt es keine Ausrede, man hätte da sein müssen. Selbstverständlich spreche ich hier nicht von der physischen, sondern von der geistigen Ebene.

Ja, liebe Brüder und Schwestern, in der jenseitigen Welt finden Zusammenkünfte statt, und alle, die treu und wahrhaftig sind, sind geistig anwesend. Und ich weiß, dass diejenigen, die nicht da sind, von Begierden, Leidenschaften oder anderen finsteren Wesenheiten zurückgehalten, gefangen und gebunden sind. Wenn ich also einen Blick auf die Brüder und Schwestern der Bruderschaft werfe, die körperlich anwesend sind (was gar nicht so unbedingt wichtig ist), und dabei nicht ihre geistige Anwesenheit spüre, so ist das ein sehr schlechtes Zeichen für sie. Oft höre ich dann übrigens ein wenig später, dass sie irgendwelche Dummheiten gemacht haben. Oh, ja, so ist das, liebe Brüder und Schwestern.

Wo das Licht abwesend ist, da ist die Finsternis anwesend. Wo die Gesundheit abwesend ist, ist Krankheit anwesend. Wo die Intelligenz abwesend ist, sind Wahn und Dummheit anwesend und so geht es weiter mit allem Übrigen. Die Anwesenheit einer Sache bewirkt stets die Abwesenheit einer anderen.

Die Anwesenheit von Geld vertreibt Armut und Elend. Und das Gleiche gilt für den geistigen Bereich: Besitzt ihr Reinheit, vergeht die Unreinheit. Verspürt ihr Hass, ist es mit der Liebe vorbei, denn die beiden können nicht gemeinsam existieren. Das sind doch so simple und offensichtliche Wahrheiten! Nur habt ihr noch nicht die Fähigkeit erlangt, alle Geschehnisse des täglichen Lebens herzunehmen und daraus Schlussfolgerungen für andere Bereiche des Lebens zu ziehen. Allein die Weisen, Eingeweihten und Meister entdecken außerordentliche Wahrheiten aufgrund der Dinge, die sich vor ihren Augen abspielen.

Von all den spirituellen Betätigungen, die ich euch bisher vorgestellt habe, die rechte Art sich zu ernähren, zu atmen, zu lieben usw. besteht die beste darin, daran zu arbeiten, die Gegenwart des Herrn in sich zu erlangen – und sie nie wieder zu verlieren! Selbstverständlich, wie ich schon gesagt habe, wird der Herr wohl nicht persönlich kommen, Er wird sich gewiss nicht bei irgendeinem netten Mann oder einer guten Frau häuslich einrichten. Wie sollte er es bei den noch vorhandenen üblen Ausdünstungen und Gärungen dort aushalten? Wenn das Terrain jedoch vorbereitet ist, wird er zumindest Seine Engel als Seine Stellvertreter hinsenden. Zwar sind die Engel noch nicht ganz dasselbe wie der Herr, aber durch ihre Ausstrahlung sind sie Seine Repräsentanten.

Ich habe euch schon erzählt, dass die Russen und die Amerikaner ein Phänomen nachgewiesen haben, das die Eingeweihten schon vor sehr langer Zeit entdeckt haben, nämlich dass der Mensch in der Lage ist, durch seine Gedanken bestimmte Wellen oder feinstoffliche Partikel auszusenden und in den Raum hinauszustrahlen. Schauen wir uns nur einmal das Beispiel der Amerikaner an. Sie haben zwei medial veranlagte Personen genommen, von denen die eine Botschaften aussenden und die andere diese auffangen sollte. Die sendende Person blieb unter Aufsicht und Kontrolle einer ganzen Expertenkommission in Washington, wobei alle ausgesandten Botschaften aufnotiert und in einem Tresor unter Verschluss gehalten wurden, um jeglichen Betrug auszuschließen. Der Empfänger befand sich an Bord eines Unterseebootes im Pazifik, also Tausende von Kilometern entfernt und in großer Tiefe. Er schrieb die aufgefangenen Botschaften nieder und stand dabei ebenso unter Aufsicht einer Kommission, die das Geschriebene auch in einem Tresor unter Verschluss nahm. Beim späteren Vergleich der ausgesandten und empfangenen Botschaften wurde nur ein kleiner Prozentsatz an Unstimmigkeiten festgestellt.

Dieser Versuch beweist, dass der Mensch die Fähigkeit besitzt, bestimmte Partikel von sich auszusenden und sehr weit in den Raum hinauszustrahlen. Es ist nicht bekannt, wie weit das gehen kann, ebenso wenig wie man weiß, welche Entfernung die Strahlen der Sonne oder eines Stern zurücklegen können, denn die Strahlen eines vor etlichen tausend Jahren erloschenen Sterns durcheilen immer noch den Raum. Und das Gleiche gilt für das menschliche Denken, denn unsere Gedanken sind nichts anderes als die Strahlen der Sonne unseres Geistes. Die Sonne strahlt eine Quintessenz von unwahrscheinlicher Kraft hinaus, die ihre Strahlen – wie kleine mit Lebensmitteln und Schätzen beladene Waggons – sehr weit in den Raum hinaustragen. Und wie die Sonne sendet unser Geist Strahlen in Form von Gedanken aus, die je nach ihrer »Ladung« Gutes oder Übles transportieren.

Ganz besonders bemerkenswert ist es, dass man hat feststellen können, dass im Gegensatz zu Alpha-, Beta-, Gamma- und Röntgenstrahlen, die nicht sehr tief ins Wasser eindringen können, die Gedanken hingegen in der Lage sind, sehr weit darin vorzudringen. Die Gedanken haben folglich eine größere Penetrationskraft als diese Strahlen. Auf jeden Fall muss das Denken eine große Kraft besitzen, um so viele Dinge im Gehirn eines anderen Menschen in Bewegung zu bringen. Ihr erinnert euch auch an das, was ich gestern sagte: Jemand isst vor euren Augen eine Zitrone, die ihr aber selber nicht probiert, ihr schaut nur zu. Die Eindrücke jedoch, die das Auge über die Netzhaut aufnimmt, werden ans Gehirn weitergeleitet, und dieses steuert den Fluss in den Speicheldrüsen, die zu arbeiten beginnen. Das ist doch großartig, diese Übertragung!... Allein durch die Augen.

Das Phänomen der Telepathie macht die Kraft des Denkens deutlich, das in der Lage ist, von weitem bei anderen Gehirnen einen Effekt auszulösen. Ihr habt einen Gedanken und sogleich zieht er davon, um irgendwo in der Welt auf das Gehirn anderer Menschen einzuwirken. Das ist eine enorme Kraft. Durch euer Denken setzt ihr also die verschiedensten, euch völlig unbekannten Mechanismen in Gang. Welcher Schluss lässt sich daraus ziehen? Daraus lässt sich folgern, wenn ihr euch negativen, finsteren und destruktiven Gedanken hingebt, dann wird durch das Gesetz der Wesensgleichheit in den Köpfen vieler tausend Menschen ein entsprechender Zustand ausgelöst. Selbst wenn man sich dessen nicht gewahr wird, es spielt sich genau so ab. Und dafür ist man verantwortlich. Und man wird darunter zu leiden haben, denn man hat kein Recht, einen Menschen negativ zu beeinflussen oder etwas Gutes in ihm zu zerstören.

Es existiert eine Ethik, nicht die von den unwissenden Menschen geschaffene, sondern die von der kosmischen Intelligenz geschaffene Ethik; diese ist unwandelbar, unvergänglich, absolut, und früher oder später werden alle sie anerkennen und achten müssen. Einer der Punkte dieser Ethik ist das Gesetz von Saat und Ernte.[1] Wenn ihr Dornen sät, werden diese Dornen in erster Linie euch selbst stechen. Habt also Acht auf die Gedanken und Empfindungen, die ihr aussendet.

Die Anwesenheit, lange muss man darüber meditieren, um in der Tiefe zu erfassen, was sich hinter diesem Wort verbirgt. Stellt nur irgendwo einen Magneten auf und sogleich erzeugt er bestimmte Effekte. Auch die Verwendung der Talismane gründet auf dem Prinzip der Anwesenheit, nämlich auf der Anwesenheit einer Kraft, die Hermes Trismegistos Telesma nannte und von der sich der Name Talisman ableitet. Die Alten wussten, wie wichtig es ist, einen von dieser Kraft erfüllten Gegenstand bei sich zu haben. Wenn ihr einen Talisman mit einer segensreichen Kraft besitzt, dann sendet und strahlt er Partikel aus, die ihm Entsprechendes anziehen und Gegensätzliches abstoßen. Also wirkt die segensreiche Kraft, die dann anwesend ist, wie ein Magnet, der nur Elemente anzieht, die seinem Wesen entsprechen.[2]

Anwesenheit und Abwesenheit, alles ist darin begründet. Man sagt: »Mir fehlt es an Geld.« Also ist das Geld abwesend und dann ist der Jammer groß! Und wenn es an Intelligenz mangelt oder an Gesundheit... au weh, dann ist Leid da und Unvermögen, nichts ist mehr möglich. Darum wollen auch alle Leute dies haben und das und dann noch jenes, Kohle, Wasser, Elektrizität... und vor allem eine Frau, einen Mann... oh, ja, die Anwesenheit eines Mannes beruhigt eine Frau. Wenn er nur da ist, auch wenn er nichts tut und sie nur spürt, dass er da ist. Es gibt Frauen, die weinen nächtelang, weil ihnen ein Mann fehlt, der um sie ist, und um diesen Mangel auszugleichen, nehmen sie sich einen Hund, eine Katze, einen Kanarienvogel oder auch ein Häschen und sagen sich: »Wenigstens ist jemand da!...« Oder stimmt das etwa nicht, was ich da erzähle?... Und wie das stimmt! Instinktiv begreifen alle Leute, was Anwesenheit und Abwesenheit bedeutet, aber natürlich nur, wenn es um die materielle Seite geht. Dann sagt man: »Mir fehlen die Waffen, und ich kann nicht in den Kampf ziehen.« Ja, auf der materiellen Ebene begreifen die Jungen wie die Alten, die Gelehrten wie die Ungebildeten, was es bedeutet, zu haben oder nicht zu haben. Jedoch etwas weiter zu blicken und die Bedeutung der Anwesenheit und Abwesenheit im feinstofflichen Bereich zu begreifen, danach fragt man besser nicht.

Die Gegenwart der göttlichen, der himmlischen Welt, das ist es, was mich interessiert. In der Smaragdtafel heißt es, wenn der Alchimist die Kraft Telesma besitzt, die Kraft, die alle Kräfte in sich vereint alles durchdringt, sei es dicht oder feinstofflich, dann erlangt er alle Herrlichkeit der Welt, und die Finsternis weicht von ihm. Somit vertreibt die Kraft, die alle Kräfte in sich vereint, die Finsternis; und die Finsternis, das sind die Schwächen, Schwierigkeiten und Krankheiten.

Von dieser Kraft sagt Hermes Trismegistos weiter: »Die Sonne ist ihr Vater, der Mond ihre Mutter, der Wind hat sie in seinem Schoße getragen und die Erde ist ihre Nährmutter.« Wer diese Worte zu deuten versteht und weiß, wo in ihm selbst sich Sonne und Mond befinden, wie der Wind diese Kraft auf seinem Weg mitnehmen kann und welche Erde das ist, die sie nähren soll, der kann diese Kraft erlangen, die in sich alle Kräfte enthält, die Finsternis vertreibt und ihm alle Herrlichkeit der Welt verschafft. Das ist, zusammengefasst in wenigen Worten, die wahre Wissenschaft. Wenn es dem Menschen gelungen ist, die Gegenwart der Sonne in sich zu erlangen, dann erst wird diese Kraft aller Kräfte von ihm ausgehen. Im Äußeren ist die Sonnenkraft in Form von Prana anwesend, und wenn ihr es versteht sie aufzunehmen, wird sie euch stärken und euch sehr wohltuend sein, allerdings ist das Prana noch nicht diese einzigartige Kraft, das Telesma.

Meditiert darüber, wie bedeutsam das Wort »Anwesenheit« ist, und wünscht in euch die Gegenwart Gottes herbei, denn Er bringt alles in Ordnung und erweckt alles zu neuem Leben. Als die Jünger Jesu zu Pfingsten den heiligen Geist empfingen, begannen sie zu prophezeien, in Zungen zu reden, Kranke zu heilen und böse Geister auszutreiben. Das war die Anwesenheit des heiligen Geistes, die sich so durch sie offenbarte. Darum betet, betet Tag und Nacht darum, die Gegenwart des Herrn zu erlangen, die Frieden und Licht bringt. Leider wenden sich die Menschen immer mehr von diesen großen Wahrheiten ab, sie entfernen sich von der Gegenwart des Herrn, der sie doch davor bewahren könnte, sich ungeordneten und chaotischen

Beschäftigungen hinzugeben. So kommt es, dass sie schließlich von vielen Übeln geplagt werden, von denen sie sich nicht mehr befreien können. Die wahre Befreiung wird sich erst dann einstellen, wenn die Menschen wieder die Augen zum Herrn erheben, Ihn um Vergebung dafür bitten, dass sie Ihn verlassen und vergessen hatten, und wenn sie Ihn inständig bitten, ihnen Seine heilige Gegenwart zu schenken.

Es gibt kein Geschöpf von größerer Kraft als der Herr, niemand kann sich Ihm entgegenstellen, und wenn wir Ihn in uns haben, ebnen sich alle Wege. Sind wir jedoch allein, auf unsere eigenen begrenzten Mittel angewiesen, können wir unmöglich alle Hindernisse überwinden. Selbst wenn wir intelligent, gelehrt und reich sind und auch eine gute Stellung in der Gesellschaft innehaben, so haben wir doch keinen absoluten Schutz. Denn andere, uns unsichtbare Kräfte, können uns angreifen. Wenn man nur auf seine eigenen Mittel vertraut, kann in jedem Augenblick der Ruin da sein und alles kann zusammenbrechen. Einzig auf die Gegenwart des Herrn kann man getrost bauen, denn alles, was nicht in Harmonie mit dieser einzigartigen Kraft schwingt, muss unweigerlich eines Tages vergehen.

Die unsichtbaren Geister sind nicht gar so dumm, sie wissen ganz genau, wo sie sich niederlassen können, um zu »mausen und zu stibitzen«. Sie wissen aber auch ganz genau, dass sie dort, wo die göttliche Kraft anwesend ist, zu Staub und Asche vergehen würden und daher halten sie sich auf Distanz. Sie sind wie die wilden Tiere, die das Feuer fürchten, und es nicht wagen sich zu nähern. Da nun das physische Feuer ein Symbol des himmlischen Feuers ist – es heißt ja, Gott ist ein Feuer – können diese Raubtiere, die diese wilden, gewalttätigen und schrecklichen Geister der unsichtbaren Welt nun einmal sind, sich einer Seele, die in sich das göttliche Licht und Feuer trägt, nicht nähern.

Die Gegenwart Jesu vertrieb die bösen Geister, und überall, wo er vorüberkam, brachte er Freude, Frieden und Hoffnung mit. Und nun kann jeder von euch seinem Beispiel folgen.

Überall, wo ihr eintretet, könnt ihr gleichermaßen Segen mit euch bringen. Unter der Voraussetzung allerdings, dass ihr diese einzigartige Kraft, das himmlische Licht, die Gegenwart des heiligen Geistes, in euch habt, andernfalls würdet ihr nur Unglück bringen. Es heißt ja sogar, dass dort, wo ein Mensch, in dem die Finsternis wohnt, seinen Fuß hinsetzt, das Gras aufhört, zu wachsen, die Bäume nicht mehr blühen, die Vögel ihren Gesang einstellen und die Flüsse versiegen. Ihr haltet das für übertrieben. Das ist es aber nicht, und ein wahrer Eingeweihter, ein Sohn Gottes, der sich geweiht und geläutert hat, gleicht einem Wasserlauf, der überall, wo er vorüberkommt, Erquickung und Labsal spendet. Er ist wie das Licht, und überall, wohin dieses Licht fällt, ist Lächeln, Schönheit und Freude. Um allerdings so weit zu kommen, wie viel Arbeit, Disziplin, Beharrlichkeit und Liebe sind dafür nötig! An dem Tag jedoch, an dem dieses Licht im Schüler erstrahlt und in ihm sein Lied erklingen lässt: »Ich bin nun in dir gegenwärtig!...« wird dieser überall, wo er auch hinkommt, Freude und Segen mit sich bringen.

Genau in diesem Sinne müssen wir arbeiten. Warum sollte man Leuten nachfolgen, die in völliger Unkenntnis dieser großen Wahrheiten sind? Nur weil sie vielleicht Fabriken, Schlösser oder viel Geld besitzen? Das ist kein Beweis für die Anwesenheit Gottes in ihnen. Der einzige Beweis dafür sind Frieden und Harmonie. Wenn ein Mensch euch Frieden und Harmonie bringt, so ist das ein Beweis, dass auch alles Übrige da ist. Manchmal, wenn jemand euer Haus betritt, spürt ihr, wie euer Frieden dahinschwindet, ihr werdet gereizt, nervös und unruhig. Ein anderer hingegen besänftigt durch einen einzigen Blick, den er euch zuwirft, die Unwetter und Stürme, die euch durchschüttelten. Das ist ein Beweis, dass dieser Mensch vom göttlichen Geist durchdrungen ist.

Wie kann man es nun so weit bringen? Zuerst einmal braucht man ein hohes Ideal. Die Geschöpfe, die ein stark persönliches und egozentrisches Ideal haben, werden das niemals erreichen, denn ihre Bestimmung ist es, in den niederen Bereichen des Lebens herumzukriechen. Nur ein hohes Ideal kann sie aufrichten und erheben. Ein hohes Ideal, dass aus allen Wundern und Herrlichkeiten der Himmel gewoben ist, eine Liebe, die so uneigennützig ist, wie die der Sonne, und nichts weiter will als geben, geben, geben.

Gewiss gibt es die verschiedensten Ideale, die von den Menschen als sehr groß angesehen werden. Der eine will Staatschef werden, der andere ein Eroberer oder... ein Großindustieller. Das ist doch immerhin ein großes Ideal, zumindest aus menschlicher Sicht, in Wahrheit jedoch ist das nichts Großartiges, denn da arbeitet man nur für sich. Man will stark, mächtig und reich werden, aber nur für sich und immer wieder nur für sich. Was steckt an Gutem für die anderen in diesen Vorhaben? Das muss man begreifen und darf nicht Ideal mit Ehrgeiz verwechseln.

Anwesenheit und Abwesenheit... mit Hilfe dieser beiden Wörter kann ich alles erklären. Jemand erzählt mir seine ganze Leidensgeschichte, ich höre ihm zu und sage dann: »Dir fehlt dieses und jenes, mein armer Junge, und darum geht es dir nun so.« Zu einem anderen hingegen, der sich glücklich und erfüllt fühlt, sage ich: »Die Anwesenheit, die Gegenwart Gottes macht sich in dir bemerkbar, sie schenkt dir diese Freude.« Nun, wie ihr seht liebe ich die Synthese, und ich fasse alles zusammen in den beiden Wörtern »Anwesenheit« und »Abwesenheit«. Ebenso wie ich auch alle Religionen und alle heiligen Bücher in den Wörtern Einheit und Vielheit zusammengefasst habe, was besagen will, dass man zum Himmel durch Vereinfachung und Einigung zurückkehrt und dass man sich durch Verkomplizierung und Vielgestaltigkeit davon entfernt.[3] Um die göttliche Gegenwart auf sich zu ziehen, muss der Schüler sich in Stille und Harmonie vorbereiten, sich läutern, Opfer bringen und seinen Willen stärken.

Stellt euch vor, jemand würde Niespulver hier im Saal ausstreuen. Sofort begännen alle zu niesen. Da haben wir wieder die Anwesenheit! Und nun stellt euch vor, die Anwesenheit eines hohen Wesens würde sichtbar werden, sogleich würden viele von euch aufgrund der Emanationen und der Ausstrahlung, die von dieser Anwesenheit ausgingen, in eine höhere Schwingung kommen.

Gerade habe ich von Emanationen und von Ausstrahlungen gesprochen. Diese Wörter werden häufig benutzt, ohne dass man recht weiß, was sie eigentlich bedeuten, und ich will euch das einmal erklären. Wenn ihr die Sonne betrachtet, seht ihr Strahlen, die geradlinig in den Raum hinausgehen, aber auch konzentrische Lichtkreise, ähnlich den Kreisen, die sich bilden, wenn man einen Stein ins Wasser wirft. Diese sich ausbreitenden Wellen und Kreise sind die Emanationen, während die Ausstrahlung von den geradlinigen Strahlen herrührt. Die Ausstrahlungen entsprechen dem männlichen Prinzip und die Emanationen dem weiblichen. Die Sonne zeigt sich also in Gestalt der beiden Prinzipien. Und der Mensch gleicht der Sonne, er kann wellenförmige Emanationen und geradlinige Strahlen aussenden.

Die gleiche Unterscheidung kann man zwischen Wärme und Licht machen. Wärme breitet sich in kreisförmigen Wellen aus, der Weg der Lichtstrahlen hingegen ist geradlinig. Und auch weitere Dinge habt ihr noch nicht beobachtet. In einem Zimmer habt ihr einen Ofen, und wenn ihr ein Wärmeschild davor stellt, wandert die Wärme darum herum und gelangt doch zu euch. Stellt ihr hingegen ein Schild vor eine Lampe, erreichen euch die Lichtstrahlen nicht. Ihr seht, die Eigenschaften von Wärme und Licht sind völlig unterschiedlich. Die Wärme ist eher feminin und das Licht maskulin. Das Gleiche gilt für Elektrizität und Magnetismus, die Elektrizität breitet sich geradlinig aus und der Magnetismus wellenförmig. Betrachtet man kleine, von einem Magneten angezogene Eisenteile, kann man feststellen, dass sie in geschwungenen Linien angeordnet sind. Folglich ist der Magnetismus eher feminin und die Elektrizität maskulin. Wenn ihr zu dick seid und abnehmen wollt, müsst ihr »elektrisch«

werden, dann verlassen euch viele Partikel, und ihr werdet dünner. Die Wissenschaft hat sich mit diesen Dingen noch nicht befasst, und dabei steckt so viel Wahrheit darin! Ja, das sind die Geheimnisse des Lichtes.

Also, meine lieben Brüder und Schwestern, zu Beginn habe ich von der Achtsamkeit gesprochen, die ihr während der Mahlzeiten haben solltet, damit ihr richtig schaut und euch gemessen bewegt, um keinen Lärm mit dem Besteck zu machen. Ja, das Vorhandensein dieser Achtsamkeit regelt alles. Natürlich ist die Gegenwart des Geistes sehr viel schwieriger zu verwirklichen, aber wenn es euch gelingt, die Mahlzeiten in Stille einzunehmen und in vollkommener Harmonie, nicht nur im Äußeren, sondern auch im Innern, also in der Harmonie eurer Gedanken und Gefühle, dann werdet ihr auch die Gegenwart des heiligen Geistes erlangen.[4] Und mit seiner Gegenwart ist der ganze Himmel in euch, die ganze himmlische Fülle, die hervorquillt, sich verströmt und hinausstrahlt. Damit sendet ihr gleichzeitig Strahlen aus und verströmt Emanationen. Diese beiden vereinen sich auf wunderbare Weise in euch, und erzeugen so Leben, Frieden und Fülle. Beide sind dazu nötig, der Mann und die Frau. Fehlt einer der beiden, kann kein Kind entstehen. Man muss verströmen und ausstrahlen. Im Allgemeinen ist die Frau eher magnetisch und der Mann mehr elektrisch. Die Frau zieht an, und der Mann stößt zurück. Oft muss die Frau die Ungeschicklichkeiten ihres Mannes wieder ausbügeln. Sie geht zu dem Menschen, den er beleidigt oder schlecht behandelt hat, lächelt ihm zu, sagt ein paar Nettigkeiten... und schon ist alles wieder in Ordnung, der Mann kann seinen Arbeitsplatz behalten! Wie hat sie das geschafft?... Das weiß Gott allein. Das sind Sachen, über die man nicht unbedingt sprechen darf. Aber sie war von magnetischer Anziehung und hat die Dinge mit viel Attraktivität sagen können. Er hingegen ist ein wenig zu elektrisch, zu schroff, und hopp, gleich wird er an die Luft gesetzt! Nachher geht dann die Frau hin, um die Sache wieder in Ordnung zu bringen. Natürlich erlebt man auch schon mal das Gegenteil, denn es gibt elektrische Frauen und magnetische Männer. Aber hier spreche ich vom generellen Fall.

Kommen wir noch einmal auf die beiden Wörter »Anwesenheit« und »Abwesenheit« zurück. Vergesst niemals, dass schon bei der Anwesenheit eines einzigen böswilligen Geschöpfes das Schlimmste zu befürchten steht, denn damit sind die Voraussetzungen geschaffen, dass sich eine Katastrophe ereignet. Die Anwesenheit eines Segenbringenden Wesens kann hingegen die Ordnung wieder herstellen. Und das wisst ihr noch nicht recht zu schätzen, ebenso wenig wie die Gegenwart der Sonne, eines guten Gedankens, einer lichtvollen Idee oder der Gesandten des Himmels. Wenn wir die Hand zum Gruß heben, sende ich mit dieser Geste bewusst allen Brüdern und Schwestern einige Partikel meines Wesens, und alle, die es verstehen, diese aufzunehmen, haben dadurch von mir etwas gegenwärtig in sich, was in ihnen zu schwingen beginnt. Aber man weiß das nicht zu schätzen, das Bewusstsein dafür ist nicht da! Würdet ihr meinen Gruß nur anders aufnehmen, würden euch dadurch nach einiger Zeit viele Dinge offenbar werden. Ihr mögt einwenden, dass man davon nichts sieht. Aber die Bakterien sieht man auch nicht und doch können sie verheerendes Unheil anrichten. Das, was ich euch sende, kann sogar Bakterien vernichten. Was jedoch fehlt, ist das Verständnis dafür. Wenn ihr von nun an mehr Licht in euch hineinlasst, werdet ihr sehr viel mehr und besser das aufnehmen, was ich euch zusende. Das Empfangen muss man lernen, sonst geht alles in den Wind. Allerdings muss man auch das Geben lernen. Und was müsst ihr geben? Ist es Freundschaft, Vertrauen, Achtung? Das sage ich euch aber nicht, das müsst ihr selber herausfinden. Ich jedoch gebe euch mehrmals täglich großartige Dinge, und würdet ihr es spüren, würde euch das durchlichten, stärken und zu neuem Leben erwecken.

Begreift nun also, wenn ihr während unserer Versammlungen, bei den Meditations-, Betrachtungs- und Identifikationsübungen euch weit, lichtvoll, entzückt, stimuliert, begeistert und gestärkt fühlt, so habt ihr durch die Stille und die Lieder, durch eure achtungs-, liebe- und vertrauensvolle Haltung die Gegenwart göttlicher Wesen anziehen können. Wenn ihr in diesem Sinne weitermacht und eure Achtung, eure Liebe und euer Vertrauen weiter wachsen lasst, dann ist es diesen Wesen möglich, sich vor euch zu manifestieren und zu materialisieren.

Sèvres, 29. Dezember 1968

Anmerkungen

1. Siehe Band 12 der Reihe Gesamtwerke »Die Gesetze der kosmischen Moral«, Kapitel 1: »Ihr werdet ernten, was ihr gesät habt«.
2. Siehe Band 226 der Reihe Izvor »Das Buch der göttlichen Magie«, Kapitel 5: »Die Talismane«.
3. Siehe Band 17 der Reihe Gesamtwerke »Erkenne Dich selbst – Jnani-Yoga«, Kapitel 9, Teil 2: »Einheit und Vielfalt«.
4. Siehe Band 16 der Reihe Gesamtwerke »Alchimie und Magie der Ernährung - Hrani-Yoga«.

Kapitel 6

GEDANKEN SIND LEBENDIGE WESENHEITEN

Teil 1

Zu Beginn möchte ich euch folgenden Gedanken vorlesen:

> *»Von dem Augenblick an, wo ihr in der Lage seid, wahre Stille in euch zu haben, könnt ihr durch eure Gedanken die schönsten Schöpfungen ins Leben rufen. Der eine wird herrliche Farben schaffen, der andere eine göttliche Musik, ein weiterer das neue Jerusalem, und in dieser schöpferischen Arbeit findet ihr Glück, Kraft und Frieden.«*

Glaubt mir, liebe Brüder und Schwestern, das entspricht der Wahrheit. Bemüht euch, in der Stille zu bleiben, sie in euch hineinzunehmen, und dann wird euer von allen Hemmnissen befreites Denken zu den schönsten Schöpfungen fähig sein. Was die Möglichkeiten des Denkens behindert, das sind all die kleinen Dinge, die von ganz weit unten kommen, wie Besorgnis, Kummer und Alltagssorgen. Gestern sagte ich euch, dass ihr euch nur dann ein hohes Ideal schaffen könnt, das ihr täglich schöner und stärker, weiter, intensiver und göttlicher werden lasst und dem ihr jeden Tag noch etwas Schöneres, Reineres, Uneigennützigeres hinzufügt, wenn ihr es versteht, euer Denken zu befreien. Denn ein Ideal ist ein lebendiges Wesen, es ist stark, es ist eine Realität und hat seine Heimat in den himmlischen Regionen. Von dort oben kümmert es sich um euch, passt auf, dass ihr nicht auf Irrwege geratet, beschützt, belehrt und inspiriert euch.

Vor allem müsst ihr begreifen, dass jeder Gedanke eine lebendige Wesenheit ist, die durch den Raum zieht und andere Geschöpfe zu beeinflussen vermag. Ja, Gedanken sind Geschöpfe, lebendige Wesen, und ich sage euch sogar, dass nicht einmal wir es sind, die sie erschaffen, sondern wir geben ihnen nur die Möglichkeit, zu uns zu kommen. Gedanken sind von anderen Wesen geschaffene Wesenheiten; sie können uns einen Besuch abstatten, sich in uns niederlassen, uns helfen, aber wir können sie nicht erschaffen. Das ist genauso wie mit den Kindern. Ein Mann und eine Frau können niemals ein Kind erschaffen, das heißt seinen Geist und seine Seele. Sie bauen ihm nur eine Behausung (d. h. den physischen Körper für Seele und Geist), und je nach dem Material, das sie sich dafür beschaffen konnten, wird es eine Baracke, ein Palast oder ein Tempel.

Der Mensch ist also nicht der Schöpfer seiner Gedanken, er zieht sie nur an oder stößt sie ab, denn auch in diesem Bereich gelten die Gesetze der Anziehung und Abstoßung. Wenn ihr selbst eure Gedanken erschaffen könntet, dann müsstet ihr sie auch beliebig wieder vernichten können. Aber oftmals fallen die Gedanken über euch her wie ein Wespen- oder ein Mückenschwarm, und ihr könnt sie nicht wieder loswerden. Warum ist das so? Weil ihr die Bedingungen geschaffen habt, um sie anzuziehen. Ihr habt schmutzige Dinge herumliegen lassen, und gleich kommen die Tierchen, die das gern haben. Macht das alles schön sauber, und dann werdet ihr sehen, was euch für Gedanken kommen!... Es gibt Gedanken in allen Regionen des Weltenraumes, bis hin zur Welt der Ideen, von der Plato sprach. Und was sind nun diese Ideen? Das sind Seinsprinzipien, Archetypen, Kräfte, die daran arbeiten, das Universum zu formen und zu gestalten. Das sind Gottheiten. Jede dieser Ideen ist eine Gottheit.

Ihr werdet nun sagen: »Ja, aber wodurch ziehen wir denn die Gedanken an? Schaffen wir Gedanken, die wiederum andere anziehen?« Nein, in Wirklichkeit kommen wir schon mit

Gedanken, die sich in uns befinden, auf die Welt. Man kann sie mit Arbeitern vergleichen, die wir beschäftigen. Und auch jeder von uns ist ein Gedanke. Alles, was das Universum bevölkert, sind Gedanken des Herrn. Er denkt, und die Geschöpfe, die geistigen Wesen, sind seine Gedanken. Das ist die Wahrheit. Gott allein denkt, und wir, wir denken insoweit, wie wir Seinen Geist besitzen. Solange wir diesen göttlichen Geist noch nicht haben, sind es andere, die durch uns denken und so über uns verfügen. Wenn das werdende Kind sich noch im Mutterleib befindet, ernährt es sich und atmet es dann selbst? Nein, seine Mutter atmet, isst und lebt für es. Das Kind führt ein Leben in Abhängigkeit. Und solange der Mensch noch nicht unabhängig geworden ist, das heißt, solange er noch nicht die zweite Geburt durchlebt hat – was man auch die Neugeburt nennt – sind es andere, die an seiner Statt denken, essen und atmen. Und er weiß es nicht einmal, er bildet sich ein, etwas Eigenständiges, Großartiges zu sein, der Ärmste!

So schaut es in Wahrheit aus, meine lieben Brüder und Schwestern, der Mensch ist noch nicht einmal geboren. Ihr mögt nun sagen: »Doch, gewiss ist er geboren, man hat ihm die Nabelschnur durchtrennt, er lebt, er ist unabhängig.« Ja, gewiss, nur hat diese Unabhängigkeit graduelle Unterschiede. Zwar hat der Mensch den Mutterleib verlassen, befindet sich aber immer noch im Leib einer weiteren Mutter, in dem von Mutter Natur, und dort ist seine Nabelschnur noch nicht durchtrennt. Eines Tages wird er auch diese Schnur durchtrennen müssen, um unabhängig zu werden. Nun fragt ihr wohl: »Und ist er denn dann völlig unabhängig?« Nein, auch dann hat er noch weitere Bande zu lösen, bis zu dem Tag, an dem er frei sein wird wie der Herr. Bis dahin wird er noch an die Natur gebunden sein. Selbst wenn er höhere Regionen erreicht, wird dies noch innerhalb der Natur sein, und er wird noch Bande zu lösen haben. Die Frau, die Mutter versinnbildlicht die Natur, und das Bild des Kindes im Mutterleib ist ein Symbol für Vorgänge, die auch in anderen Ebenen stattfinden. Somit befindet sich der Mensch immer noch in Abhängigkeit, er schläft noch wie das Kind im Mutterleib, seine Nabelschnur ist noch nicht durchtrennt.

Wenn das Kind dann zur Welt kommt, erscheint zuerst der Kopf... habt ihr euch schon einmal gefragt, warum das so ist? Diese Lage des Kindes hat eine sehr tiefsinnige Bedeutung. Wollt ihr sie wissen?.. Nun gut, ich werde sie euch sagen. Aber ihr könntet sie selber finden, wenn ihr es nur verständet, nachzudenken. Habt ihr schon mal einen Menschen einen Tauchsprung machen sehen. Er springt mit dem Kopf nach unten ins Wasser, und wenn er wieder auftauchen will, hebt er den Kopf nach oben. Warum hat nun das Kind den Kopf nach unten gerichtet? Weil der Geist, der von oben, aus den feinstofflichen Regionen, kommt, in eine weitaus dichtere, in die irdische Welt eintauchen muss. Diese Lage ist also ein Symbol für den Geist, der in die Materie hinabsteigt. Und umgekehrt, wenn der Mensch stirbt, verlässt er eine dichte Region, um in eine feinstofflichere überzugehen, wie jemand, der das Wasser verlässt und an die Luft kommt, die ja feinstofflicher ist. Ihr seht also, die Geburt ist gleichzeitig ein Tod. Die Geburt eines Kindes hier bedeutet seinen Tod in den feinstofflichen Regionen. Und der irdische Tod ist eine Geburt in die höheren Bereiche.

Kommen wir aber auf die Frage des Denkens zurück. Wenn ihr voller Freude, innerer Weite und andächtiger Bewunderung seid, und wenn ihr dann Gedanken von großer Erhabenheit und Großmut habt und für das Reich Gottes arbeiten wollt, dann habt nicht ihr selbst diese Gedanken erschaffen. Diese Gedanken sind geistige Wesen, oft sogar sehr große und starke Geister, die zu euch kommen, um einen Einfluss auf euch auszuüben und euch in wunderbare Zustände zu versetzen; und danach verlassen sie euch wieder. Warum könnt ihr diesen Zustand denn nicht von neuem erreichen? Hättet ihr ihn geschaffen, müsstet ihr euch darin hineinversetzen können, wann, wie und sooft ihr es wollt. Aber das geht nicht, denn es waren Besucher, die zu euch gekommen sind. Sie haben ihre feste Reiseroute, ihr Programm. Wenn ihr aber in eurem Innern die geeigneten Bedingungen geschaffen habt, dann bedenken sie euch mit ihren Segnungen, wann immer sie vorbeikommen. Für euch sind das nur unbeständige Gedanken, da ihr fast nichts von ihrer Kraft und Realität erfasst. Wäret ihr hellsichtig, würdet ihr sie als Engel sehen, als in strahlende Kleider gehüllte Gottheiten. Aber leider sagt ihr bestenfalls: »Also heute habe ich gute Gedanken gehabt.«

Ich habe euch schon gesagt, dass wir lediglich die Bedingungen dafür schaffen können, die Gedanken anzuziehen. Allerdings stehen uns auch Wesenheiten zu Diensten, die als Gefühle, Gedanken und Empfindungen da sind, und mit denen wir weitere Wesenheiten anziehen können. Stellt euch einmal vor, dass ihr Diener um euch habt. Ihr beauftragt sie, ein Festmahl vorzubereiten und verschiedene Leute einzuladen. Nun, die Gäste und die Diener, das seid ja nicht ihr selbst. Ihr seid der Herr oder die Dame des Hauses, und sie sind eure Diener und Gäste. In der gleichen Weise hat der Mensch von Geburt an in sich eine bestimmte Zahl von Dienern zur Verfügung, wie Gedanken, Gefühle und Kräfte, die eigentlich eigenständige Wesenheiten sind. Ich weiß wohl, dass es euch Schwierigkeiten bereitet, eine derartige Vorstellung anzunehmen, denn so hat man euch die Dinge ja nicht beigebracht. Es gibt sogar Wissenschaftler, die sagen, das Denken sei so etwas wie ein Sekret des Gehirns, so wie die Galle ein Sekret der Gallenblase ist. Das ist eine absonderliche Erfindung, die auf nichts Realem beruht. Warum ist es denn sonst nicht möglich, Gedanken zu erzeugen, wann man will und wie man will? Aber natürlich, das wird dann wieder mit dem Zufall erklärt!

Also, in dem Maße wie wir diese Diener in uns haben, haben wir auch Möglichkeiten, die Bedingungen dafür zu schaffen, dass der Himmel zu uns kommt und sich in Gestalt von

Begabungen, Tugenden und Fähigkeiten in uns niederlässt. Und wenn wir unvernünftig werden, verlassen uns diese Wesenheiten wieder, denn sie können nicht unter solchen Bedingungen existieren. Hässlichkeit, widerliche Gerüche und Gärungen ertragen sie nicht und machen sich davon. Wenn wir sie selbst schaffen könnten, dann müssten wir uns selbst neue Fähigkeiten aufbauen können oder diese Begabungen zumindest behalten und sie nicht wieder verlieren. Aber wie viele Leute haben doch schon ihr Talent als Sänger, Maler, Musiker usw. wieder verloren oder auch ihre Gabe des Heilens und Hellsehens! Diese Dinge hat die offizielle Wissenschaft natürlich noch niemals erforscht; mit ihren begrenzten Mitteln ist es ihr unmöglich, derartige Wahrheiten zu überprüfen. Die Eingeweihten hingegen, die über Fähigkeiten verfügen, mit denen sie den Mikroskopen und Teleskopen überlegen sind, haben diese Feststellungen an Ort und Stelle vornehmen können.

Unaufhörlich erhalten wir Besuche. In unserem Innern geht es recht turbulent zu, denn wir sind wie ein Haus mit mehreren Stockwerken und vielen Zimmern, wo ein ganzes Völkchen von Bewohnern sein Wesen treibt. Ja, und der Hausherr, der Ärmste, befindet sich oftmals eingesperrt in irgendeiner kleinen Kammer, und niemand hört auf ihn, man hört ihm noch nicht einmal zu. Es sind die anderen, die Mieter und Diener, die ihm ihren Willen aufzwingen. Sie haben einen Umsturz gemacht, ihn in ein Verlies gesteckt und geben ihm gerade mal etwas Brot und ein wenig Wasser, damit er nicht verhungert. Sie aber haben nun die Leitung übernommen, sie geben jetzt die Befehle. Und er, wenn er es nur verstände, sich aufzuraffen und mit den himmlischen Regionen Kontakt aufzunehmen, um eine Botschaft nach dort oben zu schicken, dann würde man kommen, ihn zu befreien. Aber der Ärmste ist derart in Dunkelheit versunken, dass er nicht einmal mehr weiß, dass er das tun kann. Also geben die anderen, seine anarchistischen Bewohner, weiterhin die Befehle.

Ihr glaubt mir nicht? Es gibt aber viele Menschen, die nicht mehr Herr der Situation, nicht mehr König in ihrem Reich sind. Alle Bewohner essen, trinken und feiern, und der arme König kann sie nicht daran hindern, er kommt nicht zu Wort, niemand hört auf ihn. Und warum ist das so? Weil er unvernünftig war, er hat sich seinen niederen Begierden, seinen Launen hingegeben und sich so mehr und mehr geschwächt. Also hat das Volk, der »Demos«, ihn gestürzt, denn es hatte gemerkt, dass er nicht mehr Herr der Situation war. Das entspricht genau dem, was sich in der Geschichte mit der Monarchie und der Aristokratie ereignet hat. Die Könige und Adligen wurden gestürzt, weil sie grausam, ungerecht und ihren Begierden verfallen waren. Nichts geschieht in der Geschichte, was nicht auch für den Menschen selbst Gültigkeit hätte. Alles was in der Welt an politischen Ereignissen stattfindet, an Revolutionen, Änderungen der Regierungsform usw., ist nichts anderes als eine blasse Wiederholung dessen, was im Inneren des Menschen abläuft. Wenn ihr es also versteht, die Ereignisse, die in der Welt geschehen, zu deuten und auszulegen, dann gelingt es euch auch, die Dinge zu begreifen, die sich in jedem Menschen abspielen. Das vollzieht sich absolut nach denselben Gesetzen.[1]

Heutzutage sind an die Stelle der Monarchie die verschiedensten Regierungsformen getreten, wie die Demokratie, die Republik, die Oligarchie... oder die Anarchie! Warum ist das so gekommen? Weil die früheren Machthaber ihrer Aufgabe nicht mehr gewachsen waren. Die Untertanen beobachteten das und lehnten sich gegen sie auf. Da die Herrscher schwach geworden waren, konnten sie sich nicht mehr halten, sie mussten kapitulieren. Jedoch war es immer sehr schwierig, diejenigen zu erschüttern, die sich der Situation gewachsen zeigten. Schaut nur den Herrn an. Auch Er ist ein Monarch, und als einige Engel sich gegen Ihn auflehnten (denn es hat auch eine Revolte unter den Engeln gegeben), konnten sie Ihn nicht vom Thron vertreiben, denn der Herr hat niemals einen Fehler begangen, er hat keinerlei Schwäche. Alle Geschöpfe, die ihre Lebenssituation meistern, kann man nicht besiegen, denn sie besitzen die nötigen moralischen Eigenschaften, sie haben Licht und Kraft und sind damit unbesiegbar. Wenn ihr euch allerdings nicht aufgrund eurer Eigenschaften und Tugenden behaupten könnt, da wo andere Kräfte sich eurer bemächtigen wollen, seid ihr gezwungen, ihnen zu gehorchen. Gebt euch keinen falschen Illusionen hin, so könnt ihr keinen Sieg erringen! An dem Tag, an dem in eurem Innern eine Revolution ausbricht, würdet ihr so völlig zunichte gemacht werden.

Ihr müsst euch unbedingt darüber im Klaren sein, ob ihr König in eurem Reich seid oder nicht. Wenn ihr spürt, dass ihr in euch selbst nichts mehr zu sagen habt, dann seid ihr schon irgendwo ein Gefangener. Man lässt euch nur noch die Möglichkeit, Feststellungen und Beobachtungen zu machen, ohne dass ihr irgendetwas ändern könnt. Um nun wieder Ordnung in die Situation zu bringen, müsst ihr alle nur erdenklichen Botschaften aussenden, und vor allem müsst ihr auf der Hut sein, um die Intrigen von denen zu vereiteln, die euch gefangen halten. Ihr müsst versuchen irgendwo einen Durchbruch zu machen, zu graben und zu feilen, damit euch die Flucht gelingt... genauso wie sich das in manchen Abenteuerromanen abspielt.

Die Schüler müssen also wissen, wie sie Hilfe und Freunde finden können, um die Feinde zu vertreiben und die Führung ihres Reiches wieder an sich zu nehmen. Und damit darf man nicht warten, es gilt, unverzüglich zu reagieren, sonst verschlimmert sich die Lage noch. Es gibt viele, die sich gehen lassen. Sie sind ohne Hoffnung, die Situation wieder in den Griff zu bekommen, und sie schauen so lange zu, bis sie hinfällig werden, völlig ruiniert sind und in der Gosse landen. Sie sind unglücklich, können aber nichts mehr tun, und auch die anderen erleben ihren Niedergang mit, ohne eingreifen zu können. Wie viele große Poeten, Maler und Musiker haben sich auf diese Weise kaputtmachen lassen! Einige durch den Alkohol, andere durchs Spielen, wieder andere durch die Frauen... Man hat alles versucht, um sie zu retten, aber da war nichts zu machen! Diejenigen hingegen, die nicht kapitulieren wollen, schaffen es eines Tages, selbst wenn sie schon Gefangene, wenn sie schon gebunden sind, die Ordnung wiederherzustellen, und dann übernehmen sie wieder die Führung. Und dann, was für ein Trumpf ist es doch, wenn man seinen Platz an der Spitze wieder einnimmt! Das ist auch ein Thema, das noch nicht genügend beleuchtet wurde.

Ja, im Menschen spielen sich genau die gleichen Dinge ab, wie in der Geschichte der Völker und der Gesellschaft. Manchmal, wenn ich Brüder und Schwestern sehe, die auf dem besten Wege sind, Opfer ihrer niederen Neigungen zu werden, gebe ich mir alle Mühe, sie zu warnen und ihnen auf mancherlei Weise die Gefahren, denen sie sich aussetzen, vor Augen zu führen, um nicht geradeheraus zu sagen, dass sie binnen kurzem innerlich völlig gefangen und gebunden sein werden. Und glaubt mir, die schrecklichsten Gefängnisse sind die des eigenen Innern. Die äußeren Gefängnisse sind nichts dagegen. Im Gegenteil, vielleicht befreit man sich gerade dort von den anderen Kerkern. Dort ist es sogar schon manchen gelungen, eine innige Verbindung mit dem Himmel aufzubauen, dort haben sie ihr spirituelles Rüstzeug erhalten und alles Nötige, um Söhne Gottes zu werden. Aus den inneren Gefängnissen ist es jedoch sehr schwierig wieder herauszukommen. Dafür muss man große Opfer bringen und viel Verzicht leisten, sonst kommen die Geister aus der Höhe niemals herab, um einen zu befreien.

Ich spüre, wie schwer es euch fällt zu begreifen, dass nicht ihr selber eure Gedanken entstehen lasst, aber das ist die Realität. Der Mensch verfügt über eine große Anzahl von Gedanken, die ihm zu Diensten stehen, ebenso wie ein Vater ein ganzes Dutzend Kinder haben kann, die ihm bei seiner Arbeit helfen, und doch ist er es nicht, der sie erschaffen hat. Zwar hat er den physischen Körper geschaffen, Seele und Geist sind jedoch anderswoher gekommen. Denken wir doch auch einmal an die Familiengeister. Ich nehme an, ihr habt in der okkulten Literatur schon gelesen, dass jeder Mensch von einigen Familiengeistern begleitet wird, die dafür da sind, ihm zu helfen und zu dienen. Hat er sie aber erschaffen? Gewiss nicht, und doch stehen sie ihm zu Diensten. In Bezug auf unseren Geist sind auch wir ein Gedanke, und auch diesen haben wir nicht selber entstehen lassen, wir haben uns ja nicht selbst erschaffen, das hat der Herr getan. So sind wir also ein starker, gut gerüsteter Gedanke, der selber wiederum viele weitere Gedanken zu seinen Diensten hat.

Wir sind eine Schöpfung des Herrn, und Er allein erschafft die Gedanken und sendet sie aus. Auch die Engel und Erzengel sind Gedanken des Herrn; und das Universum ist ein Tempel, den der Herr mit Seinen Gedanken, also mit Dienern, mit Wesen, mit Geistern bevölkert hat. Folglich hat der Herr die Gedanken, die Geister, erschaffen, und das Universum wurde gebildet, um ihnen als Wohnraum zu dienen. Ich habe euch schon gesagt, dass das Erschaffen sich von der Heranbildung oder Formation unterscheidet. Die Schöpfung ist das Werk des Herrn, und das Heranbilden das der Göttlichen Mutter. Sie hat also den Wohnraum herangebildet, und der Himmlische Vater hat die Wesen erschaffen, die es bewohnen sollten.

Schöpfung und Heranbildung, Geist und Materie, Gott und Universum, überall, bis hin zu den Zellen, findet man das gleiche Phänomen wieder. Jede Zelle ist wie ein kleines, von einer Seele bewohntes Haus. Alles findet seine Erklärung durch dieses Muster, das in allen Dingen anzutreffen ist. Das Universum ist ein Wohnraum, in dem es viele weitere Wohnungen gibt. Als Jesus sagte: »In dem Hause meines Vaters gibt es viele Wohnungen«[2] und »Ich werde euch einen Platz bereiten...«, wollte er von den äußeren Umständen, von der materiellen Seite sprechen. Er sagte nicht: »Ich werde Geistwesen für euch vorbereiten«, denn das konnte er nicht machen; einen Platz vorbereiten, das ging aber schon.

In der gleichen Weise bereitet der Mensch auch nur die Umstände vor, das Gefäß für die Gedanken. Er ruft sie nicht ins Leben, ebenso wenig wie er das Leben erschafft, das er seinem Kind gibt. Allerdings gibt es sehr unwissende Leute, die, wenn sie auf ihr Kind sehr wütend sind, ihm mit den Worten drohen: »Da ich dir das Leben gegeben habe, kann ich es dir auch wieder nehmen.« Nun, wenn der Mensch tatsächlich in der Lage wäre, Leben zu geben, warum kann er dann, wenn er sterben muss, sein eigenes Leben nicht einmal um einige Minuten verlängern? Eben weil er nicht Herr über das Leben ist. So hat also nicht er seinem Kind das Leben gegeben, das bekam es anderswoher. Er hat nur das »Haus« dafür gebaut. Der Mensch sollte Herr über das Leben sein, stellt euch das nur einmal vor?... Er würde den Herrn vom Thron verdrängen wollen und ihm sagen: »Also, Herr, steig herunter, ich werde deinen Platz einnehmen!« Der Herr, der diese Dinge vorausgesehen hat, hat darum das Leben unter seiner Obhut behalten und teilt es aus, wie Er es für richtig hält.

Mit dem Leben, das Gott ihm mitgegeben hat, kann der Mensch doch immerhin einiges aufbauen, aber das eigentliche Leben kommt vom Herrn. Alle Eltern, die glauben, sie hätten irgendwelche Rechte in Bezug auf das Leben ihres Kindes, sind im Höchstmaße unwissend. Die Eltern sind Erzieher, das ist alles. Man hat ihnen ein Geschöpf in Pflege gegeben, damit sie es erziehen, und eines Tages müssen sie darüber Rechenschaft ablegen. Falls sie nachlässig und unaufmerksam waren, wird ihnen das Leid bringen. Waren sie aber gute Erzieher, werden sie für ihre Arbeit belohnt. Im Übrigen wissen sie von den Kindern, die sie bekommen haben, nicht einmal wer sie eigentlich sind und woher sie kommen. Was wollen sie sich also einbilden? Die Eltern sind Erzieher, nicht mehr.

Das waren also einige Worte zum Thema Gedanken. Jeder Gedanke, den ihr aussendet, schwebt durch den Raum, kreist um euch oder zieht davon. Das Denken besitzt alle

Ausdrucksmöglichkeiten, es kann schön oder abstoßend sein, lichtvoll oder finster. Es hat eine Farbe, einen Duft, eine Musik. Vergesst niemals, dass eure Gedanken lebendige Geschöpfe sind!

Le Bonfin, 9. September 1970

Anmerkungen

1. Siehe Band 25 der Reihe Gesamtwerke »Der Wassermann und das Goldene Zeitalter«, Kapitel 4: »Kommunismus und Kapitalismus« und Kapitel 7: »Aristokratie und Demokratie«.
2. Siehe Band 9 der Reihe Gesamtwerke »Im Anfang war das Wort – Kommentare zu den Evangelien«, Kapitel 12: »Im Haus meines Vaters gibt es viele Wohnungen«.

Teil 2

Wenn es eine Sache gibt, meine lieben Brüder und Schwestern, die ihr niemals vergessen dürft, dann die, dass alle Gedanken, die ihr fasst, seien sie noch so klein und unbedeutend, eine Realität darstellen. Man kann sie sogar sehen, und es gibt Geschöpfe, die sie sehen. Ein Gedanke ist ein lebendiges Wesen. Zwar kann man ihn auf der physischen Ebene weder sehen noch greifen, in seiner Region jedoch, im feinstofflichen Bereich ist er ein tätiges Wesen. Und davon müsst ihr Kenntnis haben! Das mangelnde Wissen um diese Tatsache verursacht sehr viel Leid. Ihr seht und spürt nicht, wie das Denken arbeitet, wie es aufbaut oder kaputtmacht und zerstört, und so erlaubt ihr es euch, euren Gedanken freien Lauf zu lassen. Das Denken ist aber eine lebendige Realität, und darum müsst ihr auf euch Acht geben, so dass ihr nur die besten Gedanken aussendet, Gedanken voller Liebe, Güte, Licht und Harmonie. Das wahre Wissen beginnt bei dem Bewusstsein, dass das Denken eine Realität ist. Sobald ihr das begriffen habt, könnt ihr sehr viel schneller auf dem Evolutionsweg voranschreiten.

Da der Mensch im Allgemeinen unzufrieden und unwissend ist und zu Zorn, Eifersucht und Rachsucht neigt, ist er voll der schlimmsten Gedanken, wodurch die ganze Welt vergiftet und das Kommen des Reiches Gottes auf Erden behindert wird. So darf es nicht weitergehen, er muss auf seine Gedanken Acht haben! Nun werdet ihr sagen: »Aber man sieht doch nichts davon, man kann sie weder berühren noch wiegen, und so ist das, was man denkt unwesentlich!« Das ist kein Argument. Die größte Kraft, die Gott vergeben hat, die hat Er dem Denken, d. h. dem Geist, gegeben. Und da jeder Gedanke von der Allmacht des Geistes, die ihn erschaffen hat, durchdrungen ist, ist er wirksam, baut also auf oder zerstört. Mit diesem Wissen könnt ihr zu Wohltätern der Menschheit werden. Durch den Raum, bis hin zu den entferntesten Regionen, könnt ihr Botschaften, Lichtschöpfungen, mit dem Auftrag senden, den Geschöpfen beizustehen, sie zu trösten, ihnen Licht zu bringen und sie zu heilen. Wenn ihr diese Arbeit bewusst macht, nähert ihr euch damit Gott. Andernfalls würdet ihr nur lange dahinleben, ohne je zu wissen, wer ihr seid, wo ihr seid und was ihr eigentlich macht. Und da alles registriert wird, würde eines schönen Tages Unglück und Krankheit über euch hereinbrechen, da ihr das Wesentliche außer Acht gelassen habt.

Wenn sich die offizielle Wissenschaft doch nur dazu durchringen könnte, sich mit dieser so wichtigen Frage des Denkens zu befassen! Aber nein, zurzeit beschäftigt sie sich mit der Herstellung von Raketen und Bomben... Und auch das Telefon hat sie erfunden, um damit allen Leuten auf die Nerven zu gehen. Ist doch wahr oder? Das Telefon ist doch das Unglück aller Unglücke oder was meint ihr dazu? Könnt ihr etwas Gutes darüber sagen? Na, ja, aber nur unter der Bedingung, dass man es nicht bei sich zu Hause hat. Gewiss, ich übertreibe ein wenig, ich mache nur Spaß, aber schaut nur die Realität an, wie sehr erleichtert das Telefon doch die Dinge! Wenn ihr jemanden beschimpfen wollt, braucht ihr eure Zeit nicht mehr auf dem Weg zu ihm in der U-Bahn und der Straßenbahn vertrödeln, ihr nehmt einfach das Telefon, und dann bekommt er was zu hören! Danach seid ihr ganz stolz auf euch und raucht gemütlich eine Zigarre. Ja, das sind die Vorteile des Telefons!... Natürlich sind die modernen Kommunikationsmittel etwas Großartiges. Wenn man bedenkt, dass in der Vergangenheit eine Nachricht manchmal monatelang unterwegs war, und jetzt hat man eine direkte Verbindung bis zum Mond. Habt ihr gehört, wie die Astronauten mit den Technikern der NASA sprachen?

Aber die Wissenschaft muss nun auch einmal dieses großartige Kommunikationsmittel untersuchen, das wir mit dem Denken besitzen. Allerdings weiß ich, dass einige Wissenschaftler sich doch schon mit diesem Problem befasst haben. In einem früheren Vortrag habe ich zu euch über die Versuche mit der Telepathie gesprochen, die von offizieller Seite in den Vereinigten Staaten und in Russland gemacht worden sind. Nun ja, aber das reicht noch nicht, die Kraft des Denkens ist noch nicht genügend bekannt. Darüber gibt es eine ganze Wissenschaft, die bei den Alten schon seit den lemurischen Zeiten und seit Atlantis bekannt war, zum Beispiel wie man einen Gedanken materialisieren kann. Da diese Wissenschaft jedoch in den Dienst der menschlichen Ambitionen und Leidenschaften gestellt wurde, sind die Menschen damit oft in die schwarze Magie abgeglitten. Darum erlauben es sich die großen Eingeweihten nur noch dann, die Geheimnisse über die Macht des Denkens zu enthüllen, wenn die Schüler geläutert sind und genügend Selbstbeherrschung besitzen.

Glaubt mir, liebe Brüder und Schwestern, die Frage der Gedanken ist von größter Bedeutung, und wenn ich hier so zu euch spreche, dann möchte ich damit erreichen, dass ihr euch entschließt, nur noch Gedanken auszusenden, die sich segensreich auswirken. Wenn ihr spürt, dass ihr die Lage nicht mehr beherrscht und euer Gehirn Gedanken erzeugt... (nehmen wir einmal an, das Gehirn erzeuge die Gedanken), die finster und zerstörerisch sind, dann gebt gut auf euch Acht und versucht, euren Gedanken eine andere Richtung zu geben. Wenn ihr euch dieser Dinge nicht bewusst seid und eure schlechten Gedanken einfach hinauslasst, ohne sie überhaupt zu beachten, werden sie sich zu eurem Schaden auswirken. Schon in der heiligen Schrift steht: »Seid wachsam!« Das soll allerdings heißen, wachsam für alles, was sich in euch selbst abspielt, und nicht für das, was von außen kommen kann. Denn im Äußeren sind die Gefahren gar nicht so groß, und es ist gar nicht notwendig, ständig auf der Hut zu sein, wer euch wohl an der nächsten Straßenecke auflauern könnte.

Wachsam... der Geist, die Gedanken müssen wachsam sein! »Seid wachsam« ist ein Rat, der das innere Leben betrifft und nicht so sehr das äußere.[1] Was das Äußere betrifft, da könnt ihr beruhigt sein, da lauft ihr nicht jeden Tag Gefahr, dass man euch das Messer auf die Brust setzt, aber im Innern, da setzt es ganz schön Hiebe! Da werdet ihr gebissen, gestochen, zerrissen. Man gießt euch erst kochendes Wasser über den Kopf und stürzt euch dann in eiskaltes Wasser. Das ist die dantische Hölle! Und ihr wisst nicht, wie ihr da wieder herauskommt. Nun ja, all diese Qualen sind Gedankenfetzen, die ihr ausgesandt habt, und die nun zu euch zurückkehren. Diese Gesetze müsst ihr kennen, und von nun an sollte euch klar sein, dass nichts wichtiger ist, als ganz bewusst da zu sein und auf eure Gedanken Acht zu geben.

Selbstverständlich gelingt euch das nicht sofort. Ihr werdet noch so manches durchzumachen haben, aber zumindest habt ihr so die Möglichkeit, eines Tages Herr der Situation zu werden. Mit all diesen Wesenheiten müsst ihr Schluss machen. Zuerst habt ihr sie angezogen, dann in den Raum hinausgesandt, und nun kehren sie zu euch zurück und belästigen euch wie Fliegen- und Wespenschwärme. Darum sollte man nicht sagen: »Oh, das liegt an meinen Eltern, die haben mich ganz schrecklich erblich belastet!«... Denn so darf man das nicht sehen. Die Ärmsten waren nur dazu da, euch das mitzugeben, was ihr verdient habt. Wenn ihr es verdient habt, ein genialer Musiker oder Maler zu sein, inkarniert ihr euch in eine Familie, die euch die nötigen Voraussetzungen schafft, dass ihr es werdet. Verdient ihr es hingegen, schwach, dumm oder krank zu sein, sorgt die göttliche Gerechtigkeit dafür, dass ihr euch in einer Familie inkarniert, die euch all ihre erblichen Belastungen mitgibt. Den Eltern darf man keine Vorwürfe machen. Sie sind nur dem Anschein nach dafür verantwortlich. Das ist eine Tatsache, von der die offizielle Wissenschaft keine Kenntnis hat, wenn sie die Vererbung erklärt. Ohne es zu wissen, sind die Eltern nur »ausführendes Organ«, weiter nichts. Alle erblichen Belastungen, die der Mensch mitbekommen hat, die hat er durch seine Gedanken und Gefühle über lange Zeit hin selbst gebildet, und auch davon weiß er nichts.[2] Darum heißt es in der Hinduphilosophie, die Unwissenheit sei die Ursache allen Leides. Ja, so ist es, die Unwissenheit.

Ihr habt sicherlich bestimmte esoterische Bücher gelesen, in denen vom Hüter der Schwelle die Rede ist. Er wird immer als ein schreckliches Wesen dargestellt, dem der Mensch eines Tages gegenübertreten muss. Nun dieser Hüter der Schwelle ist aber ein Teil von uns selbst, eine Anhäufung, ein Konzentrat, von alledem, was in uns schlecht und fehlerhaft ist. Ihr müsst wissen, dass in der Natur alles Schlechte ebenso wie alles Gute sich jeweils an einem Ort anhäuft und konzentriert.

Ich habe euch schon von dem Stamm der Mulukurumbe, die in den Nilgiribergen in Indien leben, erzählt und euch erklärt, dass sie deshalb so gefährlich sind, weil sie einen Teil alles Üblen, das in der Welt geschieht, also des Hasses, der Rachsucht, aller unsauberen und niederen Wünsche, auf sich ziehen. Sie haben so viele Gifte in sich angesammelt, dass sie mit einem einzigen Blick ein Tier oder sogar einen Menschen töten können. Bestimmte Pflanzen wie Tollkirsche, Stechapfel, Schierling usw. reichern sich auch mit Giften an, während die Rose zum Beispiel, und auch andere Blumen, Träger alles Guten, Schönen und Lichthaften sind. Aber natürlich sind es nicht die Botaniker, die euch diese Dinge so erklären! Und doch müsst ihr wissen, meine lieben Brüder und Schwestern, alles Schlechte, was wir tun, sammelt sich irgendwo als etwas Drückendes, Finsteres an.

Und all dieses Schlechte, was wir über viele Inkarnationen angesammelt haben, ist der Schwellenhüter in uns. Also sind wir es im Grunde selbst. Man kennt das Wesen des Menschen noch nicht und weiß nichts davon, wie es sich aus zwei Bereichen zusammensetzt, aus einem unbeschreiblich hässlichen und einem, in dem sich die ganze Herrlichkeit des Himmels wiederfindet. Denn all das Gute, was man tut, geht auf die eine Seite, und alles Üble auf die andere; sie vermischen sich nicht, sondern gehen in zwei verschiedene Regionen, da ihre jeweilige Natur anderer Art ist. Es findet also immer eine Auslese statt, die ganz automatisch vor sich geht. Und das gilt für das ganze Universum. Jedes Ding geht in seine Region, es ist fast wie in einem Laden, wo die verschiedenen Produkte entsprechend ihrer Art und Qualität in dieses oder jenes Regal kommen. Ebenso verhält es sich mit den Gedanken, die je nach Art und Eigenschaft in diese oder jene Region ziehen. Ja, so ist es, liebe Brüder und Schwestern, auch im Universum finden Auslesen statt, das ist keine Erfindung des Menschen.

Ihr alle habt übrigens schon feststellen können, dass ihr zweierlei Naturen, zweierlei Wesen, in euch habt. An manchen Tagen habt ihr das Gefühl, so kleinlich, widerwärtig, scheinheilig, böse und ungerecht zu sein, dass euch das erschreckt. Ihr könntet euch fast umbringen. An anderen Tagen jedoch fühlt ihr euch als ein Kind Gottes. Nun ja, das ist dann eben die eine oder die andere Natur, die sich euch zeigt. Und wenn es die Höllengeschöpfe sind, die sich da zeigen, versteht ihr es leider nicht, sie mit den rechten Worten wieder zu vertreiben. Ihr schiebt sie wohl beiseite, aber kurz darauf sind sie schon wieder da. Ihr schiebt sie erneut beiseite, und sie kommen wieder zurück. Und schließlich fangt ihr noch an, ihnen Glauben zu schenken, da sie euch alle möglichen Argumente eingeben, die aus den Evangelien und den heiligen Büchern stammen... aber vor allem aus den allgemein gängigen Ansichten! Und dann ist es aus, ihr verliert den klaren Kopf.

Wie viele Menschen haben sich doch schon umgebracht, weil sie den demoralisierenden Einflüsterungen dieser böswilligen Kreaturen nicht standhalten konnten. Und dabei waren das oftmals geniale Menschen! Wie soll man das verstehen.

Die Psychoanalytiker und Psychiater werden natürlich allerlei Erklärungen dazu geben, aber damit wird gar nichts erklärt, da sie den Aufbau des menschlichen Wesens nicht kennen, und so richten sie manchmal sogar großen Schaden an. Wenn man den seelischen Aufbau des Menschen nicht kennt, wie kann man ihn dann heilen?

Was müsst ihr also tun, wenn diese finsteren und böswilligen Wesen bei euch erscheinen? Das Beste ist es, sich vor ihnen zu demütigen und zu sagen: »Ja, ich weiß, ich bin schwach, unfähig, widerwärtig... aber Gott ist doch gut, Er ist die Liebe und Er reicht mir Seine Hand.« Angesichts einer solchen Demut ziehen sie davon. Sie können nichts ausrichten, da ihr euch demütigt und an die Güte und Liebe Gottes glaubt. Aber vor allem vermeidet es, passende Antworten zu suchen, stellt euch ihnen nicht entgegen, das bringt sie nur auf. Sagt einfach: »Ja, das stimmt, es ist sogar noch viel schlimmer!« So habe ich es oft mit bestimmten Leuten gemacht, die zu mir sagten, was für ein Monster ich doch sei. Da habe ich geantwortet: »Aber was sie da sagen ist ja noch harmlos. Ich kenne mich, ich bin noch viel schlimmer!«... Sie waren so verdutzt, dass sie ihren Hut nahmen und gingen. Ihr seht also, das ist ein Mittel, um den Gegner aus dem Konzept zu bringen. Aber ihr kennt die Wirksamkeit der Demut noch nicht. Wenn ein Orkan oder ein Tornado tobt, stellt ihr euch ihm dann aufrecht entgegen? Gewiss nicht, das wäre nicht der passende Moment. Ihr müsst euch ducken und den Sturm vorüberziehen lassen, erst danach könnt ihr sagen: »Fass dich an die eigene Nase!«

Ihr kennt doch die Geschichte... Ein Mann wollte sich ein Paar Schuhe kaufen. Aber keine passten für seine Füße. Da war nichts zu machen, er hatte nämlich Plattfüße! In einem fort schleppte der Verkäufer kartonweise Schuhe heran und brachte sie wieder weg, und ganz erschöpft sagte er schließlich: »Jetzt reicht's, ich hole keinen einzigen Schuh mehr, schauen Sie, dass Sie weiterkommen, Sie Plattfußindianer!« Da ist der Ärmste beschämt und kleinlaut fortgegangen, ohne es zu wagen, eine entsprechende Antwort zu geben. Fünf Kilometer weiter warf er sich dann in die Brust und rief: »Du bist selber ein Plattfußindianer!«, und darauf ist er stolz und zufrieden heimgegangen. Seht ihr, so muss man es machen. Natürlich ist das nur eine spaßige Geschichte, aber trotzdem. Auch ihr müsst ein wenig den Kopf einziehen, euren Weg weitergehen, und zu guter Letzt könnt ihr dann sagen: »Du bist selber ein Plattfußindianer! Meine Füße sind die schöneren.« Und dann streichelt ihr eure Füße und sagt ihnen etwas Nettes... Sprecht ihr gelegentlich mit euren Füßen? Ihr müsst mit ihnen sprechen, denn es sind sehr intelligente Gliedmaßen. Wir sind enorm auf unsere Füße angewiesen, denn über sie stehen wir in Kontakt mit dem Boden, mit der Erde; wir sollten also pfleglich mit ihnen umgehen.

Oh! liebe Brüder und Schwestern, ich habe Lust, euch eine Prophezeiung zu machen. Ich weiß zwar nicht, wie ihr das finden werdet, aber ich habe Lust, euch zu prophezeien, dass der Frühling kommen wird, die Blumen erblühen und die Vögel singen werden. Bisher bin ich doch immer ein zuverlässiger Prophet gewesen, nicht wahr? Wenn ich zum Beispiel gesagt habe, der Frühling wird kommen, habe ich mich noch nie geirrt. Nun werdet ihr sagen: »Wenn es weiter nichts ist, dann sind wir auch Propheten!« Und warum sagt ihr denn nichts? Woher soll man wissen, dass ihr Propheten seid, wenn ihr nichts sagt? Aber es ist doch so, der Winter wird nicht mehr lange andauern, und der Frühling wird kommen... Ist es nicht besser, sich etwas Positivem zuzuwenden? Und anstatt euch nun mit dem Frühjahr zu befassen, sagt etwas, das euch selbst betrifft, wie zum Beispiel: »Eines Tages werde ich weise, lichtvoll und stark sein... Eines Tages werde ich ein König, ein Prophet sein... Eines Tages werde ich ein Priester Gottes sein!« Das sind doch erfreuliche Aussichten! Warum hegt ihr nicht solche Gedanken? Arbeitet und wartet ab, eines Tages wird es dann Wirklichkeit.

Man muss die negative Seite verlassen, und anstatt ständig zu denken: »Das schaffe ich nicht... Ich bin am Ende«, macht es wie die Kinder, die in einer Märchenwelt leben. Sagt euch: »Und selbst wenn es unrealistisch ist, ich denke mir die wunderbarsten Dinge, weil das eine segensreiche Übung ist.« Ja, das ist wirklich wohltuend. So wie bei der Frau, die ihren Geliebten bat: »Liebling, ich weiß zwar, dass du mich nicht liebst, aber sag mir trotzdem, dass du mich liebst, das ist so schön anzuhören!« Lieber wollte sie Lügen hören als die Wahrheit, und wir alle haben diese Neigung. Warum sollte man die nun nicht sinnvoll einsetzen? Warum sollte man den Gedanken nicht eine heilsame Tätigkeit geben und jeden Tag eine Stunde lang daran arbeiten, die Zukunft zu gestalten?

Die Leute leben immerfort in der Vergangenheit, und so erleben sie diese ständig von neuem. Leiden, Dummheiten machen, das ist die Vergangenheit. In der Zukunft zu leben bedeutet hingegen, die großartigsten und wunderbarsten Dinge zu erleben, die noch nicht einmal existieren. Erlebt man sie in Gedanken, werden sie damit existent. Schwingt euch also auf in die Zukunft, lebt in der Zukunft, und damit wird sie zur Gegenwart. Eure augenblickliche Gegenwart hingegen ist die Vergangenheit. Immer wieder erlebt ihr die Vergangenheit aufs Neue. Das solltet ihr aber nicht tun.[3]

Übrigens kennt ihr doch die Geschichte mit der jungen Frau, die zum Markt ging und dabei einen Topf Milch auf dem Kopf trug. Unterwegs stellte sie sich vor, was sie mit dem Geld, das ihr die Milch einbringen würde, alles anfangen könnte. Sie könnte Eier kaufen, aus denen Hühner würden, die ihr schließlich Schweine einbrächten. Sie freute sich so sehr darüber, dass sie zu hüpfen begann... dabei fiel der Topf herunter und brach entzwei. Ihr seht also, sie lebte schon in ihren Plänen, in der Zukunft, und so weit tat sie gut daran, nur hätte sie nicht hüpfen dürfen! Und das gilt auch für euch, erlebt schon jetzt die Zukunft, aber fangt nicht an zu hüpfen! Also denkt an eure Pläne, gebt ihnen Nahrung, nur tut nicht so, als seien sie schon in die materielle Ebene gelangt, sonst wird euch alles aus den Händen gleiten. Falls ihr sagt: »Gebt mir dies... gebt mir das... denn ich bin ein Multimilliardär...«, obwohl ihr keinen Pfennig besitzt oder: »Ich bin der größte Gelehrte«, obgleich ihr keinerlei Wissen habt, so ist es, als würdet ihr verfrühte Freudensprünge machen, und man wird euch ins Gefängnis stecken oder für verrückt halten.

Also, liebe Brüder und Schwestern, macht keine Luftsprünge, sondern arbeitet jeden Tag an der Gestaltung der Zukunft! Kostet in Gedanken schon die wunderbarste Zukunft, und vergesst vor allem nicht, dass die Gedanken eine Realität darstellen, dass jeder Gedanke eine Kraft ist mit der Fähigkeit, zu zerstören oder aufzubauen.

Anmerkungen

1. Siehe Band 215 der Reihe Izvor »Die wahre Lehre Christi«, Kapitel 9: »Wachet und betet«.
2. Siehe Band 233 der Reihe Izvor »Eine Zukunft für die Jugend«, Kapitel 11: »Warum wird man in diese oder jene Familie hineingeboren?«.
3. Siehe Band 231 der Reihe Izvor »Saaten des Glücks«, Kapitel 21: »Wir sind die Schöpfer unserer Zukunft«.

Kapitel 7

DIE UNERWÜNSCHTEN WESEN

Teil 1

In dem Text von Meister Peter Deunov, den ich heute Morgen vorgelesen habe, kam ein Satz vor, mit dem ich mich näher befassen möchte. Es hieß dort: »Das Übel ist vergleichbar mit Mietern, die in euer Haus gekommen sind und nun jahrelang darinnen bleiben, ohne ihre Miete zu bezahlen...« Dieser Satz mag viele Leute in Erstaunen versetzen, denn die Vorstellung, der Mensch sei von anderen Wesen bewohnt, ist nicht sehr verbreitet. Es ist jedoch sehr wichtig, dass ihr darüber Bescheid wisst. Warum ist das so wichtig? Weil es für eure Gesundheit, eure Freiheit und euer Seelenheil von Bedeutung ist.

Schon vor Jahren habe ich einen Vortrag zu diesem Thema gehalten und euch gesagt, dass diese Geschöpfe die unerwünschten Wesen genannt werden. Ich habe euch erklärt, was man tun muss, um zu vermeiden, sie anzuziehen, aber ihr habt damals nicht aufgepasst. Und dabei hättet ihr euer ganzes Leben ändern können, wenn ihr nur diese Sache mit den unerwünschten Mietern begriffen hättet. Muss ich also noch einmal wiederholen, was ich damals gesagt habe? Es scheint mir so, denn euer Leben ist derart von Problemen und Sorgen aller Art erfüllt, dass ihr diese so wichtigen Dinge vernachlässigt, und daraus ergeben sich sehr nachteilige Ereignisse für euch. Ich werde also noch einmal versuchen, euch die Wichtigkeit dieser Angelegenheit aufzuzeigen.

In den Evangelien steht geschrieben: »Wenn ihr meine Gebote haltet, werden mein Vater und ich in euch Wohnung nehmen.« Das bedeutet folglich, dass der Mensch so angelegt ist, dass er andere Wesen in sich aufnehmen kann. Und wenn das für den Herrn, für den Heiligen Geist und für Christus gilt, dann leider auch für die Höllengeister und Dämonen. Die Evangelien sprechen sehr klar darüber.

Ihr kennt die Geschichte von Maria Magdalena, die Jesus von sieben Dämonen befreit hat. Man spricht wohl von sieben, allerdings hatte sie eine ganze Dienerschar um sich. Es handelte sich also um eine ganze Horde unerwünschter Wesen, die anfangs ganz erwünscht waren!... Ja, denn Maria Magdalena hatte alles getan, um sie anzuziehen und zu sich einzuladen. Ihr mögt nun sagen: »Aber das ist doch nicht möglich! Sie wusste ja gar nichts von der Existenz dieser Geister.« Das ist es ja gerade, weil sie unwissend war, wusste sie nicht, dass sie durch ihre Lebensführung und ihre Gewohnheit, die Männer zu verführen, die bösen Geister zu sich einlud. Und sind sie erst einmal eingeladen, dann lassen sie sich nieder und verlangen gratis Unterkunft und Verpflegung; sie essen und trinken, machen alles schmutzig, ruinieren die Möbel und zerschlagen das Geschirr (das ist natürlich symbolisch gemeint). Als Jesus dann der Maria Magdalena begegnete, sah er, dass sie eigentlich keine schlechte Frau war, dass sie im Gegenteil gutherzig und großzügig war und dass sie vielleicht gerade aufgrund ihrer Gutherzigkeit eingewilligt hatte, den Menschen zu dienen – auf eine seltsame Art allerdings. Beobachtet man übrigens ein wenig diese Art Frauen, wird man oft gewahr, dass sie sehr große Eigenschaften besitzen. Nur fehlt es den Ärmsten bei all ihren guten Eigenschaften so sehr an Intelligenz, und sie sind so schwach und beeinflussbar, dass sie zu einer leichten Beute werden, denn es findet sich immer jemand, der ihre Schwäche ausnutzt; und danach geht die Gesellschaft sehr hart mit ihnen um.

So hat Jesus sich entschlossen, Maria Magdalena von diesen bösen Geistern zu befreien, da er sah, einmal wieder frei geworden, würde sie vielen anderen, die demselben Milieu angehörten, Gutes tun. Das ist so, weil jeder Mensch immer mit den anderen Bewohnern seiner Region oder seines Milieus in Verbindung steht. Wenn er fällt, reißt er viele andere mit sich, und wenn er sich erhebt, zieht er gleichermaßen viele mit sich. Das ist der Grund, warum das Gute und das Böse so stark ist; sie sind eben nicht allein. Das Böse hat Verzweigungen, Beziehungen und undurchschaubare Verbindungen, ebenso wie das Gute. Darum ist jeder Mensch verantwortlich für sein Tun, sein Denken und die Gefühle, die er empfindet.

Ihr kennt auch die Geschichte von dem besessenen Gerasener. Jesus wandte sich an den Geist, der in ihm hauste und fragte diesen nach seinem Namen. »Legion«, gab dieser zur Antwort, denn eine Menge Dämonen waren in den Mann eingedrungen und trieben ihn zu völlig unsinnigen Handlungen. Er lief unbekleidet in den Bergen herum, malträtierte seinen Körper mit Steinen, wobei er grässliche Schreie ausstieß usw. Aber es ist unnötig, dass ich euch all die Fälle von Besessenheit erzähle, die im Alten und Neuen Testament erwähnt werden, diese Beispiele reichen völlig aus. In der gesamten okkulten Literatur finden sich zahlreiche Erzählungen, die davon berichten, wie Geister von manchen Menschen Besitz ergriffen und sie dann gequält, geschwächt, ja zerstört haben.

Die unerwünschten Wesen sind also Geschöpfe niederer Ordnung, die sich im Menschen niederlassen und ihn zu den verschiedensten unsinnigen und verwerflichen Handlungen verleiten, bis sie ihn völlig kaputtgemacht haben. Denn wenn diese Geister einmal in einem Menschen Wohnung genommen haben, ist er ihr Gefangener, er kann sich ihrer nicht mehr entledigen. Durch die göttliche Gnade oder auch wenn das Karma abgetragen und der Zeitpunkt erreicht ist, kommen manchmal Freunde aus dem Himmel und helfen dem Menschen diese Wesen zu vertreiben, aber das kommt nur sehr selten vor. Man muss es zumindest verdient und entsprechende Anstrengungen gemacht haben.

Und wenn ihr nun zu den Menschen geht und ihnen sagt, sie hätten üble Geister eingeladen, in ihnen Wohnung zu nehmen, dann werden sie euch nicht nur keinen Glauben schenken, sondern sich noch über euch lustig machen oder auf euch wütend werden. Leider ist es aber die reine Wahrheit. Ich möchte euch diese Geister, ihre Gestalt und ihre Ausstrahlung nicht beschreiben, denn wenn man von ihnen spricht, verbindet man sich mit ihnen, belebt sie und lässt sie gegenwärtig werden. Darum erkläre ich euch nur, wie der Mensch sie anzieht.

Jedes Mal wenn man in seinen Gedanken, Gefühlen und Handlungen nicht untadelig ist, schafft man Bedingungen, die diese unerwünschten Wesen anlocken. Schauen wir uns ein Beispiel an. Wenn ihr einen schön sauber und reinlich gehaltenen Tisch habt, kommt keinerlei Ungeziefer, um darauf herumzuspazieren. Lasst ihr jedoch aus Unachtsamkeit Speisen herumstehen, könnt ihr sehen, wie Ungeziefer aller Art sich darüber hermacht, vor allem, wenn kleine Spalten oder Löcher in den Behältnissen sind, durch die sie hineinkönnen. Darum dürft ihr keinerlei Unreinheiten in euren Gedanken und Gefühlen aufkommen lassen, denn diese locken die niederen Geister an, die sich dann in euch niederlassen, da sie dort Nahrung finden. Auch dürft ihr keine Öffnungen lassen, durch das allerlei Ungeziefer eindringen kann. Und wenn ich sage, dass ihr keine Öffnungen lassen dürft, dann meine ich damit, eure Aura soll stark und lichtvoll sein, sie soll sich dem Eindringen böswilliger, schädlicher Wesen als unüberwindliche Barriere entgegenstellen. Aber damit haben wir ein weiteres Thema, das den meisten Menschen völlig unbekannt ist. Von der Aura haben sie noch nie etwas gehört, und so wissen sie natürlich auch nicht, wie sie diese ausdehnen und läutern, sie stärker und lichtintensiver werden lassen können. Heute möchte ich nicht weiter auf die Aura eingehen, sondern euch nur noch einmal darauf hinweisen, wenn der Mensch böse, eifersüchtig und neidisch ist und von allen möglichen Begierden getrieben wird, zeigen sich sofort Lücken und Risse in seiner Aura, durch welche die unerwünschten Wesen eindringen können.

Der physische Körper ist wie ein Haus mit vielen Etagen, die alle bewohnt sind. Keller, Erdgeschoss, erster, zweiter dritter Stock usw. haben alle ihre Bewohner. Und selbst ganz oben auf der Dachterrasse gibt es noch weitere Bewohner, die Apparate besitzen, mit denen sie die Sterne, die Sonne und den Mond beobachten und uns von dort kommende Botschaften übermitteln. Ich habe euch schon einmal erklärt, dass der Unterschied, der zwischen den verschiedenen Kategorien von Menschen besteht (zwischen rohen, gewöhnlichen, talentierten Menschen, Genies, Heiligen, Eingeweihten und Meistern) von der Anzahl und den Eigenschaften der Bewohner herrührt, die sie angezogen haben, und davon, wie groß die Harmonie ist, die unter diesen herrscht. Dieses Phänomen kann man auch mit dem vergleichen, was in einer Familie abläuft. Heutzutage leben die Mitglieder einer Familie zwar nicht mehr so eng zusammen, früher jedoch waren alle, angefangen bei den Urgroßeltern bis hin zu den Urenkeln, unter einem Dach zusammengepfercht. Und genauso sieht es in dem Haus »Mensch« aus.

Manchmal sagt ihr: »Ich weiß nicht, woher das kommt, aber ich habe das Gefühl, als gäbe es zwei Wesen in mir. Ist das eine da, dann bin ich gutherzig, sanft, verständnisvoll, und alle sind begeistert. Zeigt sich aber das andere, bin ich unausstehlich!...« Es gibt noch viele andere, die in Erscheinung treten können, aber belassen wir es hier bei diesen beiden. Weder die Psychoanalyse noch die Psychologie gibt eine Erklärung für diese widersprüchlichen Erscheinungen im Menschen. Die Zellstruktur wird wohl untersucht, aber es bleibt unbekannt, was es in den Zellen alles an Bewohnern gibt. Wenn die Biologen die Zellen untersuchen, befassen sie sich in Wirklichkeit nur mit dem Haus des Wesens, das darin wohnt. Sie begnügen sich damit, die Form zu beschreiben, ob diese nun sechseckig oder rund ist usw. und deren Aufbau mit Membran, Protoplasma und Zellkern, ohne etwas über die Seele zu wissen, die darin wohnt, und über das Leben, das die Seele durchströmt. Und doch findet sich gerade darin die Erklärung für alles, was im Menschen vor sich geht. Wir bestehen aus einer Vielzahl von Bewohnern, die man im Großen und Ganzen in zwei Kategorien einteilen kann, nämlich in gute und böse, die wechselweise zum Vorschein kommen.

Stellt euch eine Familie vor, in der es zwei Brüder gibt, der eine ist ein wunderbarer Mensch und der andere fast ein Monster. Die guten, rechtschaffenen und intelligenten Eltern raufen sich natürlich die Haare, da sie nicht verstehen, wie sie zu diesem schrecklichen Kind kommen, und wie es angehen kann, dass die zwei Brüder so verschieden sind. Dabei liegt es schlichtweg nur daran, dass die Eltern beide zu sich eingeladen haben. Und wie haben sie das gemacht? Das ist ganz einfach. Die Eltern kennen die Karmagesetze zwar nicht sehr gut, haben aber gewiss in einer früheren Inkarnation eine Schuld dieser Seele gegenüber auf sich geladen. Und nun ist sie zu ihnen gekommen, um bei ihnen Verpflegung, Wohnung und... reine Wäsche zu bekommen. Darum müssen sie sich um das Kind kümmern, sich seinetwegen Sorgen machen und für alle Dummheiten aufkommen, die es macht.

Auch wir sind innerlich wie eine zahlreiche Familie mit Kindern, Eltern, Großeltern usw. Und wenn man sich selbst beobachtet, ist es beinahe unglaublich, was man alles über diese Familie erfahren kann, die da auf engem Raum in einem lebt! Einer nach dem anderen tritt hervor, um zu sprechen, zu gestikulieren und Forderungen zu stellen, es lohnt sich direkt, darüber Tagebuch zu führen! All diese unerwünschten Wesen, die in uns wohnen, haben wir also angezogen, indem wir bestimmte Gesetze übertreten haben, und nun sind sie da, und wir müssen sie erziehen. Es ist sehr schwierig, sie wieder los zu werden, wir müssen sie eben erziehen und große Opfer für sie bringen, denn wir sind ihnen etwas schuldig. Zwar sind sie es, die sich gern überall heimlich einschleichen, aber es ist unsere Sache, sie nicht hereinzulassen. Die Lichtgeister kommen niemals ungebeten herein, aber die anderen achten keinerlei Gesetz und kommen herein, ohne um Erlaubnis zu bitten.

Gegen diese bösen Geister setzen die Eingeweihten manchmal magische Methoden und Pentagramme ein. Wenn ihr »Faust« gelesen habt (Faust war natürlich kein großer Eingeweihter, aber er besaß okkultes Wissen), dann habt ihr gesehen, dass er über seiner Tür ein Pentagramm angebracht hatte, um die Elementarwesen zu hindern, hereinzukommen und die guten Geister zu hindern, den Raum zu verlassen. Es gibt Pentagramme, mit denen man sich schützen kann, wenn man ihnen mit Hilfe von magischen Formeln und Riten die entsprechende Kraft verliehen hat, und viele Okkultisten benutzen Pentagramme. Im täglichen Leben seht ihr viele Schilder mit der Aufschrift: »Eintritt verboten«, »Privatgrundstück«, »Rauchen verboten«, »Müll abladen verboten« usw. Im spirituellen Bereich ist es genau das Gleiche, nur sind die Verbote dort durch Symbole und Talismane angezeigt, welche die Geister verstehen und respektieren. Die von den Menschen aufgestellten Schilder sind hingegen nicht immer sehr wirkungsvoll. Selbst wenn irgendwo geschrieben steht, dass Müllabladen verboten ist, dann macht man es eben in der Nacht, und wenn in einem Zug »Rauchen verboten« steht, dann raucht doch ein jeder usw. Die Eingeweihten hingegen besitzen wesentlich wirksamere Schutzmittel als Verbotsschilder, und wenn die Geister diese Verbote überschreiten, dann trifft es sie wie ein Blitzschlag.

Also, wird euch die Sache jetzt klarer? Man mag an die Existenz der unerwünschten Wesen nicht glauben, aber ob man nun will oder nicht, die verschiedensten Phänomene und

Erscheinungen beweisen ihr Vorhandensein. Die Laster zum Beispiel, was sind die Laster? Jeder erkennt das reale Bestehen der Laster an, aber wie lassen sie sich erklären?... Manch ein Mensch ist voller Güte, besitzt Intelligenz, Bildung und die verschiedensten guten Eigenschaften, und daneben hat er ein grässliches Laster, von dem er sich nicht frei machen kann. Er macht wohl gewaltige Anstrengungen, wenn dann aber der Moment kommt, erliegt er wieder seiner Schwäche. In allen anderen Bereichen mag er außergewöhnliche Fähigkeiten besitzen, Talente haben, er ist vielleicht Musiker oder Künstler, und dabei ist er Alkoholiker, der das Trinken nicht lassen kann. Wie Chaliapine zum Beispiel. Was für eine Stimme der hatte! Aber er trank... Andere sind der Spielleidenschaft verfallen, dem Roulett, dem Bakkarat oder den Pferdewetten und ruinieren sich dadurch. Wie kann man das erklären? Gewöhnlich erklärt man es durch Komplexe oder sagt, es sei einfach eine schlechte Gewohnheit, die der Mensch durch den Einfluss von Familie und Gesellschaft angenommen habe, aber in Wirklichkeit wird damit gar nichts erklärt.

Die offizielle Wissenschaft ist noch nicht in der Lage, diese Phänomene zu erklären. Nur mit dem Einweihungswissen ist das möglich, und man erkennt, dass diese Laster eigentlich von Wesen hervorgerufen werden, die der Mensch ernähren muss, da er sie zu sich eingeladen hat; und nun hat er sie so stark werden lassen, dass er völlig von ihnen beherrscht wird und sich nicht mehr frei machen kann. Ja, liebe Brüder und Schwestern, die Laster sind nichts anderes als Geschöpfe, die sich im Menschen eingenistet haben, um ihn zu ihrem Sklaven zu machen. Man kann mit ihnen fertig werden und sie in den Griff bekommen, allerdings braucht man dafür einen außergewöhnlich starken Willen und ein tiefes Wissen.

Mit welchen Mitteln kann man es nun vermeiden, die unerwünschten Wesen anzuziehen? Zuerst einmal ist die Reinheit zu nennen (und zwar Reinheit in allen Bereichen) und dann auch die Wärme und das Licht. Die Reinheit lässt sie verhungern, denn damit fällt für die unerwünschten Wesen keine Nahrung ab. Das Licht ist ihnen ein Graus und vertreibt sie, und die Wärme lässt sie vertrocknen und verbrennt sie. Natürlich ist das nur ein bildlicher Vergleich. Das Licht zu besitzen bedeutet, zu erkennen, wie die Realität der Dinge aussieht und damit auch dieses Thema ganz klar zu verstehen. Die Wärme ist eine große Liebe zu einem göttlichen Ideal; und Reinheit bedeutet, ein vorbildliches Leben zu führen, so dass man diesen Geschöpfen keine Möglichkeit bietet, sich irgendwo anzuklammern oder einzunisten. Und sollten sie letztendlich doch noch versuchen sich einzuschleichen, werden sie sofort wieder abgestoßen, denn all die Reinheit, Intelligenz und Liebe hält sie fern.

Ihr seht also, liebe Brüder und Schwestern, die Einweihungslehre bringt uns alles, was wir zum rechten Verständnis der Dinge benötigen. Es wird uns klar gezeigt, dass alles von uns selber abhängt und dass, selbst wenn wir in der Vergangenheit Fehler gemacht und es den unerwünschten Wesen dadurch ermöglicht haben, sich in uns festzusetzen, es dagegen auch wieder Heilmittel gibt. Man muss sie zur Vernunft bringen und sie überzeugen, dass es besser ist, wenn sie mithelfen, anstatt alles in unserer Wohnung kaputtzumachen, diese zu verschönern, indem sie uns etwas mitbringen. Wenn sie musikalisch sind, mögen sie ihre Musik einbringen. Sind sie Maler, dann sollen sie uns doch Bilder malen; und sind sie gelehrt, dann sollen sie uns die Geheimnisse der Natur enthüllen. Denn manche von ihnen haben ein großes Wissen und große Fähigkeiten, nur anstatt uns zu unterstützen, entziehen sie uns die Kraft. Die Lichtgeister hingegen, die in uns Wohnung nehmen, geben uns alles, was sie besitzen. Übrigens gehören viele der guten Geister, die uns unterstützen möchten, unserer Familie an. Sie sind die so genannten Familiengeister. Manche von ihnen sind uneigennützig und schon weit entwickelt, andere wiederum sind es etwas weniger. Wenn zum Beispiel ein Großvater sein Leben lang Pfeife geraucht hat, möchte er sie noch durch seinen Enkel weiterrauchen. Und so kann es kommen, dass der Enkel Pfeife raucht. Es gelingt ihm nicht, damit aufzuhören, weil sein Großvater im Jenseits recht hartnäckig an seiner Pfeife festhält!

Manch einer wird sagen: »Unerwünschte Wesen? Was du nicht sagst!... Na, ja, was geht mich das an?!« Und dabei haben ihn die unerwünschten Wesen fest im Griff, recht fest sogar!... Darum müsst ihr eines Tages so weit kommen, euch ernsthaft mit diesem Thema zu beschäftigen. Ihr müsst lernen, wie ihr euch diesen böswilligen Wesen gegenüber zu verhalten habt, wie ihr sie erziehen und lichtvoller machen könnt. Sie zu vertreiben, das habe ich euch schon gesagt, ist schwierig. Und wenn man es versucht, ist es nachher manchmal schlimmer als vorher. Also muss man ihnen helfen oder auch für sie beten und ihnen gegenüber viel guten Willen und viel Liebe zeigen, denn sonst werden sie nur wild und machen euch fertig. Um sie zu vertreiben, muss man schon sehr stark und kraftvoll sein, und bevor man das versucht, ist es besser, mit ihnen zu sprechen und sich um eine Verständigung mit ihnen zu bemühen. Es gibt Hellseher, die dabei zugeschaut haben. Wenn jemand von so einem böswilligen Wesen geplagt war und diesem gut zuredete, für es betete oder ihm Textstellen aus den Evangelien vorlas, konnte der Hellseher sehen, wie es zuhörte oder manchmal den Menschen sogar verließ. Dieser sah zwar nichts, bemerkte jedoch, dass sich sein Zustand verändert hatte, der Hellseher aber sah den Geist abziehen.

Auch ich habe in diesem Bereich vieles überprüft. Für mich besteht daran also kein Zweifel, ich glaube unbedingt an diese Dinge. Auch ihr solltet daran glauben, denn sonst werdet ihr eure Lage niemals bessern. Diese Kreaturen existieren wirklich. Manche sind ziemlich verständig, entwickelt und lichthaft, während andere wiederum auf einer wirklich niederen Stufe stehen. Da ist dann nichts zu machen. Selbst mit den besten Erklärungen begreifen sie nicht. Bei ihnen muss man zu völlig anderen Mitteln greifen. Aber versucht nur nicht, gegen sie anzukämpfen, denn, wie schon gesagt, das wäre gefährlich, ihr würdet den Kürzeren ziehen. Ihr müsst andere sehr lichtvolle und starke Geister bitten, sich in euch niederzulassen und an eurer Stelle zu kämpfen, denn sie sind dazu fähig, sie haben die nötigen Mittel und Waffen, aber kämpft nicht selber! Ja, meine lieben Brüder und Schwestern, das ist eine ganze Wissenschaft, und ich kann euch nicht alles in wenigen Minuten darlegen. Das Wesentliche habe ich euch jedoch gesagt, und wenn ihr mir glaubt, ist das der Anfang für eine fantastische Weiterentwicklung.

Heute ist Ostern, und ich möchte euch sagen, dass auch die Auferstehung mit dem Problem der unerwünschten Wesen in Zusammenhang steht. Das erstaunt euch vielleicht, aber warum? Alles ist miteinander verbunden. Die Auferstehung ist ein Befreiungsprozess. Ebenso wie die Schmetterlingspuppe aus ihrem Kokon schlüpft und ein freier, schöner Schmetterling in lichtvollen Farben wird, so muss der Mensch – symbolisch gesprochen – aus seinem Grab heraussteigen und sich befreien, um ein Sohn Gottes zu werden.

Ja, das Osterfest will uns zum Nachdenken anregen. Der Befreiungsprozess vollzieht sich überall in der Natur, und auch der Mensch muss sich von den Kreaturen befreien, die sich an ihn anklammern, ihn zum Gefangenen seiner Leidenschaften und Begierden machen, da er es nicht versteht, mit diesen Geschöpfen richtig umzugehen, sie zu erziehen und damit unschädlich zu machen. Ihr seht, für mich steht alles miteinander in Verbindung. Die Auferstehung ist für mich ein natürlicher Befreiungsprozess, den alle Menschen durchmachen, die einen hohen Grad an Licht, Loslösung und Reinheit erreicht haben.

Sévres, Ostern 1962

Teil 2

Wie ich euch schon gesagt habe, kann man den Menschen mit einem Haus vergleichen, in dem die verschiedensten Arten von Mietern ihren Wohnsitz haben. Einige machen Lärm, amüsieren sich und machen dabei alles kaputt, was ihnen in die Hände kommt. Die anderen hingegen sind nett, hilfsbereit und bringen die Dummheiten der ersten wieder in Ordnung. In den Evangelien habt ihr gelesen, wie Jesus die Dämonen austrieb, und so finden sich in jeder Religion Riten zur Teufelsaustreibung mit den entsprechenden Gebeten und Spruchformeln.[1] Seit Urzeiten ist es bekannt, dass der Mensch nicht allein ist, sondern in seinem Innern eine große Anzahl Bewohner beherbergt.

Solange die offizielle Wissenschaft es nicht fertig bringt, die Existenz dieser Wesen anzuerkennen, solange sie alle Geschehnisse im Menschen auf chemische und physikalische Prozesse zurückführt, wird sie zu keinen großen Ergebnissen kommen. Wie ich euch schon gesagt habe, sind die chemischen und physikalischen Prozesse tatsächlich eine Folge psychischer Vorgänge, ja, sie sind nur deren Auswirkungen. Natürlich konnten die Biologen die unerwünschten Wesen nicht mit Hilfe von Skalpells, Lupen und Mikroskopen entdecken. Das ist aber kein Grund, ihre Existenz abzulehnen. Man kann nicht behaupten, sie würden nicht existieren, nur weil man sie noch nicht gesehen hat.

Wenn ihr wüsstet, wie viele solcher Wesen ein Hellsichtiger sieht, wenn sie zu den Menschen kommen und sich dort einnisten! Diese sehen sie zwar nicht selber, wären sie jedoch wachsamer und hätten sie die Gewohnheit sich zu analysieren, würden sie erkennen, wann ein negatives Wesen sich bei ihnen einschleicht, und was es dann bei ihnen alles durcheinander bringt. Wenn ihr euch plötzlich verwirrt oder unglücklich fühlt oder auch wenn sehr niedere Wünsche und Empfindungen sich in euch breit machen, so liegt das an diesen Wesen, die gerade bei euch erscheinen. Und warum tauchen sie bei euch auf? Weil ihr Nahrung für sie zubereitet habt.

Wenn man Zoologie studiert, stellt man fest, dass jede Tierart (Insekten, Raubkatzen, die verschiedenen Säugetiere, Reptilien und Vögel) eine ganz bestimmte Nahrung bevorzugt. Die einen leben von Körnern, die anderen von Gras, von Fleisch oder Würmern, und manche, wie Schakale, Hyänen und Geier, ernähren sich nur von Aas. Um die Tiere füttern zu können, muss man also wissen, welche Nahrung ihren Bedürfnissen entspricht. Ich habe euch auch schon mehrfach darauf aufmerksam gemacht, dass Insekten auftauchen, sobald man Nahrungsreste irgendwo stehen lässt. Wie haben sie über eine weite Entfernung gespürt, dass es etwas für sie zu holen gibt? Was für Fühlorgane besitzen sie dafür?... Und sobald ihr alles sauber macht, verschwinden sie wieder. All diese Dinge wollen euch etwas sagen, aber ihr versteht ihre Sprache noch nicht. Dieses Phänomen erklärt nämlich, dass ihr durch Verweilen bei Gedanken, Wünschen und Empfindungen, die weder lichtvoll noch rein sind, sogleich Wesen anzieht, die diese Unreinheiten mögen und die dann bei euch bleiben, da sie dort Nahrung finden. Wenn ihr allerdings rein werdet und einen vernünftigen Lebenswandel annehmt, verlassen diese Wesen euch wieder, und ihr könnt endlich wieder aufatmen. Das ist doch großartig, nicht wahr?! Aber nur sehr wenige verstehen es, in dem Buch der lebendigen Natur zu lesen, dass doch ausgebreitet vor ihnen liegt. Ihr meint vielleicht, dass seien Nebensächlichkeiten. Meinetwegen, ihre Anwendungsmöglichkeiten für das Seelenleben sind aber doch immens.

Jeder Gedanke und jede Empfindung im Menschen bewirkt elektromagnetische Ströme, die dem Guten oder dem Üblen förderlich sind. So kann der Mensch die lichtvollsten, am weitesten entwickelten Geistwesen anziehen und die schädlichen Kreaturen, die aus dem Erdinneren kommen, zurückweisen. Oder aber er zieht im Gegenteil Larven, Elementarwesen und Dämonen an, wobei die Lichtgeister, die zu seiner Unterstützung gekommen waren, fortgehen, da sie die widerwärtige Atmosphäre, die von den anderen verbreitet wird, nicht ertragen. Leider sind diese Dinge nur wenigen bekannt, und so entsteht viel Leid.

Es ist nun unerlässlich, dass alle Fragen zu diesem Thema eine klare Erklärung bekommen, und vor allem, dass jeder sich entschließt, selbst das reale Vorhandensein dieser Kreaturen nachzuprüfen. Das ist auch ganz einfach. Allerdings ist es nicht unbedingt notwendig, dass man nachforscht, ob es die üblen Geister wirklich gibt. Es genügt, das mit den Lichtgeistern zu machen, und dann wird man sehen, welchen Segen diese bringen können. Selbstverständlich braucht das seine Zeit, und wer sich einbildet, innerhalb weniger Stunden zu Ergebnissen zu kommen, wird enttäuscht sein. Dafür braucht man viel Zeit, Beharrlichkeit, Ausdauer und innere Stabilität, also die Eigenschaften der Sephira Binah. Wer dabei ungeduldig ist, wird niemals etwas nachprüfen können.

Ich habe euch bereits erklärt, dass alles, was man wünscht und denkt, in Wirklichkeit schon da, schon gegenwärtig ist. In der physischen Ebene ist es noch nicht verwirklicht, weder kann man es sehen noch berühren, aber es ist da. Alles, was ihr wünscht, denkt und euch vorstellt, ist damit in einer sehr feinstofflichen Region schon Wirklichkeit, und wenn ihr nur lange genug in gleicher Weise fortfahrt, kommen diese von euch geschaffenen Dinge, die zuerst nur in der unsichtbaren Welt bestehen, immer weiter in die physische Ebene hinab, und dann – sei es zum Guten oder zum Bösen – ist es sehr schwierig zu verhindern, dass sie sich materialisieren.[2] Das Üble sowie das Gute wird resistent und hartnäckig, ihr werdet es nicht so leicht wieder los.

Ich weiß, dass man mir nicht glaubt. Die meisten Menschen halten es für unmöglich, dass etwas, das man sich wünscht, damit sogleich Wirklichkeit wird. Und doch ist es damit schon eine Realität. Nehmt zum Beispiel jemanden, der Wünsche hegt, die nicht so ganz geheuer sind; wäre er hellsichtig, würde er die Wesen sehen, die ihn umgeben, ihn begleiten und sich bemühen, die Bedingungen zu schaffen, dass sein Wunsch sich realisiert. Oder wäre er zumindest ein wenig feinfühlig, würde er die Anwesenheit dieser Wesen spüren. Da er jedoch weder feinfühlig noch hellsichtig ist, bildet er sich ein, es sei nichts da. Und doch gibt es diese Wesen, sie sind real vorhanden. In gleicher Weise geschieht es, wenn ihr betet und um sehr hohe und göttliche Dinge bittet. Selbst wenn ihr später denkt: »Da ist nichts zu machen, ich wurde nicht erhört, nicht einmal angehört hat man mich. Ich bin ein Sünder, ich habe das Gesetz missachtet...«, so sind in Wirklichkeit schon wunderbare Wesen dabei, in euch Wohnung zu nehmen. Da ihr jedoch nichts von ihnen spürt, freut ihr euch nicht über ihre Anwesenheit. Haltet aber am Gebet fest, dann wird eines Tages das Gewünschte in Erfüllung gehen. Wenn ihr mir das glaubt, haltet ihr damit bereits einen großartigen Schlüssel in euren Händen.

Nun möchte ich über einen Punkt zu euch sprechen, über den ihr gewiss noch nicht nachgedacht habt. Sicherlich habt ihr schon viele Leute getroffen, die sagen, sie würden nicht gerne Umgang mit den anderen pflegen und lieber alleine bleiben, denn wenn sie alleine sind, werden sie zumindest von niemandem gestört. Die Gemeinschaft sagt ihnen gar nicht zu, weil sie die Gegenwart der anderen, das Aufeinanderhocken wie es heißt, nicht gerne spüren... Wenn sie nur wüssten, was in ihrem Inneren alles aufeinander hockt! Alle möglichen schrecklichen, abstoßenden und böswilligen Kreaturen haben in ihnen Wohnung genommen, und sie tragen diese mit sich herum und ertragen sie – es bleibt ihnen auch gar nichts anderes übrig! Wie kann es angehen, dass sie in ihrem Inneren dieses Aufeinanderhocken akzeptieren? Sie erkennen eben nicht, dass sie fast in einer wilden Ehe mit monsterähnlichen Wesen leben und dass es gerade diese Kreaturen sind, die ihnen von einem gemeinschaftlichen, brüderlichen Leben abraten und davon, in Harmonie und im Licht zu leben, weil sie das nämlich stören würde, da sie sich dann an diesem Menschen nicht mehr gütlich tun, ihm seine Kräfte entziehen und bei ihm schmarotzen könnten.

Wie blind und unwissend die Menschen doch sind. Sie haben nicht bemerkt, dass es andere Wesen in ihnen sind, die ihnen raten, allein zu bleiben, da sie ein Interesse daran haben, ihre Laster noch zu fördern, um sich so auf ihre Kosten zu ernähren. Sie bilden sich ein, sie selbst würden die Bruderschaft nicht mögen, während sie in Wirklichkeit von anderen, von niederen Kreaturen davon abgehalten werden, die weder Licht, Weisheit, Harmonie noch Liebe ertragen und ihnen einflüstern: »Bleib nicht hier!... Das ist nicht der rechte Ort für dich.« Denn Licht, Reinheit und Harmonie vertreibt sie, und das wollen sie nicht. Wirklich, die Leute sind unwissend, sie wissen nicht, warum sie das eine lieben und das andere nicht, ja, sie fragen sich nicht einmal danach. Da sie nun mal diese oder jene Vorliebe haben, finden sie das natürlich, normal und gerechtfertigt... aber nach welchen Kriterien? Sie kümmern sich gar nicht darum, diese kennen zu lernen.

Wenn ich daher sehr verschlossene, schweigsame Männer und Frauen sehe, die keinerlei Sinn für ein bruderschaftliches Miteinander haben, ist dies für mich ein Zeichen, dass bei ihnen im Innern einiges aufeinander hockt und auch einiges faul ist. Ich weiß, dass sie sich in die Einsamkeit flüchten, um ihre

Trägheit und ihre unsauberen Hirngespinste zu verstecken. Sie sind verschlossen, sagen kein Wort und gehen den anderen aus angeblicher Schüchternheit aus dem Weg, aber dem ist nicht so. Auch wenn blinde und unwissende Menschen nichts begreifen und diese Haltung nicht richtig deuten können, so gibt es doch auch Eingeweihte auf der Erde, die sich nicht täuschen lassen. Verbrecher zum Beispiel erkennt man sofort, weil ihre Haltung, die Vorsichtsmaßnahmen, die sie treffen, ihre Art sich umzublicken und sich abzusichern, zeigt, dass sie kein ruhiges Gewissen haben. Polizisten und Detektive spüren das sofort und sagen: »Dem da bleiben wir auf den Fersen, der hat irgendwas zu verbergen.« Je mehr Vorsichtsmaßnahmen man also trifft, umso mehr verrät man sich. Wie wahr das doch ist!

Glaubt mir, all die Menschen, die ein unnormales Leben führen und die Einsamkeit dazu nutzen wollen, sich der Trägheit, Ausschweifungen und Hirngespinsten aller Art hingeben zu können, werden schnell Opfer von Geistern, die ihnen ihre Kraft entziehen, und es nimmt ein schlechtes Ende mit ihnen. Wie weit ist man doch davon entfernt, richtig zu deuten, warum die Menschen sich auf diese und jene Weise zeigen! Ständig muss ich da sein, um euch zu zeigen, wie begrenzt man oft in seinen Kenntnissen und in seiner Sicht der Dinge ist. Damit habt ihr nun einen weiteren Aspekt. Wenn die Leute zu sehr das Alleinsein suchen, ist das ein sehr schlechtes Zeichen.

Wenn ich so von denen spreche, die das Alleinsein lieben, meine ich selbstverständlich nicht die Asketen und Einsiedler oder jene, die sich zurückziehen, um zu studieren, zu meditieren und künstlerisch zu schaffen, was ja ein zurückgezogenes Leben rechtfertigt. Ich spreche vielmehr von denen, die die Gemeinschaft mit den anderen nicht mögen, weil sie träge und egoistisch sind oder aus noch weniger löblichen Gründen. Wenn ein Mensch sich absondert, um zu meditieren oder zu arbeiten, um sich also auf etwas Nützliches, Schönes, Edles zu konzentrieren, dann nimmt ihn das ganz in Anspruch, er ist beschäftigt, und für die schädlichen Wesen ist kein Platz mehr in ihm, was sehr wichtig ist. Sucht er die Einsamkeit allerdings nicht, um zu arbeiten, dann hat er keinen guten Grund. Er soll wissen, dass er dabei eine ganze Menge unerwünschter Wesen nährt und dass er, wenn er so weitermacht, sich eines Tages wird nicht mehr vor ihnen retten können.

Um sich davor zu bewahren, sollte der Mensch sich entschließen in die Bruderschaft einzutreten, aber nicht nur äußerlich, sondern innerlich, von ganzem Herzen und ganzer Seele. Ja, die Universelle Weiße Bruderschaft kann die Menschen von allem, was sie plagt, befreien, denn dort lernen sie, mit den besten und lichtvollsten Kräften des Universums in Austausch zu treten.[3] Ich habe euch schon gesagt, dass alles im Leben auf Austauschbeziehungen beruht, und wenn ihr also keinen Austausch mit den Lichtgeistern habt, so habt ihr ihn unweigerlich mit den Geistern der Hölle... denn ihr könnt es nicht umgehen, einen Austausch zu haben.

Also, meine lieben Brüder und Schwestern, seid auf der Hut! Wenn ihr von all den Kreaturen, die euch drangsalieren, frei werden wollt, dann lernt, einen Austausch mit der Welt der Schönheit, Harmonie, Liebe und Weisheit, mit der Sonne und den Sternen zu pflegen, mit allen Heiligen, großen Meistern und allen Geschöpfen des Himmels.

Le Bonfin, 24. August 1971

Anmerkungen

1. Siehe Band 226 der Reihe Izvor »Das Buch der göttlichen Magie«, Kapitel 17: »Exorzismus und Weihe von Gegenständen«.
2. Siehe Band 6 der Reihe Gesamtwerke »Die Harmonie«, Kapitel 6: »Wie sich Gedanken in der Materie verwirklichen«.
3. Siehe Band 29 der Reihe Gesamtwerke »Die Pädagogik in der Einweihungslehre«, Kapitel 7: »Nehmt teil an der Arbeit der Universellen Weißen Bruderschaft«.

Kapitel 8

DIE KRAFT DES GEISTES

Frage: »Meister, Sie haben uns versprochen, einmal über die Kraft zu uns zu sprechen und uns zu sagen, was die Eingeweihten darunter verstehen und wo sie ihre Kraft schöpfen.«

Diese Frage ist sehr weit reichend. Ich bräuchte Stunden, um darauf zu antworten. Selbstverständlich könnte ich in wenigen Sekunden antworten, aber dann wäre doch nichts klar. Um eine klare Antwort zu geben, muss ich damit beginnen aufzuzeigen, wie die Menschen gewöhnlich handeln, wie sie Kraft zu erlangen suchen und wie sie diese dann äußern; und schließlich muss ich erklären, wie die Eingeweihten über die wahre Kraft denken.

Dieses Thema hat mich schon immer sehr beschäftigt. Ich habe die Menschen beobachtet und erkannt, dass alle nach Kraft suchen. Ja, aber wo und wie suchen sie diese zu erlangen? Über Maschinen, Apparate, Waffen tun sie es, immer über Dinge, die sich außerhalb von ihnen befinden. Dem Anschein nach können sie so wohl Kraft und Stärke erlangen, sie können sich durchsetzen und zerstören, aber die wahre Kraft haben sie damit nicht. Man fühlt sich stark, weil man Geld, Maschinen, Flugzeuge, Raketen, Maschinengewehre oder Atombomben hat. Aber das ist eine Illusion, denn diese Dinge befinden sich ja außerhalb von euch, und falls man sie euch wegnimmt, wo ist dann eure Kraft? Wenn ihr euch aufgrund dessen, was ihr besitzt, stark fühlt, ist das nur eine Illusion. In Wirklichkeit seid ihr nicht in der Lage, ein schwereres Gewicht zu heben oder einen Stein weiter zu werfen als vorher noch euch bestimmter Schwierigkeiten oder

Leiden zu entledigen. Somit ist die Kraft nicht euer Eigentum. Ihr verfügt zwar über äußere Mittel, aber was macht ihr, wenn sie euch weggenommen werden?

Die Eingeweihten haben begriffen, dass es besser ist, dafür zu arbeiten, die Fähigkeiten in sich selbst zu erlangen, als sie sein Leben lang im Äußeren zu suchen, wo man sie doch niemals wirklich besitzt. Darin üben sie sich also, und dafür arbeiten sie. Sie wissen, dass sich die wahre Kraft im Innern befindet, in dem Wesen, das lebt, denkt und handelt, denn es fällt ja die Entscheidungen, geht mit den Dingen um und baut damit etwas. Darum wurden von ihnen Regeln aufgestellt und Methoden angegeben, die es diesem Wesen, nämlich dem Geist, der alles in sich enthält und über alles verfügt, ermöglicht, sich vollständig, vollkommen und absolut zu manifestieren. Ihr kennt den Sinnspruch von Meister Peter Deunov: »Niama sila kato silata na doucha, samo silata na doucha é sila boujia.« – »Keine Kraft kommt der Kraft des Geistes gleich, nur die Kraft des Geistes ist Kraft aus Gott.« Daher muss der Mensch die Kraft im Geiste suchen. Die wahre Kraft befindet sich im Geist, im Willen und in der Intelligenz des Geistes.

Nehmen wir ein Mikroskop als Beispiel. Alle sind voller Bewunderung, wenn sie sehen, wie stark es einen Gegenstand vergrößern kann. Darüber vergessen sie die Hauptsache – wie gewöhnlich übrigens – nämlich dass sie ohne ihre eigenen Augen gar nichts sehen könnten und dass ohne die Augen sämtliche Mikroskope der Welt zu nichts nütze wären. Warum will man immer angesichts äußerer Geräte in Bewunderung verfallen, obwohl doch der ganze Verdienst und die ganze Ehre dem gebührt, der sieht? Und es ist der Geist, der sieht. Er sieht durch unsere Augen, und folglich sind selbst unsere Augen noch nicht das Wesentliche, sondern der Geist ist es. Aber ihm schenkt man keine Beachtung, man übersieht ihn einfach, so wie man ständig das Wesentliche übersieht. Schaut euch nur die chemischen Formeln an, für jedes Element steht ein Buchstabe, nur für das Feuer, ohne dass doch gar keine Reaktion möglich ist, steht nichts. Man tut so, als gäbe es das Feuer nicht, obwohl gerade das Feuer der stärkste Faktor ist.

Diese Sichtweise ist eine Folge der materialistischen Lebensanschauung. Dadurch wurden die Menschen irregeleitet. Sie wurden dazu geführt, ihr eigenes Innere zu verlassen, haben sich darauf im Dickicht der Materie verirrt und finden nun nicht mehr die grundlegenden Wahrheiten, mit deren Hilfe sie ihre Probleme lösen könnten.

Ihr müsst das doch begreifen. Alles, was außerhalb von uns ist, gehört uns nicht an. Es wurde uns für eine kurze Zeit geoder verliehen, aber darin befindet sich nicht die wahre Kraft. Diese befindet sich nur in dem Urheber aller Dinge, im sich manifestierenden Geist. Das zeigt sich schon daran, dass beim Menschen nichts mehr funktioniert, wenn der Geist ihn verlassen hat, selbst wenn er noch all seine Organe besitzt. Dann verdaut der Magen nichts mehr, das Herz hört auf zu schlagen, die Lungen atmen nicht mehr und kein Gedanke durchzieht mehr das Gehirn. Wenn ihr aber nachwiegt, stellt ihr fest, dass der Mensch unterschiedslos genauso viel wiegt wie vorher. Und doch ist er tot, da das Wesen, das in ihm lebte, dachte und fühlte, fort ist. Also stellte es doch den wesentlichen Teil dar.

Wie oft habe ich schon folgendes Beispiel angeführt! Ein Mann hat eine entzückende Frau, sie ist ausgesprochen hübsch und charmant, und er betet sie regelrecht an. Wenn sie aber stirbt, was macht er dann mit ihrem Körper? Er bewahrt ihn einige Stunden oder Tage auf und lässt ihn dann auf den Friedhof bringen. Wem galt also in Wirklichkeit seine Liebe? Sie galt dem Leben, dem Wesen, das in seiner Frau wohnte und von dem der Charme der Stimme, des Blickes und der Bewegungen herrührte. Wenn dieses Wesen einmal nicht mehr da ist, was macht man dann mit dem, was zurückbleibt? Man begräbt es. Das ist doch einfach, klar und ganz natürlich. Die Hauptsache ist das Leben, der Geist. Warum läuft man also den unwesentlichen Dingen nach? Der einzige Unterschied zwischen einem Eingeweihten und einem gewöhnlichen Menschen besteht darin, dass der Eingeweihte sich mit dem Wesentlichen befasst. Ein Eingeweihter sucht nach dem Geist, er bemüht sich, diesem alle Entfaltungsmöglichkeiten zu bieten, alles, was in ihm steckt, alle Schätze, die er in sich birgt, zum Vorschein kommen zu lassen.

Schauen wir uns als Beispiel einmal die Haut an. Sie hat doch den Tast-, Geschmacks-, Geruchs-, Gehör- und Gesichtssinn, ja, sogar das Gehirn hervorgebracht. Kann man nun sagen, dass das jetzt alles ist und dass aus der Haut nichts Weiteres mehr hervorgehen wird? Gewiss nicht, denn in der Haut sind noch unbekannte Möglichkeiten angelegt. Deren Entwicklung braucht aber noch einige Zeit, und eines Tages werden vielleicht ein sechster, siebter und achter Sinn erscheinen. Die Haut symbolisiert übrigens die Materie. Alles, was einhüllt, kann so gedeutet werden. Bei der Zelle stellt also die Membran die Materie dar, das Protoplasma die Seele und der Zellkern den Geist; denn auch in der Zelle findet man die Aufteilung in Geist, Seele und Körper wieder.[1] In diesem Sinne kann unser Körper als die Haut der Seele angesehen werden. In der Seele strömen Kräfte und Energien, das Leben. Der Kern, also der Geist, ist der Ort, an dem sich die schöpferische, ordnende, alles regulierende Intelligenz befindet.

Durch Einwirkung auf das Protoplasma hat der Geist, hier also der Zellkern, die Membran gebildet, aus der nach und nach die Sinnesorgane hervorgegangen sind. Also ist es der Kern, der mittels des Protoplasmas Neues erschafft, denn dieses dient ihm als Material. Somit befindet sich die Kraft im Kern, das heißt im Geist. Dieser will sich manifestieren und durch seine Impulse neue Formen schaffen, indem er die Materie gestaltet. Seinen aktuellen Entwicklungsstand verdankt der Mensch dem Einwirken des Geistes auf die Materie, durch die er sich manifestiert. Dem Geist ist alles möglich, und eines Tages wird es ihm gelingen, die Materie so tief zu durchdringen und zu gestalten, dass sie dadurch eine unbeschreibliche Schönheit erlangen wird. Dann wird man die Herrlichkeit Gottes erleben.

Der Geist will die Materie beherrschen, um sich in all seiner Kraft manifestieren zu können, und so löst er in uns Zustände der »Begeisterung« aus und Momente, in denen wir »vor Geist sprühen«. Nun wisst ihr also, wenn ihr Eingebungen habt oder eine Kraft verspürt, die euch zu edlem Handeln bewegt, dazu, anderen beizustehen und mit der Allseele zu verschmelzen, so ist es der Geist, der sich dadurch zeigt. Wenn ihr aber im Gegenteil Müdigkeit verspürt, Schwere, Unsicherheit, Zweifel und Argwohn, wenn ihr am liebsten alles hinschmeißen würdet, dann hat die Materie die Oberhand gewonnen und widersetzt sich den Bemühungen des Geistes. Wie kann man dem begegnen? Um meine Darlegungen abzukürzen, möchte ich nur kurz anmerken, dass hier der Intellekt zu Hilfe kommen muss.

Der Intellekt steht im Menschen zwischen Geist und Herz, das heißt zwischen Geist und Materie. Darum kann er hier eingreifen. Wenn er sieht, dass die Materie im Begriff ist, die Herrschaft zu übernehmen und damit die göttlichen Impulse zu blockieren, kann er einschreiten, um dem Geist seine Kraft zurückzugeben und ihm die Türen zu öffnen. Von innen her treibt der Geist den Menschen beständig an, doch ist sich dieser dessen nicht bewusst und weiß nicht, dass er das Wirken Gottes unterstützen oder, im Gegenteil, sich diesem entgegenstellen kann, indem er eher der Materie Möglichkeiten gibt, sich zu behaupten. Die Eingeweihten haben Schulen zu eben dem Zweck gegründet, dass die Menschen sich in der Arbeit an sich selber, in Selbstbeherrschung und Läuterung üben, um so dem Geist die Möglichkeit zu geben, sich zu manifestieren. Hätte der Mensch keinerlei Möglichkeit, durch seinen Intellekt oder seinen Willen zu wirken, hätten die Eingeweihten nichts getan, um ihn da hinzuführen, sich seiner Rolle im Universum bewusst zu werden, und alles hätte ohne ihn seinen Lauf genommen. Nun hat der Mensch aber in der Evolution der Schöpfung bestimmte Aufgaben bekommen, und Gott bezieht ihn also mit in das Geschehen ein. Da Gott den Menschen erschaffen hat, kann dieser am kosmischen Schöpfungswerk mitwirken.

Gott hat der Materie die Trägheit mitgegeben, dem Geist die Antriebskraft und den Menschen hat Er dazwischengestellt. Äußerlich ist dieser mit Materie umgeben und innerlich in das Meer des Geistes getaucht. Damit bekommt er Impulse von beiden Seiten, einmal ist es Gott, der sich durch ihn zeigt, dann wieder ist es die Materie, die ihn hinabziehen und zum Urchaos zurückführen will. So steht der Mensch in einem ständigen Kampf, und wenn er kein Licht besitzt und inaktiv bleibt, versinkt er in Trägheit, bis er zu einem Sumpf voller Kaulquappen, Fröschen und Mücken wird. Das jedenfalls geschieht mit so manchen, die keinerlei intellektuelle, spirituelle noch göttliche Arbeit leisten. Sie werden wie übel riechende Sümpfe oder Sickergruben. Der Schüler hingegen, der im Licht steht und sich führen lässt, gibt dem Geist alle Möglichkeiten zu wirken und öffnet ihm alle Türen. Der Geist, der so die Herrschaft erlangt, beginnt tätig zu werden, um alles im Menschen zu harmonisieren, zu verschönern, zu durchlichten, zu beleben, ja, zu neuem Leben zu erwecken. Diese Wandlungen können schnell eintreten, wenn man nur dem Geist die Vorherrschaft lässt. Die Materie kann nur verschlingen, aufsaugen, abtöten. Der Geist hingegen versteht es, zu regulieren, zu beleben, ja, zu neuem Leben zu erwecken, etwas anderes kann er gar nicht. Und eben darum muss man ihm den Vorrang geben.[2]

Wie viele Menschen sind schon innerlich erstarrt, weil sie den Geist gehindert haben, in ihnen in Erscheinung zu treten. Sie haben ihn nicht erkannt, und sich auch noch über ihn lustig gemacht. Ja, ja, wenn es doch am Tage schon hell ist, wozu ist dann noch die Sonne gut? Das sind Argumente eines Nostradin Hodscha (eine Art türkischer Till Eulenspiegel). Ihr seht, liebe Brüder und Schwestern, trotz der heutigen Kultur und Bildung, auf die alle so mächtig stolz sind, ist die menschliche Unwissenheit sehr groß.

Aber gehen wir nun in unserem Thema weiter. Ausgehend davon, dass sich jegliche Kraft im Geiste befindet, jedoch über die Materie in Erscheinung tritt, können wir uns vom Geist im reinen Zustand, frei von jeglicher Materie, keinen Begriff machen. Falls es ihn gibt, befindet sich der reine Geist bestimmt nicht hier, und man weiß nicht, in welcher Region er zu finden ist. Hier sind Geist und Materie miteinander verbunden. Alles, was ihr sehen und berühren könnt, ist aus Geist und Materie gebildet, die in dieser oder jener Form eine Verbindung eingegangen sind.

Schauen wir uns als Beispiel die Atombombe an. Es herrscht die Vorstellung, die Materie würde die Explosionen hervorrufen. Das ist aber ein Irrtum, denn die Materie ist nur die Hülle, die den Geist in sich birgt, ihn festhält und komprimiert. Die atomare Explosion ist in Wirklichkeit ein Ausbrechen des Geistes, der sich dabei in Form von Hitze und Feuer zeigt. Damit die Explosion stattfinden kann, muss der Geist zuerst komprimiert in der Materie vorhanden sein, denn diese für sich allein kann nichts, sondern ist nur ein Träger, ein Gefäß. Gäbe es allerdings die Materie nicht, die den Geist bindet, würde dieser entweichen, da er feinstofflich ist. Die Forscher bewundern zu Unrecht die große Kraft der Materie. Sie haben eben nicht erkannt, dass die freigesetzten Kräfte die des Geistes sind und dass sie lediglich eine Zeit lang gebunden waren, damit sie nicht verloren gehen und nur auf den passenden Moment warteten, um in Erscheinung zu treten. Den Beweis finden wir darin, dass der Geist nicht zurückgeholt werden kann. Wenn er einmal entwichen ist, dann ist es unmöglich, ihn wieder einzufangen, er kehrt in die Regionen zurück, aus denen er gekommen ist. Von der Materie aber bleibt nichts übrig, sie vergeht, denn die Kraft des Geistes ist so groß, dass er sogar die Materie vernichtet, wenn man ihm dazu die Möglichkeit gibt.

Wenn wir ums Feuer saßen, habe ich oft über die eigentümlichen Geräusche gesprochen, die beim Verbrennen der Äste zu hören sind. Wer hat in den Tausenden von Jahren, in denen die Menschheit schon das Feuer benutzt, begriffen, was das Knacken der Äste bedeutet? Und was ist überhaupt ein Baum? Er ist ganz einfach ein Gefäß; ja, ein Gefäß, das die Sonnenenergie speichert. Ihr schaut euch einen enormen und schweren Baum an, mit dem man ein Haus bauen könnte, und in Wirklichkeit ist er nur ein Behältnis, ein riesiger Speicher für Sonnenenergie. Zum Beweis genügt es, ihn in Brand zu stecken.

Wird ein Baum verbrannt, geschieht nichts anderes als eine ununterbrochene Freisetzung von Energie. Zwar geschieht es in einer anderen Form, aber es ist doch das gleiche Phänomen wie das der Atomspaltung. Die im Baum enthaltenen Energien entweichen, und wie bei Gefangenen, bei deren Befreiung Geräusche von Ketten und Schlössern zu hören sind, hört man hierbei ein Knistern. Dieses Knistern zeigt die Freisetzung der Sonnenenergie an, wobei nutzbare Wärme entsteht. Ihr seht auch, dass der Wasserdampf, die Luft und die Gase in die Höhe steigen. Unten bleibt nur ein wenig Asche zurück, die Erde im eigentlichen Sinne, dessen Volumen im Vergleich zur entwichenen Wasser- und Gasmenge sehr gering ist. Damit haben wir einen weiteren Beweis, dass die Materie den Geist in sich gebunden hält.

Die Menschen verstehen es nicht, das Buch der lebendigen Natur aufzuschlagen und darin die Deutung für die Phänomene zu finden, die sich vor ihren Augen abspielen. Dabei würde ihnen das helfen, die schwierigsten philosophischen Fragen zu verstehen. Von nun an sollte es euch möglich sein, tiefer zu blicken und zu erkennen, welche Bedeutung ein physikalisches Phänomen in den Bereichen des Geistes und der Seele hat und auch zu begreifen, dass oben die gleichen Gesetze gelten wie unten. Die meisten sitzen vor dem Feuer, ohne wirklich etwas zu sehen. Sie begnügen sich damit, da zu sein, zu schauen und festzustellen, dass sie ein gewisses Wohlsein verspüren, sich ein wenig besser fühlen, etwas Kraft schöpfen, und das ist dann schon alles. Aber das ist armselig, winzig im Vergleich zur Arbeit, die ein Eingeweihter ausführen kann, wenn er sich vor dem Feuer befindet. Wenn ihr nur wüsstet, was sich in Seele und Geist eines Eingeweihten abspielt, wenn er vor dem Feuer sitzt! Ihr möchtet wohl, dass ich euch sage, was er dann macht, nicht wahr? Aber jetzt ist noch nicht der Moment dafür.

Also, es ist nun klar, die von einem brennenden Baum freigesetzte Energie kommt von der Sonne, sie befindet sich nicht im Wesen des Baumes selbst, sondern ist dort nur gespeichert. Die Materie kann keine Kraft erzeugen. Diese kommt aus einer anderen Region, und die Materie ist nur dazu da, um sie zu erhalten und zu bewahren. Bei den Gelehrten gibt es viele Irrtümer zu korrigieren, denn ihre Vorstellungen sind nicht immer richtig. Sie haben sich ausschließlich mit der sichtbaren, äußeren Seite der Dinge, mit der Hülle, befasst. Ihnen ist das philosophische Gebäude fremd, das den Eingeweihten eine andere Sicht der Welt ermöglicht. Zwar machen sie Versuche und kommen auch zu Ergebnissen, aber das wahre Wissen besitzen sie deswegen noch nicht. Selbstverständlich entdecken sie so manches (obwohl sie auch manchmal Täuschungen erliegen!). Gelingt es ihnen allerdings, eines Tages den wahren Stellenwert der Dinge zu erkennen, werden ihre Erkenntnisse ein ganz anderes Ausmaß annehmen.

Ich habe euch schon gesagt, dass wir gerade im Augenblick des Todes den größten Beweis dafür haben, dass Geist und Materie zwei völlig verschiedene Realitäten sind. Bis dahin bringen die Leute alles durcheinander, Geist und Materie sind für sie ein und dasselbe. Im Augenblick des Todes jedoch sieht man den Unterschied, und niemand kann das Gegenteil behaupten. Denn warum bewegt sich der Mensch sonst nicht mehr? Warum denkt und spricht er nicht weiter? Eben weil Tod Abwesenheit des Lebens bedeutet, weil der Geist sich von der Materie gelöst hat.

Solange der Mensch lebt, sind Geist und Materie zusammen und vereint. Sie sind eine feste Verbindung eingegangen, das ist klar. Aber sie sind doch nicht identisch, und wenn sie sich trennen, stirbt der Mensch. Geist und Materie, das ist so wie Mann und Frau. Obwohl es ihnen gemeinsam ist, Mensch zu sein, sind sie trotzdem nicht identisch, denn er ist der positive und sie der negative Pol. Doch wollen wir uns heute nicht mit dem philosophischen Problem der Beziehungen zwischen Geist und Materie befassen. In anderen Vorträgen habe ich übrigens schon erklärt, wie der Geist die Materie hervorgebracht hat – denn die Materie ist ja in Wirklichkeit nur verdichteter Geist – und wie sie zueinander polarisiert sind.[3] Gehen wir aber nun weiter. Als die Eingeweihten die verschiedenen Erscheinungsformen des Lebens erforschten, beschlossen sie, den Menschen Regeln und Übungen zu geben, die es ihnen ermöglichen sollten, ihre ursprüngliche Kraft wiederzuerlangen. Denn am Anfang besaß der Mensch diese Kraft, und die gesamte Natur gehorchte ihm. Später hat er sie dann verloren, da er sich durch die Schwere der Materie herunterziehen ließ. Dieses Ereignis nennt man den Fall. Also hat der Mensch einen Fehler begangen. Er hat seine Kraft verloren, da er sie in eine dichtere, gröbere Materie einfließen ließ. Auch vorher lebte er bereits in der Materie, die allerdings noch aus ätherischem Stoff bestand und die er sich in wunderbarer Weise nutzbar machen konnte. Darum heißt es in der Bibel, dass er im Paradies, im Garten Eden, lebte. Er war nackt, lebte in der Reinheit und im Licht und kannte zu der Zeit weder Krankheit noch Tod.

Als die Menschen dann ausprobieren wollten, in eine dichtere Materie vorzudringen, um diese zu erforschen (obwohl Gott sie davor gewarnt hatte), verloren sie ihre Leichtigkeit, Freiheit und Unsterblichkeit. Sie wurden anfällig für Krankheiten und waren von da an dem Tod unterworfen. So geht das nun seit Tausenden von Jahren immer weiter: Leiden, Krankheit, Tod. Und das wird so lange andauern, bis sie auf den Weg gefunden haben, der sie in den ursprünglichen Daseinszustand zurückführt.[4] Das ist es, was die Eingeweihten die »Heimführung des Menschen« nennen, die Rückkehr in die ursprüngliche Herrlichkeit. Darin besteht die ganze Philosophie der Eingeweihten. Sie sagen uns damit: »Ihr steht zwischen dem Geist und der Materie. Denkt darüber nach, erforscht euch und achtet in jedem Augenblick eures Daseins darauf, welche Seite von euch, der Geist oder die Materie, gerade die Oberhand hat. Wenn ihr dann spürt, dass schwere, quälende Gedanken und Gefühle in euch erwachen, lasst euch nicht von ihnen hinabziehen, sondern bemüht euch, sie zu neutralisieren.

Wer sich von der Materie in den Bann schlagen lässt, verliert sein Licht, seine Freiheit und seine Schönheit. Wer sich jedoch von ihr frei machen kann und dem Wirken des Geistes den ersten Platz einräumt, wird frei, lichtvoll und stark, denn die Kraft befindet sich im Geiste. Ihr müsst also mehr und mehr in euch gehen, euch innerlich sammeln, um bis zum göttlichen Ursprung in euch zu gelangen. So wird eines Tages eine Quelle in euch zu fließen beginnen, deren unerschöpfliche Kräfte euch erquicken, stützen und ständig durchströmen. Wenn ihr aber den Geist vergesst und euch nur noch auf die äußeren Dinge verlasst, auf Geld, Häuser, Maschinen, Waffen usw., dann werdet ihr die wahre Kraft verlieren. Und warum? Weil ihr sie nicht mehr in Gang haltet, nicht mehr an sie denkt, euch ihr nicht mehr zuwendet und euch nicht mehr innig mit ihr verbindet. Mit dem, was euch an Energien bleibt, könnt ihr euch wohl noch ein wenig dahinschleppen, aber weit werdet ihr nicht kommen. Ihr haltet euch noch für stark, aber wenn die Quelle erst einmal zu fließen aufhört, weil ihr den Kontakt unterbrochen habt, dann werdet ihr sehen, wie weit es mit eurer Kraft und Stärke her ist! Dann fegt es euch einfach weg, und ihr verschwindet von der Bildfläche!

Die meisten Menschen verlassen sich nur auf die äußeren Dinge, aber wie lange wird ihnen das möglich sein? Während ihres irdischen Lebens haben sie Geld und Waffen, schön und gut. Da sie diese Dinge aber nicht mitnehmen können und hier auf Erden nicht daran gearbeitet haben, ihren Geist zu stärken, werden sie sehr, sehr schwach sein, wenn sie in die jenseitige Welt hinübergehen. Dann werden sie begreifen, dass die Zeit nun vorbei ist, in der sie sich stark wähnten. Sie werden anfangen, vieles zu bedauern und zu leiden, und genau das ist die Hölle. Sie werden zu den Lebenden hingehen und versuchen mit ihrer Frau und ihren Kindern zu sprechen, aber niemand wird sie hören. Auch werden sie zu spiritistischen Sitzungen gehen und durch ein Medium sagen: »Ich habe ein sinnloses Leben geführt, macht es nicht so wie ich«, doch keiner wird ihnen Glauben schenken. Daraufhin werden sie sich wieder inkarnieren und alles von vorne beginnen müssen, denn inzwischen haben Diebe all die Reichtümer an sich gerissen, die sie angehäuft hatten.

So seht ihr, wie viele Enttäuschungen sich alle selber schaffen, die die Einweihung nicht kennen gelernt haben; sie sind wirklich zu bedauern. Aber welch große Schätze besitzen hingegen diejenigen, die sich Fähigkeiten, Tugenden und gute Eigenschaften erarbeitet haben! Selbst wenn sie im Äußeren nichts besitzen, sind sie doch reich an Kenntnissen und an Kräften, und wenn sie in die jenseitige Welt hinübergehen, nehmen sie all diese Schätze mit. Da sie sich schon hier geübt haben diese Dinge zu entwickeln, werden sie ihnen bleiben, und niemand wird sie ihnen nehmen können. Und auch all das, was sie hier auf Erden wünschten, werden sie dort in Fülle finden. Wer das Licht und die Farben liebte, kann sie dort endlos betrachten. Für den, dessen Seele voll Musik und Sinfonien ist, singen die Sterne und das ganze Universum. Wer voller Liebe war, findet dort die Mittel, den anderen zu helfen. Wessen Traum es war, Wissen und Kenntnisse zu besitzen, dem werden alle Geheimnisse der Schöpfung offenbart. Das, liebe Brüder und Schwestern, ist die Wahrheit.

Die wahre Kraft befindet sich im Geist, denn die Eigenschaften des Geistes haben eine ausgeprägte Verbindung zur Kraft. Intelligenz, Weisheit und Reinheit verleihen euch große Fähigkeiten. Besitzt ihr außerdem viel Liebe, wird es euch auch gelingen, eure negativen Zustände wie Kummer, Traurigkeit, Zorn oder Hass zu überwinden, denn die Liebe ist wie ein Alchimist und wandelt alles um. Die wirkliche Kraft befindet sich allerdings in der Wahrheit, denn diese ist der eigentliche Bereich des Geistes.[5]

Jesus hat gesagt: »Sucht die Wahrheit, und die Wahrheit wird euch frei machen.«[6] Um sich zu befreien, muss man die wahre Kraft haben, welche die Weisheit allein nicht besitzt. Vielen Weisen ist es nicht gelungen, frei zu werden. Und selbst die Liebe kann euch allein nicht völlig frei machen. Nur die Wahrheit kann das, also die Einheit von Liebe und Weisheit. So lehrt es die Einweihungswissenschaft. Die Menschen jedoch vernachlässigen die Liebe, lassen die Weisheit außer Acht und bilden sich ein, sie könnten die Freiheit mit Geld erlangen. Was denken sie nur! Das Geld wird sie knechten, denn es verschafft ihnen alle Möglichkeiten, unmäßig zu trinken, zu essen, sich zu amüsieren, sich in Vergnügungen zu stürzen und auch sich zu rächen, wenn's darauf ankommt. Damit öffnet es ihnen den Weg, der in die Hölle führt. Wenn sie natürlich weise und Herr ihrer selbst sind, kann ihnen das Geld schon die Möglichkeit geben, frei zu werden und viel Gutes zu tun. Aber gebt einmal schwachen Menschen Geld in die Hand, und ihr werdet sehen, ob sie dadurch frei werden! Im Äußeren können sie sich vielleicht jemanden vom Hals schaffen, der ihnen unbequem ist oder sich Verfolgungen entziehen. Im Innern befreien sie sich damit aber weder von ihren Schwächen noch von ihren Lastern oder ihren Ängsten. Wo sie auch hingehen, schleppen sie all ihre Übel mit sich herum. Oft sind es die reichsten Leute, die am meisten davon geknechtet sind. Wer jedoch arm ist und dabei intelligent, ist sehr viel freier.

Um zum rechten Verständnis zu gelangen, muss man zuerst einmal alle Dinge an den rechten Platz stellen, und eben das wird in der Schule der Universellen Weißen Bruderschaft gelehrt. Da wird nicht Zoologie, Botanik, Ethnologie, Geographie oder Geschichte gelehrt, sondern die rechte Art zu leben. Die rechte Art zu leben... es gibt wohl kein Thema, das mehr vernachlässigt wäre als dieses. Für alles andere gibt es Schulen, aber zeigt mir nur eine einzige, wo leben gelehrt wird, es gibt keine! Nun sind wir aber gerade in so einer seltenen, außergewöhnlichen Schule, wo gelehrt wird, in der rechten Weise zu denken, zu fühlen und zu handeln. Nur begreifen leider sehr wenige ihren Wert. Die anderen werden es begreifen, wenn sie die Erde verlassen müssen, aber dann wird es zu spät sein.

Zurzeit sind die Menschen noch der materialistischen Lebensanschauung verfallen, die sie von der wahren Kraft fernhält und sie nur immer weiter schwächt. Aber schon in wenigen Jahren wird mit dem Materialismus Schluss gemacht werden, man wird ihn verwerfen und verbannen, und überall, in den Universitäten, den Schulen, den Familien, wird man die Menschen in der Wissenschaft des Geistes unterrichten. Dann werden sie erkennen, dass sie jahrhundertelang auf Irrwegen herumgeirrt sind und dass all die technischen und wissenschaftlichen Entdeckungen noch keinen Fortschritt bedeuteten. Der Fortschritt im Geiste ist ein echter Fortschritt, und ohne den Geist gibt es keinen Fortschritt. Schreibt diese Worte auf, wenn ihr wollt, denn das wird für die Zukunft ein Sinnspruch sein. Zwar werden jetzt mehr und mehr Entdeckungen gemacht, aber alle Errungenschaften, die sich auf den materiellen Bereich und die äußere Bequemlichkeit beschränken, können die Menschen nicht bessern. Im Gegenteil, dadurch werden sie nur egoistischer, nachtragender, verletzlicher und kränklicher, und gleichzeitig nehmen Hochmut, Eitelkeit und Sittenverfall zu. Genau das hat der Fortschritt mit sich gebracht, und das ist kein geistiger Fortschritt.

Geistiger Fortschritt würde bedeuten, dass die Menschen besser werden, dass sie bessere Gedanken und Gefühle bekommen und dadurch ständig bei guter körperlicher und seelischer Gesundheit sind. Zurzeit hingegen besteht der Fortschritt darin, immer perfektere Krankenhäuser, Kliniken und Gefängnisse zu konstruieren. Anstatt im Geist ein Heilmittel zu suchen und im Innern etwas in Ordnung zu bringen, suchen alle nur außerhalb von sich selbst. Niemand denkt daran, im Innern zu suchen, in Seele und Geist, niemand – außer diesen armen Mystikern und Spiritualisten, diesen Narren, diesen Sonnenkindern wie man uns auch nennt. Aber dazu kann ich nur entgegnen: »Ihr Chemiker und Apotheker, lasst euch sagen, dass all die Minerale und Metalle, die sich auf der Erde befinden und die ihr erforscht, sich zuerst in der Sonne befanden. Nur ganz allmählich haben sie sich verdichtet und dabei den Weg über den gasförmigen und den flüssigen Zustand genommen. Alles, was die Erde besitzt, hat sie von der Sonne.« Wenn dem also so ist, wenn alle Elemente, die sich auf der Erde befinden, ursprünglich in der Sonne waren, ist dann unser Wunsch, sie uns direkt an der Quelle in ihrer uranfänglichen Frische und Reinheit zu holen, wirklich so unvernünftig? Alle sind bereit, zu grinsen und sich über uns lustig zu machen. Sie sagen: »Schaut doch nur, die gehen die Sonne angucken!« Dabei haben sie nur nicht begriffen, welch grundlegende Bedeutung die Sonne für den Menschen hat, aber sie lachen über uns. Lassen wir sie witzeln und gehen wir weiter Gold einsammeln.

Die Sonnenstrahlen sind wie Goldstücke, mit denen man nachher in den Läden des Himmels großartige Dinge einkaufen kann, denn dort weiß man um den Wert dieses Goldes. Ja, in den jenseitigen Welten gibt es mir wohlbekannte Geschäfte, wo alles in Fülle ausgebreitet daliegt. Und wenn ihr das Gold der Sonne besitzt, das Gold der Weisen, bekommt ihr alles, was ihr euch wünscht. Wenn ihr auf der Erde zum Beispiel um Frieden bittet, wer kann ihn euch geben? Geht ihr dann zum Apotheker und verlangt ein Kilo Frieden?... Er würde euch ins Gesicht lachen. In den Läden jedoch, von denen ich spreche, wird euch niemand auslachen, sondern man wird euch den Frieden für einige von den Goldstückchen geben, die ihr eingesammelt habt.

Wären die Menschen etwas aufgeklärter, dann würden sie, anstatt uns auszulachen, uns bitten, ihnen alle Geheimnisse der lebendigen Natur zu enthüllen. Wenn man zum Beispiel bei einem See ist, was kann man dort machen? Auch dort sind die verschiedensten Schätze verborgen. Im Wald, auf Felsen, in den Bergen, in Grotten, überall gibt es die wertvollsten Dinge zu finden, aber der Mensch in seiner Unbewusstheit läuft inmitten all dieser Schätze herum, ohne etwas davon abzubekommen.

Die wahre Kraft kommt aus der Mitte, und da der Geist mit dieser verbunden ist, muss man folglich immer zuerst den Geist suchen und sich mit ihm verbinden, damit er uns ins Zentrum, zur Quelle, führen kann, wo wir alles bekommen, was wir benötigen.[7] Es ist zwar nicht zu leugnen, dass sich auch in der Peripherie, an der Oberfläche, einige Dinge befinden, sie sind aber von geringerem Wert. Alles Echte befindet sich im Geist, alles andere ist mehr oder weniger verfälscht oder vermischt und damit unrein. Selbst Gold und Edelsteine, die mit zum Reinsten gehören, was es in der Natur gibt, müssen erst aus dem ihnen anhaftenden Gestein herausgelöst werden. Alles, was ihr weitab von der Quelle findet, ist mit Unreinheiten durchsetzt und muss gereinigt oder gefiltert werden. Nur wer seinen Durst direkt an der Quelle stillt, trinkt absolut reines Wasser.

In dem Augenblick, wo die Strahlen der Sonne diese verlassen, sind sie rein. Wenn sie dann die Erdatmosphäre durchqueren, nehmen sie Unreinheiten auf. Daraufhin kehren sie aber wieder zur Sonne zurück, nachdem sie sich auf ihrem Weg, der über andere Planeten führt, dieser Unreinheiten entledigt haben. Erstaunt euch das? Wenn das Blut aus dem Herzen strömt, ist es rein. Wenn es dann jedoch durch den Körper fließt, um den Organismus zu ernähren, nimmt es dabei auch Schlacken und giftige Stoffwechselprodukte auf. Wenn es danach wieder zum Herzen zurückkehrt, wird es zuerst zu den Lungen geleitet, um sich dort zu reinigen. Genauso kehren die Strahlen zur Sonne zurück, nachdem sie auf ihrem Weg über andere Planeten gereinigt wurden. Das sind Tatsachen, von denen die Gelehrten nichts wissen; und selbst wenn man ihnen davon erzählt, glauben sie es nicht und behaupten, das sei reiner Blödsinn. Die Eingeweihten jedoch, die wesentlich weiter geschaut haben als die Gelehrten, wissen schon seit langem, wie das Licht auf die Erde gelangt, welchen Weg es nimmt und wie es schließlich wieder zur Sonne zurückkehrt.

Manch einer mag nun einwenden: »Sie setzen das innere, subjektive Erleben an erste Stelle... uns wurde jedoch beigebracht, man müsse immer objektiv sein, ja, sich sogar von der Subjektivität frei machen, denn nur das objektiv Erfahrbare ist wissenschaftlich belegbar und real.« Darauf gebe ich zur Antwort, dass dies eine unkluge Überlegung ist, die zeigt, dass man den Sinn der beiden Wörter »subjektiv« und »objektiv« noch nicht verstanden hat. Was macht denn die objektive Seite an den Dingen aus? Das was sich weder bewegt noch verändert, was man also mit Apparaten messen, wiegen und betrachten kann. Das ist folglich ein Aspekt der Dinge, der sich deshalb erforschen lässt, weil er tot ist. Die subjektive Seite hingegen stellt das Leben dar, die Gefühle, das Bewusstsein, den Geist. Diese wird nicht erforscht mit dem Hinweis, dass sie veränderlich ist, nicht von allen gleichermaßen wahrgenommen wird und es daher nicht möglich sei, sie zu messen und Einteilungen vorzunehmen... aber das ist ein Irrtum. Wenn die subjektive Seite ständigen Veränderungen unterliegt, so deshalb, weil sie alles enthält und alles darin lebendig ist. Also erforscht man mit ihr das Leben.

Natürlich ist das Misstrauen hinsichtlich der Subjektivität teilweise gerechtfertigt, denn es gibt ja tatsächlich konfuse Mystiker, Geistesgestörte und Hysteriker, die ein Opfer ihrer krankhaften Subjektivität geworden sind. Aber es wäre ja irrig, allgemeine Schlussfolgerungen aus dem Verhalten solcher Leute ziehen zu wollen. Warum hat man sich nicht Leute angeschaut, die ein echtes geistig orientiertes Leben führen, das einer inneren Ordnung folgt. Bei denen ist nämlich nichts vage, ungenau und ungleichgewichtig. Das wahre innere Leben ist harmonisch, wahrhaftig, präzise, und obgleich es Bewegungen und Veränderungen unterworfen ist, ist es Gegenstand einer Wissenschaft. Nur benötigt man für diese Wissenschaft bessere Apparate als die den Wissenschaftlern heutzutage verfügbaren.

Um die unbelebten Dinge zu untersuchen, sind nicht unbedingt hochperfektionierte Apparate nötig, will man jedoch das psychische Leben erforschen, die Veränderungen von Seele und Geist erkennen und verfolgen, braucht man weitaus feinere, empfindlichere Geräte, wie man sie heutzutage noch gar nicht bauen kann. So hat man diese Wissenschaft aufgegeben. Damit zeigen die Wissenschaftler nur ihre mangelnden Fähigkeiten auf diesem Gebiet, hier kapituliert ihre Intelligenz. Das wissen sie vielleicht nicht, aber ich weiß es. Sie hätten anders handeln müssen und sagen: »Möglicherweise birgt dieser Bereich wunderbare Schätze, das wahre Wissen, und beim gegenwärtigen Stand unserer Fähigkeiten und Forschungsmöglichkeiten haben wir nur keine Geräte, um ihn zu erforschen. Wir bemühen uns, in der Zukunft so weit zu kommen und begnügen uns für den Augenblick damit, das zu studieren, was unseren fünf Sinnen zugänglich ist.«

So hätten sie gesprochen, wenn sie klug gewesen wären, und das wäre auch keine Kapitulation. Aber eines Tages werde ich ihnen eine Rüge verpassen. Was ich euch gerade erklärt habe, werde ich ihnen in aller Öffentlichkeit sagen, und dann wird niemand einen Einwand vorbringen können, weil bis dahin viele Entdeckungen gemacht sein werden, die unserer Lebensauffassung Recht geben. Dann wird niemand mehr wie früher zu sagen wagen: »Das ist doch unmöglich! So ein Blödsinn!«, sondern es wird heißen: »Das ist gut möglich«, und sie werden in diesem

Satz ihre Zuflucht suchen. Übrigens trauen sie sich schon nicht mehr, so kategorisch zu sein wie früher, denn seit einigen Jahren werden sie sich im Laufe ihrer Entdeckungen darüber klar, wie viele Dinge sie noch nicht wissen. Ganz allmählich dringen sie in den feinstofflichen, ätherischen Bereich vor, der doch gerade das Subjektive beinhaltet. Und eines Tages wird niemand mehr Einwände finden können, denn, wie gesagt, es wird zu viele Beweise geben, die zugunsten unserer Philosophie sprechen.

Hört nun gut zu, was ich euch noch erklären möchte. Im Bereich des Subjektiven muss man zuerst eine Region durchqueren, die voller Nebel, Wolken und Staub ist. Das ist die Sephira Jesod[8], die Region des Mondes. Die Eingeweihten wissen, dass man dort allen Verblendungen, Hirngespinsten und Wahnvorstellungen begegnet. Durch diese Zone muss man also hindurch, bis man in den höheren Teil von Jesod gelangt, wo Präzision, Klarheit und Licht herrschen. Da die Wissenschaftler es nicht verstanden haben, diese Region in ihrer Gesamtheit zu erforschen, sind sie, nachdem sie dort ein wenig herumgeirrt sind, entsetzt geflohen und haben ihre Zuflucht auf Malkuth gesucht, auf der dichten Seite der Materie, auf der Erde. Wer sich jedoch weiter getraut hat, konnte sehen, dass dort über dem Nebel und den Wolken die Sonne unablässig scheint und alles mathematisch klar und genau ist.

Es gibt also eine andere Wissenschaft, nämlich die des Geistes, und die ist den Gelehrten unbekannt. Das zeigt sich schon an der vor kurzem gemachten Aussage eines russischen Wissenschaftlers: »Wir kennen die Materie, haben aber keinerlei Begriff vom Geist; in dieser Richtung müssen wir nun arbeiten.« Sie werden sich also langsam klar darüber. Und was sie entdecken werden, ist das Einweihungswissen, so wie es manchen privilegierten Menschen schon seit langem bekannt ist.

Wer mit dem Geist und für ihn arbeitet, wer ihm die Möglichkeit gibt, sich in Fülle zu manifestieren, wird eines Tages die wahre Kraft erlangen, während die anderen, die keine Mühen auf sich nehmen wollen, das nicht schaffen können. Dazu lassen sich leicht Beispiele finden. Wenn ihr keine Wege mehr zu Fuß macht, weil ihr ein Auto habt, was geschieht dann? Nicht nur eure Beine werden dadurch schwächer, sondern der Bewegungsmangel wird schließlich euren gesamten Organismus schädigen. Stellt euch auch einmal vor, es gäbe Maschinen, die dem Menschen die allermeisten Arbeiten abnähmen. Dann hätte er kaum noch etwas zu tun und würde verweichlichen und abstumpfen. Und ebenso lässt die Gedächtniskraft nach, seitdem man begonnen hat, alles Wissen in Büchern festzuhalten. Es gibt noch Stämme in der Welt, die das Schreiben nicht kennen und sich mündlich ihr gesamtes Wissen von Generation zu Generation weitergeben. Das sind Tausende von Gedichten, Sprüchen und Geheimnissen. Diese Menschen besitzen ein unwahrscheinliches Gedächtnis. Das Gleiche galt für die Druiden, die es ablehnten, die Schrift zu verwenden, da sie wussten, dass der Mensch, sobald er anfängt sich auf Bücher zu verlassen, viel seiner psychischen Fähigkeiten einbüßt. Ich habe auch selber festgestellt, dass viele Leute, die nicht zur Schule gegangen sind und weder lesen noch schreiben können, ein außergewöhnlich gutes Gedächtnis besitzen. Man kann daraus schließen, dass Bücher das Erinnerungsvermögen herabsetzen. Das heißt nun nicht, dass ich gegen Bücher wäre. Ich stelle lediglich fest; aber natürlich ist das Gedächtnis nicht alles.

Nun, meine lieben Brüder und Schwestern, die Antwort auf die eingangs gestellte Frage lautet: Ihr dürft die wahre Kraft nicht außerhalb von euch selbst suchen.

Natürlich gibt es noch vieles dazu zu sagen. Überall im Universum und auch im Menschen zeigt sich das Prinzip des Lebens und das des Todes. Wenn das Leben sich entfalten will, erwachen gleichzeitig gegensätzliche Kräfte, die es unterdrücken und vernichten wollen, und so muss sich das Leben ständig zur Wehr setzen. Es ist also immer wieder Aktion und Reaktion, etwas anderes gibt es nicht. Und wenn der Mensch nicht auf sich Acht gibt, kann es passieren, dass die Macht des Todes ihn hinwegrafft. Wie viel Lehren kann man doch aus dieser Wahrheit ziehen!

Eine Schwester kommt zum Beispiel zu mir und beklagt sich, dass ihr nichts gelingt und sie deswegen enttäuscht und mutlos ist. Ich schaue sie an und sage schlicht und einfach: »Das kommt daher, weil Sie sich an der Schule der Schwäche eingeschrieben haben.« »An welcher Schule, Meister?« fragt sie. »Als ich noch jung war, bin ich zur Schule gegangen, aber jetzt habe ich mich an keiner Schule eingeschrieben.« Ich antworte ihr: »Doch. Sie haben sich an der Schule der Schwäche eingeschrieben.« Sie versteht mich nicht, und ich erkläre ihr: »Ja, in der Schule der Schwäche nimmt man keinerlei Anstrengungen auf sich, macht weder körperliche noch spirituelle Übungen, sondern sucht sein Heil in weichen Sesseln, in Bequemlichkeit und Trägheit. Das ist schön, großartig, nur was geschieht dann? Die innere Beweglichkeit lässt nach, die Intensität des Lebens, des Geistes, des Denkens verringert sich, und Negatives schleicht sich ein, hinterlässt Spuren und Unreinheiten, die man dann nicht mehr loswird. Darum müssen Sie ihr Leben intensiv leben, um so allen Unrat abzustoßen, der sich einschmuggeln will und der dann im Innern die verschiedensten Störungen verursacht. Schreiben Sie sich also nun an der Schule der Kraft ein, das heißt, halten Sie in sich ständig Aktivität aufrecht sowie Wachsamkeit, Tatkraft, Mut und Begeisterung.«

Da ihr nun wisst, dass das Prinzip des Lebens mit dem des Todes in Widerstreit liegt, dürft ihr nicht nachgeben noch euch von den negativen Kräften überwältigen und binden lassen. Wenn man sich gehen lässt, mag man sich eine Zeit lang wohlfühlen, aber danach ist man wie gelähmt. Weder Blut noch Zellen sind in intensiver Schwingung, um zu kämpfen und sich zur Wehr zu setzen, und so können Schmutz, Schimmel und Pilze eindringen. Wenn ein Rad sich schnell dreht, kann der Straßendreck nicht so leicht daran haften bleiben, sondern er wird zurückgeworfen. Wird die Bewegung aber langsamer, dann setzt der Schlamm sich daran fest. Habt ihr das Bild begriffen? Dahinter steht eine ganze Philosophie und Wissenschaft. Es liegt nun bei euch, die entsprechenden Anstrengungen auf euch zu nehmen, denn es ist zu eurem eigenen und größten Nutzen, euch nicht der Schlaffheit und Trägheit hinzugeben. Alles muss man durch üben fit halten, die Glieder und die Lunge ebenso wie das Denken, die Gefühle, die Seele und den Geist.[9] Dadurch kommt ihr in einen Schwingungszustand, der jegliche Unreinheiten abstößt, und ihr könnt sehr lange immer weiter voranschreiten.

Seit Jahren sage ich euch schon: »Auf, schreibt euch in der Schule der Kraft ein, nehmt die Bemühungen auf euch«, denn nichts zu tun, liebe Brüder und Schwestern, bedeutet den Tod. Eines Tages werdet ihr es selbst erfahren, wie notwendig es ist, sein Leben intensiv zu leben. Darum ist es gut, seine Begeisterung nicht zu verlieren und auch darf man die Liebe nicht erkalten lassen, die geistige Liebe, denn sie schafft in uns diesen Zustand des Überströmens und Strahlens, der alles Negative und Finstere abstößt. Wer sich für klug und weise hält, und dabei meint, es sei unnötig, zu lieben und gut zu sein, hat damit sein eigenes Todesurteil unterzeichnet, zunächst einmal für den geistigen Tod... aber der andere wird auch nicht ausbleiben.

Also, meine lieben Brüder und Schwestern, ihr solltet euch nun sagen: »Heute ist mit klar geworden, wo der Sinn des Lebens, wo Gesundheit und Kraft zu finden sind.« Die Kraft liegt in der Aktivität des Geistes.

Le Bonfin, 2. August 1965

Anmerkungen

1. Siehe Band 222 der Reihe Izvor »Die Psyche des Menschen«, Kapitel 6: »Körper, Seele und Geist«.
2. Siehe Band 241 der Reihe Izvor »Der Stein der Weisen«, Kapitel 3: »Ihr seid das Salz de Erde, Teil 1«.
3. Siehe Band 17 der Reihe Gesamtwerke »Erkenne Dich selbst – Jnani-Yoga«, Kapitel 3: »Der Geist und die Materie« und Band 237 der Reihe Izvor »Das kosmische Gleichgewicht - Die Zahl 2«, Kapitel 3: »Die 1 und die 0« und Kapitel 4: »Der jeweilige Platz des Männlichen und des Weiblichen, Teil 1«.
4. Siehe Band 32 der Reihe Gesamtwerke »Die Früchte des Lebensbaums«, Kapitel 6: »Der Sündenfall und der Wiederaufstieg des Menschen«.
5. Siehe Band 222 der Reihe Izvor »Die Psyche des Menschen«, Kapitel 2: »Eine synoptische Tafel«.
6. Siehe Band 234 der Reihe Izvor »Die Wahrheit, Frucht der Weisheit und der Liebe«, Kapitel 18: »Die Wahrheit wird euch frei machen«.
7. Siehe Band 235 der Reihe Izvor »Im Geist und in der Wahrheit«, Kapitel 3: »Die Verbindung mit dem Zentrum«.
8. Siehe Band 7 der Reihe Gesamtwerke »Die Reinheit, Grundlage geistiger Kraft«, Teil 1: »Jesod spiegelt die Tugenden aller anderen Sephiroth wider«.
9. Siehe Band 13 der Reihe Gesamtwerke »Die neue Erde«.

Kapitel 9

DAS OPFER

Jedes Naturreich (der Minerale, Pflanzen, Tiere, Menschen...) strebt dem nächsthöheren Reich zu.

Die Steine existieren am längsten auf der Erde, sie sind reglos, ohne Gefühl, haben keinerlei Möglichkeit sich zu bewegen oder zu wachsen. Darum ist es ihr Ideal, zu Pflanzen zu werden.

Das Ideal der Pflanzen besteht darin, zu Tieren zu werden. Sie sind fest verwurzelt, können ihren Standort nicht verlassen und haben auch keine Gefühlsempfindung wie die Tiere. Darum streben sie danach, den Erdboden zu verlassen und sich zu bewegen. Wenn sie in den Körper eines Tieres hineinkommen, können sich ihre Zellen weiterentwickeln. Für sie gibt es keine andere Evolutionsmöglichkeit als die, sich zu opfern, indem sie sich fressen lassen.

Das Ideal der Tiere ist es, zu Menschen zu werden, das der Menschen besteht darin, Engel zu werden, und das der Engel, sich zu Erzengeln oder Gottheiten weiterzuentwickeln.

Auf jeder Daseinsstufe kommen also weitere Eigenschaften hinzu, die auf der tiefer gelegenen Stufe noch fehlen. So streben die Angehörigen einer Stufe die nächsthöhere an, um über das erreichte Niveau hinauszuwachsen. Bevor der Mensch zu einem Engel werden kann, muss er zuerst einmal ein Meister werden, denn dieser bildet das Bindeglied zwischen der Welt der Menschen und derjenigen der Engel.

Als ich euch vor ein paar Tagen sagte, das Ideal des Menschen sei es noch nicht, den Willen Gottes zu tun, wart ihr erstaunt, denn das schien im Widerspruch zu stehen mit alledem, was ich euch bis dahin gesagt hatte. In Wirklichkeit ist es aber die Bestimmung des Menschen, zuerst einmal zu lernen, zu erkennen und zu verstehen. Nur die Engel können schon den Willen Gottes erfüllen. Unser Fernziel ist es also, Seinen Willen zu erfüllen. Unser augenblickliches Ideal besteht jedoch im Lernen; das ist es, was in erster Linie von uns erwartet wird. Das Erfüllen des göttlichen Willens ist Sache der Engel.

Auf Bulgarisch heißt Engel »angel«. Für Feuer sagt man »ogan«, und das Lamm ist »agnee«. Wenn man nun die Beziehung zwischen den Wörtern »ogan« und »agnee« herstellt, wird einem vieles klar. Man versteht dann, warum Christus, der Sohn Gottes, mit dem Lamm verglichen wurde, das vor der Erschaffung der Welt geopfert werden musste.[1] Woher kommt diese Überlieferung? In manchen Ländern war es früher Brauch, wenn man ein Haus bauen wollte, die Fundamente mit dem Blut eines Lammes zu begießen, damit das Haus solide und auch geschützt sei. Das sollte alle daran erinnern, dass vor der Erschaffung der Welt ein Lamm oder ein lebendiges Wesen geopfert werden musste, damit auch dieses Bauwerk auf soliden Fundamenten stehe.

Christus ist das Lamm Gottes, der Geist der Liebe, der anzieht, annähert und unterstützt; und Er, die Liebe, dient nun als Grundlage für die Schöpfung. Er hat sich geopfert, mit seinem Blut wurde das Material für dieses Bauwerk getränkt. Er ist das Bindeglied, sozusagen der Zement, der die Schöpfung zusammenhält. Überall, sei es in den Steinen oder in den Sternen, ist es seine Liebe, die das Gerüst zusammenfügt. Wenn die Liebe vergeht, beginnt auch unser Körper zu zerfallen, denn es ist die Liebe, die alle Zellen eint. Die Liebe ist das große Geheimnis des Universums.

Ebenso wie das Lamm sich bereitwillig als Opfer angeboten hat, muss sich auch der Mensch opfern. Daher sagen uns die Eingeweihten, wir müssen unseren Körper und unser Herz Gott als Opfer darbieten. Aber der tiefere Sinn des Opfers, das die höchste, edelste und göttlichste Geste darstellt, wird noch nicht recht verstanden. Nichts im Universum übertrifft den Akt des Opfers; er ist das Omega, der letzte Buchstabe, einen weiteren gibt es nicht. Jesus ist gekommen, um diesen letzten Buchstaben auszusprechen. Nach ihm werden andere kommen, um manches zu realisieren und zu erfüllen, sie werden aber nichts beisteuern, was das Opfer übertreffen könnte. Das Opfer bleibt in alle Ewigkeit der allerhöchste Akt.

Sehr wenigen ist es klar, wann man wirklich von einem Opfer sprechen kann. Oft höre ich jemanden sagen: »Ich habe mich geopfert!« Aber war es wirklich ein Opfer? Ich will euch ein Kriterium geben, mit dem ihr das beurteilen könnt. Allerdings dürft ihr das zunächst nur bei euch selbst anwenden und nicht bei den anderen, denn es ist unmöglich, es sei denn, man ist ein Meister oder hellsichtig, zu erkennen, ob jemand ein echtes Opfer bringt oder ob seine Taten ein egoistisches, selbstsüchtiges Element beinhalten. Das wahre Opfer ist eine Geste, eine Regung, ein Gedanke oder ein Gefühl, getragen von absoluter Uneigennützigkeit. Wenn ihr einmal versucht, euch zu analysieren, werdet ihr feststellen, dass in den meisten Fällen die niedere Natur sich mit ihren Berechnungen dort eingeschlichen hat, wo ihr glaubtet, eine selbstlose Tat zu vollbringen. Und gerade das müsst ihr bearbeiten, denn die echte Entwicklung des Menschen beginnt erst in dem Augenblick, wo es ihm gelingt, unpersönlich und uneigennützig zu handeln.

Schaut euch ein Kind an. Es ist fordernd, es weint, schreit und droht. Dabei denkt es weder an Mutter und Vater noch an die Geschwister. Alle sollen ihm gehorchen, und es kann wirklich schrecklich sein, manchmal ein richtiger kleiner Tyrann! Es ist so, als würde es sagen: »Also, wo bleibt ihr? Ihr seid dazu da, um mir beizustehen, denn ich muss noch groß werden. Ich habe auch meine Vorstellungen, und ich will der König der Welt werden.« Dabei stampft es ordentlich mit seinem kleinen Füßchen auf, ballt seine Fäustchen und will sich von niemandem gut zureden lassen. Welch eine Kraft und Entschlossenheit! Es ist fest entschlossen, es mit der ganzen Welt aufzunehmen, ohne nachzugeben oder sich zu fügen. Selbstverständlich wird ihm das verziehen, und alle sind um es herum, um seine Launen zu befriedigen. Je älter das Kind nun allerdings wird, umso mehr wird es gewahr, dass die Welt doch nicht ganz so ist, wie es sie sich vorgestellt hat und dass man anfängt, ihm kleine Dinge abzuverlangen. Vielleicht soll es dem Großvater Wasser bringen oder sonstige Dienste verrichten. Auch wird ihm beigebracht, dass es sich waschen und seine Kleider aufräumen muss. Aber dabei ist noch keineswegs die Rede davon, Opfer zu bringen. Die Kinder gehorchen für einen Bonbon oder ein Stück Schokolade, denn wenn sie brav sind, wird ihnen immer eine Belohnung versprochen, und so tun sie ihre Pflichten für kleine Geschenke als Gegenleistung.

Schließlich kommt das Kind in die Schule, wo es andere Kinder trifft, die ihm ähnlich sind; und dann beginnt es nachzudenken. Es erkennt, dass es seine Methoden ändern und Zugeständnisse machen muss, denn es will ja mit den anderen Kindern Umgang haben, es will mit ihnen sprechen und spielen. Manchmal zieht es dann sein Taschentuch heraus und wischt ein paar kleine Tränen ab. Aber selbst wenn es schließlich nachgibt, hat es immer Hintergedanken dabei... So gehen die Jahre dahin, und eines Tages greift es dann zu einem Federhalter und einem schönen Bogen Papier, um ein Gedicht darauf niederzuschreiben. Es schwört, von unpersönlicher Liebe erfüllt zu sein... Aber glaubt das nur ja nicht, denn im Grunde seines Herzens, wie ich euch schon gesagt habe, hegt es immer einen sogar vor sich selbst versteckten Hintergedanken.

Schließlich ist das Kind also erwachsen geworden. Es hat seinerseits Kinder und beginnt nun, wahre Opfer zu bringen, um sie zu ernähren, einzukleiden und ihnen eine Ausbildung zu ermöglichen. Falls ihr die Analyse allerdings etwas weiter vorantreibt, werdet ihr erkennen, dass diese Opfer noch immer nicht ganz rein sind, denn auch sie enthalten versteckte Motive. Die Kinder werden ja groß und werden vielleicht einmal bedeutende Leute sein. Außerdem werden die Eltern einmal alt und können krank werden, und dann brauchen sie eine Stütze usw. Außer in sehr seltenen Beispielen liegt immer irgendeine Berechnung zugrunde.

Wenn ihr eure Analyse wirklich weit vorantreibt, werdet ihr sehen, dass ein wirkliches Opfer nirgendwo vorkommt. Hinter allem steckt eine Berechnung, und wenn es gerade kein grobmaterielles Interesse ist, so ist es nur etwas subtiler, man will vorankommen, Klarheiten erlangen und sich vervollkommnen. Nur besteht der Unterschied darin, dass im zweiten Fall der persönliche Nutzen spirituell und rein ist und niemandem schadet. Ja, er ist sogar eine Wohltat für die ganze Welt, während im ersten Fall die persönlichen Belange auf Kosten der anderen befriedigt werden.

Es gibt also zwei Arten von Interessen, die einen betreffen nur den Menschen und seine Personalität und wirken sich daher selten segensreich auf die Umgebung aus. Die anderen hingegen sind so weit gespannt, und so weitblickend, dass sie die Interessen der gesamten Gemeinschaft miteinbeziehen. Diese Art von Interessen werden in der Universellen Weißen Bruderschaft akzeptiert. Ihr werdet nie einen Vorwurf zu hören bekommen, wenn ihr voller Interesse für Weisheit, Liebe, Frieden, Reinheit und Güte seid, denn damit werdet ihr niemals und niemandem einen Schaden zufügen. Ihr tut damit nichts Böses, macht nichts kaputt und stört auch nicht die kollektive Evolution des kosmischen Ganzen im Gegenteil, ihr fördert sie. Sind eure Interessen jedoch rein egoistisch, dann muss ich euch sagen, dass ihr noch weit von der göttlichen Evolution entfernt seid, so wie die Eingeweihten sie verstehen. Alles, was man macht, denkt und fühlt, muss analysiert werden. Alles muss man einer Prüfung unterziehen, um so die

Interessen herauszufinden, die dahinter stecken. Ihr werdet sehen, wie wenig dieser Prüfung standhält und nachher noch unpersönlich und rein erscheint.

Und wenn ihr nun wissen wollt, in welchen Fällen es wirklich euer höheres Ich ist, das sich zeigen möchte, so könnt ihr das leicht erkennen, denn damit verbindet sich eine untrügliche Empfindung. Ja, an der Empfindung, die ihr verspürt, könnt ihr es erkennen. Ihr habt zum Beispiel den Wunsch, einem Freund etwas zu schenken. Wenn ihr ihm das nun gebt und dabei eine reine Freude verspürt, die frei ist von jeglichen Hintergedanken, dann zeigt sich darin euer höheres Ich. Das Symbol des höheren Ich ist die Sonne, und das des niederen die Erde. Betrachtet nun einmal die Sonne, sie gibt und gibt ohne Unterlass, während die Erde immerfort nimmt. Das sind die Grundmerkmale der Sonne und der Erde.[2] Dieses Phänomen lässt sich überall im Leben wiederfinden. In einer Familie zum Beispiel sind es die Eltern, die immerzu geben, sie ernähren ihre Kinder, kleiden sie, ziehen sie auf und bringen ihnen manches bei, während ein Kind nimmt, isst und sich schmutzig macht. Auch hier ist es das gleiche Prinzip wie bei der Erde und der Sonne. Aber aus der Erde wird eines Tages eine Sonne, und das Kind, das später einmal selber Vater oder Mutter sein wird, wird damit seinerseits auch zu einer Sonne.

Und wie ist es zwischen Schüler und Meister? Der Meister entspricht der Sonne, denn er gibt dem Schüler, er unterweist ihn, beschützt ihn und bemüht sich, ihn geistig zu erheben und zu bereichern. Der Schüler hingegen ist genau wie die Erde, er nimmt. Nun mögt ihr meinen, dies sei wohl eine recht niedere Haltung seitens des Schülers. Aber nein, das ist völlig normal so, er muss zuerst einmal dieses Stadium durchmachen. Danach wird er genauso wie die Erde zu einer Sonne. Nun denkt ihr wahrscheinlich, dass meine Worte im Gegensatz zu sämtlichen astronomischen Erkenntnissen stehen, da ihr gelesen habt, dass die Erde in einigen Millionen Jahren erkalten und sterben wird.

Aber das ist nicht richtig, in diesem Bereich weiß man noch viel zu wenig. Die Astronomie steckt noch in den Kinderschuhen, und die Astronomen müssen noch einiges dazulernen, denn bisher haben sie sich nur mit der äußeren Erscheinung, mit der Schale der Dinge befasst.

Die Erde geht nicht ihrem Ende entgegen. Tatsächlich verhält es sich genau umgekehrt. Sie ist noch wie ein Kind, das isst, trinkt und nimmt. Sie ist wie ein kleines Mädchen, aber sie wächst und wird immer wärmer und leuchtender, bis sie eines Tages eine Sonne ist. So lehrt es uns die wahre Wissenschaft. Wenn ihr mögt, könnt ihr gerne den Astronomen glauben, aber was wir wissen, das wissen wir gut. Später einmal wird die Erde wachsen und zu einer Sonne werden, denn das Licht und die Wärme – das heißt die Liebe und Weisheit – die sie unablässig von der Sonne erhält, sammeln sich in ihrem Innern an und wandeln nach und nach ihre Materie um. Selbstverständlich braucht das Millionen von Jahren, denn eine solche Umwandlung kann nicht auf einen Schlag erfolgen. Die Erde ist wie eine Frucht, die reifen muss, und wenn sie einmal reif ist, werden Tausende von Wesen davon essen. Ja, eines Tages wird die Erde süß und saftig sein, heute ist sie jedoch noch grün, sauer und herb. Darum heißt es auch, sie sei ein Tal der Tränen und des Leides, denn sie ist ja noch wie eine unreife Frucht, und ihr Saft ist bitter und unverdaulich.

Unablässig vollführt die Sonne eine immense Arbeit an der Erde durch ihre Liebe (die Wärme) und ihre Weisheit (das Licht). Und die Erde, die diese Wärme und das Licht aufnimmt und umsetzt, gibt an alle Wesen, die sie bewohnen, die neu erworbenen Eigenschaften weiter. In dem Maße, wie die Erde sich weiterentwickelt, entwickelt sich auch die Menschheit. Wie ist das möglich? Nun, dadurch dass die Mineralien und die Pflanzen sich im Laufe der Erdevolution wandeln. Die Erde nimmt ja Sonnenkräfte auf und gibt sie dann an die Pflanzen und Steine weiter, die dadurch über die Jahrhunderte neue

Eigenschaften und Qualitäten erhalten. Daher müssen sich auch die Menschen und Tiere wandeln, die sich von den Pflanzen ernähren und in ständigem Kontakt mit den Mineralien und Metallen sind. Die Menschheit kann sich also nicht entwickeln, wie sie will; ihre Evolution hängt von derjenigen der Erde ab, sie ist fest damit verbunden. Wenn die Erde sich nicht weiterentwickelt, kann es auch die Menschheit nicht, denn niemand kann sich so einfach von der Erde losreißen, um zur Sonne zu gehen. Nur ganz außergewöhnlichen Menschen gelingt es, sich von dieser Erdgebundenheit frei zu machen.

Der Schüler ist wie die Erde, er muss die Nahrung, die er vom Meister bekommt, verarbeiten und dann im Innern verwenden, um dort die Mineralien, Pflanzen, Tiere und Menschen zu ernähren. Und was sind in ihm die Mineralien, Pflanzen, Tiere und Menschen? Das sind Knochengerüst, Muskulatur, Kreislauf- und Nervensystem. Ja, alles ist da, in ihm, und wie die Erde muss auch der Schüler alle seine Bewohner ernähren. Und das geschieht durch die Liebe und die Weisheit.

Gewiss wird diese Theorie von den Wissenschaftlern nicht akzeptiert. Sie würden nur sagen: »Was erzählen Sie da? Das sind doch Ammenmärchen! Unseren wissenschaftlichen Forschungen zufolge entstehen die Planeten so und so und gehen auf diese und jene Weise wieder zugrunde.« Aber in Wirklichkeit, wenn ihr nachforscht, wie die Dinge in der Natur vor sich gehen, wenn ihr nur einmal einen Baum beobachtet, wie eine Knospe entsteht, dann die Blüte und darauf die Frucht, und wie schließlich nur noch der Same bleibt, der wiederum den ganzen Baum als Anlage in sich enthält, dann erkennt ihr, was in den Planeten vonstatten geht, denn die Gesetze, nach denen das Leben der Planeten abläuft, gelten genauso für das Leben auf der Erde. Man braucht also gar nicht auf die Planeten zu gehen, um sie zu erforschen, denn alles spiegelt sich auf der Erde im Kleinen wieder.

Nur die Eingeweihten besitzen die nötigen Mittel, um zu erkennen, wie das Leben sich auf den anderen Planeten abspielt. Sie versammeln sich, und durch die Kraft der Gedanken und des gesprochenen Wortes schicken sie einen von ihnen in den Raum mit dem Auftrag, an Ort und Stelle Studien vorzunehmen. Bei seiner Rückkehr erzählt er dann, was er gesehen hat. Danach werden andere ausgesandt, damit man die Beobachtungen vergleichen und überprüfen kann. Viele von ihnen sind so in den Raum hinausgeschickt worden, und alle haben ohne widersprüchliche Angaben die gleichen Auskünfte gegeben. Auf diese Weise haben die Eingeweihten eine Wissenschaft erstellt, die sie geheim halten. Um dazu nun Zugang zu erhalten, gibt es nur einen Schlüssel: Opferbereitschaft und Uneigennützigkeit aus reinen Motiven. Nur damit kann man sich den Zugang erschließen. Bewahrt man in seinem Innern unsaubere und egoistische Interessen, kann man dieses Wissen niemals geistig erfassen und die Realität der Dinge erkennen.

Durch diese »Erkundungsreisen« im Raum und die Beobachtung des Geschehens auf der Erde haben die Eingeweihten festgestellt, dass alles, was oben existiert, seine Entsprechung auch unten hat. Darum hat Hermes Trismegistos gesagt: »Was unten ist, ist wie das, was oben ist, und was oben ist, ist wie das, was unten ist.« Und als Jesus sagte: »Dein Wille geschehe, wie im Himmel so auch auf Erden«, wiederholte er im Grunde nur dieselbe Aussage. Die Erde ist so sehr mit dem Himmel verbunden, dass sie all seinen Bewegungen folgt. Sie ist wie die Verlobte, die ihrem Geliebten überallhin folgt oder auch wie das Kind, das seiner Mutter nachlaufen möchte, wohin sie auch geht. So folgt die Erde allen Bewegungen des Himmels, macht seine feinsten Schwingungen und Erschütterungen, ja, die allerfeinsten Regungen mit.

Ihr müsst an eurer Opferbereitschaft arbeiten. Handelt man uneigennützig, dann erfüllt einen eine tiefe Freude, die mit keiner irdischen Freude vergleichbar ist. Nun mögt ihr sagen:

»Aber auch essen ist Freude, Glück und Vergnügen; ebenso sich amüsieren, rauchen, jemanden küssen...« Gewiss, es gibt alle Arten von Freuden, und doch übertrifft keine diejenige, die uns aus dem Opfer, aus dem Geben erwächst. Allerdings muss man dies ohne Hintergedanken tun können. Verspürt ihr ein Zaudern, so zeigt dies, dass eure Tat nicht unpersönlich ist. Viele machen es wie der Mann, der eines Tages zum heiligen Nikolaus betete. Er befand sich am Ufer eines Flusses, den er überqueren wollte, und so bat er: »Oh, Sankt Nikolaus, wenn du mir hilfst, diesen Fluss zu überqueren, dann gebe ich dir mein Pferd dafür.« Als er jedoch auf der anderen Seite war, sagte er: »Hör mal, du bist doch im Paradies, du brauchst doch gar kein Pferd«, und so behielt er es für sich.

Zuerst verspricht man etwas, aber nachher zittert doch die Hand, weil es schwierig ist, das herzugeben. Anhand dieses Zögerns könnt ihr genau die Art eurer Taten beurteilen. Verspürt ihr beim Geben ein wenig Trauer und Bedauern, so seid ihr nicht selbstlos. Gebt ihr jedoch aus einer tiefen Freude heraus, so zeigt sich darin euer höheres Selbst. Ja, durch die Uneigennützigkeit drückt sich das höhere Ich aus. Im Augenblick ist es allerdings unvermeidlich, dass sich das höhere und das niedere Ich gemeinsam im Menschen zeigen. Das höhere Ich gibt wie die Sonne, und das niedere Ich nimmt wie die Erde. Aber eines Tages wird das niedere so wie das höhere Ich.

Wenn ein Mensch für einen anderen Entbehrungen auf sich nehmen kann, ist das ein deutliches Zeichen dafür, dass er kein Kind mehr ist. Wenn ihr meint, euch für älter, weiter entwickelt und größer als die anderen ausgeben zu können, dann sage ich nur: »Also, dann erbringt den Beweis, indem ihr euch opferbereiter zeigt.« Wenn jemand es fertig bringt, seine Zeit, seine Gesundheit, sein Geld zu opfern und sein Wissen selbstlos einzusetzen, ist dies ein Zeichen für eine höhere Entwicklung. Darum soll ein Schüler, der viele Jahre bei einem Meister zugebracht hat, seinem Meister nacheifern und unablässig Wärme und Licht verschenken. Die Freude, die er dann dabei empfindet, übertrifft alles andere, und er braucht keine weitere Belohnung.

Jeder ist darüber erstaunt, dass ein Meister umsonst arbeitet, denn »das ist ja nur auf dumme Art vertane Zeit und vergeudete Kraft«.[3] Alle, die so denken, haben die Lebensanschauung des niederen Ich angenommen, und darum finden sie weder Freude noch Glück. Im Egoismus sind Freude und Glück nicht zu finden, das wäre gegen das göttliche Gesetz. Ihr denkt vielleicht, wenn ihr etwas opfert, würdet ihr es verlieren. Aber nein, im Gegenteil, in dem Moment gehört es euch erst wirklich. Nur was ihr opfert, wird euch zu Eigen, alles andere wird euch niemals gehören. Das Gute, was ihr durch euer Opfer bewirkt habt, folgt euch. Bis ans Ende der Zeiten wird es nicht von euch weichen.

Die reine, tiefe Freude könnt ihr nur erleben, wenn ihr es versteht zu geben, ohne etwas dafür zu verlangen oder zu erwarten. Übrigens wird man euch gewiss auch dann etwas geben, und das ist gut so, das ist normal, nur dürft ihr nichts erwarten. Wenn ihr zu dieser inneren Losgelöstheit einmal fähig seid, werdet ihr eine unermessliche Freude erleben. Wenn eine Mutter auf ein Stück Brot verzichten kann, um es ihrem Kind zu geben, fragt sie nur, ob sie darunter leidet! Sie gibt es ihm mit einem himmlischen Lächeln.

Jesus wusste, welche Arbeit die Jünger, die sich bei ihm nährten und seine Worte tranken, einmal vollbringen würden. Er wusste, dass ihre Arbeit ebenso unpersönlich und selbstlos sein würde wie seine eigene, denn er kannte das große Geheimnis der Vermehrung von Samen. Jeder Same erzeugt weitere Samen von seiner Art. Die Opferbereitschaft war der Same, mit dem Jesus seine Jünger speiste, und das konnte kein anderes Ergebnis zur Folge haben als reine Opferbereitschaft. Wenn eine Mutter ihren Kindern Opferbereitschaft vorlebt, fühlen sie sich später dazu hingezogen, so wie sie zu handeln. Da sie erlebt haben, wie die Mutter sie ernährt und umsorgt hat, wie sie nachts für sie aufstand, ohne sich zu schonen und ohne zu klagen, werden sie eines Tages, selbst wenn sie egoistisch veranlagt sind, nicht umhin können, es ihr gleich zu tun, denn ihre Mutter wird für sie zu einem Symbol der Opferbereitschaft geworden sein, dass ewig in ihrer Seele weiterlebt.

Und wenn ihr an der Seite eines Meisters lebt, der für euch ein Beispiel vollkommener Opferbereitschaft in Glück und Freude ist, dann müsst ihr doch zum Nachdenken kommen und euch fragen, woher das Glück und die Freude kommen. Nun, die kommen eben von seiner Selbstlosigkeit; und mit der Zeit werden die Schüler ihm gleich, da der Same, den er in sie hineingelegt hat, reine Liebe ist und sich ewig weitervermehrt. Diesen Samen kann die schwarze Loge niemals ausrotten. Sie hat versucht, ihn zu vernichten, wo auch immer es in der Welt Einweihungsschulen oder Zentren selbstloser Liebe gegeben hat. Das ist ihr aber nicht gelungen, denn seine Wurzel ist sehr widerstandsfähig. So ist die Liebe eines Meisters wie ein Same, der in die Schüler gelegt wird, und darum werden sie eines Tages ihrem Meister darin gleichen.

Bemüht euch von nun an um selbstlose Taten, und ihr werdet erleben, wie eine neue Quelle in euch zu sprudeln beginnt. Denn die Selbstlosigkeit ist eine Quelle. Die Quelle ist auch ein Bild für die Sonne. Andere Repräsentanten der Sonne auf der Erde sind die Luft, die man gleichsam essen und trinken kann, und auch der fruchttragende Baum. Ein Schüler muss also werden wie die Luft, wie eine Quelle oder wie ein Baum. Wenn ihr eine Quelle in euch habt, aus der Wasser hervorströmt, so ist das ein Zeichen dafür, dass euer höheres Ich da ist und wirkt. Seid ihr jedoch trocken und wie ausgedörrt, dann ist euer höheres Ich nicht anwesend, weder Sonne noch Quelle noch Baum sind da, und ihr könnt die echte Freude nicht erleben, denn die ist eine Gabe der Sonne, des Baumes und der Quelle.

Das Geheimnis der Freude liegt darin, ohne das geringste Bedauern und ohne Hintergedanken zu geben. Diejenigen, die es so weit bringen, gehören zu den begnadetsten Menschen, sie haben den Sinn des Lebens begriffen, sie können wirkliche Väter und Mütter sein. Alle wissen, dass es Väter, Mütter und Kinder gibt, aber wer hat schon je daran gedacht, was es in diesem simplen Bild von der Familie alles zu entdecken gibt. Warum gibt es Väter und Mütter? Vater, Mutter und Kind stellen die Zusammenfassung einer ganzen Lehre dar. Wer bereits gereift ist und den Menschen von seinen Früchten zu essen geben kann, ist wie Vater und Mutter. Wer jedoch nur an sich denkt und noch nicht geben kann, ist wie ein Kind. Im physischen Bereich mag er rein äußerlich Vater oder Mutter sein, aber das ist nur äußerer Schein, und die unsichtbare Welt sieht ihn nicht als das an.

Vater oder Mutter zu sein, ist ein hohes Ideal, das es zu erreichen gilt, aber ein Kind zu sein, ist kein Ideal. Das Ideal besteht darin, zuerst Vater oder Mutter zu sein, um nachher ein Kind werden zu können. Aber ich glaube, das könnt ihr noch nicht verstehen. Wenn ihr eine Frucht seid, könnt ihr nachher zu einem Samen werden, das steht euch dann zu. Seid ihr aber noch keine Frucht und wollt doch zu einem Samen werden, so ist das unmöglich, denn der kommt nach der Frucht. Um diese Frucht hervorzubringen, muss man Vater oder Mutter, also zu unpersönlicher Liebe fähig sein. Das Ideal besteht also darin, zuerst Vater oder Mutter zu werden, um daraufhin das Kind in die Welt setzen zu können, das heißt die Opferbereitschaft zu leben, also die unpersönliche Frucht eines wissenden Vaters oder einer wissenden Mutter. Wer noch keine unpersönliche Tat vollbracht hat, hat noch kein Kind in die Welt gesetzt, weil er dazu noch nicht reif ist.

Im Alter von dreizehn oder vierzehn Jahren kommt ein Kind in die Pubertät. In dieser Phase macht der zuerst egoistische, ichbezogene Mensch eine Wandlung durch und wird produktiv, das heißt auch fähig, Opfer zu bringen. Vor der Pubertät ist das Kind dazu nicht in der Lage, es ist wie eine noch unfruchtbare

Erde, die nur immer aufnimmt. Nach der Pubertät ist es jedoch in der Lage im physischen wie im seelischen Bereich, Früchte hervorzubringen. Darum kann ich euch sagen, wenn in eurem Inneren die Quelle noch nicht fließt, wenn eure Liebe also noch nicht rein und uneigennützig ist, wird alles vertrocknen, ihr werdet keine Ernte einbringen, weder Blumen noch Früchte hervorbringen, sondern ihr werdet wie eine Wüste, wie ausgedörrtes Land sein. Und wer sucht schon solch ein ödes Land auf? Niemand außer den Eingeweihten und den Asketen.

Und wisst ihr, warum die Weisen in die Wüste gehen? Ihr meint, um allein zu sein und ihre Ruhe zu haben? Nein, ich möchte euch einmal die Wahrheit darüber sagen. Es ist die unsichtbare Welt, die sie antreibt, in die Wüsten zu gehen, und die ihnen eingibt: »Ihr seid wie Quellen und wie Sonnen. Begebt euch also in diese unwirtlichen Gegenden, um das Leben dort wieder in Fluss zu bringen, damit dort eines Tages wieder Kultur und Zivilisation entsteht.« Alle Eingeweihten sind Boten, die der Himmel ausgesandt hat, die Stätten neu zu beleben, an denen früher einmal Hochkulturen erblüht waren und wo herrliche Städte gestanden hatten, die durch die Fehler der Menschen heute nur noch unter Gras und Sand verborgene Ruinen sind. Alles ist tot. So sendet Gott die Eingeweihten als Quellen und Sonnen dorthin. Er sagt ihnen: »Lebt, meditiert und betet dort, damit eines Tages das Wasser erneut fließt und das Land wieder in Obstgärten umgewandelt wird. Das ist der Grund, warum die Eingeweihten und Asketen in die Wüste gehen. Das tun sie nicht nur, um die Menschen zu meiden, wie ihr es euch vielleicht vorstellt. Und möglicherweise wissen sie es selbst nicht einmal und gehorchen nur einer geheimen Kraft, die sie treibt; aber den wirklichen Grund habe ich euch hiermit gesagt.

Wenn ihr mich heute verstanden habt, werdet ihr um nichts in der Welt auf die Freude verzichten, die einem durch eine unpersönliche Tat zuteil wird. Alle können dann den Versuch machen, euch mit dem Versprechen zu kaufen: »Hört doch mit eurer selbstlosen Arbeit auf, kommt zu uns, dann habt ihr Geld, Ruhm und Macht.« Ihr werdet antworten: »Euer Geld, euer Ruhm und eure Macht sind mir egal. Ich möchte die große Freude nicht verlieren, die mir die selbstlose Arbeit für das göttliche Ideal der wahren Opferbereitschaft bringt. Was ihr mir anbietet, ließe mich eine Freude verlieren, die mich sonst nicht mehr verlässt; das mag ich nicht!« Alle können sich von dem Wahrheitsgehalt meiner Worte selbst überzeugen.

Wenn sie etwas geben, wollen die meisten Leute, dass es jeder weiß, dass es in der Zeitung steht und dass alle Welt davon spricht. Wer jedoch den wahren Sinn des Opfers begriffen hat, wird seine Freude nicht dadurch verderben, dass er sagt: »Schaut her, ich habe es euch gegeben... ohne mich wärt ihr verloren...« Analysiert euch, und ihr werdet erkennen, dass man sich auf diese Weise nicht freuen kann; die große Freude habt ihr, wenn ihr im Stillen handelt. Habt ihr diese Freude noch nicht erlebt, spricht das nicht zu euren Gunsten, sondern zeigt im Gegenteil, dass ihr noch wie ein Kind seid, das noch das Bedürfnis hat zu nehmen, ja, ein Kind, das noch nicht einmal das Stadium der Pubertät erreicht hat. Es haben sich noch keine Samen gebildet, ihr seid noch unfruchtbar und man kann euch nichts abverlangen. So finden sich die ewigen Wahrheiten in allen Erscheinungen des Lebens wieder. Aus diesen Dingen und selbst aus viel kleineren Begebenheiten des täglichen Lebens beziehen die Eingeweihten ihr Wissen und ihre Philosophie.

Man kann alles ausprobieren, um andere Freuden und ein anderes Glück zu suchen, aber man wird nichts finden, denn außerhalb der Opferbereitschaft gibt es kein Glück. Und warum nicht? Weil die anderen Vergnügungen und Freuden nicht die drei Elemente Kraft, Wärme und Licht besitzen. Jede Freude, die euch nicht stärkt und euer Herz weit macht, die euch keine neuen Erkenntnisse schenkt, ist nur sehr kurzlebig. Und die ganze Welt schwelgt in diesen vergänglichen Freuden. Die unvergängliche, durch nichts zerstörbare Freude ist noch unbekannt. Die wahre Freude, die niemand und nichts euch nehmen kann, ist die Freude sich aufzuopfern und für das Reich Gottes zu arbeiten, jedenfalls kenne ich keine andere. Darum trinke ich nun an dieser Quelle, die niemals versiegt und weder Bedauern noch Kummer hervorruft. Gott erlaubt uns allen gemeinsam ständig aus dieser Quelle zu schöpfen.

Wenn ich mehr Zeit hätte, könnte ich euch noch weitaus mehr darüber sagen. Im Allgemeinen bereitet es den Menschen eine große Trauer, wenn sie von dieser Welt gehen, ohne Kinder zurückzulassen; und das ist nicht zufällig so. In der Vergangenheit war eine kinderlose Familie in den Augen der anderen wirklich verloren. Lest nur das Alte Testament. Die größte Freude eines Vaters, selbst noch auf dem Sterbebett, ist es, edle und intelligente Kinder zu hinterlassen. Er ist stolz auf sie, und drüben angekommen denkt er, mit sich selbst zufrieden: »Ich habe würdige Nachfolger hinterlassen.« Darum bedeutet es für einen Baum auch die größte Trauer, keine Früchte zu haben. Alle Bäume, die keine Früchte tragen, befinden sich auf einer niederen Evolutionsstufe, und wenn ihr einem Baum etwas Nettes tun wollt, dann sagt zu ihm: »Mein lieber kleiner Baum, ich wünsche dir von ganzem Herzen, dass du ein fruchttragender Baum wirst.« Wenn er euch so sprechen hört, wird er vor Freude erbeben, denn genau das ist sein Wunsch. Sein Ideal ist es, Früchte zu tragen. Und umso mehr gilt dies für die großen Meister. Ihre größte Freude ist es, gute und intelligente Schüler zu haben, mit denen sie sich vor den Führern der großen Universellen Weißen Bruderschaft zeigen können und sagen: »Schaut her, das sind meine Kinder!«

Wer den Wert des Opfers nicht begriffen hat, bereitet sich nur Kummer und Sorgen. Wir sind aufgerufen, Väter und Mütter zu werden, wenn nicht physisch, dann zumindest geistig.[4]

Also müssen wir uns darauf vorbereiten, über die Pubertät hinauswachsen, dem Himmel unser Leben weihen und sagen: »Von nun an arbeite ich für das Reich Gottes, die vergänglichen Vergnügungen und Freuden, die mir nichts einbringen, gebe ich auf.« Und so wird man allmählich manches Opfer bringen, nach und nach werden Tabak, Alkohol, Fleischgenuss und Spielleidenschaft geopfert... und auch noch manches andere... Und wozu ist das gut? So werden die geistigen Kräfte befreit, die durch diese Gewohnheiten begrenzt und gebunden sind; denn es sind diese Gewohnheiten, die den Menschen hindern, Früchte hervorzubringen. Schaut einen Baum an. Wenn er von Parasiten befallen ist, bringt er keine Früchte, und man muss ihn mit geeigneten Mitteln davon befreien. Befreit in der gleichen Weise euren Körper, euer Herz und euren Willen von all den unsinnigen Leidenschaften, die euch die Kraft rauben, die eurem höheren Selbst zugute kommen sollte. Ihr könnt weder Früchte hervorbringen noch Opfer bringen, weil ihr andere Wesen in euch beherbergt, die euch eure Kräfte entziehen und euch auslaugen. Ihr müsst euch von diesen Insekten und Raupen frei machen.

Das Buch der Natur liegt jeden Tag offen vor euch, und ihr könnt darin die Wunder des ewigen Wissens und der ewigen Weisheit lesen, die der Schöpfer in jeden Stein, in jeden Zweig und in jeden Stern hineingeschrieben hat. Warum versteht ihr diese Wunder nicht, warum sehen eure Augen und hören eure Ohren sie nicht? Weil ihr mit Freuden und Vergnügungen beschäftigt seid, die euch daran hindern. Wenn ihr euch entschließt, diese zu opfern, werdet ihr gigantische Kräfte freisetzen, eure Augen werden sich auftun und ihr werdet sehen, was im Buch der Natur geschrieben steht. Das ist das ganze Geheimnis.

Manchmal steht ihr vor Dingen, die euch unbegreiflich erscheinen und ihr sagt euch: »Ich verstehe das nicht! Warum denn nur nicht? Andere verstehen es doch!« Gebt euch nun selber die Antwort: »Das liegt daran, dass ich noch niederen Freuden und Wünschen nachhänge, die mir meine Kräfte rauben. Darum bleibt mir keine Energie für meine inneren Augen.« Eine andere Erklärung für eure Unfähigkeit zu sehen gibt es nicht. Es ist nötig, dass eure Kräfte befreit werden, um anderswo hingelenkt zu werden und andere Zellen zu erwecken. Aber davon weiß man nichts und sagt sich: »Dieses Vergnügen will ich mir noch erlauben, denn wenn ich darauf verzichte, sterbe ich, weil ich dann meiner größten Freude beraubt bin.«[5] Welch Ignoranz! Im Gegenteil, wisst ihr denn nicht, welche Freuden euch erwarten? Je mehr der Mensch auf die vergänglichen Freuden verzichtet, umso mehr erfüllt ihn die wahre Freude. Wer heute begreift, was ich euch hier sage, wird sein Leben völlig ändern, denn das sind nicht einfach nur Worte, das ist die Realität. Zurzeit kennen weder die Wissenschaftler noch die Philosophen den wahren Ursprung unserer Schwächen und Laster, und so geben sie die verschiedensten Erklärungen, die jedoch alle nicht der Wahrheit entsprechen. Die Erklärung für unsere Schwächen ist die, dass wir Wesen nähren, die uns auslaugen. Darum muss man sich von diesen unerwünschten Wesen befreien.

Aber wie versteht man im Allgemeinen die Dinge?... Ein Herr sagte eines Tages zu seinem Kammerdiener: »Célistin, schauen Sie doch nur, wie verstaubt die Sessel sind!« »Oh, das wundert mich gar nicht, gnädiger Herr, schon drei Wochen lang hat sich niemand mehr darauf gesetzt.« Also wartete er darauf, dass jemand sich in die Sessel setzen möge, um so den Staub fortzuwischen. Er hatte schon eine eigenartige Erklärung für den Staub, aber viele Erklärungen, die im Leben gegeben werden, sind dieser ähnlich.

Wenn ein junger Bursche zu seiner Freundin sagt: »Ich liebe dich so sehr, dass ich für dich sterben möchte«, so ist das doch dumm, was würde er dabei gewinnen? Soll er doch sagen: »Ich will für dich leben.« Genau so muss man die Liebe verstehen.

Vor der unpersönlichen Liebe hat man jedoch Angst, weil man sie irrtümlich mit Kummer, Trauer und Tod verbindet. Das ist aber eine falsche Vorstellung. Liebe ist Leben, und in der reinen Liebe ist alles enthalten, da gibt es keine Entbehrungen. Manche Leute bedauern mich und sagen: »Der Ärmste, was für ein entbehrungsreiches Leben er hat!« Aber ich bedauere sie doppelt, denn in Wirklichkeit erleiden sie die Entbehrungen, da sie sich nur für ein paar vergängliche Vergnügungen entschieden haben. Und das sind die wirklichen Entbehrungen. In meinem Leben dagegen gibt es von allem etwas, ich habe eine riesige Auswahl.

Ich predige nicht den Tod, sondern das Leben, aber natürlich das Leben im richtigen Licht betrachtet. Und das Licht bringt Leben und Liebe mit sich. Der Himmel erwartet nicht von uns, dass wir uns umbringen, sondern das wir unsere Sinnesfreuden verfeinern, sie subtiler und reiner werden lassen. Und selbst wenn einer seine Zeit mit Lesen von Büchern verbringt, meint ihr etwa, er sei deswegen weit entwickelt? Die größten Erkenntnisse erlangt man nicht durchs Bücherlesen, sondern dadurch, dass man die lebendigen Bücher liest und vor allem sein eigenes. Das beste aller Bücher ist bei uns, um uns, ja in uns. Aber heutzutage geht man lieber in die Bibliotheken zum Lesen und versteht dabei immer weniger. Der Mensch wurde nicht auf die Erde geschickt, um in den Bibliotheken hängen zu bleiben und alles andere zu vergessen. Frau und Kinder sind wie großartige Bücher, aber liest man sie jemals? Enzyklopädien und Zeitschriften werden gelesen, man verbringt Tage damit, Passagen anzustreichen und Notizen zu machen, das tut man für sein Leben gern, und ist doch unglücklich. Wie kommt das? Aber versteht mich nicht falsch, wenn ich so über Bücher und Bibliotheken spreche. Ich bin einmal einer sehr reichen Frau begegnet, die niemals das Geringste las, um sich nur nicht die Augen zu verderben! Dazu rate ich natürlich ebenso nicht; gar nichts mehr zu lesen, ist gewiss auch nicht richtig.

Noch nie habe ich gesagt, ihr solltet eure Freuden und Vergnügen beschränken oder aufgeben, sondern ihr solltet sie nur verfeinern oder durch größere Freuden und Vergnügen ersetzen. Und von allen Freuden, die es gibt, besteht die größte nicht darin, Musik zu hören, zu malen oder zu lesen, sondern darin, sich selbstlos aufzuopfern und für das Reich Gottes zu arbeiten. Eine größere Freude gibt es nicht, sie ist jedoch nur weit entwickelten Menschen zugänglich.

Sévres, 2. Mai 1945

Anmerkungen

1. Siehe Band 230 der Reihe Izvor »Die Himmlische Stadt«, Kapitel 8: »Das Buch und das Lamm«.
2. Siehe Band 11 der Reihe Gesamtwerke »Der Schlüssel zur Lösung der Lebensprobleme«, Kapitel 3: »Vom Nehmen und Geben (Sonne, Mond und Erde)«.
3. Siehe Band 207 der Reihe Izvor »Was ist ein geistiger Meister?«, Kapitel 1: »Wie man einen wirklichen geistigen Meister erkennt«.
4. Siehe Band 4 der Reihe Gesamtwerke »Das Senfkorn - Symbole im Neuen Testament«, Kapitel 12: »Wachset und mehret euch...«.
5. Siehe Band 240 der Reihe Izvor »Söhne und Töchter Gottes«, Kapitel 3: »Wer sein Leben retten will, wird es verlieren«.

Kapitel 10

DAS HOHE IDEAL

Nun, meine lieben Brüder und Schwestern, wie sollte man unter diesen Verhältnissen nicht glücklich sein? Seht doch nur, wie freundlich der Engel der Lüfte ist! Er hat den Himmel freigefegt und alles ist nun rein und kristallklar, das ist großartig! Was für eine gute Arbeit kann man doch unter diesen Umständen vollbringen! Ich habe euch schon oft gesagt, dass für den Menschen alles im Leben davon abhängt, worauf er sich konzentriert, was er erreichen möchte, wo er hinkommen will, kurz, was sein Ideal ist. Alles beruht darauf, denn dieses Ideal wirkt auf ihn ein und hat seine Auswirkungen: Es arbeitet in der Tiefe, es reinigt, ordnet, harmonisiert. Alles in unserem Leben gestaltet und formt sich entsprechend unserem Ideal. Wenn es weder groß noch edel, sondern nur banal und materiell ist, gestaltet sich auch alles, was der Mensch macht, fühlt und denkt, dementsprechend, und er braucht sich nachher nicht zu wundern, wenn er nicht glücklich ist. Meditiert ein wenig über diese Frage, und ihr werdet sehen, was ihr alles entdeckt!

Ob dieses Ideal unmöglich zu verwirklichen und unerreichbar ist, das braucht euch nicht weiter zu beschäftigen. Kümmert euch nur darum, es vollkommen, erhaben und göttlich zu machen. Wie lange ihr braucht, um es zu realisieren, das ist völlig belanglos. Aber die Leute lassen sich immer durch die Zeitfrage abhalten. Was schwierig, weit entfernt und schwer zugänglich ist, das geben sie auf.

Ein Ideal ist ein lebendiges Wesen, es ist mächtig, es ist eine Realität und es besitzt die Mittel, uns alles zu bringen, was uns fehlt. Weil man aber diese Wahrheit nicht hat begreifen wollen, hat man sich stets um das Beste gebracht, was es gibt; denn wählt man ein nahe liegendes, leichtes, materielles Ziel, verpfuscht man nur sein Leben. Ein Ideal besitzt eine magische Kraft, es ist mit uns verbunden und, wenn es ein hohes Ideal ist, bringt es uns unaufhörlich segensreiche Ströme und Elemente. Da wir es ja geschaffen haben, da wir ja an es denken und es lieben, ist es immer da, um unsere Lebensumstände zu verbessern, und so finden wir eines Tages in unserem Leben die neuen Verhältnisse, die dieses Ideal vorbereitet hat. Aber dafür müssen wir es lieben, an es denken, es nähren und, trotz seiner Unermesslichkeit und der Entfernung, die uns von ihm trennt, es zärtlich in unserem Herzen und unserer Seele tragen. Das ist die größte Weisheit und die größte Wahrheit.

Von nun an müsst ihr lernen, euch selbst zu übertreffen, über euch hinauszuwachsen, um dieses Ideal zu bilden. Und dabei sollt ihr wissen, dass es ein Wesen ist, das in der göttlichen Welt schon lebt und, da ja eine Verbindung zwischen ihm und euch besteht, es die Aufgabe übernimmt, euch aus allen Schwierigkeiten, aus jedem Missgeschick, aus jeder Notlage herauszuholen. Es kommt herbei und sagt: »Sieh nur, da bin ich, hast du mich vergessen? Ich will, dass du ein wenig an mich denkst.« Und ihr seid aufs Neue inspiriert. Nur, wo sind nun der Glaube, das Wissen und der Wille, die in der Lage wären, ein solches Ideal zu schaffen?

Alle, die diese Wahrheiten nicht kennen, arbeiten mit brüchigem Material und unter sehr unsicheren Bedingungen. Nachher leiden sie und jammern, aber wer ist denn schuld daran? Sie haben ihr Ziel nicht sehr hoch gesteckt, sie haben sich mit den allerkleinsten Dingen zufrieden gegeben, ohne zu wissen, dass diese aus dem allergewöhnlichsten Material hergestellt sind; denn auch hier ist ja das Gesetz der Wesensverwandtschaft mit im Spiel: Mit einem allzu gewöhnlichen Ideal zieht man zwangsläufig die farblosesten und unsolidesten Elemente an. Der Mensch muss stets sehr weit oben, ja immer höher, im Himmel, im Licht, in der Unermesslichkeit, in der Tiefe seines Seins die Materialien holen gehen, die alle Organe seines Körpers und seines Gehirns bilden sollen. Aber das ist nur möglich, wenn er das höchste, das erhabenste Ideal gewählt hat.

Die Leute meinen meistens, sie hätten ihr Ideal erreicht, wenn sie den Beruf ausüben können, für den sie sich entschieden haben. Aber warum sagen sie dann, dass sie eine Leere in sich verspüren, als würde ihnen etwas fehlen? Das ist ja nicht logisch, wo sie doch schon alles erreicht haben, was sie wollten... In Wirklichkeit wird ihnen immer etwas fehlen, solange sie kein hohes Ideal haben, denn nur dieses hohe Ideal vermag sämtliche Leere im Menschen zu füllen. Es dringt ein und verteilt sich überall, es bringt die Erfüllung. Ich will damit nicht sagen, dass ihr keinen Beruf haben oder weder Künstler noch Wissenschaftler sein sollt, nein, das nicht, aber darin werdet ihr die Unsterblichkeit, die Ewigkeit nicht finden können. Man muss einen Beruf haben, das ist notwendig im Leben, und alle Berufe sind großartig. Aber dabei stehen bleiben und darin Glück, Licht, Wissen, Stärke und völlige Entfaltung finden wollen, das ist unmöglich, da hat Gott diese Dinge nicht hingetan. Er hat dort einige Möglichkeiten hineingelegt, aber nicht die absoluten Möglichkeiten für unsere Seele und unseren Geist. Um zur Fülle zu gelangen, braucht es schon etwas mehr.

Folglich ist die beste Lösung, meine lieben Brüder und Schwestern, die, die ich euch hier aufzeige. Ihr könnt gerne alles haben, was zum Leben nötig ist, nur, sucht euer Ideal nicht darin. Euer Ideal müsst ihr so hoch stecken, dass ihr es gar nicht erreichen könnt. Erst in diesem Augenblick seid ihr auf dem richtigen Weg; ihr wisst, dass ihr selbst in Tausenden von Jahren dieses Ideal nicht werdet verwirklichen können, aber ihr liebt es, ihr stellt es euch vor, ihr seid mit ihm zusammen, ihr sprecht zu ihm. Denn dieses Ideal sorgt für eure Ausgeglichenheit, bringt euch die Freude des Himmels, wandelt alles Schlechte um und wird euch eines Tages göttlich machen.

Die größte Weisheit, das größte magische Geheimnis besteht darin, von vornherein zu wissen, dass ihr niemals euer hohes Ideal erreichen werdet, aber dass ihr, indem ihr an es denkt, indem ihr es liebt, es schon auf eine andere Art verwirklicht, denn ihr werdet immer klarer, immer lichtvoller und reiner. Euer Ideal bleibt unerreichbar, und es ist nicht einmal nötig, es zu erreichen, da euch seine Reichtümer ja jeden Tag zugute kommen. In welcher Form? Nun, in allen möglichen Formen. Das kommt euch vielleicht absurd vor, aber gerade aus dieser Absurdität zieht der Mensch einen großen Gewinn. Alle, die das nicht begriffen haben, und die die gewöhnliche irdische Lebenseinstellung der Masse angenommen haben, werden niemals das Wesentliche finden.

Einige werden sagen:»Ja, aber ich kenne mich, ich bin so schwach, so dumm, ich bin so ungebildet, mir wird das nie gelingen...« Und so kapituliert man, weil man nichts begriffen hat. Den Menschen wurde eingetrichtert, sie seien aus Erde und Staub, und sie würden wieder zu Erde. Man hat ihnen erklärt, dass sie schwach seien und in der Sünde lebten und dass daran nichts zu ändern sei, dass man diese Situation akzeptieren müsse, krank, hässlich und kriminell zu sein. Aber warum? Weil man den Menschen nur von einer Seite betrachtet hat, von der körperlich-materiellen. Seit Millionen von Jahren macht man die Beobachtung, dass der Körper schwach ist und man meint, dass sei die ganze Wahrheit. Aber nein, das ist falsch. Neben dem physischen Körper gibt es die Seele und den Geist, die direkt von Gott kommen, denn Gott selbst hat sie geschaffen. Aber dazu gibt man keine Erklärungen, man hat die Menschen in der Schwäche gelassen und ihnen eingeredet: »Ihr seid Sünder und ihr werdet Sünder bleiben.« Und die Ärmsten hatten nichts weiter als »Amen« dazu zu sagen. Im Menschen wurde der Glaube an seine Göttlichkeit ausgelöscht und er weiß nicht mehr, dass er tief in seinem Innersten verborgen einen göttlichen Funken besitzt, den er bearbeiten und zum Auflodern bringen muss. Man weiß nicht mehr, dass die Menschen Söhne und Töchter Gottes sind.[1]

Jetzt gilt es diese Philosophie anzunehmen, die uns lehrt, dass auch wir Erben unseres Himmlischen Vaters sind, dass wir sein werden wie Er und dass uns Sein ganzes Wissen, all Seine Liebe, Seine ganze Kraft und Herrlichkeit zur Verfügung stehen wird. So gestaltet man sich nach dem Vorbild des Herrn, und nicht nach dem Bild der Schwäche, der Krankheit und des Todes. Man gestaltet sich gemäß einem wahrhaft göttlichen Ideal, das den Himmel bewohnt und das uns von dort oben zulächelt, uns beschützt, uns tröstet und uns alles zukommen lässt, was wir benötigen. Falls ihr mich heute nicht versteht, werdet ihr noch lange in euren Scherereien, euren Sorgen, euren Traurigkeiten und in eurer Mutlosigkeit verbleiben, weil ihr auf eurer Weigerung beharrt, die beste Philosophie anzunehmen, die es gibt, die es je gegeben hat, die es je geben wird und die ich gerade versuche, euch zu vermitteln. Analysiert euch einmal, schaut, wo ihr steht, was ihr wünscht, was euer Anliegen ist und wie ihr die Dinge seht. Dann werdet ihr den Unterschied feststellen zu dem, was ich gerade gesagt habe und erkennen, dass ihr euch irgendwo ganz weit weg davon befindet.

Was auch immer geschieht, ihr müsst dieses hohe Ideal aufrechterhalten. Natürlich werdet ihr sagen, dass die Realität nicht gerade rosig ist, dass ihr einen physischen Körper habt, der schwach und krank ist... Aber das ist nicht weiter schlimm, das ist nur der äußere Schein. Ihr mögt einwenden, dass ihr kein Geld habt, dass ihr unglücklich, bedrückt, deprimiert seid... Aber auch das ist nur äußerer Schein. Wenn ihr beständig euer Ideal in euch nährt, wird es euch von all den quälenden Sorgen befreien, und eines Tages werdet ihr euch als Kind Gottes fühlen und über unermessliche Schätze verfügen. Wo werden die herkommen? Von oben... Aber ihr sucht ja nicht oben, ihr sucht immer nur unten. Aber da unten sind die Dinge nicht solide, da sind sie zerbrechlich und bröckelig. Nun habt doch nicht so ein absolutes Vertrauen in die Dinge von hier unten.

Jetzt also tut eine Veränderung Not, eine radikale Umwandlung, und genau dazu seid ihr hierher gekommen, in den Bonfin.[2] Nützt also die Gelegenheit. Macht euch die Sonne, die Ruhe und die Reinheit der Atmosphäre zunutze und vor allem die Vorträge. Aber nach einem Vortrag sprecht ihr gleich wieder von anderen Dingen, als ob das, was ich euch gesagt habe, unnütz und ohne Bedeutung sei. Und dabei solltet ihr euch den ganzen Tag lang mit diesen Gedanken beschäftigen. Den ganzen Tag lang, bei der Arbeit, wenn ihr das Essen zubereitet, beim Ankleiden, wenn ihr euch wascht, solltet ihr euch an diesen Ideen festhalten und euch sagen: »Das ist zu meinem Heil!« Aber ihr macht das nicht so und ich finde, dass ihr keine besonders effektive Arbeitsmethode habt, ihr wisst nicht, wie man tief greifend arbeitet, es ist immer wieder der Vergnügungstrieb, der die Oberhand gewinnt. Anstatt die Arbeit ernst zu nehmen, um euch zu wandeln und zu diesen neuen Menschen zu werden, die die ganze Welt nötig braucht, vergeudet ihr eure Zeit. Ihr wisst es nicht besser, als eure Zeit zu vergeuden. Ihr seid zu einer Ausbildung hier, meine lieben Brüder und Schwestern, um an euch selbst zu arbeiten, so wie ihr es noch nie gemacht habt, und wenn ihr euch dazu entschließt, werdet ihr die Ergebnisse sehen.

Folgt nicht den Leuten, die nie berücksichtigen, dass sie eine Seele und einen Geist besitzen und dass es eine andere Welt gibt, mit der sie sich in Einklang bringen müssen. Sie tun wohl alles für ihren physischen Körper, für das irdische Leben, für die Gesellschaft; und es ist wahr, dass es ihnen in diesem Bereich an nichts fehlt, es ist aber auch wahr, dass im Innern nichts läuft! Schließt euch nicht dieser Lebensauffassung an, sondern nehmt die göttliche Sichtweise, die ich euch bringe. Setzt euch ein hohes Ideal und lasst euch nicht von eurem Elend und euren Schwächen abhalten. Nährt in euch den Gedanken, dass ihr die Anlagen zur Göttlichkeit besitzt und, wenn ihr arbeitet, lernt, betet und vernünftig lebt, werdet ihr eines Tages alle übertreffen, die in den so genannten konventionellen Formen erstarrt sind, denn das sind überalterte, hinfällige Formen, die sie in der Entwicklung behindern und wie festgenagelt zurückhalten, sodass sie nicht vorankommen. Schaut euch nur an, was zum Beispiel eine Frau macht. Wenn sie jung ist, schminkt sie sich, pflegt und parfümiert sich. Sie lernt malen, tanzen, Klavier spielen und auch alles, was nötig ist, um einen Mann zu verführen. Aber alles das macht sie nur, bis sie heiratet. Ist sie erst einmal verheiratet, mein Gott!, warum weitermachen? Sie ist ja verheiratet, sie ist unter der Haube, das genügt. Darum wird sie langsam fülliger, geht ordentlich in die Breite und gibt alles auf, was ihren Charme ausmachte, ihre Feinheit, ihren Zauber. Warum nur? Sie hätte das bewahren sollen!... Aber nein, daran denkt man nicht, man bleibt stehen. Aber das darf man nicht. Selbst wenn ihr neunundneunzig seid, dürft ihr nicht stehen bleiben, denn gerade dann habt ihr die günstigsten Voraussetzungen, um richtig anzufangen! Bis dahin hat man weder etwas Großartiges gemacht noch gelernt, aber in diesem Alter ist es endlich so weit.

Seht ihr, so denke ich. Und warum sollte ich allein so denken? Ich will Freunde um mich haben, die so denken wie ich. Ihr mögt nun sagen, dass die Einsamkeit mich wohl bedrückt... Nein, ich ziehe die Einsamkeit vor, weil ich gar nicht allein bin. Wenn ihr wüsstet, wie viele Wesen mit mir und um mich sind! Wäret ihr hellsichtig, dann würdet ihr staunen über das, was ihr sähet. Es ist mir ein Anliegen, dass ihr hellsichtig werdet, weil ich spüre, dass wir uns dann besser verständen, sehr viel besser. Ich kann euch versichern, solange ihr nicht seht, solange ihr nicht versteht, solange ihr keine Intuition habt, wird sich nichts bessern, egal, was ich mache! Es ist mir wirklich ein Anliegen, dass ihr hellsichtig werdet. Wenn ihr übrigens bestimmte Regeln befolgt, dann werdet ihr es, das ist so von der kosmischen Intelligenz festgeschrieben. Die kosmische Intelligenz hat für alles vorgesorgt, sie hat selbst Pläne, von denen ihr euch keine Vorstellung macht. Wenn ihr nach den göttlichen Regeln durchs Leben geht, glaubt mir, dann werden sich außerordentliche Schätze vor euch auftun, die seit Jahrtausenden verschüttet waren. Aber wenn ihr natürlich die gewöhnliche, die materialistische Lebensanschauung annehmt, wenn ihr nur an das denkt, was nahe, leicht und greifbar ist, dann werdet ihr das Feine nicht sehen, und euer Leben wird konturlos, mittelmäßig und beschränkt sein.

Aber kommen wir auf das hohe Ideal zurück, denn ich spüre, dass ihr noch nicht begriffen habt, wie wichtig es für euch ist, es euch zu erarbeiten, es zu nähren, mit all eurer Kraft und von ganzer Seele zu lieben, weil es alles für euch bewirken und euch retten kann. Ich habe euch oft folgendes Bild gegeben: Wenn ein Taucher ins Meer hinabsteigt, um Perlen oder Schätze zu suchen, dann bleibt er über Kabel und Schläuche mit einem Boot verbunden, auf dem Leute sind, die ihn überwachen und falls er in Gefahr kommt, wird er hinaufgezogen oder man schickt ihm Sauerstoff hinunter. Die meisten Leute sind wie im Meer herumirrende Taucher, die niemanden haben, der ihnen zu Hilfe kommt, weil sie nicht mit einem hohen Ideal in Verbindung stehen. Und so sind sie allein, verlassen und nahe daran zu ertrinken, während jene, die ein hohes Ideal haben, ganz ungehindert tauchen, heraufkommen, wieder untertauchen und dabei atmen können. Sie gehen kein Risiko ein, weil ihr Ideal sie unterstützt und ihnen noch unbekannte Partikel liefert. Es sind Kinder Gottes, die eine reinere Atmosphäre atmen.

Man kann andere Vergleiche finden, und ich habe euch auch gesagt, dass das hohe Ideal wie ein Elektrotransformator ist, der die Stromspannung ändert. Es kommt manchmal vor, dass Flugzeuge gefährliche Stellen durchfliegen, wo Strömungen und

Wirbel auftreten, die das Radargerät nicht aufspüren kann. Und dann stürzen sie ab, und keiner weiß warum. Genauso treten in der feinstofflichen und psychischen Atmosphäre, in die wir eingetaucht sind, Wirbel von einer unerhörten Gewalt auf und führen bei manchen Leuten urplötzlich zu unerklärlichen Embolien oder Herzattacken aller Art. Das kommt einfach daher, dass diese Menschen in ein atmosphärisches Loch geraten sind und von einem Stromschlag getroffen wurden, dem sie nicht standhalten konnten. In diesem psychischen Ozean, in dem wir alle eingetaucht sind, kann uns nur das hohe Ideal schützen, das wie ein Transformator die Stromspannung herabsetzt. Aber man will dieses hohe Ideal nicht haben, man ist träge, man mag die Anstrengung nicht, man ist geblendet vom äußeren Schein der Dinge, und warum? Weil man noch leiden muss, ganz einfach darum.

Selbst wenn ich stundenlang darüber sprechen würde, ich käme nicht damit zu Ende, euch alle Wunder zu erklären, die das hohe Ideal in uns bewirken kann. Es ist wie ein Bildhauer, der uns modelliert und formt und genau das ist die höhere Stufe der Kunst: so weit zu kommen, sich selbst zu malen, zu behauen, zu gestalten, das Buch seines eigenen Lebens zu schreiben. Ich liebe die Künstler; die Kunst ist eine offene Tür zum Himmel, ein Weg zur Göttlichkeit, aber trotzdem finde ich, dass es noch höhere Stufen der Kunst gibt. Die Künstler schaffen Schönheit, aber sie bleibt außerhalb von ihnen, denn sie arbeiten nicht an ihrer eigenen Materie. Und da die Werke, die sie geschaffen haben, außerhalb von ihnen sind, werden diese eines Tages verschwunden sein. Wenn sie dann auf die Erde zurückkommen, müssen sie wieder neu beginnen. Während ein echter Maler, ein echter Bildhauer, ein echter Poet an sich selber arbeitet. So wird er sich niemals von all seinen Gemälden, von all seinen Statuen und seinen Büchern trennen. Er wird sie mit sich ins Jenseits nehmen und sie wieder mitbringen, wenn er für ein weiteres Erdenleben zurückkehrt. Das ist die wirkliche Evolution.[3]

Ich will nicht leugnen, dass die Künstler unsterbliche Meisterwerke hinterlassen haben, die die gesamte Menschheit inspirieren und in ihrer Entwicklung voranbringen. Wenn man sich aber an die Einweihungslehre hält und an die kosmische Intelligenz, die mir das Ziel der Schöpfung offenbart hat, dann denke ich, sollte man nicht dabei stehen bleiben, denn es gibt noch höhere Stufen der Kunst. Ich bewundere die Kathedralen, die Symphonien und die Statuen, aber das wahre Ideal, das bedeutet, all diese Pracht in sich selbst zu verwirklichen, selbst die Gemälde, die Statuen, die Poesie, die Musik, der Tanz... zu sein. Ihr werdet nun sagen: »Aber niemandem werden diese Meisterwerke zugute kommen!« Da irrt ihr euch, die wahren Lehrer der Menschheit, die sich selbst schöpferisch gestaltet, die sich selbst geschrieben haben, haben allein durch ihre Anwesenheit tief greifende Veränderungen auf der ganzen Erde bewirkt, weil man durch sie hindurch alle Farben, alle Formen, alle Gedichte und die Musik der ganzen Welt hören und sehen konnte. Ein Mensch, der sich selbst schöpferisch gestaltet, der selbst das Buch seines Lebens schreibt, tut sehr viel mehr für die Menschheit, als alle Bibliotheken, alle Museen und alle Meisterwerke der Kunst, weil diese tot sind, während er aber lebt!

Tatsächlich ist das alles nichts Neues, was ich euch da sage. Jesus wusste darüber Bescheid, und ich bin ihn einfach mal fragen gegangen, was er damit meinte, als er zu seinen Jüngern sagte: »Seid vollkommen, wie mein Vater im Himmel vollkommen ist.« Das ist alles. Er hat ihnen keine Details und keine Erklärungen gegeben, aber ich habe ihn schon vor sehr langer Zeit danach gefragt. Ich sagte zu ihm: »Herr, du verlangst aber zu viel von uns! Wie kommt es, dass du die menschliche Natur nicht ein wenig besser kennst? Sie sind schwach, die Menschen, sie haben ihre Grenzen... Wie kann es angehen, dass du ihnen derartige Anweisungen gegeben hast? Du verlangst von uns, dass wir die Erde aus den Angeln heben. Wir sind nicht stark genug...« Da hat er mir geantwortet: »Ja, du hast Recht, aber nur, weil du die irdische Seite betrachtest, den äußeren Schein. Scheinbar ist es wahr, dass der Mensch schwach ist, aber ich habe alles gesehen, was er in sich an Ewigem und Allmächtigem besitzt, das heißt, seinen Geist, der aus Gott hervorgegangen ist, der nicht stirbt, der unzerstörbar ist, und der in der Lage ist, ihm die ganze Kraft des Himmels zu geben. Darum habe ich die Menschen dieses hohe Ideal gelehrt.« Als ich das hörte, war ich verblüfft, und ich begriff außerdem, dass Jesus alles das, was er seinen Jüngern nicht erklärt hat, jetzt denen erklären kann, die ihn darum bitten.

Heutzutage, ohne psychologische, wissenschaftliche und philosophische Erklärungen dazu zu geben, zitiert man weiterhin diese Aussprüche: »Seid vollkommen, wie euer Vater im Himmel vollkommen ist.« Aber wie kann man vollkommen werden? Man kann nicht vollkommen werden wie der Himmlische Vater, wenn man nicht Ihn selbst als Vorbild, als zentralen Punkt seines Lebens nimmt. Die Menschen werden niemals die Vollkommenheit des Herrn erlangen, weil sie Ihn nicht als Sauerteig genommen haben, der das Brot aufgehen lässt. Sie haben wer weiß was Altes und Vermodertes hervorgezogen und erwarten, dass es solide sei. Man nimmt nicht einen Strohhalm, um einen Stab daraus zu machen, man baut sein Haus nicht aus Eis oder aus Wachs. Dazu muss man schon ein Material nehmen, das solide und widerstandsfähig ist, das ist das wahre Wissen.

Das wahre Wissen besteht darin, in sich, im Innersten des physischen Körpers, den Körper aufzubauen, den man den Strahlenkörper nennt, den Körper der Unsterblichkeit, den Lichtkörper, den Christuskörper, denn dieser Körper ist aus einem Material, das allem standhält. Um ihn aufzubauen, muss man wissen, wie man richtig liebt, denkt, betet und sich mit dem Himmel verbindet. Solange man die Bedingungen dazu nicht erfüllt, ist es unmöglich, Großes zu erreichen.

Strebt danach, das höchste, das erhabenste Ideal zu wählen und in euch aufzubauen: das Ideal Christi. Wie ist Jesus zu Christus geworden? Stellt ihm die Frage, und er wird euch antworten: »Ich habe eine Spur auf der Erde hinterlassen, und diese Spur kann nicht getilgt werden, denn ich habe den Lichtkörper in mir verwirklicht. Ich habe den Herrn geliebt, ich habe Ihn zum Vorbild genommen und eine Unzahl von Wesen und Kräften sind mir zu Hilfe gekommen. Ich habe nur gedacht und geliebt, aber ich war nicht allein. Ich habe alle Geschöpfe der himmlischen Hierarchie herbeigerufen, und während ich mich nur Betrachtungen widmete, die Liebe lebte und mit dem Herrn sprach, sind sie herbeigekommen, um die Partikel meines Körpers gegen lichtvolle, göttliche Partikel auszutauschen, sie sind gekommen, um alles in mir zu heiligen. Mein Ideal war, dem Himmlischen Vater zu gleichen, und ich bin geworden wie Er. Jetzt macht es genauso wie ich!« Das ist es, was Jesus mir gesagt hat. Und wenn auch ihr dieses hohe Ideal liebt, wird es euch eine ganze Hierarchie Engel schicken, die es auf sich nehmen werden, euch zu läutern, euch umzuwandeln und es wird nicht einmal eine Spur von dem übrig bleiben, was sich durch Vererbung über Jahrhunderte hin in euch angesammelt hat. Auch Jesus brauchte dieses hohe Ideal, um zu werden wie sein Himmlischer Vater, aber es war nicht seine Aufgabe, selbst jede Zelle, jeden Partikel seines Körpers auszutauschen, denn kein Mensch ist dazu in der Lage. Dafür gibt es andere Wesen, die wissen, wie man die Struktur der Materie in Ordnung bringt. Wir müssen sie nur dazu auffordern. Genau das ist unsere Aufgabe, und sie erledigen die andere Hälfte der Arbeit. Wie macht es der Landwirt bei seiner Arbeit? Er sät. Das ist die eine Hälfte der Arbeit. Dann kommt der Regen hinzu, die Sonne und die unzähligen Wesen des Wassers, der Lüfte und der Erde, um die Saat zu bearbeiten, und das ist die andere Hälfte, um die der Landwirt sich nicht zu kümmern braucht, denn das ist nicht seine Sache. Seine Aufgabe ist es, zu säen.

Wenn der Vater einen Samen in den Schoß der Mutter gelegt hat, glaubt ihr, dass es dann sie ist, die alles macht, dass sie es ist, die die Atome und Moleküle richtig anordnet, damit schließlich ein schönes und gesundes Kind zur Welt kommt? Nein, dafür sind andere da, die sich darum kümmern, Tausende und Abertausende geistiger Wesen. Auf die gleiche Weise sät ein Eingeweihter die Samen, löst damit bestimmte Vorgänge aus, lenkt diese in die richtige Bahn und danach besorgen die gesamte Natur und alle Kräfte des Universums den Rest der Arbeit. Das ist es, was Jesus mir erklärt hat.

Und nun stellt auch folgende Frage an Jesus: »Und unser Meister, der dort auf dem Felsen sitzt und zu uns spricht, sollen wir auf ihn hören und ihm folgen?« Er wird euch antworten: »Euer Meister ist mein Diener, er hat bei mir vieles gelernt, was er euch nun weitergibt, und wenn ihr auf ihn hört, werdet ihr wesentlich schneller euren Evolutionsweg durchschreiten.«

Licht und Friede sei mit euch.

Le Bonfin, 12 Juli 1970

Anmerkungen

1. Siehe Band 238 der Reihe Izvor »Der Glaube versetzt Berge«, Kapitel 9: »Der Beweis für die Existenz Gottes ist in uns«.
2. Siehe Band 30 der Reihe Gesamtwerke »Leben und Arbeit in einer Einweihungsschule«, Kapitel 2: »Der Bonfin«.
3. Siehe Band 223 der Reihe Izvor »Geistiges und künstlerisches Schaffen«.

Kapitel 11

FRIEDEN

In den letzten Tagen, liebe Brüder und Schwestern, habe ich einige Worte zu den Seligpreisungen gesagt, zuerst zu denen Buddhas und dann zu denen Jesu in der Bergpredigt. Euch sind dabei einige Unterschiede aufgefallen, aber das ist ganz normal. Buddha hat fünf Jahrhunderte vor Jesus gewirkt, und so waren die Zeit, in der sie lebten, und ihre jeweilige Aufgabe verschieden. Im Grunde haben sie jedoch einiges gemeinsam.

Nehmen wir zum Beispiel folgende Worte Buddhas: »Selig sind die Friedfertigen, die Boshaftigkeit, Hochmut und Scheinheiligkeit vermeiden und sich tätig in Mitleid, Demut und Liebe üben.« Jesus sagte einfach nur: »Selig die Friedensstifter, denn sie werden Söhne Gottes heißen.« Es gibt verschiedene Übersetzungen, man liest auch »die Friedfertigen«, aber ich ziehe »Friedensstifter« wegen des Wortes »Frieden« vor, und es ist dieses Wort, was mich heute interessiert. Jesus kannte die Lehren aller großen Meister, die ihm vorausgegangen waren, und er wusste, welch große Bedeutung Buddha dem Frieden beimaß. Er sagte selbst oft: »Friede sei mit euch!« oder auch »Gehet hin in Frieden!« Und am Schluss sagte er zu seinen Jüngern: »Ich gehe nun von euch und lasse euch meinen Frieden.« Warum sagte er das erst ganz am Schluss? Er hätte ihnen den Frieden ja auch vorher geben können, den hatten doch alle wirklich nötig!

Und auch heute suchen alle Menschen in der Welt nach Frieden, nur hat man eine recht äußerliche Vorstellung davon. Es wird zum Beispiel gesagt: »Lass mich in Frieden!« – was heißen soll: »Ich will meine Ruhe haben.« Frieden ist allerdings weitaus mehr als das! Um ihn zu erleben, muss man ihn vom esoterischen Standpunkt aus betrachten, und das ist ein sehr schwieriges Unterfangen. Aber genau das interessiert mich. Was verstehen die Eingeweihten unter Frieden? Ansonsten ist es doch ein leichtes, einen Ort zu finden, wo man seine Ruhe haben kann! Man braucht nur in die Wüste oder ins Hochgebirge zu gehen. Nur fehlt es doch gerade am inneren Frieden. Und wie kommt das? Das liegt daran, dass man in seinem Kopf so etwas wie ein Transistorradio hat, und von diesem verflixten Radio mag man sich nicht trennen, ständig ist es da und läuft... Und was man sich alles anhört! Oft ist man auf die Sender der Hölle eingestellt, wo natürlich auch Musik gespielt wird, aber was für eine, das reinste Höllenspektakel! Und doch sind rundherum Frieden, Ruhe und Stille. Ja, im Äußeren ist alles stille, nur im Innern toben Stürme, Gewitter und Orkane. Alles ist in Aufruhr, weil das »innere Radio« läuft, es steht auf Empfang und schnappt so manches auf... Wie kommt das? Ganz einfach dadurch, dass man unwissend ist, denn dann läuft nichts, wie es soll.

Der menschliche Organismus stellt einen Mikrokosmos dar, der genau nach dem Vorbild des Makrokosmos aufgebaut ist, und das bedeutet, dass zwischen den beiden ein Verbindungsnetz besteht.[1] Und die esoterische Wissenschaft beruht auf dem Gesetz der Verbindungen und Entsprechungen. Der Mensch ist winzig klein in einem unermesslich großen Kosmos, und doch hat jedes Organ des Körpers eine Wesensverwandtschaft mit einem Bereich des Kosmos, der ihm entspricht. Natürlich darf man nun nicht meinen, der Kosmos habe Organe, die den unseren gleichen. Ihrer Wesensart nach haben unsere Organe und die des Kosmos jedoch etwas Übereinstimmendes. Sie entsprechen einander vollkommen, und durch das Gesetz der Wesensgleichheit kann der Mensch mit Kräften, Zentren und Welten im Raum in Kontakt treten, die bestimmten Elementen in ihm selbst entsprechen. Die Kenntnis dieser Entsprechungen eröffnet daher unglaubliche Möglichkeiten.

Die esoterische Literatur erwähnt viele Dinge, über die jedoch noch nicht genügend Klarheit herrscht. Immer wieder stoßt ihr auf die Worte »Mikrokosmos« und »Makrokosmos«, aber nur wenige wissen, was das eigentlich bedeutet und wie man die beiden miteinander verbinden kann, um mit ihnen zu arbeiten und zu konkreten Ergebnissen zu kommen. Und nun stellt euch einmal vor, ich sage euch noch, dass der Mikrokosmos im Hinblick auf den Makrokosmos auf dem Kopf steht... dass sich also das, was in dem einen unten ist, sich im anderen oben befindet. Denkt einmal darüber nach, und ihr werdet sehen, wie das euer Verständnis der Dinge durcheinander bringt.

Jesus sagte, wer Frieden stiftet, wird ein Sohn Gottes genannt werden. Aus welchem Grund? Und was bedeutet es, ein Sohn Gottes zu sein? Ein Sohn Gottes zu sein bedeutet, zu sein wie Gott selbst, nach seinem Bilde gemacht, ebenso wie der Mikrokosmos nach dem Bilde des Makrokosmos gemacht ist. Nur liegt hier die Entsprechung nicht mehr im Bereich des Physischen, sondern des Geistigen. Im Bereich des Geistes finden sich dieselben Entsprechungen wieder. Gott ist das Große, der Sohn Gottes ist das Kleine, und sie gleichen einander. So bilden der Mikrokosmos und der Makrokosmos den Bereich der Materie, der Sohn Gottes und Gott hingegen den Bereich des Geistes.

Bemühen wir uns nun einmal zu verstehen, was der Frieden ist. Der physische Körper wird von einer ganzen Reihe von Organen gebildet, die untereinander verbunden sind. Jedes hat seine besondere Aufgabe, jedoch müssen alle miteinander in harmonischer Übereinstimmung sein, denn sonst treten Störungen auf. In der Musik würde man das Dissonanzen nennen. Wenn also alle Organe ihre Arbeit uneigennützig und unpersönlich für das Wohl des ganzen Organismus ausführen, ist der Mensch wohlauf und im Frieden. Allerdings sind dieses Wohlbefinden und dieser Frieden noch rein physische Zustände. Um Frieden für Seele und Geist zu erlangen, muss man weitaus höher hinaufsteigen. Alle Organe, die den anderen, den psychischen Organismus bilden, müssen frei von Egoismus, Zwiespältigkeit und Voreingenommenheit in Harmonie miteinander schwingen, so wie die Organe des gesunden Körperorganismus. Demnach sind Frieden und Harmonie höhere Bewusstseinszustände. Da der Frieden nun aber doch auch vom Organismus des Körpers abhängt, und da die geringsten Unstimmigkeiten, die in diesem auftreten, die psychische Harmonie stören können, muss alles in Harmonie sein, damit sich völliger Friede einstellt.

Was man sich allgemein unter Frieden vorstellt, ist noch nicht der wahre Frieden. Verspürt man einige Augenblicke oder einige Minuten weder Aufregung noch sonstige Störungen, so kann man das noch nicht Frieden nennen, denn das ist ja kein dauerhafter Zustand. Hat sich der wahre Frieden einmal eingestellt, kann man ihn nicht mehr verlieren. Frieden zu haben bedeutet nicht nur, sich eine Zeit lang gut, ruhig und sorglos zu fühlen, das ist etwas viel Tiefergehendes, Wertvolleres. Es ist nämlich ein Ergebnis, und zwar wovon? Das werdet ihr gleich sehen.

Wenn in einem Orchester alle Instrumente gut gestimmt sind und alle Musiker den Weisungen des Dirigenten folgen, ist das Ergebnis vollkommene Harmonie. Und im Menschen ist der Frieden ebenso ein Zustand der Harmonie, ein vollkommenes Zusammenspiel aller Elemente, Kräfte, Gedanken und Gefühle. Dieser tiefe Frieden, den man gar nicht in Worte fassen kann, ist sehr schwierig zu erreichen, denn dafür braucht man Willenskraft, Liebe und ein großes Wissen. Wenn der Schüler anfängt, das Wesen und die Eigenschaften aller Elemente in sich kennen zu lernen und zu verstehen, wenn er darauf Acht gibt, niemals etwas in sich hereinzulassen, was die Harmonie zwischen diesen Elementen stören könnte, und wenn es ihm schließlich gelingt, alles aus seinem Organismus sowie aus seiner Gedanken- und Gefühlswelt auszuscheiden, was damit nicht in Einklang schwingt, dann erlangt er Frieden.

Wenn einer raucht oder unbesehen alles Mögliche isst und trinkt, führt er seinem Organismus schädliche Elemente zu, die ihn krank machen, und so kann er keinen Frieden finden. Wenn er Zahnschmerzen hat, Koliken oder Herzflattern, wie soll sich dabei Frieden einstellen? Er hat Dinge in sich hereingelassen, die Stauungen oder Gärungen hervorrufen, und die muss er nun wieder ausscheiden. Das Gleiche gilt auf der psychischen Seite. Solange der Mensch die Wesensart seiner Gefühle, Gedanken, Wünsche, Leidenschaften und Instinkte nicht kennt, sich von ihnen aber nährt, von ihnen lebt, wie von der Luft, die er atmet, ohne zu wissen, ob sie ihm denn gut tun oder nicht, wird er niemals Frieden haben.

Frieden ist also die Folge einer genauen Kenntnis der Wesensart der Elemente. Und dann, wie schon gesagt, bedarf es natürlich großer Aufmerksamkeit und des Willens, niemals störende Elemente in sich hereinzunehmen oder hereinzulassen. Erst wenn es dem Menschen gelingt, vernünftig, klug, wach und wachsam genug zu sein, um sein Reich zu schützen – dieses Reich, das er selber ist – wird er beständigen und dauerhaften Frieden erlangen. Und worin wird dieser Frieden bestehen? In einem unbeschreiblichen Glücksgefühl, in dem Empfinden, in einer ständigen Symphonie zu leben, in einem erhabenen Bewusstseinszustand, wobei alle Zellen von einem Lichtmeer durchflutet, von lebendigem Wasser umspült sind und sich von Nektar und Ambrosia ernähren. Der Mensch lebt dann in einer solchen Harmonie, dass der ganze Himmel sich in ihm widerspiegelt. Er beginnt, all die Herrlichkeiten zu entdecken, die er vorher gar nicht bemerkt hatte, weil er zu unruhig war, so dass sein inneres und auch sein äußeres Auge gar nicht auf den Dingen ruhen konnte, um sie wirklich zu sehen.

Wenn jemand Sorgen hat, wenn er gerade erfahren hat, dass er vor dem Ruin steht oder wenn er sonst eine böse Nachricht erhält, dann wird der Ärmste, selbst wenn er an den schönsten Blumen und entzückendsten Mädchen vorbeigeht, nichts davon wahrnehmen, weil er sich auf andere Dinge konzentriert; selbst wenn sein Blick sich darauf richtet, wird er nichts wahrnehmen. Allein der Friede lässt einen die Anwesenheit der allerfeinsten Dinge sehen und verstehen. Darum ist es den Eingeweihten möglich, die ja beginnen, den wahren Frieden zu kosten, die Wunder des Universums zu entdecken. Die anderen Menschen hingegen sind voller Unruhe, laufen hierhin und dorthin, sind so voller Sorgen, ja so gequält, dass sie gar nicht die Zeit finden, einmal Halt zu machen, um das Buch des Lebens zu lesen, das doch um sie herum und auch in ihnen selber ist, und seine Botschaft zu entschlüsseln. So laufen sie durch das Leben, ohne etwas zu sehen.

Der Friede bringt einem also Licht und eine klare Sicht der Dinge. Ebenso ermöglicht er es auch, die Ekstase zu erleben. Diesen Zustand kann man unmöglich erreichen, wenn man verwirrt oder aufgeregt ist. Alle Heiligen, Propheten und Eingeweihten, die die Ekstase erlebt haben, haben erst einmal über lange Zeit – durch Gebet, Fasten und Meditation – sich bemüht, in sich Frieden, Harmonie und die Einheit mit dem ganzen Universum, mit allen von den höchsten Geschöpfen bevölkerten Welten wiederherzustellen. Noch nie ist es vorgekommen, dass jemand die Ekstase erlebt hat, ohne vorher die dazu nötigen Voraussetzungen zu schaffen, vor allem den inneren Frieden.[2]

Friede kann sich allerdings erst dann einstellen, wenn alle Zellen beginnen, in Einklang mit einer hohen, uneigennützigen Idee zu schwingen. Darum sagen die Eingeweihten mit Recht, dass der Mensch so lange keinen Frieden erfährt, wie er seine Zellen und sein ganzes Wesen nicht mit Gedanken der Liebe durchdringt, das heißt mit Barmherzigkeit, Großmut, Uneigennützigkeit und der Bereitschaft zu vergeben. Vorher ist es nicht möglich, denn es sind ja gerade seine Gedanken, die ihm den Frieden bringen. Schaut doch nur, wenn ihr eurem Nachbarn etwas vorzuwerfen habt, ihm nicht vergeben könnt und euch noch den Kopf zerbrecht, wie ihr am besten Rache nehmt... oder ebenso wenn jemand Geld von euch geborgt hat und ihr ständig denkt, wann er es euch wohl wiedergibt, dann ist es doch unmöglich, Frieden zu haben, denn das sind zu persönliche, egoistische Gedanken. Und selbst wenn man für einige Minuten oder auch Stunden zur Ruhe kommt, so ist das noch kein Frieden. Das ist ein Ausruhen, ein Nachlassen des Sturmes (einen solchen Frieden können selbst Spitzbuben haben) und gleich darauf ist man doch wieder von negativen Zuständen erfasst.

Der wahre Friede ist ein geistiger Zustand, den man nicht mehr verlieren kann, wenn man ihn einmal erlangt hat. Wenn ihr den Wunsch habt, den Willen Gottes zu erfüllen, alle Menschen zu lieben, ihnen beizustehen und ihnen zu vergeben, bringt euch dieser Gedanke den Frieden, da er alle Partikel eures Wesens in Einklang schwingen lässt. Ist es euch einmal gelungen, diesen Frieden zu erlangen, nehmt ihr ihn überallhin mit. Gestern hattet ihr ihn, heute ist er noch da, und auch am folgenden Tag, wenn ihr erwacht, ist er immer noch da, und mit Erstaunen stellt ihr fest, dass es nicht einmal mehr einer Anstrengung bedarf, um ihn wiederzufinden. Vorher musstet ihr, um stille zu werden, euch lange konzentrieren, beten, singen oder sogar etwas einnehmen, und nun ist das alles nicht mehr nötig.

An dieser Vorstellung, zu lieben, Gutes zu tun und alles zu vergeben, müsst ihr lange arbeiten, und zwar so lange, bis sie so stark wird, dass sie all eure Zellen durchdringt, die dann anfangen, damit in Harmonie zu schwingen. Dann verlässt euch der Frieden nicht mehr; und selbst wenn Ereignisse auftreten, die euch betroffen machen, schaut ihr in euer Inneres: Der Friede ist da. Das ist nicht mehr wie vorher ein Ruhigstellen, eine mühsam errungene, aufgesetzte Stille, die nur so lange anhält, wie ihr sie bewusst aufrechterhaltet. Habt ihr schon einmal die Raubtiere im Zirkus beobachtet? Solange der Dompteur da ist, hat es den Anschein, als würden sie sich vertragen. Kaum ist er aber fort, fallen sie schon wieder übereinander her. Nun, mit unseren Zellen ist es das Gleiche. Solange ihr euch bemüht, Übungen macht oder Gebete sprecht, spielen sie ein wenig mit und beruhigen sich, kaum seid ihr aber etwas abgelenkt und habt euren Kopf woanders, stellt die Unruhe sich wieder ein. Das gleiche Phänomen sieht man auch in der Gesellschaft, in den Familien, in den Schulen... ja, vor allem in den Schulen: Solange der Lehrer da ist, sind die Kinder brav an ihrem Platz, aber kaum dass er fort ist, laufen sie herum, schreien und zanken sich.

Ebenso ist es mit unseren Zellen, sobald man ein wenig abgelenkt ist, geht es zu wie auf dem Rummel. Also muss man sich um sie kümmern, sie besänftigen, sie waschen und ernähren, so als wären sie unsere Kinder oder unsere Schüler. Und wenn man es dann geschafft hat, sie zu erziehen, können sie ihre Arbeit verrichten, ohne zu streiten und zu palavern. Dann ist Friede da, der tiefe Friede, von dem Jesus sprach und auch Buddha. Ja, denn auch Buddha musste jahrelang daran arbeiten, diesen Frieden zu erlangen. Viele Jahre lang hat er gekämpft und gelitten, um so weit zu kommen, alles in sich zu beherrschen und in Harmonie zu bringen. Es ist doch klar, diesen Frieden kann uns weder der Hochmut, die Böswilligkeit noch die Scheinheiligkeit bringen. Buddha wusste wirklich gut darüber Bescheid, als er sagte, um den Frieden zu erlangen, müsse der Mensch sich von Böswilligkeit, Hochmut und Scheinheiligkeit frei machen und im Gegenteil Mitleid, Demut und Liebe pflegen; denn gerade diese drei Tugenden bringen alles in Eintracht und Harmonie.

Jesus, seinerseits, sagte nur: »Selig die Friedensstifter, denn sie werden Söhne Gottes heißen.« Aber natürlich meinte er damit dasselbe. Um Frieden zu haben, muss man der Demut, dem Mitleid und der Liebe in sich einen Platz schaffen, denn ohne diese Tugenden lebt man in ständiger Unruhe. Ein weiterer Unterschied zwischen Jesus und Buddha besteht darin, dass Buddha nicht von den Belohnungen sprach. Er sagte nur:

»Selig, wer sein Wissen mit Sanftmut und Aufrichtigkeit weitergibt.

Selig, wer seinen Lebensunterhalt verdient, ohne irgendein Geschöpf zu schädigen oder zu verletzen.

Unsagbar selig, wer aus der Knechtschaft seiner Personalität herausfindet.

Selig, wer die Ekstase erreicht hat durch die Schau der tiefen und echten Wahrheit bezüglich der Welt und unseres äußeren Lebens.«

Jesus hingegen hat immer die Belohnung hinzugefügt:

»Selig die Friedensstifter, denn sie werden Söhne Gottes heißen.

Selig die Sanftmütigen, denn sie werden das Erdenreich besitzen.

Selig die da Leid tragen, denn sie sollen getröstet werden.«

Selbstverständlich ist das, was ich euch heute über den Frieden sage, nichts Neues für euch, das habt ihr schon des Öfteren gehört... aber ihr müsst es noch so lange hören, bis ihr den Frieden in euch verwirklicht habt. Damit sich dieser Friede allerdings bis in die physische Ebene hinein einstellen kann, müsst ihr, das möchte ich hier wiederholen, die Ernährungsregeln kennen. Damit er sich in der Astral- und der Mentalebene einstellt, müsst ihr die Wesensart der Gefühle und Gedanken kennen.

Zwischen dem Menschen und dem Universum, dem Mikrokosmos und dem Makrokosmos, besteht eine absolute Entsprechung, die der Mensch jedoch durch seine Lebensführung durchbrochen hat. So ist er, und auch sein Organismus, nicht mehr in Übereinstimmung, in idealer, vollkommener Entsprechung mit dem Makrokosmos, mit Gott. Dieses Verhältnis der vollkommenen Entsprechung muss der Mensch nun wiederherstellen. Wenn er einst wieder in Harmonie schwingt mit den Engeln, Erzengeln und der göttlichen Welt, wird er wieder zum bewussten Kind Gottes werden. Aber das ist eine Angelegenheit, in der die Menschen nicht unterrichtet werden. In den Schulen und Familien lernt man alles Mögliche, nur nicht, wie man in sich eine harmonische Schwingung zu allen himmlischen Prinzipien, zu den göttlichen Wesen und zum Herrn des Universums selbst herstellt. Nur sehr wenige Menschen auf der Erde bemühen sich, Frieden zu finden und Ekstasen zu erleben, um so schließlich wieder ihrem Himmlischen Vater, ihrem Schöpfer zu gleichen. Wenn es ihnen aber gelingt, erlangen sie große Vollmachten, und die Engel dienen ihnen, so wie sie Jesus dienten, als es ihm gelungen war, diese Harmonie mit seinem Himmlischen Vater zu erreichen. Ja, als Jesus diesen inneren Frieden erreicht hatte, begannen die Engel, ihm zu dienen.[3] Der Mensch erhält erst dann die wahren Vollmachten, wenn es ihm gelungen ist, in Harmonie mit der ganzen Schöpfung zu schwingen. Solange er jedoch deren Ordnung missachtet, wird er ständig zurückgewiesen, bekämpft und niedergedrückt. Das sind unumstößliche Gesetze, die habe ich mir nicht ausgedacht, und jeder kann sie in sich selber finden.

Als der Mensch die »Werkstätten des Schöpfers« verließ, bekam er alles mit, was er für seine Entwicklung benötigte und dafür, seinen Weg in die himmlische Heimat wieder zu finden. Wenn ein Kind auf die Welt kommt, fehlt ihm nichts Wesentliches. Vielleicht sitzt sein Herz etwas zu weit rechts oder der Magen ist ein wenig klein geraten, vielleicht funktionieren die Nieren schlecht, aber es hat immerhin Herz, Magen, Lunge, Nieren usw., alles ist da. Ebenso besitzt eine Seele, die sich auf der Erde inkarniert, Organe und Systeme, die allen Eigenschaften und Tugenden entsprechen, die sich oben im Himmel befinden. Da das nun einmal so ist, stehen ihr alle

Möglichkeiten offen; natürlich schrittweise, und vor allem muss man zuerst die Gesetze kennen lernen. Und wie sehen diese Gesetze nun aus?

Wenn man in einer bestimmten Entfernung zueinander zwei gut gestimmte Klaviere aufstellt und auf einem davon eine Taste anschlägt, lässt es einen Ton vernehmen. Aber auch das andere Klavier erklingt, so als hätte man auch dort die entsprechende Taste angeschlagen. Man spricht hierbei von einem Resonanzeffekt. Dieses Phänomen ist allgemein bekannt, nur hat man sich nicht weiter damit befasst, um es tiefer gehend zu erforschen und zu erkennen, dass genau das Gleiche sich auch im Menschen abspielt. Ja, denn gelingt es diesem, sein Klavier, das bedeutet hier sein ganzes Wesen, nicht nur das körperliche, sondern auch das psychische, auf das große Klavier, auf das Universum, einzustimmen, dann kann er die himmlischen Mächte erreichen, um mit ihnen einen Austausch zu pflegen und so Unterstützung und Stärkung zu erhalten. Das ist nämlich auch eine Art und Weise zu kommunizieren. Ihr sprecht, und ihr werdet gehört. Ihr könnt sogar bestimmte Kräfte im Universum veranlassen, bis zu euch herabzukommen, so dass ihr sie benutzen könnt. Gerade in diese Art des Austausches hat Gott die größten Entwicklungsmöglichkeiten für den Menschen hineingelegt. Aber die Menschen, die das nicht wissen, versuchen gar nicht erst, bewusst auf diesem Klavier zu spielen, das heißt die höheren Tasten zu erreichen. Ständig spielen sie auf den niederen Tasten, die sie in Verbindung mit den höllischen Bereichen bringen. Nur selten schlagen sie Töne an, die sie mit dem Himmel verbinden können.

Nun werdet ihr fragen: »Aber wie können wir denn unser Klavier, unseren Organismus, stimmen?« Macht euch deswegen keine Sorgen, der stimmt sich ganz von allein. Wenn ihr die Liebe, Selbstlosigkeit, Barmherzigkeit, Nachsicht und geistige Weite pflegt, beginnt der Organismus von allein stimmig zu werden, denn dann arbeitet ihr mit Kräften, die automatisch alles andere harmonisieren. Falls ihr euch das Nervensystem ruiniert habt, seid ihr dabei etwa bewusst und wissenschaftlich vorgegangen? Wusstet ihr genau, wo und wie ihr Unordnung schaffen würdet? Gewiss nicht, aber durch eure absonderlichen Gedanken und Gefühle habt ihr alles zugrunde gerichtet. Dafür ist es gar nicht nötig zu wissen, wo sich all die Nervenzentren genau befinden. Folglich könnt ihr genauso euren Organismus stimmen, indem ihr mit höheren Gedanken und Gefühlen arbeitet, die all eure geistigen Energiezentren in harmonische Schwingung versetzen.

Wenn ich so spreche und euch die große Bedeutung dieser Arbeit nahe bringe, spüre ich, dass viele von euch sich entschließen werden, hierfür mehr Zeit aufzuwenden, da sie wissen, dass ihre ganze Zukunft davon abhängt, ihr ganzes Glück, der Glanz und die Herrlichkeit ihres ganzen Lebens. Solange die Menschen nicht die Realität bezüglich mancher Dinge kennen, vernachlässigen sie es natürlich, bestimmte gute Eigenschaften zu pflegen, und nachher leben sie dann in Enttäuschungen und bitteren Erfahrungen. Weil nichts klappt, wie sie es sich vorstellen, klagen sie ohne Unterlass darüber, dass das Leben keinen Sinn habe und dass es Gott nicht gäbe. Aber nur weil sie nicht klug genug, krank und unglücklich sind, heißt es noch lange nicht, dass es in der Welt keine Menschen gäbe, die intelligent, wohlauf und glücklich sind. Es ist ganz einfach ihre Denkweise, die Mängel aufweist. Sie haben es nicht gelernt, richtig nachzudenken und die Dinge sorgfältig zu prüfen, weil sie vielleicht keine klugen Freunde oder Lehrer hatten, und so sprechen sie deren Ungereimtheiten nach. Sie wissen nicht, dass sie, wenn sie nur daran arbeiten, die höheren Tasten ihres Klaviers erreichen können, sodass das große Klavier darauf antwortet und ihnen beisteht, ihnen hilft und sie unterstützt. Daher klagen und jammern sie immer weiter, verbleiben in ihrer Trägheit, während andere arbeiten und zu konkreten Ergebnissen kommen.

Warum gehen sie nicht zu diesen hin, um zu fragen, wie sie ihr Leben ändern könnten? Aber nein, sie raffen sich nicht auf, und so bleiben sie ewig in ihrem Elend.

Ja, liebe Brüder und Schwestern, man muss sich schon aufraffen. Nehmen wir einmal an, ihr wärt unglücklich, verängstigt, und nichts klappt... Was könntet ihr da tun? Warum solltet ihr nicht, anstatt euch aufs Weinen zu verlegen oder wie ein gefangener Wolf auf und ab zu laufen, zu Wesen gehen, die euch helfen können? Nun mögt ihr sagen: »Aber wo sind die? Wie sollen wir die finden?« Aber sie sind doch da, alle Zeit sind sie da, und über eure Gedanken könnt ihr sie ansprechen und dank des Resonanzgesetzes auch erreichen oder wie ich es auch nenne, über das Gesetz der Sympathie oder der Affinität. Wenn der Mensch dieses Gesetz kennt, sieht er sich veranlasst, über sich selbst hinauszuwachsen, sich selbst zu übertreffen, um an die empfindlichsten, die allerfeinsten Saiten seines Wesens zu rühren und sie zum Schwingen zu bringen, da er weiß, dass Kräfte, Wesen und Regionen ihm antworten werden. Wie oft habe ich doch schon über dieses Echogesetz zu euch gesprochen! Ihr sagt: »Ich liebe euch!...« Zwar seid ihr allein, und doch antwortet es euch vielstimmig: »Ich liebe euch!« Und sagt ihr: »Ich verabscheue euch!« gibt auch dies das Echo wieder. Da dies eine Realität im physikalischen Bereich ist, warum sollte es nicht auch eine Realität im Bereich der Gedanken sein?

Nehmt einen Ball und werft ihn gegen eine Mauer. Er prallt ab, fliegt zu euch zurück, und wenn ihr nicht auf die Seite geht, könnte er euch treffen. Das Gesetz des Rückstoßes beruht auf dem gleichen Prinzip wie das des Echos. Auch hier wieder kennt man das Gesetz im physischen Bereich, kommt aber nie auf den Gedanken, das Gleiche könne auch im psychischen Bereich Gültigkeit haben. Das hat es aber, und wenn man also etwas Schlechtes aussendet, wird man eines Tages, da man ja nicht weiß, wie man in eine andere Region ausweichen könnte, um dem zu entgehen, entsprechende Nackenschläge abbekommen.

So erklärt sich alles. Da dies nun einmal so ist, sollte man sich entschließen, mit anderen Methoden zu arbeiten, um zu gänzlich anderen Ergebnissen zu kommen. Ein anderer Schluss lässt sich nicht daraus ziehen.[4]

Solange ihr das magische Geheimnis des Gesetzes der Wesensgleichheit nicht begriffen habt, werdet ihr niemals große Resultate erzielen. Jedes eurer Gefühle hat eine bestimmte Wesensart, und aufgrund dieses Gesetzes ruft es im Raum gleichartige Kräfte wach, die auf euch zusteuern. Ist euer Gefühl schlecht, wird auch das Ergebnis ein schlechtes sein; ist es hingegen gut, nun ja, dann werdet ihr etwas Gutes empfangen. Dank dieses Gesetzes kann man aus den großen Reservoirs des Universums alles beziehen, was man sich wünscht; unter der Voraussetzung allerdings, dass man dem Gewünschten entsprechende Gedanken und Gefühle aussendet. Denn diese Gedanken und Gefühle bestimmen mit absoluter Genauigkeit die Wesensart der Elemente und Kräfte, die sehr weit weg irgendwo im Weltenraum erweckt werden und früher oder später bei euch ankommen.

Dieses Gesetz der Affinität stellt für mich den größten Schlüssel dar, das größte Arkanum, ja, es ist wie ein Zauberstab. Darauf habe ich mein Leben gegründet. In Kenntnis dieses Gesetzes arbeite ich in einer bestimmten Richtung, da ich an die besten und schönsten Dinge denke, und dann warte ich ab, bis sie sich einstellen. Vieles davon hat sich schon eingestellt, und weitere Dinge werden später kommen. Mit Hilfe dieses Gesetzes kann ich euch alles erklären: den Aufbau der Menschen, ihre Intelligenz, ihre Güte, ihre Bosheit, ihr Unglück und ihr Glück, ihren Reichtum, ihr Elend, einfach alles!

Schaut einmal, wie sich das im Meer mit den Fischen verhält. Das Meer enthält alle chemischen Elemente, alle Minerale usw., und der eine Fisch bildet sich daraus einen bunten, glänzenden, leuchtenden und ein anderer einen farblosen, hässlichen Körper. Warum ist das so? Weil jeder die entsprechenden Partikel angezogen hat. Natürlich geschieht das unbewusst, aber doch nimmt sich jeder Fisch aus dem Meer die Elemente, die zu seiner Wesensart passen. Und für uns ist es genau das Gleiche. Wir sind wie Fische, die im ätherischen Ozean schwimmen, und da dieser Ozean alle vom Schöpfer verteilten Elemente enthält, werden wir zu diesem oder jenem, entsprechend den Elementen, die wir angezogen haben, um unseren Körper zu bilden. Auf diese Weise erklärt sich alles. Jemand ist zum Beispiel hässlich, unglücklich und ständig krank. Vielleicht kommt das nicht von dieser, sondern von früheren Inkarnationen, wo er weder entsprechend unterrichtet noch sich über die Dinge im Klaren war, und wo er in seiner Unwissenheit schädliche Elemente angezogen hat, von denen er nun nicht weiß, wie er sie wieder loswerden kann. Wenn man aber nun dieses Gesetz der Wesensgleichheit kennt, das wirklich das großartigste magische Gesetz ist, sollte man unverzüglich mit der Arbeit der Wandlung beginnen. Und falls es nicht möglich ist, gleich in dieser Inkarnation alles wieder ins Lot zu bringen, dann eben in der nächsten.

Ohne die Kenntnis dieses Gesetzes, meine lieben Brüder und Schwestern, das muss ich euch sagen, das wiederhole ich und unterstreiche es, werdet ihr nicht sehr weit kommen. Wenn ihr jedoch an dieses absolut gültige Gesetz glaubt und noch heute damit beginnt, auf den höheren Registern eures Klaviers zu spielen, werdet ihr derart wertvolle Partikel von so hoher Lichtintensität anziehen, dass nach und nach alles in euch wieder in Ordnung kommen wird, und zwar zuerst auf der mentalen und astralen und schließlich auch auf der physischen Ebene. Denn alle werden dann sehen, dass ihr sympathischer geworden seid, strahlender, intelligenter und sogar auch leistungsfähiger. So wird man euch anders sehen, anders empfangen, und euer Schicksal wird sich wandeln. Im Leben ist alles miteinander verbunden.

Solange der Mensch nicht weiß, auf welchem Gesetz das Leben gründet, und er darum alles um sich herum verwüstet, können die Naturkräfte ihm natürlich nicht lange zur Seite stehen; sie werden gezwungenermaßen von ihm weichen. Eine Zeit lang mögen sie ihn unterstützen, wenn sie dann aber sehen, dass er weiterhin alles zerstört, was Gott ihm gegeben hat, verlassen sie ihn. Und nachher sind der Jammer und das Elend groß... es ist die reinste Hölle. Leider ist es mit vielen so weit gekommen. Wie oft sind mir schon solche Menschen begegnet! Und sie wussten nicht einmal, wie sie da hineingeraten waren. Ich konnte es ihnen übrigens auch gar nicht erklären, so sehr war alles in ihrem Kopf unklar und ohne jede Logik. Nirgendwo erkannten sie einen Sinn oder eine Ordnung. Man hätte alles von den ersten Anfängen aufrollen müssen, sie jahrelang unterrichten... und vor allem hätten sie den guten Willen haben müssen, auch zuzuhören! Aber den hatten sie nicht, und in fünf Minuten konnte ich ihnen nicht die Verkettung der Ereignisse darlegen, wo und wann sie angefangen hatten, einen falschen Weg einzuschlagen, und wie sie dann schließlich in diese beklagenswerte Lage geraten waren.

Diese Verkettung von Ursache und Wirkung können nur wenige akzeptieren. Selbst wenn man sie ihnen mit fast greifbaren Argumenten und Beweisen aufzeigt, sehen sie sie nicht. Aber tatsächlich ist alles, was sich im Leben oder im Universum ereignet, vorher angebahnt worden. Und das dürft ihr euch aufnotieren, denn diese große Wahrheit wird unter vielen anderen als unwiderlegbarer Punkt auch im »Dritten Testament« geschrieben stehen. Nichts geschieht, weder in den sozialen, wirtschaftlichen, politischen, seelischen, religiösen, künstlerischen noch wissenschaftlichen Bereichen des Lebens, ohne dass vorher bestimmte Umstände und Faktoren das Ereignis angebahnt hätten. Mit der Vorstellung, die Dinge geschähen einfach so, völlig grundlos, kann man niemals in einer Einweihungsschule aufgenommen werden. Die erste von den großen Lehrern der Menschheit geforderte Voraussetzung ist die Kenntnis der Verkettung der Ursachen mit den Folgen, das Wissen, dass sich nichts ohne Ursache ereignet. Damit nehmen sie euch auf, arbeiten an euch und helfen euch so, besser zu werden. Wenn ihr aber an dieses Gesetz nicht glaubt, mögt ihr sein, wer ihr wollt, sie nehmen euch nicht auf und die Tür bleibt verschlossen, da sie euch als gefährlich ansehen. Auch das ist etwas, das euch meines Wissens unbekannt ist.

Ich gebe euch hiermit das größte spirituelle Handwerkszeug, den größten okkulten Schlüssel, aber wie viele von euch werden sich dessen bedienen? Benutzt ihn, und sei es nur, um euch davon zu überzeugen, wie treu und wahrhaftig die Natur ist, dass alles, was in den heiligen Schriften steht, sich erfüllt und dass die Eingeweihten die Menschen niemals getäuscht haben. Wenn man niemals die Voraussetzungen geschaffen hat, um sich vom Wahrheitsgehalt der Evangelien überzeugen zu können, dann nimmt man sie natürlich nicht ernst. Aber schafft nur die nötigen Bedingungen, und ihr werdet sehen, dass alles absolut zutrifft.[5]

Es heißt zum Beispiel: »Trachtet nach dem Reich Gottes und seiner Gerechtigkeit, und alles andere wird euch hinzugegeben.« Glaubt ihr vielleicht, die Leute seien bereit, sich davon selbst zu überzeugen? Aber manche haben es doch getan, sie trachteten nach dem Reich Gottes und haben erlebt, dass ihnen alles andere hinzugegeben wurde. Und ich finde sogar, dass alles andere gar nicht die Mühe lohnt. Was bedeutet schon alles andere für jemanden, der schon das Himmelreich inwendig in sich besitzt? Übrigens heißt es nicht, wenn ihr das Himmelreich haben werdet, wird euch alles andere hinzugegeben, nein, sondern wenn ihr danach trachtet. Also schon bevor ihr es gefunden habt, allein durch euer Bemühen darum, durch eure Konzentration darauf, durch euer Wünschen und Streben mit all euren Kräften, ohne andere Dinge zuzulassen, die euch versuchen und davon abbringen, wird euch alles andere hinzugegeben. Und alles andere, was nicht das Reich Gottes ist, was ist denn das? Nun, das sind günstige Umstände, Geld, Zeit, Gesundheit, Freunde, Freiheit... alles andere, das sind die nötigen Bedingungen, um es zu erlangen. Und wenn ihr das Reich Gottes einmal erreicht habt, kann dem nichts sonst gleichkommen. Das Reich Gottes und seine Gerechtigkeit (und nicht unsere, die auf Eigennutz gegründet ist) ist ein Zustand von Glückseligkeit, Harmonie, Frieden, Liebe, Reinheit, Vollkommenheit und Fülle. Was bleibt einem da noch zu wünschen übrig, wenn das Reich Gottes doch alles umfasst? Aber bis sich dieses »Alles« erfüllt, brauchen wir die nötigen Mittel und Bedingungen. Und das ist »alles andere«, was dem Menschen hinzugegeben wird, wenn er nach dem Reich Gottes trachtet.

Jetzt heißt es, sich selbst davon zu überzeugen. Nur haben die meisten Menschen so viele Dinge, die sie reizen, die ihnen etwas vorgaukeln, dass es für das Reich Gottes keine Anwärter gibt. Wer sich aber wirklich über die Dinge im Klaren ist, trachtet nur nach dem Reich Gottes und seiner Gerechtigkeit, da er weiß, dass ihm dadurch Himmel und Erde gehören werden. Natürlich erfüllt sich das nicht in zwei oder drei Tagen. Für alle jedoch, die nur nach großen Dingen hungern und dürsten, gibt es nichts, was erstrebenswerter wäre. Versucht es, traut euch, und ihr werdet sehen, alles andere verblasst dagegen. Ihr werdet gewahr, dass ihr bisher nur den Enttäuschungen, den Schatten, der Leere hinterhergelaufen seid.

Die Menschen streben ständig nach vergänglichen Dingen, nach Illusionen, die ihnen letzten Endes nur Leid und Mühsal einbringen. Aber es fällt ihnen schwer, das einzusehen und sich zu ändern. Um das zu begreifen, muss man gelitten und Enttäuschungen erlebt haben, unglücklich gewesen und mit Füßen getreten worden sein. Damit will ich niemanden anklagen oder kritisieren, sondern nur sagen, dass es denen, die noch sehr jung sind, nicht gegeben ist, nach dem Reich Gottes und seiner Gerechtigkeit zu streben. Um sich solche Dinge zu wünschen, muss man schon, innerlich oder äußerlich, ein hohes Alter haben. Wer jung ist, spielt noch mit Puppen, Zinnsoldaten und Sandburgen. In diesem Alter kann man sich noch nicht mit tiefer gehenden Fragen befassen. Wenn man aber reifer wird, gibt man diesen Zeitvertreib auf, um sich großartigen Aufgaben zuzuwenden. Ja, es ist nötig, zu leiden und enttäuscht zu werden, man muss völlig am Boden und verzweifelt sein, um zu begreifen, dass die erstrebten Dinge weder Frieden, Kraft noch Fülle bringen konnten. Es ist jedoch unmöglich, dies jenen zu erklären, die noch zu jung dafür sind; sie müssen ihre Erfahrungen machen. Das ist für sie noch zu weit weg, es entspricht nicht ihrem Alter. Sie sagen: »Ja, ich verstehe, darin liegt eine tiefe Weisheit... aber es sagt mir nicht zu. Ich will mich amüsieren und mich vergnügen.«

Darum ist es unmöglich, alle Leute zu unterrichten und aufzuklären. Jeder muss seinen Weg gehen. Ihr werdet nun vielleicht fragen: »Ja, wenn das so ist, warum sprechen Sie dann trotzdem zu diesen jungen Menschen, zu Erwachsenen, die noch sehr jung sind, die noch ihre »Puppen und ihre Zinnsoldaten« brauchen?« Ich werde euch erklären, warum. Ich kenne die Natur des Menschen, viele Wege habe ich schon beschritten und dabei genügend Erfahrungen gesammelt, um zu wissen, dass weder Vorträge, Predigten noch Bücher oder sonst etwas bestimmte Menschen von ihren schlechten Gewohnheiten und schädlichen Vergnügungen abbringen kann. Aber ich fahre fort, sie zu unterrichten, denn es kann doch einmal zu etwas nützlich sein.

Schaut die Kinder an, die da sind und mir zuhören. Sie nehmen vielleicht nicht sehr ernst, was ich sage, das mag schon sein, aber meine Worte bleiben dennoch in der Tiefe ihres Gedächtnisses oder ihres Unterbewusstseins haften. Und später, wenn sie anfangen, sich die Finger zu verbrennen und zu leiden, weil sie bestimmte Gesetze übertreten haben, werden diese Wahrheiten, die sie in ihrer Kindheit gehört haben, wieder in ihr Bewusstsein gelangen. Das muss nicht heißen, dass sie deswegen gleich aus ihren Irrtümern herausfinden werden, vielleicht werden sie das Gleiche wieder tun, aber sie werden sich sagen: »Dieses Mal ist es mir nicht gelungen, richtig zu handeln... aber das nächste Mal wird es gelingen.« Dann konnten also diesmal die haften gebliebenen Eindrücke, die gespeicherten Kenntnisse, sie nicht von ihren Neigungen abbringen. Dieses Licht jedoch, das immer bei ihnen bleiben wird, wird sie ein wenig anziehen und sie in ihren Entscheidungen beeinflussen.

Ihr habt doch von dem Frachter gehört, der einen Eisberg gerammt hat. Da haben wir das gleiche Phänomen, nur im negativen Sinn. Er ist untergegangen, weil bei seinem Bau ein winziges Stückchen Eisen im Kompass liegen geblieben ist. Und da dies nun unmerklich die Nadel beeinflusste, stimmte die Richtung nicht ganz, und so ist er natürlich nach vielen, vielen Kilometern beträchtlich von seiner Route abgekommen. Denn selbst wenn zu Beginn die Abweichung nur ein Tausendstel Grad ausmacht, besteht nach einigen Milliarden Kilometern ein so großer Abstand zwischen dem tatsächlichen und dem anvisierten Ziel, dass einige Sonnensysteme dazwischen Platz hätten. Nun stellt euch einmal vor, ein Eingeweihter hätte – symbolisch gesprochen – ein Goldstückchen einem Mann in den Kopf gesetzt, der auf dem Weg in die Hölle ist. Dieses Gold wird unablässig seine Magnetnadel etwas beeinflussen, und eines Tages wird er, anstatt verloren, gerettet sein! Er wird sagen: »Aber ich wollte doch in die Hölle... und nun schaut nur, wo ich hingeraten bin. Und all die Leute, die mich da mit Lorbeerkränzen erwarten! Aber hier wollte ich doch gar nicht landen!« Nun ja, aber genau da landet er, weil ihm jemand ein Klümpchen reines Gold in den Kopf gesetzt hat, natürlich erst nach vielen, vielen Abenteuern und Schicksalsschlägen.

Auf diese Weise kann ein Meister doch immerhin etwas tun, auch wenn er weiß, dass es unmöglich ist, jedem auf der Stelle zu helfen. Viele Leute sind schon zu mir gekommen, und manchen konnte ich nie begreiflich machen, auf welchen Gesetzen das Leben aufbaut. Hätten sie das verstehen können, dann hätten sie sich viel Unglück, Ausrutscher und »Talfahrten« erspart, aber sie konnten es nicht. Und wenn ihr mich jetzt noch fragt: »Aber warum ist es Ihnen denn mit diesen Menschen nicht gelungen? Sie verfügen doch über Argumente und Methoden, deren Wirksamkeit schon viele festgestellt haben...«, so ist die Antwort ein wenig traurig. Denn manche sind mit einem enormen Karma behaftet, und das hindert sie daran zu begreifen. Würden sie begreifen, dann würden sie ja ihren Leiden entgehen, und das Karma... würde »in die Röhre schauen«, es gelänge ihm nicht mehr, sie zu bestrafen und sie für ihre Schuld bezahlen zu lassen. Da sie aber dafür bezahlen, das heißt viel Leid erdulden müssen, verfinstert das Karma ihre Verständnisfähigkeit und macht es ihnen somit unmöglich, den Wahrheitsgehalt meiner Worte zu erkennen. Das ist die Antwort.

Seit mehr als fünfzig Jahren habe ich die Möglichkeit, die Menschen zu erforschen und ihren Lebensablauf zu beobachten. Und wenn ich dann feststelle, wie es mit manchen ein schlechtes Ende genommen hat und andere wiederum erfolgreich waren, sehe ich, wie sehr alles stimmt, was ich euch sage. Allerdings ziehe ich den Schluss daraus, dass man immer wieder versuchen muss, den Menschen zu helfen. Selbst wenn die Umstände sehr bedauerlich sind und es einem sogar sinnlos erscheint, sollte man immer irgendetwas wie einen Samen in ihre Seele, in ihr Unterbewusstsein legen, so dass sie sich eines Tages daran erinnern, dass man sich bemüht hat, etwas für sie zu tun. Ihr habt eine, wenn auch noch so kleine Geste gemacht, ihnen einen guten Rat oder einen freundlichen Blick mitgegeben, und eines Tages, in einer für sie schrecklichen Situation, werden sie sich vielleicht daran erinnern. Oft schon habe ich das erlebt, viele sind nach Jahren wieder zu mir gekommen, ganz einfach weil ich ihnen etwas ganz Kleines mitgegeben hatte – einen Rat oder ein gutes Wort. Diese kleine Gabe ist dann in ihnen gewachsen, und eines Tages haben sie sich daran erinnert. Darum dürft auch ihr niemals kompromisslos, unnachgiebig und unerbittlich sein. Selbst nicht mit denen, die verurteilt zu sein scheinen, in dieser

Inkarnation niemals den Weg zu finden. Man weiß nie, was sich noch ereignen kann, und man sollte sich bemühen, etwas Gutes in ihrem Kopf und in ihrer Seele zu hinterlassen.

Aber kommen wir auf den Frieden zurück. Bildet euch nicht ein, dass ihr dadurch den Frieden erlangt, dass ihr die Wohnung wechselt, die Freunde, den Beruf, das Land, die Religion... vielleicht auch den Mann oder die Frau. Wenn das so einfach wäre, wäre ich der Erste, der es so versucht hätte. Ich glaube jedoch nicht, dass der Frieden von solchen Veränderungen abhängt, und glaubt auch ihr so etwas nicht. Vielleicht bringt das eine kurze Ruhepause, aber gleich darauf werden euch genau dort, wo ihr dann seid, andere Sorgen packen, weil ihr nicht begriffen habt, dass der Frieden von der Art und Weise zu denken, zu fühlen und zu handeln abhängt. Ändert diese, dann könnt ihr am gleichen Ort bleiben und in den gleichen Schwierigkeiten und werdet Frieden haben. Der wahre Frieden ist unabhängig von äußeren Umständen, er kommt von innen, er durchströmt und durchzieht euch trotz des Trubels und der Hektik der ganzen Welt. Er ist wie ein Fluss, der von der Höhe herabströmt. Wenn ihr diesen Frieden einmal besitzt und in der Lage seid, ihn um euch herum zu verbreiten wie etwas Reales, Lebendiges, wenn ihr so auf die ganze Welt einwirkt, indem ihr den anderen den Frieden bringt, dann werdet ihr ein neuer Mensch, ihr steigt auf in der geistigen Hierarchie, ihr seid ein Kind Gottes, da ihr Ihn auf Erden repräsentiert, denn durch das Gesetz der im ganzen Universum wirkenden Entsprechungen teilt ihr Segnungen, Schätze und Herrlichkeiten aus, die denen der himmlischen Welten gleichen.

Aber solange die Menschen in ihrem Egoismus, ihrem Hochmut und ihrer Bosheit verbleiben, finden sie niemals Frieden. Schaut sie euch nur an. Sie versuchen alles Mögliche, aber sie können ihn nicht finden, denn sie wissen nicht, was Frieden ist. Sie finden ein wenig Erholung, wie Gefangene, die man für einige Minuten zum Spazierengehen in den Hof hinauslässt oder wie Pferde und Hunde, denen man einen Augenblick lang Auslauf gönnt. Man lässt ihnen ein klein wenig Freiheit... und die nutzen sie aus, weil sie wissen, dass sie danach wieder eingesperrt und angebunden sind. Sie sind also nicht wirklich frei, und auch die Menschen sind es nicht, denn sie werden von niederen Kräften geknechtet.

Über dieses Thema habe ich mich einmal mit einem Schriftsteller unterhalten. In einem Vortrag hatte ich gesagt, dass der Mensch von Wesen der Astralebene benutzt und in Abhängigkeit gehalten wird. Er war darüber entsetzt und wollte den Gedanken nicht zulassen, dass Geistwesen die Menschen für ihre Zwecke benutzen und sie ausbeuten. Einen Augenblick lang habe ich ihn sprechen lassen, dann habe ich gesagt: »Sie haben Bücher geschrieben, und wie weit sind Sie doch vom wahren Verständnis der Dinge entfernt! Sie sind erstaunt, entrüstet und Sie haben Recht; nur möchte ich Sie auf etwas hinweisen, was Ihnen noch nie aufgefallen ist. Gibt es nicht Menschen, die Tieren das Fell abziehen, um Pelze daraus zu machen und diese zu verkaufen? Und andere, die die Tiere töten, um Schinken und Wurst aus ihrem Fleisch zu machen? Beuten sie diese nicht aus, um sich zu ernähren und sich zu bereichern?... Wenn die Menschen schon so ungerecht und grausam mit ihren kleinen Geschwistern, den Tieren, umgehen, warum sollte es da nicht andere Wesen in der unsichtbaren Welt geben, die ebenso mit den Menschen verfahren, die sie sozusagen »zu Wurst verarbeiten oder ihnen das Fell über die Ohren ziehen«, um es irgendwo zu verkaufen. Bei denen gibt es auch Händler, wissen Sie...« Da wusste er natürlich keine Antwort mehr.

Und wenn man etwas tiefer schaut, wie viele Denker und Schriftsteller haben sich das Gedankengut anderer angeeignet, um persönlichen Ruhm daraus zu ziehen und sich daran zu bereichern, ohne zu erkennen, dass sie dabei genauso handelten, wie diejenigen, die Schinken und Wurst aus dem Fleisch von Tieren machen! Wo bleibt da ihre Ehrlichkeit und ihre edle

Gesinnung? Ihr seht, ich habe Argumente. Die Leute stellen Fragen, sie sind entrüstet, aber doch nur, weil sie nicht nachgeforscht haben, wie die Dinge in der Natur ablaufen. Und falls auch ihr eines Tages bestimmte Fragen habt, die euch nicht ganz klar erscheinen und die euch entrüsten, nun, dann nur heraus damit, dann können wir darüber sprechen. Ich werde euch dann vielleicht einige kleine Dinge zeigen, die ihr übersehen hattet und die euch die Antwort liefern werden. Ja, wenn der Mensch sich nicht ständig vor unlösbare Fragen gestellt sehen will, muss er in eine Einweihungsschule eintreten, denn nur dort lernt er, wie jedes Ding einzuordnen ist, und er lernt auch die großen Gesetze des Lebens kennen. So kommt er vorwärts und löst alle seine Probleme.

Als Buddha sagte: »Selig, wer die Ekstase erlangt hat durch die tiefe und echte Kenntnis der Welt und seines Lebens«, meinte er damit auch die Kenntnis der Entsprechungen, dass heißt des Austausches und der Wesensgleichheit zwischen dem Menschen und dem Universum. Der Frieden ist eine Voraussetzung für die Ekstase, er öffnet die Tür dorthin. Um aber diesen Frieden zu erlangen, muss man den Boden vorbereiten, sich also frei machen, alle Schuld tilgen, damit niemand mehr kommen und irgendetwas von einem verlangen kann. Wenn man von einer Horde von Gläubigern verfolgt wird, wie soll man dann Frieden finden? Indem man den Gläubigern aus dem Wege geht oder vor ihnen davonläuft, werdet ihr nun sagen. Meinetwegen, aber wie könnt ihr vor den Gläubigern in euch davonlaufen, vor Gedanken und Gefühlen, die euch verfolgen? Wenn einer also so argumentiert, zeigt das einen Mangel an echtem Wissen und wahren Kenntnissen. Macht euch nichts vor, die Gedanken und Gefühle holen euch immer wieder ein.

Um Frieden zu finden, muss man sich zuerst frei machen, indem man alle seine Probleme regelt. Und wenn man schließlich frei geworden ist, frei von Leid, Sorgen, Krankheit, Schuld, Schulden und Schwächen, wirklich frei!... dann ja, dann hat man

Frieden. Also, meine lieben Brüder und Schwestern, macht euch keine Illusionen, merkt euch all diese großen Gesetze gut. Um Frieden zu erlangen, um ein Kind Gottes zu werden, muss man die Übereinstimmung, die Harmonie mit der göttlichen Welt wiederherstellen. Aber dafür braucht es natürlich jemanden, der einem die Bande, die Wesensverwandtschaft, die Entsprechungen und die Kraftlinien erklärt, die alle Dinge miteinander verbinden. Für mich ist das alles sehr klar, ich sehe das Gerüst, ich sehe, wie das Universum aufgebaut und wie alles miteinander verbunden ist. Aber leider fehlt dieses Wissen häufig. Ich habe viele Gelehrte, Schriftsteller, Künstler, Philosophen, Professoren und Ärzte getroffen und festgestellt, dass ihnen dieses Wissen, von dem ich spreche, fehlte. Zwar hatten sie viele anderweitige Kenntnisse, aber das war doch noch nicht die göttliche Einweihungswissenschaft. Alle sind auf ihr Wissen stolz, weil es ihnen viele Möglichkeiten eröffnet und vor allem einen guten Platz in der Gesellschaft und weil es ihnen Geld einbringt. Alle sind stolz darauf, einige Diplome oder Auszeichnungen zu besitzen, aber das bringt ihnen weder Erfüllung, Befreiung noch Freude. Ich schließe daraus, dass ihr Wissen großartig, nützlich, ja unerlässlich ist, denn es bringt materielle Vorteile mit sich. Es reicht jedoch nicht aus, denn es bessert die Menschen nicht, es lässt sie weiterhin schwach, boshaft, kleinlich und egozentrisch bleiben. Das Wissen der Eingeweihten hingegen bringt euch weder Geld noch eine Stellung oder einen Beruf, dafür aber Frieden, Befreiung und Erfüllung.

Ich meine nun, dass man tatsächlich beides braucht. Das Schulwissen ist notwendig, damit man wie alle anderen einen Beruf ausüben und seine Existenz sichern kann, um den anderen nicht zur Last zu fallen; aber ohne das Einweihungswissen erscheint einem das Leben ohne Sinn. Wenn ihr über dieses Wissen allerdings zu den Gelehrten des Schulwissens sprecht, dann verstehen sie euch nicht, sie meinen, das ihre sei ausreichend. Aber warum kann dieses Wissen denn niemanden im

Inneren ändern? Ihr könnt alle Bücher lesen, sämtliche Wissenschaften beherrschen, und doch bleibt ihr der Gleiche, obwohl das Gehirn die Möglichkeit hat, das gesamte Wissen der Welt zu speichern und sogar noch hundert mal mehr. Ja, die Natur hat das Gehirn so eingerichtet, dass es das ganze aktuelle Wissen fassen kann, den Inhalt aller Bücher auf der Welt, und dann bleibt noch Platz übrig. Es hat unglaubliche Kapazitäten!

In Wahrheit gibt es aber noch ein weiteres Gehirn, das älter und wichtiger als das uns bekannte ist. Darin liegen die größten Kräfte und Schätze verborgen. Dieses Gehirn liegt unterhalb des Herzens und der Lunge, im Zentrum des menschlichen Körpers und enthält über Jahrmillionen gespeicherte und konzentrierte Informationen. Es würde jedoch zu weit führen, heute darüber zu sprechen.[6]

Also, ich muss euch sagen, ihr werdet keine besseren Menschen und wandelt euch nicht, wenn ihr in eurem Kopf Wissen anhäuft. Dadurch könnt ihr zwar euren Horizont erweitern und euch über ein Thema auslassen, aber das spielt sich an der Oberfläche ab. In Wirklichkeit bleibt ihr, wie ihr seid: gewiss, großartig bezüglich eurer Kenntnisse, ein wandelndes Auskunftsbüro! Nur hinsichtlich eures Charakters, eurer Tugenden und Eigenschaften, da tut sich nichts, ihr bleibt genauso ängstlich, schwach, sinnlich und elend wie zuvor. Mit dem geistigen, dem göttlichen Wissen jedoch könnt ihr nicht dieselben bleiben, es bringt euch dazu, in die Tiefe hinabzutauchen und in die Höhe zu streben. Sobald ihr einige Wahrheiten kennt, könnt ihr nicht mehr umhin, euch zu wandeln, euch zu bessern, und dann seid ihr in der Lage, auch den anderen beizustehen, sie vor dem Untergang zu retten. Ihr werdet zu einer Sonne!

»Selig, wer es versteht, sich von Illusion und Aberglauben frei zu machen«, sagte Buddha. Nun ja, aber das Schulwissen ist noch eine Illusion, das, was der Buddhismus »Maya« nennt. Die Illusion, genauso wie das Leid, ist notwendig im Leben, um die Göttlichkeit zu erlangen. Ja, es ist notwendig, obwohl es Illusion ist. Eines Tages jedoch muss man sich davon frei machen.

Wenn ihr nun begreifen könnt, wie wichtig es ist, beide Wissensgebiete zu beherrschen, das der offiziellen und das der Einweihungswissenschaft, das wäre wunderbar. Allen, die sich mit der Frage an mich gewandt haben, ob sie ihr Universitätsstudium abbrechen sollten, um sich ausschließlich unserer Lehre zu widmen, habe ich immer gesagt: »Nein, das Schulwissen, die Diplome usw., all das ist wichtig für das Leben in dieser Welt. Macht nur weiter, beendet euer Studium, und das andere Wissen könnt ihr darüber hinaus auch erlangen.« Niemals habe ich dazu geraten, Schule oder Studium aufzugeben, außer in Ausnahmefällen. Jemand anders an meiner Stelle würde wahrscheinlich allen anraten, alles andere aufzugeben und nur hierher zum Lernen zu kommen. Daher kann man mich nicht der Engstirnigkeit, des Fanatismus oder der Frömmelei bezichtigen. Ich bin sehr freisinnig. Es würde nun allerdings zu weit führen, auf die Unterrichtsprogramme näher einzugehen, um zu überprüfen, ob das, was von den Studenten verlangt wird, auf einer echten Kenntnis der menschlichen Natur aufbaut oder ob die sich daraus ergebenden Schlussfolgerungen, die auf das innere Gleichgewicht und die Gesundheit der Studenten oft katastrophale Auswirkungen haben, nicht in völligem Widerspruch zum Einweihungswissen stehen, dessen Ziel es ist, göttliche Menschen und keine Kranken hervorzubringen!

Kommen wir nun zurück auf unser Thema der Wesensverwandtschaft. Das ist für mich ein Wort von höchster Bedeutung, ein magisches Wort. Es ist nun eure Aufgabe, aus dem kosmischen Ozean die besten, strahlendsten und feinsten Elemente anzuziehen, um daraus euren Strahlenkörper, den Lichtleib, den Körper der Unsterblichkeit zu bilden, der in jedem von euch angelegt ist. Dieser Lichtkörper wird in den Evangelien erwähnt, allerdings werden nicht viele Auskünfte darüber gegeben. In Videlinata in der Schweiz habe ich einmal darüber gesprochen. Einer der bekanntesten Pastoren von Genf, ein geistig sehr offener und verständnisvoller Mensch, war bei meinem Vortrag zugegen und kam nachher zu mir. Er war begeistert, ja entzückt und sagte: »Noch nie wurde erklärt, was der Lichtkörper ist, aber gerade das interessiert mich. Können Sie mir etwas mehr darüber sagen?« Gewiss habe ich ihm einiges darüber gesagt. Ich war glücklich, mit ihm zu sprechen, denn sein ganzes Wesen war voller Leben, voll hoher Schwingungen und strahlte geistiges Leben aus.

Den Lichtkörper haben wir schon in uns, aber wir müssen noch Material herbeischaffen, damit er sich ganz ausbilden kann. Und wie geht das? Nun, wie bildet denn die Mutter das Kind in sich heran? Indem sie isst, trinkt, atmet, denkt und lebt, besorgt sie das nötige Material, und das Kind entwickelt sich mehr und mehr. Sie bildet es heran, kann es aber nicht wirklich erschaffen. Ebenso können auch wir den Christus in uns nicht erschaffen. Um ihn zu empfangen, muss zuerst einmal unsere Seele vom kosmischen Geist befruchtet werden, und daraufhin können wir ihn, ähnlich wie eine Mutter, in uns heranbilden durch all das, was von uns ausströmt, durch die besten Dinge, die wir leben und erleben.[7] Wenn wir von Zeit zu Zeit einen sehr hohen Bewusstseinszustand erreichen, wenn wir den Wunsch haben, die ganze Welt zu umarmen, für den Herrn zu arbeiten, ihm unser Hab und Gut hinzugeben, etwas Edles und Großes zu tun, dann nähren die Partikel, die wir in diesem Moment ausströmen, unseren Lichtkörper. Auf diese Weise kann man ihn wachsen lassen; er kann nur aus dem gebildet werden, was es an Allerbestem in uns gibt. Wenn wir ihn so lange über unser Fleisch und Blut, unser Fluidum und unser Leben nähren, beginnt er eines Tages zu leuchten, zu strahlen, und er wird sehr stark, mächtig, unverwundbar, ja unsterblich, weil er aus einem Material gebildet wurde, das nicht rostet und nicht oxydiert, das ewig besteht. Und er wirkt Wunder, zuerst in uns und dann auch außerhalb von uns. Über diesen Strahlenkörper, diesen Lichtkörper kann der Christusgeist Wunder vollbringen.

Jeder trägt in sich einen Christusfunken, den er entwickeln kann. Und damit kommen wir wieder auf das Gesetz der Wesensgleichheit zurück. Ihr könnt den Lichtkörper nur mit den besten Gedanken und Empfindungen heranbilden, wenn ihr euch bemüht, immer mit der Welt des Lichtes, mit der göttlichen Welt verbunden zu bleiben. Selbst wenn die übelsten inneren Zustände euch plagen, müsst ihr versuchen, euch darüber zu erheben. Ja, ihr müsst euch zusammenreißen und euch sagen: »Das überwinde ich, ich behalte Oberwasser!« So wie der kleine Frosch, der in einen Rahmtopf gefallen war. Er kam nicht mehr heraus, und war nahe daran zu ertrinken. Aber dann mühte er sich so ab und strampelte aus Leibeskräften, dass schließlich ein Klümpchen Butter entstand. Da setzte er sich drauf und hopp! – sprang er aus dem Topf. Auch der Mensch kann immer obenauf schwimmen und schließlich aus seinen Schwierigkeiten herauskommen, nur muss er daran denken, sich zusammenzunehmen und sich zu bemühen, sonst geht er unter. Ihr seht, er muss es machen wie der kleine Frosch.

Wenn es dem Menschen gelingt, über sich hinauszuwachsen, kann er die lichtvollsten Partikel aus dem Ozean des Äthers anziehen und damit seinen Lichtkörper stärken; auf diese Weise wird er zu einem Sohn Gottes.

Diese Partikel kann jeder, zuerst in kleinen Mengen, gleich heute noch erhalten. Das machen wir auch jeden Morgen beim Sonnenaufgang. Wir lassen die Erde hinter uns, verbinden uns mit dem Himmel, mit der Sonne und nehmen daraus lichtvolle Partikel, mit denen wir dann unseren Lichtkörper aufbauen. Aber in Wirklichkeit ist es gleich, ob wir uns in einem Zimmer, auf dem Meditationsfelsen, in einer Kirche oder auf einem Berggipfel befinden, es ist immer der gleiche Vorgang. Überall kann man die besten Elemente suchen, finden und anziehen.

Das ist eine weitere Seite aus dem Buch des wahren Wissens, das den meisten Menschen unbekannt ist. Sie prahlen zwar, tun so, als wüssten sie etwas, werfen sich ordentlich in die Brust, aber in Wirklichkeit haben sie überhaupt keine Ahnung, was das wahre Wissen ist. Und von ihnen kann man gewiss nicht sagen, sie seien »selig, weil sie wissen«. Zwar haben sie alles studiert, nur nicht sich selbst und die lebendige, intelligente Natur um sie herum.

Damit möchte ich nicht den Wert und Verdienst all derjenigen schmälern, die zum Fortschritt der Wissenschaft beigetragen haben. Zum Beispiel bin ich voller Bewunderung für Leute, die wie Fabre (Jean Henri, 1823-1915; franz. Entomologe) die Insekten studiert haben. Von solchen Menschen kann man was lernen! Es gibt aber auch Wissenschaftler, die ihr ganzes Leben einzig der Erforschung der Mücken oder der Kaninchen oder auch der Kröten gewidmet haben... oder andere studieren nur die Mikroben. Und darüber vergessen sie den Herrn; um die Mikroben zu studieren! Aber alle finden, das sei ruhmreich, toll, einfach großartig. Selbstverständlich ist es normal, dass man alle Kräfte aufbietet, um sich von diesen Plagen zu befreien, die die Menschheit heimsuchen... Aber nichts wird unternommen, um sich von anderen Mikroben zu befreien, die Seele und Geist plagen und schweren Schaden anrichten.

Die Menschen müssen lernen, sich auf das Wesentliche zu konzentrieren, das heißt auf das, womit sie ihr Leben wandeln können. Kann das Studium der Kröten wohl euer Leben verändern... selbst wenn ihr wisst, wie sie Pipi machen? Aber den Gelehrten, die derartige Studien betreiben, wird aller Ruhm der Welt zuteil. Und durch wen? Durch die Unwissenden. Denn was ist letztendlich so Ruhmreiches daran, sich den ganzen Tag lang mit so kleinen und immer wieder denselben Dingen zu beschäftigen, während es doch mit der ganzen Welt abwärts geht und alle in Finsternis leben? Man meint zum Beispiel, wenn man die Mücken erforscht, könne man die Menschen vor der Malaria bewahren. Das ist eine gute Idee, aber ich denke, es wird immer Malaria geben, denn diese Krankheit kommt nicht allein von den Mücken, sie ist auch eine Folge des bedauernswerten Zustandes

des menschlichen Bewusstseins. Würden die Menschen in sich selbst Ordnung schaffen, könnte keine Mücke sie mit Malaria infizieren. Das ist jedenfalls meine Lebensauffassung.

Warum haben die Mücken soviel Gewalt über uns, und warum sterben jedes Jahr Hunderttausende an Krankheiten, die von Insekten oder den verschiedensten Mikroben hervorgerufen werden? Weil sie für diese Krankheiten empfänglich sind; ihr Blut ist unrein. Wäre ihr Blut rein, könnte kein Insekt und keine Mikrobe ihnen schaden. Nehmen wir ein Beispiel zu Hilfe. Ihr habt Schießpulver. Wenn dies trocken ist, entzündet es sich leicht und kann explodieren. Macht es ein wenig feucht, und es ist vorbei damit, ihr könnt es nicht mehr entzünden. Die Dinge vollziehen sich also nur unter ganz bestimmten Bedingungen. Und warum ist das Blut ansteckungsgefährdet? Weil es Stoffe enthält, die es verunreinigen. Würde man diese ausscheiden und das Blut reinigen, hätte keine Mikrobe mehr eine Wirkung; der Mensch wäre geschützt, nicht mehr anfällig. Anstatt also nur die Mücken zu erforschen, sollte man den Menschen beibringen, sich innerlich zu reinigen. Dann kann man die Mücken nämlich in Ruhe lassen. Vor allem aber, wie ich schon in anderen Vorträgen gesagt habe, ist es besser, die Sümpfe trocken zu legen, anstatt die Mücken zu vernichten, denn solange Sümpfe da sind, wird es auch immer Mücken geben.[8]

Aus symbolischer Sicht stellen die Sümpfe leidige Zustände in uns dar. Solange diese Zustände nicht geändert werden, ist das Übel da mit Kriegen, Elend und Krankheiten. Man muss begreifen, dass zuerst die Ursachen zu beseitigen sind, die Schwächung und Anfälligkeit erzeugen; und oft liegen die Ursachen dort, wo sie niemand vermutet. Gelingt es eines Tages, die Sümpfe trockenzulegen, werden die Mücken verschwinden, da sie die ihnen nötigen Lebensbedingungen nicht mehr vorfinden. Als ich in Israel war, hat man mir ehemalige Sümpfe gezeigt, die trockengelegt und fruchtbar gemacht worden waren. Vorher waren das Orte, von denen nur allerlei Unliebsames ausging, und nun sind es Gärten voller Blumen und Früchte. Oh, verstände man es doch nur, im Innern das Gleiche zu machen! In der äußeren Welt, ja, da ist es einfach. Wer wüsste wohl nicht, dass man die Sümpfe trockenlegen und mit Erde auffüllen muss, wenn die Mücken verschwinden sollen? Aber ich spreche von einem Bereich, der weniger bekannt ist. Der Mensch kümmert sich zu wenig um sein Innenleben und darum, dieses zu verbessern, indem er bestimmte Schwächen ablegt. Über das Gesetz der Wesensgleichheit schlagen diese Schwächen die Tasten eures »inneren Klaviers« an, von dem ich vorhin gesprochen habe, und dadurch erzeugen sie Schwingungen, die schädliche Elemente anziehen, die man dann nicht mehr los wird. Darum muss man es schaffen, sich von all seinen Schwächen und schädlichen Neigungen frei zu machen, sodass keine Elemente mehr da sind, die üble Wesen anlocken könnten. Denn diese Elemente stellen eine Art Nahrung dar, die »Insekten, Wespen und Ameisen« anzieht. Wie oft habe ich mich davon doch schon selbst überzeugen können!

Schaut euch mein Haus an, es ist gut gebaut, hat keine Löcher und alles ist dicht, aber kaum lasse ich etwas Essbares irgendwo liegen, auf dem Tisch oder dem Büfett, sind auch schon gleich die Ameisen da. Wo kommen sie her? Wie haben sie das gefunden? Sie besitzen Spürorgane und finden über weite Entfernungen ihren Weg. Sie sind große Wissenschaftler, denn sie haben die Antennen und Radargeräte längst vor unseren Wissenschaftlern erfunden. Wie könnten sie sonst durch die Mauern erkennen, dass es etwas zu fressen für sie gibt? Wenn ich das fortnehme, verschwinden sie wieder. Aber ich lasse es da und sage zu ihnen: »Ich gebe euch eine Stunde, um wieder zu verschwinden.« Zuerst lasse ich allerdings ihren Anführer kommen – denn sie haben ein Oberhaupt – und dem gebe ich die Befehle, nicht den anderen. Er kümmert sich dann darum, diese an die anderen weiterzugeben. Womit macht er das? Über elektromagnetische Wellen? Das ist noch nicht zur

Genüge erforscht. Auf jeden Fall sage ich zu ihm: »Wenn ihr innerhalb einer Stunde nicht von hier verschwunden seid, dann nehmt euch in Acht. Dann werde ich euch ertränken oder Insektenspray holen... Ich werde unerbittlich sein! Ich lasse euch eine Stunde, um von hier wegzugehen.« Dann gehe ich weiter meiner Arbeit nach. Wenn ich wiederkomme, ist keine Ameise mehr zu sehen! Sie sind alle abgehauen. Fordere ich sie jedoch nicht auf, sich davonzumachen, bleiben sie tagelang da. Das alles hat mich zum Nachdenken gebracht und mich vieles entdecken lassen.

Man kann, ja man muss große Wahrheiten in den kleinsten Phänomenen erkennen, man muss sich damit befassen, und das tun die Leute nicht. Es musste schon ein Mann wie Newton kommen, um über einen herabfallenden Apfel nachzudenken. Jahrtausende lang hatte man Äpfel herabfallen sehen, ohne dem Bedeutung beizumessen. Was hätte schon Außergewöhnliches daran sein sollen. Das war doch ganz normal. Würde man jedoch über solche und andere Dinge nachdenken, könnte man Newton übertreffen. Es gibt noch so vieles zu entdecken!

Aber lassen wir für den Moment die Äpfel in Ruhe, und befassen wir uns weiter mit dem Frieden: Wie kann man ihn erlangen, wie kann man egoistische, absonderliche Begierden vermeiden, die verhindern, dass Frieden einkehrt, wie kann man mit dem gesamten Universum und mit allen Geschöpfen in Harmonie kommen? Dazu könnt ihr euch mit dem Lichtkörper befassen und vor allem mit dem Gesetz der Wesensgleichheit, denn über dieses Gesetz habt ihr die Möglichkeit, euch zu wandeln und eure Zukunft zu gestalten, wie ihr sie euch wünscht.

Ihr könnt euch auch mit den Wörtern »Mikrokosmos« und »Sohn Gottes« befassen und darüber meditieren. Ich habe euch schon gesagt, Gott, das ist der Makrokosmos, und der Sohn Gottes ist der Mikrokosmos, allerdings im Bereich des Geistes. Ein Sohn Gottes ist ein Mikrokosmos, der seinem Vater absolut entspricht. Wir sind alle Söhne Gottes, aber nur der Anlage nach, denn wir sind noch unreife Söhne Gottes, da wir noch nicht in vollkommener Harmonie mit Ihm schwingen. So wie wir sind, schwach, unwissend und boshaft, können wir noch keine wirklichen Söhne Gottes sein. Ein wahrer Gottessohn kann weder unwissend, schwach noch boshaft sein. Für mich ist das alles so klar! Und ich glaube, wenn es mir gelingt, auch euch diese Klarheit zu bringen, dann habe ich meine Aufgabe erfüllt. Ja, Klarheit... damit nichts mehr vereinzelt und zerstreut herumliegt, die Steine in der einen Ecke und der Zement in der anderen usw., sondern dass alles an seinem Platz ist, wie in einem Gebäude.

Viele Jahre lang habe ich nur daran gearbeitet, den Aufbau dieses Bauwerks, was ja das Universum ist, zu betrachten und zu begreifen. Oh ja, jahrelang. Es war das Einzige, was mich interessierte; und Tage wie Nächte habe ich außerkörperliche Erfahrungen gemacht, um eine klare Sicht seines Aufbaus zu bekommen. Ich wusste, dass alles andere zweitrangig ist, und dass die Hauptsache das Erkennen des Aufbaus ist. Es ist nicht schlecht, die Vielfalt der Tatsachen und Erscheinungsformen der physischen Ebene zu studieren, aber erst wenn man bis in die Welt der Gesetze und Urprinzipien hinaufsteigt, kann man eine klare Sicht vom Aufbau der Welt erlangen. Ich brauchte Jahre, um so weit zu kommen, aber nun habe ich diese Sicht, und darum kann ich euch unterrichten, unterweisen und beraten, denn ich beziehe mich immer auf das Grundmodell. Solange man nur unten sucht, in der Welt der Erscheinungen, solange man seine Modellvorstellungen nur aus der Welt des äußeren Scheins bezieht, kann man die eigentliche Realität der Dinge nicht erkennen und gerät früher oder später in eine Sackgasse.

Was gibt es doch noch alles, worüber ich zu euch sprechen könnte! Noch sehr wenige erkennen den Wert der Philosophie, die ich bringe. In der Welt gibt es jedoch Kräfte, die stärker sind als die Menschen, und die sie daher dazu bringen werden, den wahren Wert dieser Lehre schätzen zu lernen. Darum mache ich mir auch keine Sorgen. Ich lebe mit der Überzeugung, dass früher oder später alles seine Ordnung finden wird. Im Augenblick steht alles auf dem Kopf. Was einen echten Wert hat, wird verhöhnt, und Wertloses steht an erster Stelle. Schaut doch nur, Dingen wie Gold, Schmuck, Autos und Häusern misst man einen gigantischen Wert bei. Und den Gedanken?... Die sollen keinen Wert haben! Nun, in dem kosmischen Bauwerk habe ich aber das Gegenteil gefunden. Dort oben, in der göttlichen Welt, steht an erster Stelle ein Gedanke, eine Wahrheit.

Der Gedanke findet also in der höheren Welt vorrangig Beachtung, alles andere kommt erst danach. Die Menschen jedoch, die alles auf den Kopf gestellt haben, haben das an die erste Stelle gesetzt, was die kosmische Intelligenz hintenangestellt hat und umgekehrt. Aber das wird nicht immer so bleiben, denn auch hier gibt es ein Gesetz der Entsprechungen, dementsprechend die innere Schönheit in äußere Schönheit gekleidet sein soll und umgekehrt. So hat die Intelligenz der Natur die Dinge eingerichtet. Aber in der Welt der Menschen ist es natürlich oft das Gegenteil. Die lasterhaftesten und teuflischsten Menschen sind mit den kostbarsten, prächtigsten Dingen umgeben, während andere, die allerbeste Eigenschaften besitzen, äußerlich nichts haben, was dem entspricht. Denn da sie ja über alle Begierden erhaben sind, tun sie nichts, um sich die Reichtümer anzueignen, die sie nicht haben, und so besitzen sie auf der materiellen Ebene nur das Nötigste. Äußerlich entspricht nichts ihrer inneren Pracht: Es ist eine verkehrte Welt.

In ferner Vergangenheit, als die wahre Ordnung der Dinge noch gewahrt wurde, waren alle innerlich Armen auch äußerlich arm, und wer im Innern reich war, war es auch im Äußeren. Genau wie der Herr. Gott besitzt alle guten Eigenschaften und Tugenden und ebenso den gesamten Reichtum des Universums. Lediglich hier bei den Menschen besteht diese Ordnung nicht mehr. Da dieses Gesetz jedoch absolut gültig ist – was unten ist, soll sein wie das, was oben ist – wird es eines Tages eine

Neuordnung geben, und jeder erhält den ihm gebührenden Platz. Wer reich an Intelligenz, Güte und edler Gesinnung ist, wird äußere Reichtümer erhalten, und wer diese Eigenschaft nicht besitzt, wird nichts haben. Gewiss werden es nicht die Menschen sein, die diese Ordnung wiederherstellen, denn sie wissen nicht, wer etwas verdient und wer nicht. Dies wird durch das Wirken der kosmischen Intelligenz geschehen, denn das Gesetz der Entsprechungen hat im Universum absolute Gültigkeit. Zurzeit herrscht dieses Gesetz überall außer auf der Erde, aber auch dort wird es eines Tages wieder eingesetzt.

Nun werdet ihr fragen: »Aber warum wird denn dieses Gesetz, das man bei den Pflanzen, den Tieren, den Mineralien usw. beobachten kann, von den Menschen nicht respektiert?« Weil sie sich zu sehr bemüht haben, sich zu tarnen, um zu täuschen. Bei ihnen ist alles Maske, Theater! Denn sie haben die Möglichkeit – Gott hat sie ihnen mitgegeben – sich zu verstellen. Lange werden sie allerdings nicht so weitermachen können, denn die Intelligenz der Natur wird, selbst bei den Menschen, das überall bestehende Verhältnis der Entsprechung wiederherstellen. Schaut euch zum Beispiel die Tiere an. Wenn sie bösartig oder giftig sind, kann man das schon an ihrem Äußeren erkennen und Vorsichtsmaßnahmen treffen oder sich davonmachen. Geier, Schlangen, Skorpione oder Kraken haben etwas Beunruhigendes oder Abstoßendes an sich. Ihre äußere Erscheinung entspricht genau dem, was sie in ihrem Innern sind. Für die Minerale gilt das Gleiche; Edelmetalle und Edelsteine besitzen Eigenschaften, die gewöhnliche Steine nicht besitzen. Das ist ein sehr ergiebiges, weit reichendes Thema, und ich bin versucht, es einmal tiefer gehend zu erforschen. Aber vor allem interessieren mich die Grundprinzipien und die daraus abgeleiteten Regeln, Übungen und Methoden, durch die der Mensch Fortschritte machen und sich wandeln kann. Alles andere sind nur Nebenzweige der Esoterik, aber sie sind nicht die Hauptsache. Das Wesentliche sind die Grundprinzipien.

Wenn ihr mich verstanden habt, könnt ihr von heute an große Ergebnisse erzielen, indem ihr über eure Gedanken und Empfindungen weitaus höhere und harmonischere Schwingungen und Strahlungen erzeugt, die sehr weit in den Raum hinausgehen und von dort unter den Milliarden von Elementen die ihnen entsprechenden herbeiholen. Mit dem Gesetz der Wesensgleichheit kann man alles machen, aber das muss man wissen, und man muss durchhalten. Mit dem Schlüssel, den ich euch heute gegeben habe, könnt ihr euch neu aufbauen, euch völlig umwandeln, ein Erzengel, also göttlich werden. Ja, das ist euch möglich, aber natürlich braucht das seine Zeit.

Stellt euch vor, ihr hättet einen Palast bestellt. Vielleicht ist er schon unterwegs, hat aber in der Materie noch keine konkrete Gestalt angenommen, und ihr befindet euch immer noch in derselben alten Baracke. Dieser Palast wird jedoch ankommen. Da ihr ihn ja bestellt habt, vorausgesetzt, ihr habt ihn auch bezahlt, kommt er mit Sicherheit. In anderen Vorträgen habe ich euch erklärt, wie der Wille auf die Vorstellungskraft einwirkt.[9] Bis allerdings das Feinstoffliche und Ätherische der Gedanken sich verdichtet und festigt, vergeht viel Zeit. Glaubt daher nicht, nur weil eure Wünsche sich in der sichtbaren, greifbaren Welt noch nicht realisiert haben, sie wären nicht schon irgendwo dabei, reale Gestalt anzunehmen. Denn viele Dinge sind schon unterwegs, nur seht ihr sie noch nicht.

Oft habe ich euch sagen hören: »Seit vielen Jahren arbeite ich schon daran, ich bete und meditiere, aber ich komme zu keinem Ergebnis!« Was für ein Irrtum! So zu sprechen zeigt, dass man nichts von dieser großartigen Lehre gelernt hat. Denn eines solltet ihr wissen, um durch die spirituelle Arbeit zu Ergebnissen in der Materie zu kommen, braucht es sehr viel Zeit. Ich spüre, dass ihr wohl manchmal auch von mir denkt: »Sie sagen, sie vollbrächten eine Arbeit, aber wo sind denn die Ergebnisse? Man sieht ja nichts.« Ja, im Moment mag das so sein, das liegt aber daran, dass ich nicht gern leicht und schnell realisierbare Dinge in Angriff nehme. Ich habe mir das vorgenommen, was am schwierigsten und am zeitaufwendigsten ist, darum seht ihr nicht viel davon. Ich jedoch, ich sehe eure Fortschritte und eure Wandlungen. Wollte ich leichtere Dinge erreichen, könnte man sie schon sehen, und sie wären schon Wirklichkeit geworden, so wie bei manchen Pflanzen, die nach einigen Monaten schon Früchte hervorbringen. Nun sind aber meine Pflanzen von einer Art, dass sie mehr Zeit benötigen, um zu wachsen und Früchte hervorzubringen. Aber letztendlich was für Früchte!

Wenn ihr meint, ich würde euch täuschen, habt ihr natürlich die Freiheit, das zu glauben. Ich aber weiß, was ich weiß. Nur das äußerst Schwierige, fast Unerreichbare interessiert mich und zieht mich an. Warum sollte ich leicht Erreichbares anstreben, das doch nicht von Dauer ist? Es lohnt sich doch nur, für etwas zu arbeiten, das so großartig ist, dass es die Vorstellungskraft übersteigt. Nehmt zum Beispiel jemanden, der fünf oder sechs Jahre dafür aufwendet, um Arzt, Ingenieur oder Chemiker zu werden. Was sind schon fünf oder sechs Jahre? Warum sollte man sich nicht auf eine Eigenschaft konzentrieren, die man erst im Laufe von Jahrhunderten wirklich entwickelt. Auf göttliche Intelligenz beispielsweise, himmlische Güte, Selbstbemeisterung... Meint ihr etwa, in fünf oder sechs Jahren bekämt ihr ein Diplom in Selbstbemeisterung? Also, darauf sollte man seine ganze Kraft verwenden, auf etwas, was nicht so leicht ist. Ein Diplom in Hand- und Fußpflege hat man in einigen Monaten. Das ist einfach, zu einfach... Ich rufe die Menschen nun dazu auf, sich andere Bereiche zu erschließen, sich andere Aktivitäten vorzunehmen; und dann wird man sehen, ob sie in fünf, sechs oder zehn Jahren ihre Diplome haben. Für solche Diplome braucht man Jahrhunderte! Ja, aber es lohnt sich.

Und stimmt es nicht, dass ich mir das Schwierigste vorgenommen habe? Die Menschen dazu zu bringen, sich zu wandeln, ist fast unmöglich, kaum erreichbar. Aber gerade das reizt mich, das ist es, was ich will. Ich will euch alle wandeln, ohne Ausnahme, euch glücklich, gesund, frei und reich machen und euch Erfüllung bringen. Ist das wohl möglich? Aber ja, dank eures guten Willens.

Stellen wir uns nun einmal vor, dass gewisse »Philosophen« meinen, ich sei einer Täuschung erlegen, da ich eine Aufgabe gewählt habe, von der es doch seit langem feststeht, dass sie unsinnig ist, ich sei zu bedauern, da ich noch glaube, die Menschen könnten vollkommen werden, ein göttlicher Funke befinde sich in ihnen und das Reich Gottes käme auf die Erde, wo doch alle Ereignisse in der Welt das Gegenteil zu beweisen scheinen. Darauf antworte ich nun, dass Irren menschlich ist, dass sich viele im Leben irren und dass ein jeder das Recht hat, seine persönliche Art, sich zu irren, selbst zu wählen. Da andere sich entschieden haben, sich in diesem und jenem – politischen, künstlerischen, wissenschaftlichen oder religiösen – Bereich zu täuschen, warum sollte ich da nicht das Recht haben, einer Täuschung zu erliegen, wenn ich das Ideal in mir nähre, die Menschen zu wandeln? Ich bin also im Irrtum und gebe mich Illusionen hin (meinetwegen!), ich vertue nur meine Zeit (das ist klar!), ich laufe Trugbildern nach (das ist gar keine Frage!)... aber gerade mit diesen »Irrtümern und Illusionen« bin ich glücklich, ich finde darin Erfüllung und Licht. Das wird nun aber für euch alle Besorgnis erregend, denn ihr lauft Gefahr, in die gleichen Illusionen und Irrtümer wie ich hineingezogen zu werden... und in das gleiche unsagbare Glück! Darum rate ich euch, Vorsichtsmaßnahmen zu ergreifen, solange noch Zeit dazu ist, denn nachher ist es zu spät. Ihr seht, ich bin ehrlich, ich habe euch gewarnt!

Le Bonfin, 10. August 1968

Anmerkungen

1. Siehe Band 236 der Reihe Izvor »Weisheit aus der Kabbala – Der lebendige Strom zwischen Gott und Mensch«, Kapitel 11: »Der Körper des Adam Kadmon«.
2. Siehe Band 229 der Reihe Izvor »Der Weg der Stille«.
3. Siehe Band 4 der Reihe Gesamtwerke »Das Senfkorn - Symbole im Neuen Testament«, Kapitel 6: »Die drei großen Versuchungen«.
4. Siehe Band 226 der Reihe Izvor »Das Buch der göttlichen Magie«, Kapitel 11: »Die drei magischen Hauptgesetze«.
5. Siehe Band 241 der Reihe Izvor »Der Stein der Weisen«, Kapitel 1: »Über die Deutung der Schriften«.
6. Siehe Band 6 der Reihe Gesamtwerke »Die Harmonie«, Kapitel 9: »Sonnengeflecht und Gehirn« und Kapitel 10: »Das Harazentrum«.
7. Siehe Band 231 der Reihe Izvor »Saaten des Glücks«, Kapitel 20: »Die Vereinigung auf höherer Ebene«.
8. Siehe Band 216 der Reihe Izvor »Geheimnisse aus dem Buch der Natur«, Kapitel 3: »Quelle und Sumpf«.
9. Siehe Band 28 der Reihe Gesamtwerke »Die Pädagogik in der Einweihungslehre«, Kapitel 3: »Die gestaltende Vorstellungskraft«.

Vom selben Autor

Taschenbuch-Reihe Izvor

200 Hommage an Meister Peter Deunov
201 Auf dem Weg zur Sonnenkultur
202 Der Mensch erobert sein Schicksal
203 Die Erziehung beginnt vor der Geburt
204 Yoga der Ernährung
205 Die Sexualkraft
206 Eine universelle Philosophie
207 Was ist ein geistiger Meister?
208 Das Egregore der Taube – Innerer Friede und Weltfrieden
209 Weihnachten und Ostern in der Einweihungslehre
210 Die Antwort auf das Böse
211 Die Freiheit, Sieg des Geistes
212 Das Licht, lebendiger Geist
213 Die menschliche und göttliche Natur in uns
214 Liebe, Zeugung und Schwangerschaft
215 Die wahre Lehre Christi
216 Geheimnisse aus dem Buch der Natur
217 Ein neues Licht auf das Evangelium
218 Die geometrischen Figuren und ihre Sprache
219 Geheimnis Mensch.
220 Der Tierkreis, Schlüssel zu Mensch und Kosmos
221 Alchimistische Arbeit und Vollkommenheit
222 Die Psyche des Menschen

223 Geistiges und künstlerisches Schaffen
224 Die Kraft der Gedanken
225 Harmonie und Gesundheit
226 Das Buch der göttlichen Magie
227 Goldene Regeln für den Alltag
228 Einblick in die unsichtbare Welt
229 Der Weg der Stille
230 Die Himmlische Stadt
231 Saaten des Glücks
232 Feuer und Wasser - Wunderkräfte der Schöpfung
233 Eine Zukunft für die Jugend
234 Die Wahrheit, Frucht der Weisheit und der Liebe
235 Im Geist und in der Wahrheit - Wie finde ich zu Gott
236 Weisheit aus der Kabbala
237 Das kosmische Gleichgewicht - Die Zahl 2
238 Der Glaube versetzt Berge
239 Die Liebe ist größer als der Glaube
240 Söhne und Töchter Gottes
241 Der Stein der Weisen
242 Unerschöpfliche Quellen der Freude
243 Das Lächeln des Weisen
244 Dem Licht entgegen

Vom selben Autor

Reihe Gesamtwerke

1 Das geistige Erwachen
2 Die spirituelle Alchimie
3 Die beiden Bäume im Paradies
4 Das Senfkorn – Symbole im Neuen Testament
5 Die Kräfte des Lebens
6 Die Harmonie
7 Die Reinheit, Grundlage geistiger Kraft
8 Sprache der Symbole, Sprache der Natur
9 »Im Anfang war das Wort«
10 Sonnen-Yoga (Surya-Yoga) – Die Herrlichkeit von Tiphereth
11 Der Schlüssel zur Lösung der Lebensprobleme
12 Die Gesetze der kosmischen Moral
13 Die neue Erde
14/15 Liebe und Sexualität (Doppelband)
16 Alchimie und Magie der Ernährung – Hrani-Yoga
17/18 Erkenne Dich selbst – Jnani Yoga (Doppelband)
19-22 *Wird nicht ins Deutsche übersetzt*
23/24 Eine neue Religion (Doppelband)
25/26 Der Wassermann und das Goldene Zeitalter (Doppelband)
27 Die Pädagogik in der Einweihungslehre, Band 1
28/29 Die Pädagogik in der Einweihungslehre, Band 2 und 3 (Doppelband)
30/31 Leben und Arbeit in einer Einweihungsschule
32 Die Früchte des Lebensbaums

Vom selben Autor

Reihe Broschüren

301 Das neue Jahr
302 Die Meditation
303 Die Atmung
304 Der Tod und das Leben im Jenseits
305 Das Gebet
306 Musik und Gesang im spirituellen Leben
307 Das hohe Ideal
309 Die Aura
308 Das Osterfest – Die Auferstehung und das Leben
310 In die Stille gehen
311 Wie Gedanken sich in der Materie verwirklichen
312 Die Reinkarnation
313 Das Vaterunser
314 Das Gesetz der Gerechtigkeit
und das Gesetz der Liebe
315 Die Quelle des Lebens
316 Die Nahrung, ein Liebesbrief des Schöpfers
317 Die Kunst und das Leben
318 Die wesentliche Aufgabe der Mutter
während der Schwangerschaft
319 Die Seele, Instrument des Geistes
320 Menschliches und göttliches Wort
321 Weihnachten und das Mysterium der Geburt Christi
322 Die spirituellen Grundlagen der Medizin
323 Meditationen beim Sonnenaufgang
324 Der Friede, ein höherer Bewusstseinszustand
325 Das Ideal des brüderlichen Lebens
326 Die ganze Schöpfung wohnt in uns
327 Der Preis der Freiheit

Der Unterschied zwischen den einzelnen Buchreihen:

Reihe Gesamtwerke

Die meisten dieser Bücher enthalten in jedem Kapitel einen Vortrag von Omraam Mikhael Aivanhov.

Reihe Izvor

Jedes Kapitel enthält Auszüge aus den Vorträgen Omraam Mikhael Aivanhovs. Die Texte der Reihe Izvor sind teilweise in den Büchern der Reihe Gesamtwerke enthalten.

Reihe Broschüren

Themenbezogene Auszüge aus den Büchern der Reihen Gesamtwerke und Izvor.

Vom selben Autor

Reihe Stani

Mit den Büchern aus dieser Reihe können die von Omraam Mikhaël Aïvanhov vorgeschlagenen und gezeigten Übungen und Gebete erlernt, angewendet und vertieft werden. Die Bücher enthalten anschauliche Zeichnungen, Farb-Fotos, Tabellen und Diagramme, welche das Verständnis und die Umsetzung erleichtern.

1 Die Gymnastik-Übungen – Sinn, Ablauf und Entsprechung zu heiligen Symbolen (mit DVD)
2 Vom Sinn des Betens – Erklärung und Gebete
3 Erhebende Gedanken – Die Meditation
4 Das Licht und die Farben – Kräfte der Schöpfung

E-Books

Die meisten Bücher von Omraam Mikhaël Aïvanhovs sind auch als E-Book erschienen.

Die E-Books sind in verschiedenen Formaten erhältlich und auf jedem E-Reader lesbar. Sie stehen bei weltweit fast 1.000 Handelspartnern zum Download bereit, z. B. bei:

Amazon, Apple, Thalia, Hugendubel, Osiander, Weltbild, Bücher.de, Orell Füssli, Buchhandel.de, Legimi, Kobo, Ebook.it und vielen weiteren…

Reihe »Gedanken für den Tag«

Das Taschenbuch »Gedanken für den Tag« enthält für jeden Tag des Jahres ein Zitat von Omraam Mikhaël Aïvanhov als geistige Anregung und Begleiter für den Alltag. Es ist eine gute Meditationshilfe und auch als Geschenk bestens geeignet. Das Buch erscheint jährlich mit neuen Texten und ist einer unserer Bestseller. Ausgaben aus vergangenen Jahren sind ebenfalls noch erhältlich (solange Vorrat reicht).

Auf unserer Internet-Seite können Sie alle Tagesgedanken von 2005 bis 2019 lesen (www.prosveta.de, www.prosveta.ch, www.prosveta.at). In diesen mehr als 5.000 Tagesgedanken können Sie mit Hilfe der Suchfunktion nach Themen oder Begriffen Ihrer Wahl suchen.

Abschließende Information

Es kann ein kostenloser Katalog bei uns angefordert werden, der alle Werke von Omraam Mikhaël Aïvanhov enthält.

Bestellen können Sie im Verlag oder im Buchhandel. Wenn Sie ein Buch in Ihrer Buchhandlung nicht erhalten, ist es im Verlag in der Regel dennoch lieferbar.

Ausführliche Informationen über den Autor Omraam Mikhaël Aïvanhov, sein Leben und sein Werk erhalten Sie zum Beispiel auf der Internetseite www.aivanhov.de.

Verlags-Auslieferung

Editions PROSVETA S.A. – B.P. 12 – 83601 Fréjus Cedex (France)
Tel. 04 94 19 33 33 – Fax 04 94 19 33 34, E-Mail: international@prosveta.com
www.prosveta.fr

Auslieferungen international:

AUSTRALIEN UND ASIEN
PROSVETA AUSTRALIA
16 Galway Gardens
WARNBRO WA 6169

ARGENTINIEN
ASOCIACIÓN SOPHIA
Chile 1736 – Ciudad Mendoza

BELGIEN UND LUXEMBURG
PROSVETA BENELUX
Chaussée de Merchtem 123
1780 Wemmel

N.V. Maklu Somersstraat 13-15
B-2000 Antwerpen

S.D.L. CARAVELLE S.A.
rue du Pré aux Oies, 303
1130 Bruxelles

BULGARIEN
NOVA EPOHA
Rue Chesti Semptembri n°28
Sofia 1000

BOLIVIEN
BELTRÁN
Calle Muñoz Cornejo, Sopocachi
La Paz

BRASILIEN
EDITORA NOVA ERA um selo da
EDITORA BEST SELLER Ltda
(Grupo Editorial Record)
Rua Argentina 171
Rio de Janeiro, RJ 20921-380

DEUTSCHLAND
Prosveta Verlag GmbH
Grabenstr. 14, 78661 Dietingen
Tel. 07427-3430, Fax 0741-46552
E-Mail: info@prosveta.de
Internet: www.prosveta.de

ELFENBEINKÜSTE
Librairie Prosveta
25, rue Paul Langevin Zone 4C
01 B.P. 2 – ABIDJAN 01

ENGLAND UND IRLAND
Prosveta, The Doves Nest
Duddleswell Uckfield
East Sussex TN 22 3JJ

GRIECHENLAND
PYRINOS Kosmos
16 Hippocratous Str., 106 80 Athens

HAITI
PROSVETA DÉPÔT HAÏTI
Angle rue Faustin 1er et rue Bois Patate #25 bis
6110 Port-au-Prince

INDIEN
VIJ BOOKS INDIA PVT.LTD
2/19, (Second Floor) Ansari Road
Darya Ganj, New Delhi -110002, (India)

IRLAND
siehe England

ITALIEN
PROSVETA Coop. a r.l.
Casella Postale 55
06068 Tavernelle (PG)

KOLUMBIEN
PROSVETA COLOMBIA
Calle 174 Número 54B
50 Interior 6
Villa del Prado – Bogotá

KONGO
PROSVETA CONGO
29, Avenue de la Révolution
B.P. 768 – Pointe-Noire
Tel. (242) 948156 / (242) 5531254
Fax: (242) 948156
E-Mail: prosvetacongo@yahoo.fr

LIBANON
PROSVETA LIBAN – P.O. Box 90-995
Jdeitet-el-Metn, Beyrouth

LITAUEN
LEIDYKLA MIJALBA
Gedimino G 26 B – 44319 Kaunas

LUXEMBURG
siehe Belgien

NIEDERLANDE
STICHTING PROSVETA NEDERLAND
Zeestraat 50
2042 LC Zandvoort

NEUSEELAND
Prosveta New Zealand ltd
90 Potae Avenue – Gisborne

NORWEGEN
PROSVETA NORDEN
Postboks 318, N-1502 Moss

ÖSTERREICH
Harmoniequell Versand
Hof 37/4, A 5302 Henndorf
Tel. und Fax +43 6214 7413
E-Mail: info@prosveta.at
Internet: www.prosveta.at

POLEN
Motyle Ksiażkowe
ul. Zwrotnicza 6
01-219 Warzawa
Tel. 022 632 83 74

PORTUGAL
PUBLICAÇÕES MAITREYA
Rua do Almada, 372, 4°esq
4050-033 Porto

RUMÄNIEN
EDITURA PROSVETA SRL
Str. N. Constantinescu 10
Bloc 16A – sc A – Apt. 9 Sector 1
71253 Bucarest

RUSSLAND
EDITIONS Prosveta
143964 Moskovskaya oblast
g. Reutov – 4, a/ R 4

SCHWEIZ
ÉDITIONS Prosveta – Société coopérative
Chemin de la Céramone 13
CH - 1808 Les Monts-de-Corsier
Tel. +41 21 921 92 18
Fax +41 21 922 92 04
E-Mail: editions@prosveta.ch
Internet: www.prosveta.ch

SPANIEN
Asociación Prosveta Española
C/ Ausias March n° 23 Ático
SP-08010 Barcelona

SERBIEN
ÉDITIONS GLOSARIJUM
Rige od Fere 12 – Beograd

TSCHECHISCHE REPUBLIK
PROSVETA
Ant. Sovy 18 – Ceské Budejovice 370 05

USA UND KANADA
PROSVETA US Dist.
29781 Shenandoah LN
Canyon Country CA 91387

FBU – USA
P.O. Box 932 – ocust Valley
11560 New York

PROSVETA Inc.
3950, Albert Mines
Canton-de-Hatley (Qc), J0B 2C0

VENEZUELA
ROSVETA VENEZUELA C. A.
Calle Madrid
Edificio La Trinidad
Las Mercedes – Caracas D.F.

Weitere und aktualisierte Adressen finden Sie unter:
www.prosveta.de/bestelladressen

Wenn Sie sich über die Anwendung der Lehre von Omraam Mikhael Aivanhov informieren möchten, wenden Sie sich bitte an eine der folgenden Adressen:

Deutschland
UWB e.V., Geschäftsstelle Heideweg 7a, 01814 Rathmannsdorf
Tel: 035022 - 519052, www.aivanhov.de, info@aivanhov.de

Schweiz
FBU, Chemin de la Céramone 13, 1808 Les-Monts-de-Corsier
Telefon 021 925 40 80, www.videlinata.ch

Österreich
UWB, Telefon 01 27 698 32
Internet: www.uwb.at, E-Mail: info@uwb.at

AF545972

PETER CASTLE

DER ZEN-TRADER

PETER CASTLE

DER

TRADER

Wie alte Weisheiten Ihren Geist und Ihr Portfolio ins Gleichgewicht bringen

FBV

Bibliografische Information der Deutschen Nationalbibliothek
Die Deutsche Nationalbibliothek verzeichnet diese Publikation in der Deutschen Nationalbibliografie. Detaillierte bibliografische Daten sind im Internet über http://dnb.d-nb.de abrufbar.

Für Fragen und Anregungen
info@finanzbuchverlag.de

Originalausgabe
1. Auflage 2023

Türkenstraße 89
80799 München
Tel.: 089 651285-0
Fax: 089 652096

Originally published in the UK by Harriman House Ltd in 2022, www.harriman-house.com.

Übersetzung aus dem Englischen von Silvia Kinkel.

Redaktion: Ulrich Wille
Korrektorat: Petra Sparrer
Umschlaggestaltung: Karina Braun in Anlehnung an das Original-Design von Harriman House
Umschlagabbildungen: Shutterstock: shutter_tonko, Alex Tsuper, My Life Graphic, Smith1979; DesignCuts: Greta Ivy; CreativeMarket: Ramey Type Foundry
Satz: Röser MEDIA GmbH & Co. KG, Karlsruhe
Druck: GGP Media GmbH, Pößneck
Printed in Germany

ISBN Print 978-3-95972-638-2
ISBN E-Book (PDF) 978-3-98609-222-1
ISBN E-Book (EPUB, Mobi) 978-3-98609-223-8

INHALT

Dieses Buch möchte ich meinen Eltern widmen.

Meiner Mutter, Rona Mary Castle, die schon früh erkannte, dass sie ihre Rolle als Mutter am besten erfüllte, indem sie mir vertraute und mich der Mensch sein ließ, zu dem ich werden wollte. Und meinem Vater, Kevin Charles Castle, der mir – obwohl konservativ, streng und misstrauisch gegenüber dem Aktienmarkt – 1999 zu Weihnachten das Buch *Market Wizards* schenkte und als Widmung hineinschrieb:

Für Pete,

mögest du eines Tages ein Market Wizard sein.

In Liebe, Dad

VORBEMERKUNG

Peter Castle ist seit 27 Jahren Aktienhändler, davon 22 Jahre hauptberuflich.

Peter Castle (Taishin Shodo) ist auch ordinierter Zen-Priester.

In diesem Buch, seinem zweiten über Trading, erklärt Peter die Zen-Psychologie und ihre Relevanz für die Trading-Mentalität. Um erfolgreich zu traden und ein glückliches und erfülltes Leben zu führen, brauchen Sie innere Ruhe und Seelenfrieden. Dann haben Sie die Basis, um zu verstehen, was es bedeutet, wirklich eins zu sein mit dem Markt.

Nachdem er viele Jahre in Asien (Vietnam, Thailand, Taiwan und Japan) den Buddhismus studierte und zwei Jahre lang in einem Kloster lebte, um dort die tibetanische Kadampa-Tradition zu erlernen, wurde Peter im Zen-Orden in der Tradition des Unendlichen Weges (Mugendo Zen Kai) als Zen-Priester ordiniert. Diese Tradition ist offiziell anerkannt und verbunden mit der Rinzai-Zen-Tradition Japans.

VORWORT

VON DR. ALEXANDER ELDER

Ich habe wenig persönliche Erfahrung mit Zen. Zu meinem unmittelbarsten Kontakt mit Buddhismus kam es vor zehn Jahren, als sich ein benachbartes Reihenhaus in Manhattan als buddhistisches Kloster entpuppte. Ich besuchte ein paar seiner öffentlichen Veranstaltungen. Der »Chef« dort, ein Amerikaner, hatte ein Auto, eine Freundin, besaß eine Farm in einem Nachbarstaat, genoss sein Steak und seinen Wein. Sehr angenehme Leute, wenngleich weit entfernt vom Kanon der Armut, der Keuschheit und des Gehorsams.

Als ich Peters Manuskript las, erkannte ich sofort, dass sein Schwerpunkt auf der Psychologie des Tradens liegt – dem wesentlichen Faktor für den Erfolg oder das Scheitern eines jeden Traders. Die entscheidende Rolle der Psychologie ist vielen erfahrenen Tradern und den meisten Anfängern nicht bewusst.

Die technische Seite des Tradens ist ziemlich einfach. Beim Analysieren der Märkte haben wir es mit lediglich fünf Zahlen für jeden Balken oder jede Kerze zu tun: dem Eröffnungs-, Höchst-, Tiefst- und Schlusskurs sowie dem Volumen. Eine Handvoll technischer Indikatoren hilft Ihnen, diese Zahlen zu analysieren und vernünftige Schlussfolgerungen darüber zu ziehen, ob ein Handel überhaupt infrage kommt, und wenn ja, ob er von der Long- oder Short-Seite aus erfolgen soll. Derlei Dinge kann ich jedem durchschnittlich intelligenten Menschen in weniger als einer Woche beibringen.

Eine solide Trading-Philosophie zu entwickeln, dauert sehr viel länger. Möglicherweise Jahre. Um sich die erforderlichen Denkweisen und Fähigkeiten anzueignen, gibt es verschiedene Wege. Sie müssen sich einen Weg aussuchen, der Sie emotional anspricht, und auf diesem bleiben. Peters Zen ist eine Möglichkeit.

In meinem ersten Buch schrieb ich darüber, wie man die Prinzipien der Anonymen Alkoholiker auf das Traden anwenden kann – vor allem, um Verluste zu vermeiden. In den vergangenen Jahren habe ich zunehmend betont, wie wichtig es ist, »Buch zu führen«, damit Sie aus Ihren Erfahrungen lernen können. Ich sage: »Zeige mir einen Trader mit sorgfältigen Aufzeichnungen und ich zeige dir einen erfolgreichen Trader.«

Auf einer Konferenz in Texas begegnete ich einer alten Dame, einer ehemaligen Schulbibliothekarin, die sich zu einer aktiven und äußerst erfolgreichen Traderin entwickelt hatte, nachdem sie in den Ruhestand gegangen war und geerbt hatte. Sie war sehr gläubig und betrachtete sich als Verwalterin des Gelds des Herrn. Vor einem Aktienhandel betete sie und wenn ein Handel sich auch nur geringfügig zu ihrem Nachteil entwickelte, stieg sie sofort aus, denn es »war nicht ihr Geld«, das sie riskierte.

Der Punkt ist, dass jeder erfolgreiche Trader seine Psychologie straff organisiert. Jeder von uns muss seinen Weg zum Erfolg finden. Mit der Entscheidung für Peters Buch gehen Sie einen entscheidenden Schritt in die richtige Richtung. Wenn Sie sein fesselndes und persönliches Buch lesen, werden Sie herausfinden, ob sein Zen-Ansatz auch für Sie der richtige Weg ist.

Ich wünsche Ihnen viel Erfolg

Dr. Alexander Elder
SpikeTrade.com
New York, 2021

EINLEITUNG

Dieses Buch wurde zu einem bestimmten Zweck geschrieben: Um die Methoden des Tradens mit den Zen-Techniken zu vergleichen und zu verbinden. Es geht darum, wie Sie durch das Integrieren von Zen in Ihr Trading und Leben nicht nur Ihre finanzielle Situation verbessern, sondern Ihr Wohlbefinden und Glück steigern.

Jedes Kapitel zieht Vergleiche zwischen Trading und Zen, demonstriert, inwiefern ein Zen-Ansatz Ihre Performance als Trader (oder Investor) steigern wird und mehr Wohlbefinden und Profit in Ihr Leben bringt.

Viele professionelle Händler reden über ihre Erfolgsstrategie. Diese kann zum Beispiel ein Trading-System sein, das auf mathematischer Wahrscheinlichkeit beruht. Eine andere Strategie macht sich Marktanomalien zunutze, bei wieder einer anderen werden nicht korrelierende Märkte gehandelt, um das Risiko zu streuen und die Volatilität zu reduzieren. Das sind nur drei Beispiele von vielen. Dieses Buch bietet Ihnen jedoch die beste Strategie von allen: eine Zen-Mentalität.

Ein Hauptziel meines Tradings bestand stets darin, so risiko- und problemlos wie möglich Geld zu verdienen, ohne komplizierte, zeitfressende Methoden.

Ein ebenso wichtiges Ziel war, möglichst stressfrei zu traden.

Und wie habe ich das als Vollzeit-Trader 20 Jahre lang geschafft? Zu überleben, Gewinn zu machen und nicht den Verstand zu verlieren? Nun, es ist mir gelungen, und andererseits auch nicht. Wenn sich das paradox anhört, ist es das vielleicht auch. Zen kann so sein.

Lassen Sie es mich erklären.

Einer meiner ersten Trading-Lehrer behauptete, dass sich viele Menschen aus den falschen Gründen zum Trading hingezogen fühlen. Ich nahm an, keiner dieser Menschen zu sein. Es folgte jedoch die

Erkenntnis (leider sehr viel später, als mir lieb war), dass auch ich in diese Kategorie fiel.

Als aufstrebende Trader glauben wir, uns selbst gut genug zu kennen, aber viele von uns tun das nicht.

Derselbe Lehrer warnte mich, dass mich der Markt wie eine wärmesuchende Rakete anvisieren und jede emotionale Schwäche von mir aufspüren würde. Seine Meinung nahm ich als Herausforderung. Aber trotz einer Vorahnung glaubte ich ihm nicht. Im Nachhinein betrachtet war es eine meiner ersten Lektionen, einsehen zu müssen, dass ich mich längst nicht so gut kannte, wie ich dachte – und nicht auf meine Intuition hörte.

Als ich im Jahr 1995 mit dem Traden anfing, war ich körperlich fit, belesen, viel gereist, selbstsicher, erfolgreich in meinem Job und Besitzer einiger Immobilien. Trotz meines jungen Alters kannte ich mich gut genug, um zu wissen, dass Trading nicht vorrangig eine finanzielle und fachliche Herausforderung darstellte, – sondern vor allem eine emotionale. Ehrlich gesagt hatte ich keinen Schimmer, auf was ich mich da einließ.

Hauptberuflich zu traden, war taff. Ich begann im Januar 2000: Es war eine Feuertaufe. Im März 2000 stürzten die US-Tech-Aktien ab und trieben weltweit alle Märkte nach unten. Nach den Terroranschlägen am 11. September 2001 brachen die Märkte erneut ein und erholten sich nicht bis zum Jahr 2003, als die erste Bombe auf Bagdad fiel und der Irakkrieg begann.

Das war eine meiner ersten wichtigen Lektionen darin, dass die Märkte Unsicherheit hassen. Sobald die US-geführte Koalition entschied, in den Irak einzumarschieren, und damit eine große politische Unsicherheit beseitigte, stiegen die Märkte wieder. Von da an ging es für die Märkte nach oben, bis im Jahr 2007 die ersten Subprime-Gerüchte aufkamen, die ihren Höhepunkt im Crash der globalen Finanzkrise von 2008 fanden. Ich verpasste den frühen Marktaufschwung von 2003 bis 2005, es gelang mir jedoch, einen großen Teil der Börsenrally zwischen 2006 und 2007 mitzunehmen.

Während der Höhen und Tiefen fuhr ich gelegentlich Gewinne ein und überlebte. Aber ich weiß noch, dass ich oft dachte: »Wenn jemand weiß, was er macht, kann er an der Börse *viel* Geld verdienen.«

Etwa um diese Zeit begann ich mich zu fragen, warum ich mich nicht an meine Systeme halten konnte oder wollte. In mein Trading hatten sich schlechte Gewohnheiten eingeschlichen. Ich war ein guter Analyst, ein visueller und kreativer Mensch, konnte mir Dinge wie Chartmuster, die Volatilität oder das Kursverhalten einer Aktie einprägen und erkannte, dass viele Trends auf dieselbe Art und Weise einsetzen. Aber ich konnte einfach nicht bei einer Strategie bleiben. Ständig änderte ich meine Meinung, suchte nach anderen Techniken und Methoden. Hatte ich eine Methode entwickelt, dann ließ ich mich leicht von ihr ablenken, um sie später doch wieder aufzugreifen und festzustellen, wie gut sie sich bewährt hätte.

Die Analyse war nicht das Problem; meine Entscheidungen resultierten in einer guten Gewinnquote. Einmal, als ich mehrere Monate lang eine Trading-Strategie verfolgte, bei der ich mit Optionen handelte, verdiente ich trotz einer Gewinnrate von 90 Prozent kein Geld, einzig und allein wegen meiner mangelnden Disziplin beim Erteilen von Verkaufsaufträgen. Schlechte und widersprüchliche Modelle bei der Bestimmung der Trade-Größe waren auch nicht hilfreich. Das Problem lag tiefer und ich war entschlossen, es zu finden.

Auf meiner Reise als Trader stieß ich auf einen ungewöhnlichen Wegweiser: die Anonymen Alkoholiker.

Anfang 2003 zog ich in ein Häuschen auf dem Land und begann, es zu renovieren. Ich war müde, frustriert, deprimiert und brauchte dringend eine Pause vom Börsenhandel. Während ich das Haus strich, hörte ich den Lokalsender im Radio und es lief immer wieder Werbung für die Treffen der Anonymen Alkoholiker. Ich musste an die Empfehlung des Trading-Coachs Dr. Elder denken, an so einem Meeting teilzunehmen (obwohl ich sicher war, kein Alkoholiker zu sein). Meine kurze Verbindung mit den Anonymen Alkoholikern war meine erste echte spirituelle Erfahrung, denn dort lernte ich, dass es sich bei dem Zwölf-Schritte-Programm der Anonymen Alkoholiker um eine spirituelle Methode der Rehabilitation handelt. Mir wurde klar, was Dr. Elder mir beizubringen versucht hatte. Ich hatte ein paar Probleme, an denen ich arbeiten musste – und mein Hauptproblem war meine Abhängigkeit vom Markt und dem Traden.

Ich war zwar kein Alkoholiker, aber ein Spieler.

Und dann fiel mir eine Eigenart bei den Trading-Coachs und vielen anderen auf, über die ich las. Dr. Elder war ein Fan der Anonymen Alkoholiker und ihrer spirituellen Botschaft. Ed Seykota, bestens bekannt für seine Vorgehensweise, dem Trend zu folgen, widmete viele Seiten seiner Website seiner persönlichen Art von Spiritualität, einer Mischung aus Buddhismus und amerikanisch-indianischen Philosophien. Mark Douglas' Arbeit wurzelte in der fernöstlichen Philosophie und der modernen Psychologie, zum Ausdruck gebracht in seinem Buch *Trading in the Zone*[1]. Dr. Van Tharp war praktizierender Anhänger der Oneness-Organisation aus Chennai, Indien – einer in den spirituellen Traditionen des Hinduismus verwurzelten Organisation. In Australien sprach der Trading- und Anlage-Coach Colin Nicholson oft (wenn auch ohne unmittelbaren spirituellen Bezug) über die Notwendigkeit von Dankbarkeit, emotionaler Intelligenz und Belohnungsaufschub – allesamt spirituelle Konzepte alter Weisheiten.

Und dann gibt es da noch mich und mein Interesse an Zen. Was unterscheidet Zen nun von diesen anderen Denkweisen – insbesondere als Vorteil beim Traden?

Meiner Meinung nach stehen dem erfolgreichen Traden zwei Hindernisse im Weg. Zen kann beide beseitigen.

In meinem ersten Buch *Mindful Trading using Winning Probability*[2] erklärte ich, wie sich diese beiden Hindernisse gestalten:

1. Trader haben kein Trading-System oder keine Trading-Methode.
2. Wenn sie eine Methode haben, halten sie sich nicht daran.

Mein erstes Buch widmete sich dem ersten Problem und erklärte detailliert eine sehr einfache Methode, dem Trend zu folgen. Dieses neue Buch schlüsselt das zweite Hindernis auf, das beinahe jeden Trader betrifft, und ein großes Hindernis für den Erfolg auf dem Börsenmarkt ist. Während dieses Prozesses werden wir tief in die Zen-Philosophie

---

1 Douglas, Mark (2000): Trading in the Zone: Master the Market with Confidence, Discipline, and a Winning Attitude, New York: Penguin.

2 Castle, Peter: Mindful Trading using Winning Probability, easy share trading, https://www.easysharetradingsystems.com.au/products-and-services/e-books/mindful-trading-using-winning-probability-download.

eintauchen und erforschen, warum man dieses wirkungsvolle Hilfsmittel unbedingt in seiner Trading-Werkzeugkiste haben sollte.

Aber wenn wir Zen als Trading-Werkzeug nutzen wollen, wie lässt sich das mit der Philosophie des Zen-Buddhismus in Einklang bringen, wo beides doch auf den ersten Blick scheinbar in völligem Widerspruch zueinander steht?

Meine Beweggründe, überhaupt mit dem Traden anzufangen, waren in erster Linie eigennützig. Ich hatte Ziele, die ich erreichen wollte, – und dazu brauchte ich Geld. Abgesehen vom Geld war einer der wichtigsten Beweggründe, dass ich nicht mehr so weiterleben wollte wie bisher. Ich war der täglichen Plackerei als Inhaber einer gut laufenden Kfz-Werkstatt müde und sehnte mich nach mehr Ausgewogenheit in meinem Leben. Mir war seit Beginn meiner Trader-Laufbahn bewusst, dass die ständige Weiterentwicklung meiner Persönlichkeit eine große Herausforderung sein würde. Spiritualität, Buddhismus und schließlich Zen wurden mir aus meinem Interesse und Wunsch heraus wichtig, mich als Persönlichkeit zu entwickeln. Mein Lebensweg – vom Verlassen des Privatinternats im Alter von 16 Jahren, um mich als Autolackierer selbstständig zu machen, dann Kleinunternehmer/Aktienhändler/Lehrer und schließlich ordinierter Zen-Priester – hat mich selbst vermutlich noch mehr als alle anderen überrascht.

Zu den vielen Gemeinsamkeiten zwischen Traden und Zen gehört auch, dass man denkt, sich auszukennen, sobald man etwas gelernt hat. Blickt man jedoch, möglicherweise erst viele Jahre später, auf diese Lektion zurück, erscheint sie plötzlich in einem ganz anderen Licht. Bevor ich dieses Buch veröffentlichte, gab ich es ein paar meiner erfahreneren Klienten zum Lesen. Das Feedback fiel einhellig aus: Zu ihrer Zeit als Anfänger hätten sie den Inhalt nicht so sehr geschätzt oder verstanden, wie sie es nun tun. Wenn Sie also Anfänger sind, sollten Sie, wenn Sie dieses Buch gelesen haben, später darauf zurückkommen und es erneut lesen. Wenn Sie als Trader schon einige Erfahrung haben oder sogar sehr erfahren sind, werden Sie zustimmend nicken und zudem auf neue Möglichkeiten und Erkenntnisse stoßen.

In diesem Buch wird oft davon gesprochen, innere Ruhe und Seelenfrieden zu erlangen. In der hektischen und zeitweise verrückten Welt, in der wir heutzutage leben, sind diese Eigenschaften selten geworden. Als ich dieses Buch geschrieben habe, befand sich die Welt mitten in der Covid-Krise – ein perfektes Beispiel dafür, wie unvorhersagbar und unsicher das Leben schnell werden kann. In meiner zwei Jahrzehnte währenden Tätigkeit als Trader, während der ich auch zehn Jahre lang als Trading-Lehrer tätig war, habe ich die Erfahrung gemacht, dass innere Ruhe und Seelenfrieden genau jene Eigenschaften sind, die den meisten Tradern fehlen. Als Zen-Praktizierender mache ich darüber hinaus die Erfahrung, dass diese Eigenschaften auch einigen derjenigen fehlen, die auf dem Zen-Weg unterwegs sind. Dieser Weg kann einfach sein, aber aufgrund unserer menschlichen Komplexität gestalten wir sowohl das Traden als auch Zen schwierig. Wir müssen die Dinge irgendwie vereinfachen.

Wir Menschen bringen unsere Stärken und Schwächen in jede Lebenssituation ein. Wie wir im Zen sagen: »Wohin du auch gehst, du nimmst deine Geisteshaltung immer mit.« Bis es Ihnen gelingt, in all dem Chaos, das Sie umgibt, die Ruhe zu bewahren, und Sie die Geistesgegenwart besitzen, entsprechend zu handeln, werden sich Ihnen seelisches Gleichgewicht und Profite immer wieder entziehen.

Wir leben in einer Welt voll unglaublichen Wissens und Ressourcen. Es gibt Tausende Bücher, Kurse, Coachs, Computerprogramme und Webinare über das Traden; die Liste ist nahezu endlos. An technischem Know-how herrscht kein Mangel.

Es gibt auch Tausende von Büchern über Mindset und Meditation. Psychologen und Psychiater haben Methoden und Selbstentwicklungskurse für Trading entwickelt. Medikamente, Nahrungsergänzungsmittel und sogar Aufputschmittel sind verfügbar, um den aufstrebenden Trader zu unterstützen.

Aber trotz alledem ist die Erfolgsquote der Trader weiterhin niedrig.

Ist das alles zu schwierig? Ist es überhaupt machbar? Oder suchen wir vielleicht alle an der falschen Stelle?

Ich tippe auf Letzteres. Dieses Buch wird das Traden mit Zen angehen: einer Denk- und Lebensweise, die bekannt ist für ihre Ruhe und Klarheit. Wenn erfolgreich zu sein bedeutet, erfolgreiche Methoden oder Persönlichkeiten zu erschaffen, dann ist das Entwickeln einer Methode, die zu innerer Ruhe und Seelenfrieden führt, genau das, was nötig ist, um ein guter Trader zu werden. Wir alle haben mit dem

Traden angefangen, um mehr Möglichkeiten und Freiheiten in unser Leben zu bringen – und nicht mehr Leiden.

Die Parallelen zwischen Trading und Zen sind immens – sowohl persönlich als auch beruflich. Beides sind einfache Verfahren, aber nicht unbedingt einfach zu befolgen. Als Trader und auch als Menschen, die sich entwickeln und verbessern wollen, müssen wir uns Methoden ansehen, die funktionieren. Methoden, die wertvoll sind und sich langfristig bewährt haben. Zen ist eine solche Methode.

1

DIE ZWEI HINDERNISSE FÜR IHREN TRADING-ERFOLG

Meiner Meinung nach ist das Traden einfach, aber wir machen es schwierig. Wir machen es uns schwer, weil wir beim Streben nach Erfolg auf zwei Hindernisse stoßen. Ich erwähnte sie bereits in der Einleitung, aber sie sollten hier noch einmal wiederholt werden:

1. Trader haben kein Trading-System oder keine Trading-Methode.
2. Wenn sie eine Methode haben, halten sie sich nicht daran.

EINE TRADING-METHODE IDENTIFIZIEREN UND IMPLEMENTIEREN

Wie in der Einleitung erwähnt, geht es bei vielen Trading-Methoden um Wahrscheinlichkeit, es werden oft Systeme mit festgelegten Regeln verwendet, um sich einen mathematischen Wettbewerbsvorteil zu verschaffen. Dieser Vorteil muss nicht komplex sein. Er bedeutet lediglich, dass die Wahrscheinlichkeitsverteilung Ihrer Methode konstant mehr Profite als Verluste generiert. Ein rechnerischer Trading-Vorteil kann auf vielen verschiedenen Wegen erlangt werden und es gibt zahlreiche unterschiedliche Methoden, die einen Vorteil bieten. Für die meisten Händler reicht ein rechnerischer Vorsprung jedoch nicht aus, um das Problem zu überwinden, dass sie sich aufgrund ihrer starken Emotionen nicht an eine Methode halten.

Mein erstes Buch *Mindful Trading using Winning Probability* konzentriert sich auf Methode und Wahrscheinlichkeit und zeigt, wo die Vorteile eines robusten Trading-Systems liegen und warum. Das System hat eine Gewinnrate von etwa 50 Prozent und ein Gewinn-Verlust-Verhältnis von fast vier zu eins. Ein solches System werde ich zu einem späteren Zeitpunkt in diesem Buch besprechen. (Ich rate Ihnen, jetzt nicht zu blättern, denn wenn Sie das tun, begehen Sie einen der typischen Fehler scheiternder Trader – Sie sind ungeduldig!). Da die gewinnbringenden Trades das Vierfache der verlustbringenden ausmachen, sollte für Sie ersichtlich sein, dass das System langfristig äußerst profitabel ist – wenn Sie dabei bleiben.

Viele Trader haben kein auf Wahrscheinlichkeiten basierendes System, sie beginnen mit dem Traden, ohne überhaupt eine vernünftige Methode zu haben. Vorzugsweise sollten sie eine Methode anwenden, die so einfach wie möglich ist und es angehenden Tradern ermöglicht, die ersten Schritte auf dem Weg zur Trading-Meisterschaft zu gehen. Den meisten angehenden Tradern wird zu Beginn ihrer Ausbildung keine einfache Methode beigebracht. Sie probieren häufig zu viele Methoden aus oder ihnen werden komplexe und verwirrende Methoden beigebracht, was das Beibehalten von Vorgehensweisen erschwert.

Ein Beispiel für ein einfaches Training findet sich in dem Film *Karate Kid*. Der japanische Kampfkunstmeister lehrt seinen Schüler, Autos zu polieren: Auftragen mit der einen Hand und Polieren mit der anderen Hand – ein scheinbar banaler und langweiliger Vorgang. Erst später, als er sich während eines Wettkampfs verteidigen muss, erkennt der Schüler, wie wichtig es ist, sich wiederholende und koordinierte Handbewegungen zu beherrschen.

Ich weiß aus meiner Trading-Erfahrung und durch das Beobachten von Kollegen und Schülern, dass viele Trader nicht nur Mühe haben, auf mein System zu vertrauen und es zu implementieren, sondern jede Methode infrage stellen – selbst wenn diese von ihnen selbst entwickelt und noch so einfach ist.

DIE KUNST, AN EINER METHODE FESTZUHALTEN

Dass sie nicht bei einer Methode bleiben können, nehmen viele Trader gar nicht als Problem wahr. Anfänger brauchen mitunter ein paar Jahre, bis sie realisieren, dass sie ihre Performance sabotieren. Wie logisch, rational, überzeugend oder scheinbar stark ein Trading-System auch immer sein mag, ob es manuell, automatisiert oder unter Anleitung eines anderen betrieben wird, der Gesamterfolg der Strategie wird durch die Fähigkeit des Traders bestimmt, mit seinen Emotionen umzugehen, die wiederum aus seiner Interpretation der Marktvolatilität resultieren.

Es gibt so viele Methoden, wie es Trader gibt, und wie bereits erwähnt ist der Prozentsatz der erfolgreichen Trader sehr gering: Er liegt bei nur 5 bis 10 Prozent. Offenkundig gibt es also neben der Notwendigkeit, sich eine einfache Trading-Methode mit mathematischem Vorteil anzueignen, noch ein weiteres Hindernis für den Trading-Erfolg.

Der Grund, warum Sie (oder andere Trader) nicht bei einer Methode bleiben, ist alles andere als kompliziert. Die simple Antwort lautet: Angst. Die Angst vor einem unerwünschten Ergebnis, gepaart mit komplizierten und oft verwirrenden Gefühlen, die aufsteigen, sobald Händler mit Unsicherheiten konfrontiert sind.

Viele Trading-Experten haben ihre Meinung über die Psychologie beim Traden kundgetan. Im Folgenden liste ich die vorherrschenden Ratschläge und Meinungen auf – ich bin sicher, dass Sie auf die meisten schon selbst gestoßen sind oder bereits davon gehört haben.

- Verluste ehrlich zu akzeptieren ist der Heilige Gral des Handelns.
- Bewahren Sie innere Ruhe und Seelenfrieden, aber schlagen Sie bei Bedarf schnell zu.

- Garantiert ist beim Traden nur, dass Sie verlieren werden.
- Die wichtigste Eigenschaft ist das Akzeptieren von Verlusten.
- Es geht nicht um die perfekte Methode, sondern um die perfekte Geisteshaltung.
- Wiederholen Sie nichts, das nicht funktioniert hat.
- Ihre Regeln sind nur so stark wie die Emotionen, die diese Regeln aufgestellt haben.
- Ihr Unterbewusstsein steuert Ihr Verhalten.
- Beim Trading dreht sich alles um Ihre unterbewusste Programmierung.
- Das Unterbewusstsein bestimmt, wie viel Geld Sie gewinnen oder verlieren.
- Selbst clevere Leute verlieren wegen ihrer Gefühle und ihres Unterbewusstseins.
- Wenn sich ein Trade gegen Sie richtet, werden Sie nervös und verkrampfen. Sie können nicht mehr klar denken.
- Der Markt arbeitet, indem er das Geld von den emotionalen Tradern nimmt und es den gelassenen Tradern gibt.
- Meister-Trader verlieren oft.
- Meister-Trader nehmen Verluste nicht persönlich.
- Meister-Trader trennen ihr Ego und ihre Identität von ihrer Trading-Leistung.
- Meister-Trader machen sich nicht verrückt, wenn sie verlieren.
- Meister-Trader haben kein Bedürfnis nach sofortiger Belohnung.
- Meister-Trader haben kein Bedürfnis nach externer Belohnung ihrer Identität.
- Trading ist Glücksspiel.
- Zu verlieren ist Ihnen peinlich.
- Wenn Sie verlieren, fühlen Sie sich weniger als Mann (oder als Frau, aber die Mehrheit der Trader sind Männer).
- Der Handel gibt Ihnen sofort die Rückmeldung, dass Sie versagt haben.
- Ihre Gedanken zerstören Ihre Handelsergebnisse.
- Sie haben das Gefühl, nicht gut genug zu sein.
- Wenn Sie sich wie ein Verlierer fühlen, wird Ihr nächster Handel in einem Verlust enden.

- Machen Sie sich wegen Verlusten nicht selbst fertig, akzeptieren Sie diese einfach.
- Die Herausforderungen, mit denen das Traden Sie konfrontiert, spiegeln die Schwächen Ihrer Persönlichkeit wider.
- Um ein guter Trader zu sein, brauchen Sie viel Mumm.

Mit dieser Liste könnte man nahezu endlos fortfahren, aber ich bin sicher, Sie haben jetzt ein Bild von der Komplexität der Emotionen, die das Traden begleiten. Daher ist es verständlich, warum viele Trader selbst nach jahrelangem Studium und möglicherweise teuren Trainings nicht erfolgreich traden können. Irgendetwas ist faul an dem, was Tradern beigebracht wird, um nicht nur mit Problemen umzugehen, sondern auch Erfolg zu haben – und schließlich die Dämonen erledigen zu können, die ihre Trading-Performance beeinträchtigen.

Deshalb müssen wir herausfinden, warum Trader es so schwierig finden, bei ihrer gewählten Methode zu bleiben, sei diese Methode nun systematisch oder willkürlich. Wenn ein Großteil der Herausforderungen beim Trading wirklich in Angst besteht, wie kann Zen dieses Hindernis beseitigen?

Die Lösung für ein Problem kann einfach sein, aber wir scheinen nach komplizierten Antworten zu suchen. Im Zen sind viele Lösungen von Problemen simpel. Ich werde Ihnen zeigen, warum Zen die Lösung ist – eine simple Lösung. Das Beherrschen der Techniken mag nicht ganz einfach sein, aber ich versichere Ihnen, dass hierin die Antwort liegt, um zu verhindern, dass Angst Ihren Erfolg ausbremst.

EIN ZEN-SPRICHWORT

Wenn du das Problem lösen kannst,
warum sich dann sorgen?
Wenn du es nicht lösen kannst,
was bringt es dann, sich zu sorgen?

KAPITELZUSAMMENFASSUNG

- Das Traden selbst kann einfach sein, aber die Emotionen beim Trading sind oft schwierig.
- Die meisten Trader finden es schwierig, an einer Methode festzuhalten – selbst an einer, die eine große Gewinnwahrscheinlichkeit aufweist.
- Es gibt eine Lösung, mit der wir unsere Angst beim Traden überwinden können.

2

ZEN IST DIE LÖSUNG FÜR DAS ZWEITE HINDERNIS

Der Begriff »Hindernis« (häufig wird auch das Wort »Hemmnis« verwendet) bezieht sich in der Zen-Philosophie auf eine Sperre in Ihren Gedanken, vergleichbar mit einer Straßensperre, die Sie davon abhält, weiterzugehen. In diesem Fall rede ich jedoch von einem mentalen statt einem physischen Hindernis. Buddha hatte über diese unsichtbaren Grenzen in unserem Kopf eine Menge zusagen.

EINE EINFÜHRUNG IN ZEN

Bevor ich fortfahre, möchte ich betonen, was für eine herausfordernde Aufgabe es ist, Zen zu erklären – denn Zen ist mehr eine Erfahrung (wie das Traden) als eine zu beschreibende Theorie. Es gab viele vor mir, weitaus Gelehrtere, die versucht haben, das zu erklären, was manche als das Unerklärliche bezeichnen. Trotzdem hier nun mein demütiger Versuch, die Gemeinsamkeiten zwischen der großartigen und herausfordernden Tätigkeit des Tradens und der tiefgründigen Philosophie des Zen zu erklären. Ich betrachte das Traden als ein Gewerbe, und jedes Gewerbe, das Sie beherrschen möchten, erfordert Theorie und Praxis: Sie werden kein Meister-Trader ohne Risiken einzugehen und *tatsächlich* zu traden. Genauso wenig werden Sie tiefgreifende Erkenntnis im Zen erlangen, ohne es zu praktizieren. Theorie allein genügt nicht.

Zen kennt keine religiösen Erwartungen und fordert Sie nicht auf, an etwas zu glauben. Tatsächlich ermutigt es sogar zum Zweifeln und unabhängigen Denken – exakt jene Eigenschaften, die Sie auch brauchen, um ein guter Trader zu werden. Zen ist vielleicht eher in einer Linie mit dem Konzept des Großen Geistes der Ureinwohner Amerikas oder dem Taoismus, bei dem wir uns im Einklang mit der Natur befinden und die Härte und Schönheit des Lebens akzeptieren oder das, was manche als das »*Sein*« bezeichnen.

Es ist wichtig, ein paar Dinge über Zen-Buddhismus klarzustellen. Zen ist eher eine Philosophie und ein Lebenssystem als eine Religion. Das *Oxford English Dictionary* definiert Religion so: »Der Glaube an eine übermenschliche Macht und ihre Verehrung, insbesondere einen personifizierten Gott oder Götter.«[3] Zen ist das nicht.

Vielleicht hilft es, die einfache Philosophie von Zen zu verstehen, wenn wir einen Blick auf die Geschichte des Buddhismus werfen.

Der Zen-Buddhismus respektiert die Lehren von Buddha, aber dieser wird nicht als übermenschliche Macht oder als Gott angesehen. Dieser Buddha war menschlich, ein Akademiker und Mitglied des Königshauses. Er gehörte der Shakya-Kaste an, bekannt für ihr kriegerisches und politisches Geschick sowie ihre wissenschaftlichen und künstlerischen Fähigkeiten.

Buddha war frustriert von den Religionen seiner Zeit und den vielen verschiedenen Glaubenssystemen, deshalb traf er eine pauschale Aussage. Genaugenommen waren es vier und er nannte sie die Vier edlen Wahrheiten, welche sind:

1. Das Leben ist leidvoll (das Wort »leidvoll« wird oft im Sinne von »unbefriedigend« verstanden).
2. Die Ursache für das Leiden (die Unzufriedenheit) ist Anhaftung.
3. Ein Ende des Leidens ist möglich.
4. Es gibt einen Weg, das Leiden zu beenden.

3 https://www.oed.com/viewdictionaryentry/Entry/161944; 5.a.

Diese vier Aussagen können auf zwei eingegrenzt werden, die für Trader am relevantesten sind: »Das Leben ist leidvoll« und »Die Ursache für das Leiden ist Anhaftung«. Das heißt, Traden erzeugt eine Menge Unzufriedenheit und wir produzieren das Leiden selbst durch das, was wir mit Ergebnissen des Tradens verbinden.

Anders beschrieben: Niemand verliert gern oder will sich als Versager fühlen; das beeinträchtigt zutiefst unser psychisches Gleichgewicht.

ERKENNTNISSPRÜNGE

Zu erkennen, dass das erste Hindernis für den Trading-Erfolg die fehlende Methode ist, stellt einen Quantensprung in unserer Entwicklung als Trader dar. In meinen Augen beginnt die Trading-Meisterschaft mit dem Anwenden einer probaten Methode. Die größten Killer des Trading-Erfolgs sind jedoch Stress und Sorge. Bedauerlicherweise scheint für die meisten Trader nicht einmal eine gute Methode dieses Problem zu lösen. Viele von uns treten mit der Absicht in die Märkte ein, unser Leben durch finanzielle Unabhängigkeit zu verbessern, und nicht, um das Leben noch anstrengender zu machen. Stress und Sorge entstehen durch Unsicherheit und für manche Trader wird die Angst durch das Trauma früherer Verluste verstärkt.

Von einem durch finanzielle Verluste ausgelösten Trauma erholt man sich nur schwer. Manche Menschen erholen sich nie und tragen für den Rest ihres Lebens eine Angst vor dem Traden oder Investieren mit sich herum. Für manch erfahrenen Trader existiert das Trading-Trauma seit vielen Jahren in Form von Frustration – einer Frustration, herbeigeführt durch fortwährend niedrige oder negative Ergebnisse. Wenn Sie jedoch den Stress eliminieren und durch innere Ruhe und Seelenfrieden (als Folge von Loslassen und Überwindung) ersetzen können, werden Sie in der Lage sein, besser zu traden. Sehr viel besser.

Das, was ist, zu akzeptieren, loslassen zu lernen, Traumata zu erkennen und loszulassen und sich für neue Philosophien und Denkweisen zu öffnen – all das gehört nicht zu den Aufgaben, an die Trader als Erstes denken. Obwohl die meisten Trader schließlich realisieren, dass die emotionalen Herausforderungen des Tradens ihre Leistung hemmen, ist ihnen nicht bewusst, dass die wahre Blockade ihres Weges in den emotionalen Anhaftungen besteht.[4] Sie beginnen, nach anderen Lösungen für das Problem zu suchen, vermeiden die Selbstüberprüfung und tappen oft in die Falle, dass sie versuchen, ihre Handelskonten exzessiv zu kontrollieren, indem sie auf noch komplexere Strategien zurückgreifen. Das funktioniert nur selten.

PETES PERSÖNLICHE TRADING-STORY

Als Bestandteil meiner Vorbereitung auf die Priesterweihe nahm ich in Japan an einer Klausur teil. Dieser Aufenthalt hatte nichts mit der Ausbildung zum Trader zu tun, aber ich lasse keine Gelegenheit aus, Parallelen zwischen dem Traden und Zen aufzuspüren und zu erforschen. Jeden Abend nach dem Essen unternahmen der Klostervorsteher und ich einen Spaziergang, für gewöhnlich schweigend. Zen-Meister sind bekannt für ihre Wortkargheit und ihre mitunter ärgerlich kurzen und scheinbar kryptischen Antworten. Nach der Hälfte unseres Wegs, an einem Aussichtspunkt über das Japanische Meer, wandte ich mich ihm zu und fragte: »Wenn es nur einen Rat geben würde – einen einzigen –, den Sie einem angehenden Praktizierenden geben könnten, welcher wäre das?«

Ohne zu zögern und in perfektem Englisch, sein starker Akzent war in diesem Moment auf geheimnisvolle Weise verschwunden, antwortete er: »Selbstbeobachtung«, gefolgt von der mit starkem Akzent gesprochenen Aufforderung: »Und jetzt lassen Sie uns zurückgehen.« Schweigend gingen wir zurück, meine Lektion für diesen Tag war beendet.

4 Anm. d. Üs.: Gemeint ist unsere emotionale Reaktion auf ein äußeres Ereignis.

EIN ZEN-SPRICHWORT

Hindernisse
blockieren nicht den Weg;
sie sind der Weg.

KAPITELZUSAMMENFASSUNG

- Zen ist keine Religion, sondern Philosophie und Lebensweg.
- Das Trading und das Leben sind taff; der Schlüssel, um zu gewinnen und das Leiden zu beenden, besteht im Erlernen des Loslassens.
- Selbstprüfung ist ein wichtiger Faktor, um erfolgreich zu sein.

3

LOGISCHE HINDERNISSE

Statt das Loslassen zu lernen, streben Trader bei dem Versuch, das zweite Hindernis zu überwinden, nach maximaler Kontrolle. Sie wenden Logik an und kombinieren diese Logik mit maximaler Kontrolle. Zum Beispiel ist folgende Denkweise unter Tradern weit verbreitet, die logisch scheint, aber nicht dem wirkungsvollen Vorgehen im Sinne von Zen entspricht:

Trader glauben, wenn sie häufig und erfolgreich traden, könnten sie eine Menge Geld verdienen. Aber die Herausforderung liegt genau zwischen diesen beiden Wörtern – »häufig« und »erfolgreich«.

Viele Trader glauben, je höher die Frequenz bei ihren Handelsaktivitäten sei, desto besser. »Besser« erfordert jedoch auch, dass ihre Methoden eine höhere Erfolgsrate zeitigen. In vielen Fällen verkehrt eine höhere Frequenz die mathematische Wahrscheinlichkeit, mit einer hohen Ausschüttungsquote zu gewinnen, jedoch ins Gegenteil. Für viele Trader sind es die längerfristigen Trends der täglichen, wöchentlichen oder gar monatlichen Zeitrahmen, mit denen sich das große Geld verdienen lässt.

Viele von Ihnen haben bestimmt schon kurzfristig Aktien gehandelt und das für einen guten Gewinn gehalten später festgestellt, dass der Aktienkurs nach ihrem Ausstieg noch immens gestiegen ist. Beim Trading bedeuten weniger Trades oftmals höhere Profite. Weniger Kontrolle auszuüben und mit den Marktbewegungen mitzuschwimmen, führt häufig zu einem besseren Ergebnis und diese Methode lässt sich auf jeden Trading-Zeitrahmen anwenden.

FREQUENZ IST EINE WICHTIGE ENTSCHEIDUNG

Unmittelbar mit dem Aspekt der Kontrolle verbunden ist eine der schwierigsten Entscheidungen, die Sie beim Traden treffen müssen: Welchen Zeitrahmen legen Sie Ihrer Methode zugrunde? Die meisten Neueinsteiger analysieren und handeln anfangs in einem täglichen Zeitrahmen. Sie richten ihre Aufmerksamkeit auf die täglichen Charts und erzeugen dadurch erst die Erwartung – und dann das Bedürfnis –, Charts und die eigene Aktienperformance im Tagesverlauf zu analysieren. Die Konzentration auf den Tagesverlauf weckt jedoch den Wunsch, den Zeitrahmen weiter zu verkürzen, vielleicht auf eine vierstündige oder noch engmaschigere Kontrolle, bis hin zur Kontrolle alle zehn oder fünf Minuten. Das Problem dabei ist, dass Sie sich hierbei nicht auf das konzentrieren, was am wichtigsten ist: ihren Geist dahingehend zu entwickeln, sich von unerwünschten Ergebnissen zu lösen.

Genau genommen tun Sie sogar das Gegenteil: Sie versuchen, noch mehr Kontrolle auszuüben über eine Situation, die sich nicht kontrollieren lässt. Sie können den Markt nicht dadurch kontrollieren, dass Sie ihn in immer kürzeren Abständen betrachten, Sie können jedoch kontrollieren, was es bei Ihnen auslöst. Ich spreche bewusst nicht von »reagieren«, denn es sind die kopflosen Reaktionen beim Traden, die zu eliminieren Zen Ihnen hilft.

Manche Trader verringern ihren zeitlichen Handelsrahmen, weil sie denken, das sei notwendig, um viel Geld zu verdienen. Ihnen ist dabei nicht bewusst, dass sie wahrscheinlich nur auf unangenehme Gefühle reagieren – Gefühle, die von ihren eigenen Gedanken über die Marktbewegungen erzeugt werden. Unangenehme Gefühle wecken den Wunsch nach Kontrolle. Die Kontrolle, die sie ausüben können, besteht im häufigen Kaufen und Verkaufen – um unangenehme Gefühle zu verringern. Aber sehr wahrscheinlich verstärken sie dadurch nur bestehende Hindernisse und erschaffen neue.

HÄUFIGES KAUFEN UND VERKAUFEN KANN HINDERNISSE VERGRÖSSERN

Wenn man bedenkt, dass 90 bis 95 Prozent der Trader verlieren oder so gerade kostendeckend arbeiten, liegt einer der Gründe für eine schwache Performance vermutlich darin, dass sie zur falschen Zeit kaufen oder verkaufen. Möglicherweise ist das die Folge von zu häufigem Kaufen und Verkaufen.

Ihren Zeitrahmen auf wöchentliches oder sogar monatliches Auswerten von Charts und sogar Tradens auszuweiten, könnte die beste Möglichkeit sein, Sie in den Bereich der Gewinner zu bringen. Weg von den angstgeplagten Verlierern, die täglich über Charts brüten.

Meine persönliche Erfahrung beim Traden und Coachen von anderen lässt mir keinen Zweifel daran, dass kurzfristiges Traden herausfordernder ist als langfristiges. Viele finden jedoch langfristiges Traden schwieriger, weil Langeweile und verzögerte Belohnung als Herausforderung empfunden werden. Es scheint, als könne man der emotionalen Komponente beim Traden nicht entkommen, ob man nun kurzfristig oder langfristig tradet. Welchen Zeitrahmen oder welche Ziele Sie auch immer bevorzugen, einen Schritt zurückzutreten, um sich das Gesamtbild anzuschauen, kann immer helfen, sich von den kurzfristigen Bewegungen des Markts zu lösen. Und Loslassen ist letztlich der Schlüssel.

HÄUFIGES KAUFEN UND VERKAUFEN UND MENTALE GESUNDHEIT

Mein Handelspartner beschrieb einst häufiges Traden als »in den Strudel des Markts hineingesogen werden«. Wie Ihnen jeder erfahrene Trader sagen wird, kann dieser Strudel äußerst stressig sein, vor allem beim Traden in kurzen Abständen. Ihren Zeitrahmen beim Handeln noch einmal unter die Lupe zu nehmen, kann deshalb sowohl Ihre Handelsergebnisse als auch Ihre mentale Gesundheit verbessern.

Aber welchen Zeitrahmen Sie auch immer zugrunde legen, die Marktbewegungen werden Sie in jedem Fall herausfordern, manchmal bis an den Rand der gefühlten – oder tatsächlichen – Belastungsgrenze.

Anscheinend birgt also jede Strategie und jeder Zeitrahmen seine Herausforderungen. Das Hindernis, das die Grundursache für schlechte Trading-Performance darstellt, ist die Unfähigkeit des Traders, sich zu lösen. Der Versuch, den Markt durch komplizierte oder kurzfristige Systeme zu kontrollieren, ist keine langfristige Lösung. Die Lösung besteht vielmehr darin, die Zen-Fähigkeit des Loslassens zu erlernen – eine Technik, die in den folgenden Kapiteln ausführlich besprochen wird. Um den Leser mit Appetit auf mehr Risiko oder eine höhere Handelsfrequenz zufriedenzustellen, werden wir uns später ein paar kurzfristige Handelsmethoden anschauen. In der Zwischenzeit betrachten Sie bitte einmal die im Folgenden aufgeführten Ergebnisse eines wöchentlichen Trend-Trading-Systems: ein System mit im Durchschnitt nur einem Trade pro Woche. Ein Ergebnis wie dieses kann nur erreicht werden durch eine erfolgversprechende Methode und die Fähigkeit, sich anschließend von unvermeidbaren, ungünstigen Entwicklungen zu lösen, die jedes System hervorbringt.

PETES PERSÖNLICHE TRADING-STORY

Ich gebe Ihnen ein Beispiel dafür, wie ungemein profitabel es sein kann, sich von den täglichen Bewegungen des Marktes zu lösen. Im Jahr 2005 zeigte mir ein befreundeter Trader ein wöchentliches Trend-Trading-System. Es beinhaltete lediglich drei Regeln: Kaufe eine Aktie am 52-Wochen-Hoch; bevorzuge die Aktie mit dem niedrigsten Kurs; und setze anschließend einen Trailing-Stop als Ausstieg (ermittelt mit der ATR – Average True Range, weil drei Werte einfließen). Abbildung 3.1 ist ein Simulations-Chart der Ergebnisse des australischen ASX 300 unter Verwendung genauer bereinigter Daten. Bei dieser Methode werden im Schnitt nur 38 Trades im Jahr durchgeführt und nur 1,5 Prozent des Gesamtportfoliokapitals pro Trade eingesetzt. Das führt zu einem Endergebnis von 6 Millionen Australischen Dollar bei einem Startkapital von 100 000 Australischen Dollar. Damals fand ich das interessant, war jedoch davon überzeugt, mit einem täglichen Zeitrahmen mehr erzielen zu können. Ich begann, das System des Freundes anzuwenden, wurde jedoch ungeduldig und blieb nicht dabei, ich hielt kurzfristige Methoden für lohnender. Der Zen-Spruch auf S. 36 fasst den Wert einer guten Idee zusammen, kombiniert mit Verbindlichkeit und Zeit.

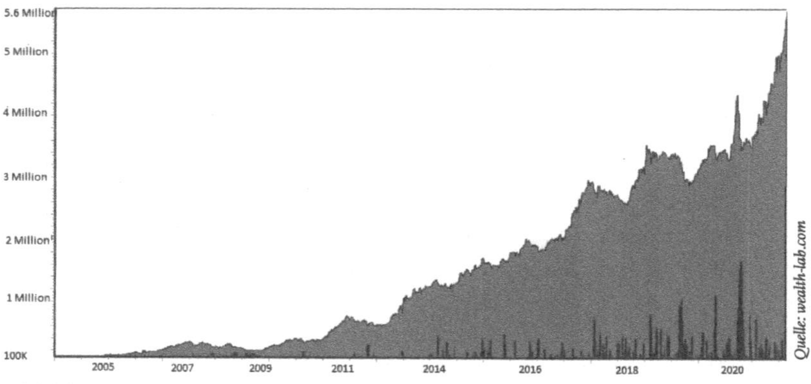

Abbildung 3.1: Australischer ASX 300 (Simulation)

EIN ZEN-SPRICHWORT

Eine Idee, die entwickelt und in die Tat umgesetzt wird, ist wichtiger als eine Idee, die nur als Idee existiert.

KAPITELZUSAMMENFASSUNG

- Viele Trader sind ungeduldig, halten Kontrolle für die Antwort und wollen sofortige Belohnung.
- Weniger (Trading) kann mehr (Geld) bedeuten.

4

BUDDHA HATTE EIN SYSTEM

Wie in Kapitel 2 erwähnt, verfasste Buddha die Vier edlen Wahrheiten:

1. Das Leben ist leidvoll (das Wort »leidvoll« wird oft im Sinne von »unbefriedigend« verstanden).
2. Die Ursache für das Leiden (die Unzufriedenheit) ist Anhaftung.
3. Ein Ende des Leidens ist möglich.
4. Es gibt einen Weg, das Leiden zu beenden.

Für Trader sind die beiden ersten Wahrheiten am wichtigsten. Ich formuliere sie einmal um:

1. Das Traden und das Leben können leidvoll sein.
2. Um das Traden und das Leben leichter zu machen, müssen wir lernen, loszulassen.

Ich kam beim Traden zu denselben Schlussfolgerungen wie Buddha über das Leben. Wenn das Traden und das Leben schwierig sind und die Ursache in den emotionalen Anhaftungen liegt, dann liegt die Antwort darin, das Überwinden beziehungsweise Loslassen derselben zu lernen.

BUDDHAS AUSGANGSSYSTEM

Nachdem Buddha den Menschen die Vier edlen Wahrheiten beigebracht hatte, was denken Sie wohl, passierte als Nächstes? Die Menschen wollten mehr.[5] Menschen – vor allem Trader – wollen immer mehr. Aber ohne Methode und Loslassen kann »mehr« in den Wahnsinn führen.

Buddhas ursprüngliche Unterrichtsmethode war vielleicht ein bisschen naiv. Paraphrasiert man seine Worte, dann sagte er in etwa: »Setz dich auf deinen Hintern, meditiere und finde heraus, wer du wirklich bist, und dann schau, ob du mit meinen Ideen übereinstimmst.« Einer der großen Appelle des Buddhismus ist die Ermutigung, zu zweifeln, unabhängig zu denken, Fragen zu stellen und sich bei Antworten nicht auf einen Kanon dogmatischer Regeln oder eine externe Supermacht zu verlassen. Sie werden ermutigt, die Antworten und die Stärke in sich selbst und nicht in der Außenwelt zu finden. Das unterscheidet sich deutlich von meiner dogmatischen religiösen Erziehung und vielen anderen Glaubenssystemen. Zen wird oft als der »Glaube ohne Gott« bezeichnet – perfekt für Trader, die Agnostiker oder Atheisten sind, aber auch für diejenigen, die mit ihrer bestehenden Religion oder ihrem vorhandenen Glaubenssystem zufrieden sind.

Aber genauso wie viele Trader in extreme technische Details abtauchen wollen, tun dies auch die Anhänger des Buddhismus. Sie fragen: »Sollen wir Fleisch essen? Was können wir trinken? Was ist mit Sex? Wie lange und wie oft meditieren wir? Wie leben und arbeiten wir? Wie sollen wir denken und uns verhalten?« Und so weiter ...

Trader fragen: »Werden die Märkte steigen oder fallen? Ist jetzt ein guter Kaufzeitpunkt? Was soll ich tun? Was würden Sie tun? Was ist der beste technische Indikator?« Und so weiter ...

---

5 Thich Nhat Hanh (2016): *Old Path White Clouds* (London: Penguin Books).

DAS VON BUDDHA ENTWICKELTE SYSTEM UND ZEN

Um das Bedürfnis der Menschen zu befriedigen, zu wissen, was zu tun ist, wurden Buddha und seine engsten Anhänger zu Systementwicklern. Sie entwickelten Regeln und Vorschriften – Ge- und Verbote. Das Ergebnis? Der Buddhismus ging den Weg, den viele gute Ideen nehmen, er verlor sich in Details, während er versuchte, den Menschen all die Antworten zu liefern. Der ursprüngliche Rat »Setz dich auf deinen Hintern, meditiere« – um deine Zweifel zu erforschen und herauszufinden, wer du wirklich bist – wurde größtenteils missachtet.

Bis Zen des Weges kam.

Der Buddhismus hatte seinen Ursprung in Indien und verbreitete sich dann südwärts bis Sri Lanka und östlich bis China (wo er mit dem Taoismus verschmolz und zu »Chan« wurde). Dann bewegte er sich weiter nach Südostasien in Länder wie Vietnam und Thailand, und dann nordöstlich nach Japan, wo aus dem Wort »Chan« schließlich »Zen« wurde.

Ein japanischer Mönch namens Dogen (1200–1253) war verantwortlich für die Veränderung und Entwicklung von Zen in Japan. Unzufrieden damit, wie hierarchisch der Buddhismus geworden war, und manchmal allzu religiös und oberflächlich, ermutigte Dogen seine Schüler, Buddhas Ursprungsrat zu befolgen, der – Sie ahnen es schon – da lautete: »Setz dich auf deinen Hintern, meditiere und finde heraus, wer du wirklich bist, und dann schau, ob du mit meinen Ideen übereinstimmst.« Niemand kann oder sollte Ihnen sagen, was Sie zu tun haben oder wie Sie Ihr Leben zu führen haben, denn es ist Ihre Entscheidung und Ihre Verantwortung. Sie können angeleitet werden, aber letztlich ist es Ihre Entscheidung.

Klingt das nicht wie traden?

In jedem Land, in dem er existiert, nimmt der Buddhismus, beeinflusst durch die vorherrschende Kultur, seine eigene Ausprägung an. Der tibetische Buddhismus ist ziemlich religiös, in gewisser Weise vergleichbar mit dem Katholizismus und vielen anderen christlichen Glaubenssystemen. Der chinesische Buddhismus ist von Aberglauben geprägt. Einige der südostasiatischen Traditionen sind sehr streng. Die japanische Variante von Zen ist rigoros und pragmatisch. In westlichen Ländern – vor allem in den USA, in Australien, dem Vereinigten Königreich und Kanada – ist Achtsamkeit der wichtigste Exportartikel des Buddhismus. Meiner Meinung nach ist »Achtsamkeit« eher ein werbewirksames Modewort als der Schlüssel zu Seelenfrieden und Trading-Kompetenz. Wenn ich eine große Gruppe Menschen anlocken will, um ihnen das Meditieren beizubringen, verwende ich das Wort »Achtsamkeit«. Verwende ich dagegen die Wörter »Fokus«, »Disziplin«, »regelmäßiges Meditieren«, »Verhaltenskonsistenz«, »moralische Werte« (nicht beliebt im Westen), dann weiß ich, dass ich überhaupt kein Publikum finde: Deshalb ist es besser, das Wort »Achtsamkeit« zu verwenden, um Interesse zu wecken. Die Strategie, mit Achtsamkeit zu werben, wird von buddhistischen Zentren, Unternehmen, Naturkostläden und hippie-psychedelischen Meditationslehrern in der gesamten westlichen Kultur verfolgt.

ACHTSAMKEIT ALLEIN IST NICHT DAS SYSTEM

Ich möchte frühzeitig in diesem Buch darauf hinweisen, dass Achtsamkeit allein noch kein Loslassen ist.

Achtsamkeit war lediglich eine der Anforderungen an die Ausbildung, zu der Buddha ermutigte. Achtsamkeit ist zwar wichtig, macht aus Ihnen aber noch keinen Meister-Trader. Zen ist eine perfekte Ergänzung für das Traden, weil es Disziplin, Fokus, Akzeptanz und (das hören Sie vielleicht nicht gern) moralische Werte lehrt. Ist das Lehren moralischer Werte im Zen religiös motiviert? Absolut nicht. Der Zweck besteht darin, Ihren Verstand zu schützen – und Ihren Seelenfrieden. Sie können jeden Trader fragen, der versucht hat, erfolgreich zu sein, während er eine Affäre hatte oder sich Drogen, Sex, Glücksspiel, Völlerei oder Alkohol hingab oder sportsüchtig war: Er wird Ihnen bestätigen, dass diese Zeitvertreibe ungesunde Bewältigungsstrategien sind, häufig das Ergebnis einer gestressten und aufgewühlten Gemütsverfassung.

Abhängigkeiten und ungesunde Bewältigungsstrategien sind Versuche, Stress abzubauen, aber auch Vermeidungsstrategien, um vor den emotionalen Herausforderungen der Veränderung zu fliehen, vor allem dem Verändern der Art und Weise, wie Sie auf Ihre eigenen Gedanken reagieren.

Um ein erfolgreicher Händler zu sein, können Sie nicht ständig ignorieren, wie Sie wirklich sind, und nicht der Frage aus dem Weg gehen, warum Sie sich so entscheiden und nicht anders. Deshalb sagt Buddha: »Setz dich auf deinen Hintern, meditiere und finde heraus, wer du wirklich bist, und dann schau, ob du mit meinen Ideen übereinstimmst.«

Gutes Traden ist oft langweilig. Durch Traden Ihren persönlichen Problemen zu entfliehen (vor allem, wenn Sie nur zum Spaß oder als Vermeidungsstrategie zocken), wird Ihre Profite vernichten. Möglicherweise vernichtet es sogar Sie. Um langfristig ein kontinuierlich erfolgreicher Trader zu sein, müssen Sie sich Ihren Dämonen stellen und dürfen nicht vor ihnen davonlaufen. Sich Ihren Dämonen zu stellen ist vergleichbar damit, sich gegenüber einem Mobber in der Schule oder am Arbeitsplatz zu behaupten. Wenn Sie das tun, zieht sich der Mobber meistens zurück. Aggressiv zu sein ist lediglich die Bewältigungsstrategie des Mobbers. Sobald Ihnen das klar wird, werden Sie auch erkennen, dass der Mobber letztlich schwächer ist als Sie. Zen verschafft Ihnen die Erkenntnis und Stärke, mit dem Markt-Mobber umzugehen, der Sie einschüchtert und intensiven negativen Emotionen aussetzt. Indem Sie sich an Buddhas System halten, werden Sie Erkenntnisse und Stärke erlangen.

PETES PERSÖNLICHE TRADING-STORY

Ich begann 1995 mit dem Traden, während ich noch in meiner Kfz-Werkstatt arbeitete. Das Geschäft lief gut, aber ich war unglücklich und ruhelos und wollte raus. Gleichzeitig steckte ich in einer langjährigen Liebesbeziehung, in der ich ebenfalls unglücklich und ruhelos war und aus der ich ebenfalls aussteigen wollte. Das Traden sah ich als meinen Ausweg aus beidem an. Ich wurde süchtig nach Traden, um das zu vermeiden, was wirklich erforderlich war: mich meinen beruflichen und persönlichen Problemen zu stellen. Mein Traden war emotional, irrational, völlig unstrukturiert und extrem stressig. Mit viel Glück, vielleicht ein bisschen Geschick und dem rasanten Technologiemarkt Ende der 1990er-Jahre schaffte ich es, ein bisschen Geld zu verdienen. Drei Jahre lang tradete ich auf diese Weise, bis ich entschied, dass ich das Traden entweder aufgeben oder mich dieser Tätigkeit mehr widmen müsse. Anfang 2000 wagte ich den Sprung, verkaufte meine Werkstatt und wurde Vollzeit-Trader. Meine persönlichen Probleme bestanden jedoch weiterhin. Tatsächlich verstärkten sie sich durch den Umstand, dass ich nun kein geregeltes Einkommen mehr hatte. Dazu kamen die Auswirkungen des Dotcom-Crashs im Jahr 2000 und des Attentats auf die Twin Towers in New York im Jahr 2001. Wie bereits erwähnt war es eine Feuertaufe: Mein Privatleben, meine körperliche Gesundheit und mein geistiges Wohlbefinden litten stark – ganz zu schweigen von meinem Handelskonto! Die Hauptursache meiner Unzufriedenheit und des mangelnden Erfolgs war das Vermeiden. Ich drückte mich vor der harten Arbeit, schwierige Entscheidungen zu treffen und mein Verhalten zu bereinigen.

Ich nahm eine Auszeit vom Traden, um einem Kumpel beim Renovieren seines Hauses in einer Kleinstadt im südlichen New South Wales zu helfen. Für 80 000 Dollar kaufte ich im selben Ort ebenfalls ein Haus und verkaufte es ein Jahr später für

150 000 Dollar. Mit einem klareren Kopf und zurückgewonnenem Selbstvertrauen nahm ich das Traden wieder auf. Aber wie Buddha sagt: Das Leben ist leidvoll – und auf mich wartete noch mehr Leid, denn ich beherrschte nach wie vor nicht die richtige Denkweise.

EIN ZEN-SPRICHWORT

Die Gedanken sind alles – was du denkst, zu dem wirst du.

KAPITELZUSAMMENFASSUNG

- Sie sollten alles anzweifeln – einschließlich Trading-Systemen und Zen.
- Sie müssen herausfinden, wer Sie sind.
- Achtsamkeit ist zwar wichtig, sie allein macht Sie aber noch nicht zum Trading-Meister.
- Erkenntnis und sich nicht dem Vermeiden hinzugeben, sind die ersten Schritte auf dem Weg zum Meister-Trader.
- Es gibt ein Denksystem, das Sie zum Meister-Trader macht.

5

EMOTIONALE ANHAFTUNGEN ERKENNEN

Sie können sich durch Loslassen von Hindernissen befreien, aber lassen Sie mich das genauer erklären.

Die Philosophie des Loslassens im Zen-Buddhismus ist nicht leicht zu verstehen. Wenn im Festhalten die Ursache all unserer Probleme beim Traden und im Leben liegt, wovon genau hat Buddha dann gesprochen? Einige Psychologen sind der Ansicht, dass die Zen-Philosophie des Loslassens eine komplizierte Vermeidungsstrategie ist, die hilft, das Leben zu bewältigen. Meiner Meinung nach, die von den meisten Tradern geteilt wird, sind viele Psychologen in diesem Punkt falsch informiert oder missverstehen die Bedeutung von »Anhaftung« in der Zen-Philosophie. In einigen Fällen bringen diese zweifelnden Psychologen vielleicht sogar ein berechtigtes Argument vor: Es gibt den Buddhismus Praktizierende, die die Vorstellung der Anhaftung nicht verstehen und das Loslassen einsetzen, um Verantwortung zu vermeiden, und dadurch sich und andere – insbesondere Nahestehende – irritieren.

Viele denken bei dem Begriff »Anhaftung« sofort an jene, die wir lieben – Ehepartner, Kind, Verwandte, Haustier, Freund et cetera. Zen zielt jedoch darauf ab, dass Sie sich von *Emotionen* lösen. Dieser Unterschied kann für jene ein Stolperstein sein, die dies irrigerweise als roboterhafte oder kalte Herangehensweise an das Leben betrachten.

Die Forderung des Zen, sich von jemandem zu lösen, ist keine Aufforderung, denjenigen nicht mehr zu lieben. Es ist die Aufforderung, sich nicht länger zu quälen, zu sorgen, zu kontrollieren oder sich in irgendeinem anderen negativen Gefühl bezüglich der Beziehung zu einer Person oder Sache zu ergehen. Die Philosophie ist in gewisser Weise vergleichbar mit einer, von der Sie vielleicht schon gehört haben: »Lass es frei und wenn es wirklich dir gehört, kehrt es zurück.« Genau so, nur dass *es* noch nie Ihnen gehörte oder Ihrer Kontrolle unterstand.

Ein Beispiel für ungesunde Anhaftung wäre ein eifersüchtiger Partner: jemand, der ständig überprüft, fragt oder den anderen eines unangemessenen Verhaltens beschuldigt. Lassen Sie uns als Beispiel einmal annehmen, der Beschuldigte sei unschuldig, folglich ist das Verhalten des Anklägers von Besessenheit, Sorge oder Kontrolle bestimmt – nicht von Liebe. Besessenheit, Sorge und Kontrollbedürfnis sind Gefühle und Verhaltensweisen, die von unsicheren Menschen an den Tag gelegt werden. Oft fürchten sie sich vor einem unerwünschten Ergebnis, wie zum Beispiel betrogen zu werden oder wegen einer anderen Person verlassen zu werden und somit einen Verlust zu erfahren. In diesem Fall wird die Anhaftung der kontrollierenden Person an einen möglichen Verlust zu einem Hindernis für mentale Klarheit – sie ist nicht mehr in der Lage, zwischen Fakten und Gefühlen klar zu unterscheiden.

Ein anderes Beispiel für Anhaftung bezieht sich auf physische Objekte wie das eigene Haus oder Auto. Wie bereits erwähnt, gehörte mir eine Kfz-Werkstatt, bevor ich zum Vollzeit-Trader wurde. Es war nicht ungewöhnlich, dass Kunden nach einem Unfall mehr um den Schaden an ihrem Auto besorgt waren als um die körperliche oder psychische Beeinträchtigung eines Mitfahrers. Die emotionale Anhaftung des Kunden an das Objekt, in dem Fall das Auto, hat Vorrang gegenüber den Gedanken bezüglich des Wohlbefindens eines anderen Menschen. Oft sind Fahrzeugbesitzer wegen des Verlusts oder Schadens so erschüttert, dass es ihnen unmöglich ist, ein klares Gespräch zu führen oder Formulare auszufüllen. Erst als ich meine Kunden daran erinnerte, dass sie selbst und andere unverletzt geblieben sind, waren sie in der Lage, ihre Gedanken neu zu priorisieren, und wurden ruhiger, rationaler und wieder funktionstüchtig.

Ein extremes Beispiel für ungesunde Anhaftung ist lähmende Trauer – das intensive Gefühl, das auf den Tod eines geliebten Menschen folgen kann. Der Trauernde hält am ewigen Zustand der Trauer fest und macht sich das Leben zur Hölle. In diesem Fall fordert Zen die leidende Person nicht auf, sich von der Liebe zu dem Verstorbenen zu verabschieden, sondern von der damit verbundenen Qual. An einem Verlust festzuhalten, in diesem extremen Fall dem Verlust eines geliebten Menschen, hält das Leiden aufrecht und verhindert die Möglichkeit, eine Gewinnsituation zu erleben – wie zum Beispiel eine neue Liebe. Diese neue Liebe ist möglicherweise keine andere Person, sondern besteht in einer Erfahrung oder Situation, die das Leben zu bieten hat. Das anhaltende Leiden am Unabänderlichen (dem Verlust) verhindert, dass sich der Geist für neue Möglichkeiten öffnet. Trauer ist eine normale menschliche Erfahrung. In dieser Situation ist jedoch das Festhalten an den durch den Verlust hervorgerufenen Gefühlen (nicht die Erfahrung des Verlusts selbst) das Hindernis für den Geist, Neuanfänge und Glück zu erfahren.

Die Folgen nicht hinterfragter Anhaftung sind weitreichend und beeinflussen nicht nur persönliche, sondern auch soziale und kulturelle Beziehungen. Unter Umständen ist die zerstörerischste und sinnloseste Anhaftung aller eine Ideologie, die zum Krieg führt. Durch die Anhaftung an die Überzeugung (oder ein ganzes System von Glaubenssätzen), dass die Lebensweise und Vorstellungen der eigenen Kultur denen anderer Kulturen überlegen sind, kann es zu einem ernsten Konflikt kommen. Diese Überzeugungen können so stark sein, dass manche Menschen denken, sie hätten das Recht, andere zu töten – mitunter Millionen andere –, um die Meinungen und die Ideologie ihrer Gruppe zu etablieren. Das ist ein Grund dafür, dass manche Menschen Religionen verabscheuen. Die Geschichte spricht für sich und zeigt uns ohne jeden Zweifel, dass das Anhaften an dogmatische und unflexible Überzeugungen das Hindernis für Versöhnung, Kompromisse und Frieden ist.

ANHAFTUNG UND STARKE EMOTIONEN BEIM TRADEN

Um zu veranschaulichen, inwiefern Anhaftung und Verluste beim Traden eine Rolle spielen, überlegen Sie einmal, was Trader während epochaler Ereignisse wie dem Börsencrash im Jahr 2008 oder – in jüngerer Zeit – dem Covid-Crash von 2020 erlebten. Ich hatte Studenten, die derart an ihrer negativen Erfahrung des Börsencrashs klebten, dass sie sich in den folgenden zehn Jahren vom Markt fernhielten. Sie hafteten emotional derartig an ihren Verlusten, dass sie diese Erfahrung nicht loslassen konnten, was sie wiederum von der Möglichkeit abhielt, eine Gewinnsituation zu erleben. In diesem Beispiel wird das Anhaften an erlittene Verluste – sei es der Börsencrash oder eine andere Trading-Erfahrung – zum Hindernis im Kopf des Traders. Es hält ihn davon ab, ruhig und rational darüber nachzudenken, wie die Märkte jetzt sind, statt darüber, wie sie gewesen sind.

Eine interessante Randnotiz ist die Erfahrung von Edwin Coppock, dem Erfinder der Coppock-Kurve. Edwin war von der Episkopalkirche der Vereinigten Staaten gebeten worden, die Kaufmöglichkeiten für langfristige Investoren zu identifizieren. Er war der Ansicht, dass Marktabschwünge wie Trauerfälle sind, die eine Phase des Trauerns über den Verlust erfordern. Mit diesem Vergleich im Hinterkopf fragte er die Kirchenbischöfe, wie lange der Trauerprozess eines Menschen üblicherweise anhält. Die Antwort lautete: 11 bis 14 Monate. Coppock nutzte diese Angabe für seine Berechnungen. Sieht man sich den Börsencrash im Jahr 2008 an, so ist interessanterweise zu beobachten, dass dieser nach 14 Monaten die Talsohle erreichte (Ende Februar 2009) und es ab März 2009 wieder aufwärts ging. Meine persönliche Erfahrung als Zen-Priester, wenn ich mit Ausübenden sprach, die unter einem traumatischen Verlust litten, deckt sich mit der der Bischöfe der Episkopalkirche.

Die Diskussion über Trauer, Emotionen und Beziehungen ist sehr wichtig, denn etwas, das Trader vergessen oder nicht einmal realisieren, ist die Beziehung, in die sie beim Traden eintreten. Manche denken, sie würden eine Beziehung mit dem Markt eingehen, aber in

Wahrheit haben sie eine Beziehung mit sich selbst. Der Markt enthüllt Ihr wahres Ich. Samt all der Anhaftungen, die Ihren Schmerz verursachen. Zen geht davon aus, dass Beziehungen einer Ihrer größten Lehrmeister sein können. Denn schließlich tritt die Erkenntnis zutage, dass es nicht die Handlungen anderer sind, die das gespürte Unbehagen erzeugen, sondern die Ideen und Wahrnehmungen, die jemand bezüglich einer Situation hat. Ein weiterer Grund also, auf den weisen Rat Buddhas zu hören und herauszufinden, wer Sie wirklich sind. Hindernisse in Form von Anhaftung verschließen Ihren Geist, was wiederum zu Verlustgeschäften führt.

Anhaftung nimmt viele Ausprägungen an und kann sich auf etwas beziehen, das körperlos ist.

In dem Fall ist jemand emotional an etwas gebunden, das keine physische Gestalt aufweist, wie eine Idee oder Meinung. Denken Sie an die Anhaftung an etwas wie Intelligenz. Eine Person kann in einem Beruf oder Wissensgebiet sehr gut ausgebildet oder erfahren sein. Wird derjenige hinterfragt oder infrage gestellt oder liegt nachweislich falsch, so reagiert er möglicherweise abwehrend oder ausweichend. Ihm fehlt die Fähigkeit, zuzugeben, dass er unrecht hatte, oder einfach zu sagen: »Ich weiß es nicht.« Die Philosophie, »nicht zu wissen«, ist grundlegend im Zen und eine wichtige beim Traden – darauf werde ich später in diesem Kapitel noch eingehen.

Manche Menschen kleben emotional an ihrer Intelligenz, ihrem Denken, ihrer Ideologie oder ihren Meinungen. Wegen dieser Anhaftungen finden sie es schwierig, andere Ideen oder Möglichkeiten in Betracht zu ziehen. Albert Einstein, einer der großartigsten Denker aller Zeiten, wusste das und erklärte: »Probleme kann man niemals mit derselben Denkweise lösen, durch die sie entstanden sind.« Es gibt auch das wunderbare Zitat des berühmten Zen-Lehrers Shunryu Suzuki: »Der Anfängergeist hat viele Möglichkeiten, der des Experten nur wenige.«

Was Ihre Perspektiven über das Traden anbelangt, so können Sie nicht geistig flexibel sein oder auf eine weitere brillante Idee kommen, wenn Ihr Geist dem anhaftet, was er bereits zu haben glaubt!

Ein Trading-Beispiel für eine derartige Anhaftung wäre eine Aktie, die zu handeln Sie in Betracht ziehen – eine, von der Sie überzeugt sind, dass sie ein Gewinner ist. Nach ausgiebiger technischer und fundamentaler Recherche halten Sie es für eine sichere Sache, aber der Trade wendet sich gegen Sie und erreicht den Kurs, bei dem Sie eigentlich aussteigen wollten. Sie handeln nicht, weil Sie Ihrer ursprünglichen Entscheidung anhaften, Ihrer emotionalen Meinung über die Aktie. Nun kommt es zu viel seelischem Leid. Das Entscheidende ist, dass Sie die Realität der aktuellen Situation nicht akzeptieren: Der Aktienkurs ist nun an dem vorab von Ihnen festgelegten Ausstiegspunkt angelangt. Sie haften an Ihrer Vorstellung, wie Sie die Dinge gerne *hätten, statt anzuerkennen, wie sie sind.* Ihr Handeln wird bestimmt von dem, was Sie glauben und wollen: recht zu haben und Geld zu verdienen. Sie können die Realität nicht ertragen, dass Sie falschliegen und einen Verlust erleiden.

LOSGELÖST SEIN IM SINNE VON ZEN ÖFFNET IHREN GEIST FÜR GEWINNBRINGENDE TRADES

Der Buddhismus hat eine lange Geschichte des Förderns von Auseinandersetzung und aufgeschlossenem Denken bei Akademikern und Intellektuellen. In einigen tibetanischen Traditionen kann es 20 Jahre dauern, bis ein Mönch die Stufe des Geshe erreicht, die vergleichbar ist mit einem Doktortitel der Universität. Die Demut dieser Menschen ist tiefgreifend. Vor jeder Diskussion oder Debatte ist eine der ersten Erklärungen, die abgegeben wird, dass sie wenig wissen und jede von ihnen geäußerte Meinung rigoros hinterfragt werden müsse! Wenn doch nur unsere Politiker und religiösen Anführer genauso wenig an ihren Ideologien kleben würden.

Nach diesen Betrachtungen erkennen Sie nun vielleicht die Gemeinsamkeiten von Zen und Trading. Wir wissen, dass Trading im Kopf passiert und dass die Vorstellungen, die wir über das Traden haben, unsere Performance beeinflussen. Wenn wir an unseren Trading-Vorstellungen haften, sind wir nicht in der Lage, geistig flexibel zu sein.

Wenn Trader geistig nicht flexibel sind, fällt es ihnen schwer, andere Ideen in Betracht zu ziehen – den Nutzen in einer anderen Herangehensweise zu sehen. Zen fordert Sie auf, Ihren Geist von Hindernissen der Anhaftung zu befreien; neuen Möglichkeiten und Ideen den Zugang zu Ihrem Bewusstsein zu erlauben. Ein Geist, der bereit ist für alles – ein flexibler Geist ohne Erwartungen –, ist das größte Kapital des Traders.

Als nichtreligiöses Glaubenssystem lehrt Zen nicht das Konzept der Hölle. Stattdessen lehrt es, dass Leiden durch das Bilden von Anhaftungen verursacht wird. Wenn Sie aufgrund Ihres konditionierten Denkens erwarten, dass Ihr Leben und das anderer auf bestimmte Weise verläuft, dann sage ich Ihnen, dass Ihr Leben die Hölle sein wird. Wenn Sie an Ihren Trading-Konzepten, Verlusten, Gewinnen und Ergebnissen emotional festhalten, kann auch Ihr Trader-Leben die Hölle sein. Die Korrelation zwischen Ihren Anhaftungen im Leben und Ihren Anhaftungen beim Traden beträgt 100 Prozent.

Um gut zu traden, brauchen Sie Seelenfrieden. Um Seelenfrieden zu finden, müssen Sie lernen, loszulassen. Für Trader ist die Hölle hier auf Erden und sie ist bevölkert von jenen, die sich daran festklammern, wie die Dinge ihrer Meinung nach sein sollen – und nicht darauf eingehen, wie sie momentan tatsächlich sind.

PETES PERSÖNLICHE TRADING-STORY

Meine erste Erfahrung als Trader hatte ich im Teenageralter als Auszubildender. Ich kaufte kaputte Autos und reparierte und lackierte sie, um mir dann mit dem Geld durch den Wiederverkauf meine erste Immobilie kaufen zu können. (Mein Vater war Immobilieninvestor und sagte mir, der Aktienmarkt sei zu riskant, eine Angst, die ich überwinden musste.)

Ich mochte das Spritzlackieren und war gut darin. Es gelang mir, die Autos gut in Schuss zu bringen, aber ich hatte ein Problem mit dem Verkaufen. Ich haftete emotional an den Wagen. Ich erinnere mich noch an meinen Groll, wenn der Interessent einen niedrigen Preis vorschlug. Nachdem der Kauf endlich abgeschlossen war, stand ich dann auf der Straße und schaute dem davonfahrenden Auto nach, bis es außer Sichtweite war. Erst wenn ich das Auto nicht mehr sehen konnte, stieg in mir ein Gefühl der Befriedigung auf und erzeugte die Motivation, wieder ein Auto zu kaufen.

Sehr viel später in meinem Leben als Trader sollte ich diese Gefühle erneut erleben. Oftmals, wenn ich bei einem nicht gewünschten Kursstand aus einem Trade besser hätte aussteigen sollen, musste ich den Preis akzeptieren, den ich bekam, und mich von dem Preis verabschieden, den ich gerne gehabt hätte. Ich lernte, die gesunde Vorgehensweise anzunehmen, die Aktie nicht mehr permanent auf meinem Bildschirm zu verfolgen und aus meinem Portfolio herauszunehmen – und meinem Geist auf diese Weise zu ermöglichen, weiterzuziehen zu einem anderen Trade.

Das Folgende ist eine berühmte und lustige Zen-Geschichte über einen Akademiker, der an seinen Ideen, seinem Wissen und seiner Ausbildung haftete (körperlose Anhaftung) und deshalb unfähig war, die Sichtweise eines anderen anzuhören und in Erwägung zu ziehen.

EINE ZEN-GESCHICHTE

Ein Universitätsprofessor suchte einen berühmten Zen-Meister auf. Während der Meister schweigend Tee servierte, sprach der Professor über Zen. Der Meister füllte die Tasse des Professors bis zum Rand und goss immer weiter.

Der Professor sah zu, wie der Tee über den Rand lief, bis er nicht mehr an sich halten konnte. »Sie ist voll. Da passt nicht noch mehr rein!«, platzte er heraus.

»Das sind Sie«, antwortete der Meister. »Wie soll ich Ihnen Zen erklären, wenn Sie nicht zuerst Ihre Tasse leeren?«

KAPITELZUSAMMENFASSUNG

- Loslassen bedeutet nicht, keine Gefühle mehr zu haben.
- Ungesunde Anhaftung erzeugt Besessenheit und den Wunsch nach Über-Kontrolle.
- Sie können genauso an einer Meinung haften wie an einem physischen Objekt.
- Loslassen zu lernen, öffnet Ihren Geist, damit Sie die Begrenzungen und Einschränkungen sehen, die Ihr Geist erzeugt.

6

DAS ZEN-GEHEIMNIS DER NICHT-ANHAFTUNG

Wenn die Dinge ständig so laufen sollen, wie Sie es möchten, das jedoch nicht eintritt, werden Sie sehr wahrscheinlich seelische Qualen leiden.

Befassen Sie sich einmal mit folgenden Fragen über das Leben:

- Ist es wahrscheinlich, dass in Ihrem Leben alles so laufen wird, wie Sie wollen?
- Sind Ihre Lebensentscheidungen stets zu 100 Prozent von Erfolg gekrönt oder gab es auch schon Irrtümer und Verluste?
- Erwarten Sie, dass Ihr Leben fehlerfrei, perfekt und stets reibungslos verlaufen wird?
- Ist es wahrscheinlich, dass alles in Ihrem Leben sich so entwickeln wird, wie Sie es wünschen oder bevorzugen? Wie wahrscheinlich ist das?

Und nun die gleichen Fragen, angepasst an Trading:

- Ist es wahrscheinlich, dass bei Ihrem Trading alles so laufen wird, wie Sie wollen?
- Haben Sie eine 100-prozentige Gewinnrate beim Traden oder gab es auch schon Irrtümer und Verluste?
- Erwarten Sie, dass Ihr Traden fehlerfrei, perfekt und stets reibungslos verlaufen wird?

- Ist es wahrscheinlich, dass sich bei Ihrem Traden alles so entwickeln wird, wie Sie es wünschen oder bevorzugen? Wie wahrscheinlich ist das?

WAHRNEHMUNGEN ERZEUGEN LEIDEN

Erfahrene Zen-Praktizierende sagen, dass Zen keine große Kunst ist. Erschwert wird es nur durch Ihren konditionierten und unflexiblen Geist. Erfahrene Trader werden Ihnen dasselbe über das Traden sagen.

Unglückliche Menschen neigen dazu, eher zu jammern statt dankbar zu sein und die positive Seite einer Situation zu sehen. Weil ihr Geist unflexibel ist, fokussieren sie sich in der Regel auf das, was sie als falsch wahrnehmen und nicht auf das, was richtig sein könnte. Die meisten Trader verhalten sich ähnlich: Sie handeln reaktiv, statt bewusst darauf einzugehen. Zen-Meister sind bekannt für ihre nicht-reaktiven Antworten auf die meisten Lebensumstände.

Reaktive Handlungen (statt bewusstes Vorgehen) beim Traden entstehen oft durch das Fehlen eines soliden Plans. Darüber hinaus können sich viele Trader, wie bereits angesprochen, nicht an ihren Plan halten, wenn sie denn einen haben. Unangemessenes reaktives Handeln ist das Problem. Trader realisieren nicht, dass sie nicht auf den Markt reagieren, sondern in Wahrheit auf ihre eigene Wahrnehmung und Missbilligung der aktuellen Situation. Sie haben keinen Abstand zu dem, was auch immer gerade passiert. Stattdessen haften sie an dem möglichen Ergebnis, obwohl die meisten Ergebnisse unbekannt sind. Sie haben nicht gelernt, unangenehme Gefühle von den aktuellen Umständen zu lösen. Um ihre unangenehmen Gefühle zu lindern, reagieren sie. Reagieren bedeutet fast immer, ihre Trading-Regeln zu brechen, weil sie versuchen, ihr seelisches Leiden zu verringern.

Warum ist es aber so schwierig, sich zu lösen und eine Position der Nicht-Anhaftung einzunehmen – ruhig zu bleiben im Angesicht der Angst? Sich nicht aufzuregen, zu beunruhigen, wütend, enttäuscht, deprimiert oder ängstlich zu werden?

Weil unser Geist darauf konditioniert wurde, auf eine bestimmte Art und Weise zu denken. Zen-Buddhisten bezeichnen diese als »dualistisches Denken«.

DUALISTISCHES DENKEN IST DIE HAUPTURSACHE FÜR TRADING-GEWINNE UND -VERLUSTE

Wenn Sie aufhören können, die Welt dualistisch zu sehen, können Sie die Fähigkeit der Nicht-Anhaftung entwickeln.

Dualistisches Denken bedeutet, dass wir Objekte und Ideen als Dualitäten wahrnehmen: als *Zweiheiten*. Zu den Beispielen dualistischen Denkens zählen die mentalen Konzepte von groß oder klein, dick oder dünn, gut oder schlecht, dumm oder klug, fähig oder unfähig, reich oder arm, männlich oder weiblich, schwarz oder weiß, oben oder unten, richtig oder falsch. Dies sind alles Urteile und Etiketten, die wir den Dingen zuteilen und an denen wir wegen der Konditionierung unseres Geistes dann haften.

Uns fehlt die Fähigkeit, zu beobachten und urteilsfrei zu *sehen*. Wir teilen unseren Beobachtungen gewohnheitsmäßig Namen zu – und diese Namen stehen in Verbindung mit unserer Beurteilung der Situation oder des Objekts.

ES IST, WIE ES IST

Die Zen-Philosophie betrachtet alles so, *wie es ist*. Es ist unsere Denkweise, die erst die Dualität erzeugt – und folglich die Aufspaltung von allem. Gewohnheitsmäßiges dualistisches Denken (wozu die meisten Menschen erzogen wurden) trainiert den Verstand, zu erwarten, dass die Dinge auf eine bestimmte Weise sind. Wir haben uns angewöhnt, alles zu beurteilen und zu etikettieren und dann Annahmen zu treffen, oftmals ohne sämtliche Fakten der Situation zu kennen.

Wenn jemand diese Sichtweise der Aufspaltung, des dualistischen Denkens aufrechterhält, erlangt er die Überzeugung, dass Dinge stets gegensätzlich oder immer unterschiedlich sind. Alles wird entweder weniger oder mehr, du versus ich, wir oder sie, kann nicht oder kann, warum oder warum nicht, ja oder nein, hoch oder runter (um nur ein paar zu nennen). Dualistisches Denken ist der Grund dafür, dass Menschen Dinge nur schwarz oder weiß sehen. Sie verlieren die Fähigkeit, die Nuancen von Grau zu erkennen. In Wahrheit entsteht die Farbe Grau aus einer Kombination von Schwarz und Weiß und nicht dadurch, dass man die beiden Farben voneinander trennt. Ein weiteres Ergebnis ist die Unfähigkeit, zwischen den Zeilen zu lesen, weil in dem starren Geist Dinge nur auf die eine oder andere Art sein können: Das müssen sie, weil sie beurteilt und etikettiert wurden. Anhaftungen an diese Urteile setzen sich rasch fest.

Diese Philosophie des »Es ist, wie es ist« kann jedoch knifflig werden.

Sie denken vielleicht, dass manche Dinge oder Menschen wirklich dick, dünn, groß, klein, gut oder schlecht *sind*. Portfolios steigen und fallen *tatsächlich*, manche Menschen haben *wirklich* Pech in ihrem Leben, et cetera. Ja, ich stimme zu, dass diese Dinge wahr sind. Allerdings haben wir zu nahezu allem unterschiedliche Meinungen und diese hängen ab von unserer mentalen Konditionierung, entwickelt aus einer Kombination von Natur und Kultur. Ich bin zum Beispiel 170 Zentimeter groß. In Australien liegt das unter dem Durchschnitt von 179 Zentimetern und bedeutet »klein«. In manchen asiatischen Ländern gelte ich als Durchschnitt oder sogar als groß. Also, bin ich nun klein oder groß? Unterschiedliche Menschen haben unterschiedliche mentale Auffassungen und folglich unterschiedliche Erwartungen, je nach ihrer Konditionierung und dem, was sie gewohnt sind.

Ich bin alt genug, um mich an die Rassentrennung zu erinnern. Als Kind lebte ich in Papua-Neuguinea. An Samstagabenden hatten die Ureinwohner keinen Zutritt zu den umzäunten Freilichtkinos. Sie konnten nur aus der Ferne schauen, durch Löcher im Zaun oder in den nächstgelegenen Bäumen hockend. Damals hielt man die Rassentrennung für gerechtfertigt, heutzutage wäre das sittenwidrig. Diese Regeln existieren nicht länger, was also hat sich an dieser Situation geändert? Nur mentale Konzepte – die Menschen sind immer noch schwarz oder weiß.

Wie kommt es, dass manche eine Person attraktiv finden und andere nicht? Warum gelten große Menschen in manchen Kulturen als schön und in anderen Kulturen ist genau das Gegenteil der Fall? Diese Meinungen resultieren aus mentaler Konditionierung, in Dualismen zu benennen, zu beurteilen und zu denken.

Warum betrachtet der eine Trader einen fallenden Markt als Gelegenheit, während andere darin einen Grund zu großer Besorgnis sehen? Ein Trader reagiert vorschnell und verkauft seine Anteile beim ersten Anzeichen eines Marktrückgangs; der andere hält seine Aktien, bis seine Methode ihm sagt, dass er aussteigen muss, oder er kauft sogar noch, wenn das seinem Plan entspricht. Wieder ein anderer Trader platziert einen Kauf auf dem Markt zu Kurswerten, um den Vorteil des vorzeitigen Verkaufs zu nutzen. Diese Gedanken und Handlungen sind das Ergebnis mentaler Konditionierung, in Dualismen aufzuteilen, zu urteilen (Gelegenheit, Wert, Katastrophe) und zu denken. In Wahrheit weiß keiner dieser Trader, was passieren wird, aber die Mehrheit geht davon aus, richtig zu liegen.

Um ein kompetenter Trader zu sein, müssen Sie den Verstand von vorgefassten Konzepten abkoppeln: beurteilen oder benennen oder dualistisches Denken. Gewohnheitsmäßiges dualistisches Denken wird oft verursacht durch Überanalysieren oder obsessives Nachdenken darüber, was richtig ist, wodurch ein überwältigender Wunsch geweckt wird, die Kontrolle zu erlangen. Ein Bewusstsein für dualistisches Denken zu entwickeln, erzeugt eine Flexibilität des Geistes. Das Konzept der Dualität gründlich zu verstehen, lässt uns erkennen, dass wir diejenigen sind, die in unseren Köpfen Reibung erzeugen, und nicht andere Personen, Objekte oder Situationen. Marktvolatilität ist eine Folge dessen, dass die Gedanken des Händlers wild hin und her springen, an einem Tag im Hinblick auf den Markt optimistisch und am anderen pessimistisch sind. Sie müssen sich Ihrer dualistischen Denkweise bewusst werden und das Bewusstsein erlangen, dass sich Ihr Geist genauso stark bewegt wie der Markt – tatsächlich für gewöhnlich sogar mehr!

Die Dualität in Ihrem Kopf erzeugt den Markt, den Sie sehen.

Vielleicht beginnen Sie jetzt, die Zen-Philosophie zu verstehen, dass alles, absolut alles – sei es ein Konzept über das Physische (wie dick oder dünn) oder ein Konzept über das Nicht-Materielle (wie gut oder schlecht) – nur aufgrund unserer Wahrnehmung existiert, wegen der Art, wie unser Verstand etwas wahrnimmt. Der Verstand blendet andere Möglichkeiten oft aus. Wenn ich trade, frage ich mich zum Beispiel häufig: »Sehe ich das, was zu denken und zu sehen ich konditioniert wurde, oder sehe ich das, was tatsächlich passiert?« Diese Frage hilft mir, meine Gedanken von meinem gewohnheitsmäßigen dualistischen Denken zu entkoppeln und andere Möglichkeiten in Betracht zu ziehen.

Wir – genauer gesagt unsere Gedanken, gekoppelt mit gewohnheitsmäßigem dualistischem Denken – erzeugen und benennen dann ein Objekt oder Subjekt, wodurch sich ein persönliches Bedeutungsniveau ergibt.

Die meisten Dinge erhalten für uns deshalb so viel Bedeutung, weil wir wollen, dass sie so sind, wie wir es gerne hätten. Und in den meisten Fällen, in denen Situationen nicht so sind, wie sie unserer Meinung nach sein sollten, verspüren wir großes Leid.

ZEN-DENKEN KANN DEN MENTALEN SCHMERZ DES ANHAFTENS KURIEREN

In einem der vorhergehenden Kapitel erwähnte ich, dass eines der krassesten Beispiele für Anhaftung der Krieg sei. Beide Seiten, die oftmals über eine Ideologie streiten, sind bereit, sich gegenseitig zu töten, um recht zu behalten. Aus buddhistischer Sicht töten sich Menschen gegenseitig wegen einer Idee bar jeder Logik: Wie dumm ist das denn? Eine Idee, die ursprünglich bedeutungslos ist, aber durch unsere Anhaftung an bestimmte Überzeugungen Bedeutung erhält.

Einige Buddhismus-Praktizierende verzweifeln förmlich, wenn sie die Menge an Leid in der Welt sehen, das durch die Anhaftung an Konzepte und Ideen entsteht. Oftmals ist es das Erkennen und Loslassen dieser Beobachtung des Leidens (ihres eigenen ebenso wie des Leids der anderen), das die Praktizierenden ins Nirwana (oder zur Erleuchtung) oder einfach zu Weisheit führt.

Trader erleiden eine ähnliche Frustration, sie beobachten oft scheinbar irrationale oder unvorhersehbare Situationen in den Märkten. Sie verspüren das Bedürfnis, korrekt zu sein, den Grund zu finden, Ergebnisse vorherzusagen und zu beurteilen. Es ist jedoch das Erkennen und Loslassen dieser Bedürfnisse, was den Trader auf die nächste Ebene der Meisterschaft bringt.

Trading-Meisterschaft ist wie das Nirwana kein Ort und keine Sache, sondern ein Geisteszustand. Ein Geisteszustand, entwickelt aus einem Verständnis, wie leicht sich der Verstand an so viele Dinge klammert – weil er gewohnt ist, an dualistischem Denken festzuhalten, dem Bedürfnis, allen Dingen einen Namen und dann eine Beurteilung zuzuteilen.

Wenn wir noch einmal über diese zentrale Lehre des Buddhismus nachdenken, dass Leiden verursacht wird durch Anhaftung an alle physischen und nicht-physischen Dinge, müssen wir uns im Klaren sein über unseren konditionierten Geist und seine Art, in Dualismen zu denken. Das ist der Schlüssel zum Seelenfrieden. Denn was bringt es, Zen zu erlernen, wenn nicht, sich vom Leiden zu befreien und glücklich zu sein? Oder, aus der Perspektive eines Traders: gelassen und erfolgreicher zu sein und endlich den Verstand davon abzuhalten, sich durch das Nichterkennen des eigentlichen Problems selbst zu sabotieren und ständig Verluste einzufahren.

PETES PERSÖNLICHE TRADING-STORY

Das Folgende betrachte ich als meinen besten Trade aller Zeiten, einen, der eine extreme Loslösung darstellte: Es ging um einen großen Verlust. Ganz zu Anfang meiner Zeit als Trader abonnierte ich jede Menge Ratgeber-Newsletter, von denen einer von einem berühmten Börsenmakler in Sydney verfasst wurde. »Mr. R.« war vor allem ein Trader, der sich auf die Analyse von Fundamentaldaten stützte. Er riet seinen Kunden, eine Aktie namens »Pasminco« zu kaufen: ein Bergbau- und Produktionsunternehmen im Bereich Zink, Silber und Blei. Ich folgte seinem Rat und kaufte ein großes Paket – 20 Prozent meines Portfolios legte ich in dieser Aktie an, viel zu umfangreich für meine Portfoliogröße. Der Kurs der Aktie fiel und Mr. R. riet, noch mehr zu kaufen, also kaufte ich weitere 20 Prozent, sodass nun 40 Prozent meines Portfolios in einer Aktie steckten. Der Kurs der Aktie fiel weiter. Mr. R. empfahl sie immer weiter.

Mein Konto stürzte ab. Obwohl ich als Trader ein Neuling war, wusste ich, dass etwas nicht stimmte. Der Aktienkurs fiel und ich hatte genug Trader-Ausbildung, um zu wissen, was zu tun war. Ich musste loslassen, mich lösen, die Situation akzeptieren und verkaufen. Ich drückte den »Verkaufen«-Knopf und musste einen großen Verlust bei meinem Handelskapital hinnehmen.

Der Kurs fiel weiter bis auf null und die Aktie wurde schließlich vom Markt entfernt. Obwohl ich einen großen Verlust hinnehmen musste – einen der größten in meiner gesamten Trader-Laufbahn –, erhielt ich eine der wichtigsten Lektionen und hatte genügend Kapital übrig, um weiter traden zu können. Hätte ich an der Aktie festgehalten, die Realität nicht akzeptiert, sondern unbedingt ein anderes Ergebnis haben wollen, hätte das wohl meinen gesamten Account zerstört und ich würde dieses Buch vermutlich nicht schreiben.

Die folgende Geschichte ist ein Beispiel für die Nicht-Anhaftung eines Zen-Meisters an das Benennen und Beurteilen anderer.

EINE ZEN-GESCHICHTE

Der Zen-Meister Hakuin wurde von seinen Nachbarn gepriesen, weil er ein so reines Leben führte. In seiner Nähe lebte ein wunderschönes japanisches Mädchen, deren Eltern ein Lebensmittelgeschäft führten. Plötzlich, ohne Vorwarnung, entdeckten diese Eltern, dass ihre Tochter schwanger war. Das machte sie sehr wütend. Das Mädchen wollte ihnen nicht gestehen, wer der Vater war, aber nachdem sie lange bedrängt worden war, nannte sie Hakuin.

In großem Zorn gingen die Eltern zu Hakuin. Dessen Antwort war simpel: »Ist das so?«

Als das Kind geboren worden war, brachten die Eltern es zu Hakuin, der nun für das ganze Dorf ein Ausgestoßener war. Die Eltern verlangten, dass er sich um das Kind kümmere, da es seine Verantwortung sei.

»Ist das so?«, erwiderte Hakuin ruhig, während er das Kind entgegennahm.

Ein Jahr später hielt die Kindsmutter es nicht länger aus. Sie erzählte ihren Eltern die Wahrheit: dass der Vater des Kindes ein junger Mann sei, der auf dem Fischmarkt arbeite. Die Mutter und der Vater des Mädchens gingen sofort zu Hakuin und wollten seine Vergebung. Sie entschuldigten sich ausführlich bei ihm und forderten das Kind zurück.

Hakuin willigte ein. Er übergab ihnen das Kind und sagte nur: »Ist das so?«

KAPITELZUSAMMENFASSUNG

- Dualistisches Denken ist die Hauptursache von Anhaftung.
- Sich seines dualistischen Denkens nicht bewusst zu sein, lässt die Anhaftung um sich greifen.
- Zu wollen, dass die Dinge stets so sind, wie man es möchte, ist ein Anzeichen von Anhaftung.
- Um zu vermeiden, sich an Objekte und Ideen anzuhaften, müssen Sie sich daran erinnern, dass alles lediglich Ihre Wahrnehmung ist, häufig verursacht durch gewohnheitsmäßiges Denken.

DAS ZIEL VON ZEN

Wenn es beim Praktizieren von Zen ein Ziel gibt, dann besteht es darin, Glück zu erzeugen oder zumindest Leiden zu beseitigen und eine Ebene der Zufriedenheit zu schaffen.

Lassen Sie uns erneut einen Blick auf die ersten beiden Aussagen Buddhas werfen:

1. Das Leben ist leidvoll (das Wort »leidvoll« wird oft im Sinne von »unbefriedigend« verstanden).
2. Die Ursache für das Leiden (die Unzufriedenheit) ist Anhaftung.

Wenn die Ursache des Leidens die Anhaftung ist, was ist dann das Gegenmittel? Anscheinend das Loslassen, aber wie läuft das ab?

Von was genau lösen wir uns?

Schauen wir uns noch einmal die Theorie des dualistischen Denkens an: Wenn wir einen ersten Gedanken haben, fügen wir diesem einen zweiten (oder mehrere) hinzu. Erst denken wir an ein Objekt, eine Idee et cetera und im zweiten Schritt denken wir, dass selbige(s) gut, schlecht, falsch, richtig und so weiter ist. Wir sehen vielleicht eine Person, die wir attraktiv finden, und sofort folgen Gedanken und Beurteilungen wie: Derjenige ist glücklich, eingebildet, reich oder unnahbar. Wir können neidisch, deprimiert, bedauernd, ängstlich sein, über Verlust nachdenken und so weiter. Diese Gedanken können noch eine weitere emotionale Komponente haben und möglicherweise eine körperliche Reaktion auslösen. Dualistische Gedanken entwickeln sich entweder dazu, angenehm und wünschenswert zu sein, oder dazu, unangenehm und unerwünscht zu sein. In letzterem Fall leiden wir.

Leiden erzeugt oft den Wunsch, zu handeln; eine Maßnahme zu ergreifen, die die seelische Qual verringert oder verschwinden lässt. Das Handeln kann unterschiedliche Formen annehmen, aber normalerweise handeln wir entweder mental oder physisch. Wir können mental handeln, indem wir Partei ergreifen oder Stellung nehmen, wie das Beurteilen der Situation als »richtig« oder »falsch«. Wir können körperlich handeln, indem wir die Kontrolle herbeiführen durch die Entscheidung, diese attraktive Person zu meiden, oder indem wir uns aus dieser Situation entfernen. Aber was wäre, wenn wir, statt auf eine Kontrollstrategie zurückzugreifen, um das Leiden zu mindern, Buddhas Strategie der Nicht-Anhaftung implementieren – und einfach nur beobachten?

Wenn wir Gedanken hegen, die reine Beobachtung sind – wie zum Beispiel: »Dort ist eine Person, die viele als attraktiv ansehen würden« –, und an diesen ersten Gedanken nicht unser dualistisches Denken heften, vermeiden wir das Leiden. Es gibt keine herausfordernden emotionalen Reaktionen und es ist auch nicht notwendig, zu kontrollieren oder zu vermeiden. Wenn Sie all Ihre Gedanken untersuchen, werden Sie feststellen, dass Sie gewohnheitsmäßig an den ersten Gedanken etliche beurteilende Gedanken fügen – positive oder negative. Existiert dieses Denkmuster, dann ist unschwer zu erkennen, dass Sie relativ schnell leiden werden – oder zumindest verwirrt, betrübt oder möglicherweise überwältigt sind.

Ist es möglich, diese Vorstellungen von nicht-anhaftendem Denken auf das Traden zu übertragen, unbegründete Annahmen zu ignorieren und keine negativen Beurteilungen und Etiketten mehr anzuwenden?

DAS ZIEL VON ZEN BEIM TRADEN

Ziele zu haben ist ein wichtiger Bestandteil erfolgreichen Tradens. Ein entscheidendes Ziel, das erreicht werden muss, ist die Fähigkeit, mit minimalem Stress am Aktienmarkt zu agieren. Der Stress und die Seelenqual, unter dem/der viele Trader leiden, sind die größten Hindernisse beim erfolgreichen Traden.

Wenn es eine Sache gibt, die beim Implementieren von Zen in das Trading-Verhalten erreicht werden muss, dann ist es die im zweiten Satz des vorigen Absatzes beschriebene. Mehr als alles andere hemmt seelisches Leiden die Denkfähigkeit des Traders. Dieses seelische Leiden ist oft auf übermäßiges Denken zurückzuführen, auf reaktives Handeln, statt bewusst mit der Situation umzugehen, und manchmal sogar auf Panik – was wiederum häufig zu übertriebenen Handelsaktivitäten führt – ein Fehler, den es zu vermeiden gilt.

Wirklich erforderlich ist dagegen, weniger zu denken und stattdessen mehr bewusst wahrzunehmen.

Zen-Meister und erfahrene Zen-Praktizierende behaupten, dass ultimatives Wissen und Können nicht allein durch Denken erworben werden können. Tatsächlich wird im Zen vom übermäßigen Denken abgeraten.

Zum Nicht-Anhaften an das Denken wird ermutigt, um die Fähigkeit der Beobachtung zu entwickeln.

Oftmals (oder vielleicht gelegentlich) müssen Sie gespürt haben, dass eine Situation nicht *richtig* war; sie fühlte sich einfach nicht richtig an. Es gab ein Bauchgefühl oder eine Intuition, trotz dessen oder der Sie jedoch mit der von Ihrem Denken bestimmten Handlung fortfuhren. Später erwiesen sich Ihre Zweifel dann als berechtigt. Irgendwie wussten Sie, dass etwas nicht in Ordnung war. Wir sind so sehr daran gewöhnt, erlernte Logik, Analyse und kritisches Denken anzuwenden, dass es uns schwerfällt, uns von diesen Gedankenprozessen zu lösen und die Möglichkeit eines unerklärlichen *Wissens* zuzulassen.

Das mag sich für Sie unwissenschaftlich und spekulativ anhören – aber denken Sie einmal über eine weitere Frage nach, die ich mir häufig beim Traden stelle: »Sehe ich, was passiert, oder sehe ich das, was meine Gedanken mich denken und fühlen lassen?«

Das Konzept des nicht in Worte zu fassenden Wissens gibt es nicht nur im Zen. Dieses Wissen kann verstärkt werden durch die Zen-Praxis des Loslösens (der Abkopplung) vom kritischen Denken, um eine neue Sichtweise zuzulassen. Dies ist die Sichtweise der beurteilungsfreien Beobachtung.

ZEN UND WESTLICHES DENKEN

Vor allem im Westen wird uns beigebracht, kritisch zu denken. Descartes' Grundsatz »Ich denke, also bin ich« erweist möglicherweise dem erweiterten Denken der Menschheit einen großen Bärendienst. Er ignoriert nämlich die Möglichkeit einer Intelligenz jenseits von kritischem und kognitivem Denken.

Die Untersuchung des Denkens ist die Voraussetzung für viele Verfahren in der westlichen Psychologie. Diejenigen, die sich in der Psychologie auskennen, werden wissen, dass die Kognitive Verhaltenstherapie (KVT) wenn auch nicht ersetzt, so doch durch viele Verfahren begleitet wird, die mit den Lehren des Buddhismus und von Zen übereinstimmen. Zum Beispiel basiert die Akzeptanz- und Commitment-Therapie (ACT)[6] auf der buddhistischen Philosophie des Akzeptierens der Gegenwart und der Verpflichtung zu einem neuen Weg: einem Weg mit einem Ziel, zu dem ein vorher festgelegter Plan führt.

Ein Beispiel für ACT in der Praxis wäre ein einsichtiger Trader, der akzeptiert, dass seine derzeitige Methode nicht funktioniert, und sich daraufhin einer neuen Methode verpflichtet. Noch wichtiger ist vielleicht die Erkenntnis und Einsicht des Traders, dass weder der Markt noch die Methode das Hindernis sind, sondern möglicherweise das von Anhaftungen begleitete Denken, wie er oder sie die Dinge gern hätte.

Die Dialektisch-Behaviorale Therapie (DBT, auch dialektische Verhaltenstherapie) ist ein weiteres, in der Psychologie angewandtes Verfahren – eines, das sich auf Fähigkeiten wie Akzeptieren, Sinnfindung und das Aushalten von Leid konzentriert, wobei der Schwerpunkt auf dem gekonnten Ertragen von Leid liegt. Diese Fähigkeiten können nicht erlangt werden, wenn die Person entweder sich selbst oder die Situation beurteilt. Die Fähigkeit, sich von Gedanken der Angst zu lö-

---

6 Anm. d. Üs.: ACT zielt darauf ab, Vermeidungsverhalten abzubauen (»Acceptance«) und wertebezogenes, engagiertes Handeln (»Commitment«) aufzubauen.

sen – der Angst vor Verlust und der Angst, etwas zu verpassen –, ist die größte Fähigkeit, die ein Trader entwickeln kann. Sie ist beinahe vergleichbar mit dem Ausschalten der Todesangst, stark ausgeprägt in der japanischen Militärkultur des Bushido.

Sich aus einer Situation herauszudenken, funktioniert meistens nicht; sie so zu akzeptieren, *wie sie ist*, dagegen schon.

Akzeptieren bedeutet nicht, die Situation gut zu finden, aber es beseitigt das Hindernis der Missbilligung und erlaubt dem Verstand, eine alternative Antwort zu sehen. Das Entwickeln hilfreicher Mittel ist eine uralte buddhistische Philosophie. Beim Traden müssen Sie sich bewusst sein, wie Ihr Verstand arbeitet und welche gewohnheitsmäßigen Gedanken er kontinuierlich hervorbringt.

Die Abbildungen 7.1 und 7.2 zeigen zum Beispiel zwei verschiedene Denkweisen über ein und denselben Handel: eine mit extremer Anhaftung an den Kursverlauf, die andere beobachtet nur – ohne zu beurteilen.

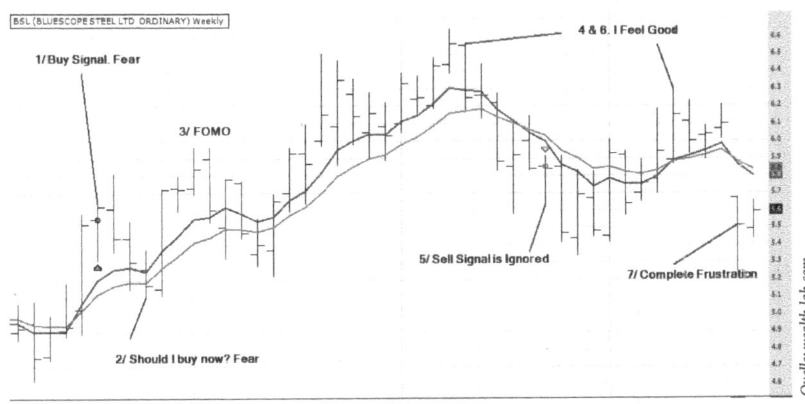

Abbildung 7.1: Anhaftung an Kursentwicklung

Abbildung 7.1. zeigt einen Aktienhandel aus einem einfachen Trend-Trading-System auf Wochenbasis. Das Kaufsignal erfolgt, wenn der Kurs sein 52-Wochen-Hoch erreicht, und der Verkauf, wenn der Kurs unter den exponentiellen gleitenden Sieben-Wochen- beziehungsweise Zwölf-Wochen-Durchschnitt fällt.

Die widersprüchlichen Gedanken (und folglich die reaktive Handlung) vieler Trader sehen so aus:

1. Sie zögern beim Kaufsignal, warten wegen des starken Aufwärtsbalkens und entwickeln ängstliche Gedanken, weil sie den Kurs als zu hoch beurteilen und etikettieren; sie versprechen sich, zu kaufen, sobald der Kurs sinkt.
2. Sie zögern bei der zweiten Kaufchance, weil der Kurs fällt; sie beurteilen und etikettieren die Situation als gefährlich; sie entwickeln ängstliche Gedanken, dass der Kurs weiter fallen wird, trotz der Tatsache, dass sie sich versprochen haben, zu kaufen, falls diese Situation eintritt.
3. Sie kaufen spät in dem Trend und verringern den potenziellen Profit. Nachdem sie beim ersten oder zweiten Mal nicht gekauft haben, ist ihr Vorgehen nun angstgetrieben, sie fürchten, einen guten Trade zu verpassen (FOMO). Sie hadern mit sich, nicht früher gekauft zu haben; sie beurteilen und etikettieren sich selbst als inkompetenten Trader.
4. Sie fühlen sich großartig, weil der Kurs steigt und die Zeichen auf Gewinn stehen. Vermutlich fühlen sie sich bestätigt, die richtige Entscheidung getroffen zu haben; möglicherweise gratulieren sie sich mit dem Gedanken, tapfer und resilient zu sein.
5. Sie fühlen sich schlecht, weil der Trade einen Verkauf anzeigt; sie sind an der Gewinnschwelle, weil sie erst bei Gedanke 3 gekauft haben. Sie verkaufen nicht, sondern hoffen, dass der Kurs wieder zu den vorherigen Höhen aufsteigt. Sie verurteilen sich für ihren Irrtum – oder den Markt dafür, dass er schlecht ist, oder das System, weil es nicht funktioniert – und treffen viele weitere negative Annahmen.
6. An dieser Stelle fühlen sie sich gut, weil der Kurs wieder steigt, sie freuen sich, dass sie das Kaufsignal bei Gedanke 5 nicht umgesetzt haben, auch wenn sie wissen, dass sie sich nicht an das System halten, was sie eigentlich versprochen haben. Irgendwie verspüren sie ein unerklärliches, ungutes Gefühl.
7. Die Aktie stürzt weit unter das Kaufsignal ab. Der Handel ist ein Verlust, weil sie spät gekauft und spät verkauft haben. Sie fühlen

> sich enorm gestresst und frustriert. Ihnen wird klar, dass, wenn sie sich an das System gehalten und sowohl beim Kaufsignal als auch beim Verkaufssignal schnell gehandelt hätten, der Trade zu einem kleinen Profit geworden wäre und nicht zu dem großen Verlust, der er nun ist.

Nun stehen sie vor der Entscheidung, was sie tun sollen. Manche verkaufen, andere nicht und halten die Aktie, möglicherweise über Jahre, während der Kurs weiter fällt. Sie werden so ständig daran erinnert, was für ein schlechter Trader sie sind.

Statt dass der Trade einen kleinen Gewinn hervorbringt, verlieren sie Geld und Selbstvertrauen, fühlen sich frustriert und verwirrt und suchen nach jemandem oder etwas, dem sie die Schuld geben können – oftmals sich selbst. Vielleicht suchen sie nach einer anderen Methode, einer, »die funktioniert«. Ihre psychischen Probleme im Zusammenhang mit dem Traden werden noch verstärkt. Es ist eine schmerzhafte und teure Lektion.

Erkennen Sie, dass alle für diese Trader entstehenden Probleme nichts mit dem Markt zu tun haben, dem System, der Aktie, anderen Tradern, Marktbeobachtern, Indikatoren, Volumen, Insiderhandel, Handelsrobotern oder sonst etwas?

Und nun schauen Sie sich den nächsten Trade an, durchgeführt mit einem Zen-Mindset.

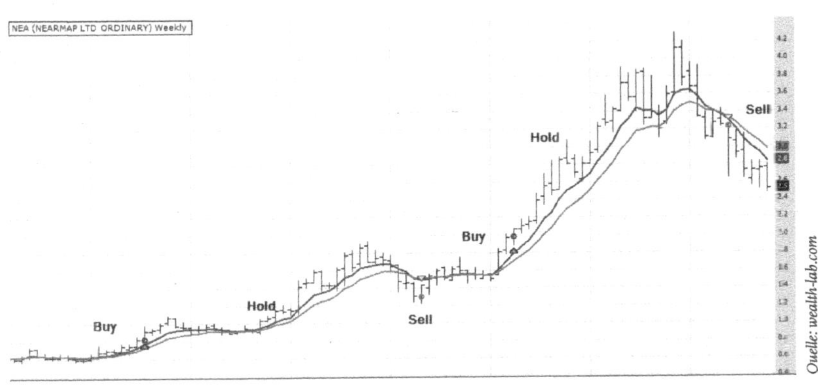

Abbildung 7.2: Zen-Mindset

Trend-Trading ist einfach: Sie müssen eine Aktie kaufen, wenn der Kurs steigt, und sie halten, bis das Verkaufssignal gegeben wird. Jegliches Denken über andere Möglichkeiten wird von Ihnen erzeugt, nicht vom Markt. In dem Beispiel in Abbildung 7.2 unter Anwendung desselben Systems handelt der Zen-Trader beim Kaufsignal, hält die Aktie, bis das Verkaufssignal ausgelöst wird, und verkauft dann.

Dieser Ablauf kann bei Bedarf wiederholt werden. Dieses spezielle Beispiel beruht auf einem wöchentlichen System, aber der Zeitrahmen ist irrelevant für das Beherrschen des erforderlichen mentalen Prozesses. Für welchen Zeitrahmen auch immer Sie sich entscheiden, die Fähigkeit, die Sie benötigen, um sich daran zu halten, ist eine der Beobachtung, begleitet von Loslassen. Das wird Ihnen helfen, an jeder Methode festzuhalten.

Ängstliche und beurteilende Gedanken werden Ihnen definitiv durch den Kopf gehen, aber Sie müssen nicht unbedingt danach handeln. Sie werden als das erkannt, was sie sind: ein Konglomerat von Reaktionen auf jede Menge Namen und Etiketten.

Ängstliche Gedanken werden nicht kontrolliert, unterdrückt, als schlecht oder gut bezeichnet, als nützlich oder nutzlos, oder mit irgendeiner anderen Beurteilung oder Etikettierung versehen. Es sind lediglich Gedanken, die man beobachtet – Gedanken, die normal sind für jeden, der in einer Umgebung mit unbekanntem Ergebnis agiert, wie dem Aktienhandel.

Auch Zen-Meister haben ängstliche Gedanken. Der Unterschied besteht darin, dass sie diese Gedanken als das erkennen, was sie sind, und ihnen erlauben, vorbeizuziehen, ohne sie zu beurteilen und unnötig zu handeln.

Im folgenden Kapitel werden wir sehen, dass dem übermäßig denkenden und reaktiven Trader auch noch so viel Achtsamkeit nicht hilft. Wir können auf die Kursfluktuation achten, aber manchmal ist zu viel Achten schädlich, wirkungsvoller ist es, loszulassen – nicht zu beurteilen, nicht zu etikettieren – und Ihr zerstörerisches dualistisches Denken zu erkennen. Diese Eigenschaften werden Ihnen helfen, sich an einfache, zur Gewinnerzielung konzipierte Verfahren zu halten.

PETES PERSÖNLICHE TRADING-STORY

Im Jahr 2004 war ich gebeten worden, in einem Trader-Club unweit meines Wohnorts an der Central Coast von New South Wales, Australien, einen Vortrag zu halten. Gegen Ende der Veranstaltung traten drei Männer an mich heran, die eine Forschungs- und Entwicklungsgruppe gegründet hatten, die eine Backtesting-Software verwendete. Zwei von ihnen waren Vollzeit-Trader, der dritte ein Software-Programmierer. Sie alle verfügten über großartige Computer- und Programmierfähigkeiten, die meine bei Weitem übertrafen. Allerdings besaß ich die größte Trading-Erfahrung. Wir arbeiteten ein paar Jahre lang zusammen, entwickelten ein paar großartige Systeme und schafften es außerdem, ein bisschen Geld zu verdienen. Die globale Finanzkrise war im Anmarsch und die Märkte waren stark, der Trend ging also definitiv nach oben. Allerdings hatten wir alle ein Problem – wir konnten nicht bei einer Methode bleiben. Damals identifizierte ich das zweite große Problem, das Trader haben: mangelndes Festhalten an einer Methode. Trotz unserer kombinierten Intelligenz und Erfahrung machten wir vier nicht so viel Geld, wie möglich gewesen wäre. Bei unserer mentalen Herangehensweise an das Traden fehlte etwas Entscheidendes. Wir wollten (oder konnten) nicht an unseren entwickelten Methoden festhalten, weil wir nicht die Fähigkeit der Loslösung und Beobachtung ohne Beurteilung erlernt hatten.

EINE ZEN-WEISHEIT

Es ist nicht notwendig, irgendetwas zu tun, es ist notwendig, nichts zu tun.

KAPITELZUSAMMENFASSUNG

- Beim Traden geht es nicht darum, was Sie denken, sondern wie Sie Ihre Gedanken beurteilen und etikettieren.
- Nicht die Methode oder der Markt sind das Hindernis. Denken, begleitet von Anhaftung, sind es.
- Akzeptanz bedeutet nicht, die Situation gutzuheißen, aber sie löst das Hindernis der Ablehnung auf und erlaubt dem Verstand, eine alternative Antwort zu sehen.
- Ängstliche Gedanken sollten nicht kontrolliert, unterdrückt, als schlecht, gut, nützlich oder nutzlos bezeichnet werden oder irgendein anderes Urteil oder Etikett bekommen.
- Zen-Meister haben ängstliche Gedanken. Der Unterschied besteht darin, dass sie diese Gedanken nicht beurteilen und etikettieren. Das hält den Geist davon ab, reaktiv vorzugehen und ermöglicht eine angemessenere Antwort.
- Die angemessene Antwort besteht oft darin, nichts zu tun – zum Beispiel die Aktie zu halten, weil kein Verkaufssignal vorliegt.

ACHTSAMKEIT ALLEIN IST NICHT ZEN

WAS IST ACHTSAMKEIT?

Achtsamkeit bedeutet, auf das zu achten, was Sie denken; es ist die erste Voraussetzung für die Entwicklung der Beherrschung des Geistes. Wenn Sie auf dem Weg zur Arbeit durch die Haustür gehen und vergessen, etwas mitzunehmen (Schlüssel, Brieftasche, Portemonnaie, Sonnenbrille, Handy et cetera), sind Sie nicht achtsam. Der Grund dafür ist einfach: Sie waren abgelenkt, weil Sie an anderes gedacht haben. Sie können sich jetzt natürlich verteidigen und sagen: »Aber bei mir war an diesem Morgen so viel los. Die Kinder haben geschrien, meine bessere Hälfte war gestresst, ich war zu spät dran, mein Handy klingelte und der Hund hat gebellt!« Meine Achtsamkeit ist jedoch die Fähigkeit, mich auf die anstehende Aufgabe zu fokussieren und meinem Verstand nicht zu erlauben, sich ablenken zu lassen. Diese Fähigkeit müssen viele von uns erst lernen, da sie oft nicht von Natur aus da ist.

Viele Menschen leben ihr Leben in einem unbewussten Geisteszustand. Sie lassen zu, dass Ablenkungen ihr Denken beherrschen, und sind unfähig, sich auf eine oder zwei Aufgaben zu konzentrieren und fokussiert zu bleiben. Ihr Verstand springt von einem Gedanken zum anderen. Sie lassen zu, dass ihre Umgebung sie ablenkt und stresst, was zu Vergesslichkeit und Unkonzentriertheit führt. Diesen Geisteszustand bezeichnen viele asiatische Meditationslehrer als »Monkey

Mind«, das »Gedankenkarussell«. Für uns im Westen wäre ein Welpe ein guter Vergleich. Welpen haben ebenso wie Affen – monkeys – eine kurze Aufmerksamkeitsspanne. Sie folgen ihrer Nase – ein neuer Geruch und ein neuer Duft dort –, ihre Richtung und ihr Fokus wechseln ständig.

Achtsam zu werden bedeutet im ersten Schritt, ein Bewusstsein für Ihr sprunghaftes Denken zu entwickeln und dann zu lernen, es zu verändern.

EIN ZEN-GEISTESZUSTAND

Wenn Sie achtsam gegenüber Ihren Gedanken werden, verbessert sich Ihre Konzentrationsfähigkeit. Das macht Sie aber nicht zwangsläufig zu einem besseren Menschen oder Trader. Bestimmt kennen Sie jemanden, der sehr intelligent oder fachlich kompetent ist – vielleicht ein Lehrer, Wissenschaftler, Pilot oder Chirurg; aber besitzt diese Person auch emotionale Intelligenz? Und geht sie bewusst damit um? Vielleicht, aber wir wissen, dass das nicht immer so ist. Und woran liegt das?

Die Antwort lautet, dass viele Menschen nicht gelernt haben, loszulassen.

Achtsam zu sein ist eine großartige Fähigkeit – sogar eine notwendige Fähigkeit, um ein guter Trader oder Zen-Praktizierender zu sein, aber sie muss einhergehen mit der Fähigkeit, Ihr dualistisches Denken zu erkennen, denn das ist der Schlüssel, um loslassen zu lernen.

Betrachten Sie das Szenario der Achtsamkeit im Vergleich zum Loslassen:

Heute ist für Sie ein Trading-Tag. Sie wachen früh auf und machen einen Spaziergang, meditieren ein bisschen, nehmen ein gesundes Frühstück zu sich und setzen sich an Ihren Computer. Bevor der Markt öffnet, überprüfen Sie die Märkte in Übersee und stellen fest, dass diese im Aufschwung sind. Sie führen mit Ihrer Software ein paar Scans durch, überprüfen Warnmeldungen – Sie sind fokussiert und entspannt. Sie sind sich Ihrer Handlungen bewusst.

Der Markt öffnet und befindet sich am Boden. Sie sind überrascht, sie haben das nicht erwartet. Sie beginnen zu denken, dass dies ein schlechter Tag werden wird. Sie haben soeben den Markt als »schlecht« etikettiert und völlig das Bewusstsein dafür verloren, wie Sie denken. Sie schließen nicht die geplanten Handel ab. Der Markt ist schlecht, also verkaufen Sie Aktien, die Sie eigentlich hatten halten wollen.

Mittags dreht der Markt und erholt sich wieder. Ihre ursprüngliche Analyse war richtig gewesen: Die Aktien, die Sie bei Marktöffnung zu einem niedrigeren Kurs hätten kaufen können, sind mittlerweile im Preis gestiegen. Die Aktien, die Sie zu einem niedrigen Kurs verkauft haben, sind mittlerweile über den Wert gestiegen, zu dem Sie verkauft haben. Die Gelegenheit ist verpasst und Gewinne wurden liegen gelassen. Sie sind gestresst, frustriert, bedauern und kommen sich dumm vor. Später hören Sie den negativen Kommentar einer Politikerin über Zinssätze, die zu einer kurzfristigen Marktreaktion führten. Sie sind wütend und halten die Politikerin für eine Närrin – ein Etikett, das sich ebenfalls als falsch erweist, als später entdeckt wird, dass sie die Situation lediglich zum persönlichen politischen Vorteil genutzt hat.

Obwohl Sie achtsam gegenüber Ihrem Handeln waren, haben Sie versäumt, zu sehen, dass Sie den Markt beurteilen und etikettieren. Er war *schlecht*. Ihr Verstand hat sich an den Gedanken »schlecht« geheftet und sie beunruhigt und nervös gemacht. Sie schalteten in den schädlichen Kontrollmodus – einen Modus, der unnötig und nicht Bestandteil des ursprünglichen Plans war.

Lassen Sie uns die Szene nun mit einem Zen-Geisteszustand durchspielen.

Heute ist für Sie ein Trading-Tag. Sie wachen früh auf und machen einen Spaziergang, meditieren ein bisschen, nehmen ein gesundes Frühstück zu sich und setzen sich an Ihren Computer. Bevor der Markt öffnet, überprüfen Sie die Märkte in Übersee und stellen fest, dass sie im Aufschwung sind. Sie führen mit Ihrer Software ein paar Scans durch, überprüfen Warnmeldungen – sie sind fokussiert und entspannt. Sie sind sich Ihrer Handlungen bewusst. Der Markt öffnet und befindet sich am Boden. Sie sind überrascht, sie haben das nicht erwartet. Möglicherweise sind Sie enttäuscht, aber Sie sind sich Ihrer Gedanken und Gefühle bewusst. Sie beobachten den Markt mit einem interessierten und neugierigen Geist und keinem, der beurteilt und etikettiert. Sie kaufen die geplanten Aktien und halten jene, die Sie zu halten auch vorhatten, weil Sie Ihrer Methode verpflichtet sind.

Mittags dreht der Markt und erholt sich wieder. Ihre ursprüngliche Analyse war richtig gewesen: Später finden Sie heraus, dass eine Politikerin einen negativen Kommentar bezüglich der Zinssätze abgegeben und damit eine kurzfristige Marktreaktion ausgelöst hat. Sie lächeln vor sich hin und erkennen wieder einmal, dass der Markt anfällig ist für kurzfristige Reaktionen, die man meistens am besten ignoriert.

WENN ES EIN GEHEIMNIS GIBT, DANN DIESES!

Ich hoffe, Sie haben den wichtigsten Punkt aus dem vorhergehenden Abschnitt mitgenommen:

Sie beobachten den Markt mit Interesse und Neugierde, ohne zu beurteilen und zu etikettieren.

Denken wir noch einmal an die Geschichte des Zen-Meisters, der der Vaterschaft beschuldigt wurde. Hakuin handelte nicht reaktiv, sondern sagte lediglich: »Ist das so?« Er wusste, dass es Zeitverschwendung gewesen wäre, in dem Moment zu reagieren; besser, wenn sich die Dinge von selbst regeln, denn sein Handeln hätte niemanden umgestimmt. Er verurteilte oder etikettierte niemanden und nichts.

Erinnern Sie sich auch an den vorherigen Zen-Spruch: »Es ist nicht nötig, etwas zu tun, sondern nötig, nichts zu tun.«

Wenn der sich abstrampelnde Trader in dem Beispiel ein System von Regeln gehabt hätte, hätte er nichts weiter tun müssen, als sich an diese Regeln zu halten. Wenn ein Trader kein System von Regeln hat, leidet er unter dem ersten Problem erfolgloser Trader: keine Methode zu haben.

Wenn er ein Regelsystem und eine Methode hatte, dann erlebte er das zweite Problem beim Traden – er hat sich nicht an diese Regeln gehalten und der Grund dafür war, dass er seinem Verstand erlaubte, sich an einen negativen dualistischen Gedanken zu heften – in diesem Fall den Markt als »schlecht« zu beurteilen.

In Wirklichkeit war der Markt weder gut noch schlecht. Er tat das, was Märkte tun: auf und ab gehen und auf den steten Informationsstrom reagieren, der sie beeinflusst. Tatsächlich ist es nicht der *Markt*, der reagiert. Viele Trader tappen in die Falle, dass sie den Markt für etwas halten, das er nicht ist. Der Markt ist keine eigenständige Person; er ist lediglich die Reaktion all der anderen Trader, die sich an die ständige Flut von Informationen, die sie erhalten, anpassen und darauf reagieren. Das schließt Roboter- und mechanische Systeme mit ein, die auf Informationen über Preisänderungen oder andere Indikatoren reagieren.

SIE KÖNNEN EINE SICHTWEISE HABEN, ABER BITTE OHNE ANHAFTUNG

Wenn Sie alles im Markt beurteilen und etikettieren, laufen Sie Gefahr, Ihre Sichtweise zu fixieren. Trader brauchen eine flexible Denkweise – keine starren Ansichten.

Natürlich kann es manchmal sehr profitabel sein, eine festgelegte Sichtweise zu haben. Sie können zum Beispiel die Ansicht vertreten, dass der Goldpreis steigen wird, also fügen Sie Ihrem Portfolio Goldpositionen hinzu.

Aber das Urteil und Etikett »Gold ist in einem Bullenmarkt und ich werde keine andere Sichtweise in Betracht ziehen« schränkt die Flexibilität des Geistes ein. Sollte der Goldpreis fallen und Sie verkaufen dann nicht, oder Sie verdoppeln wegen Ihrer Überzeugung Ihre Position sogar und der Goldpreis fällt weiter und Ihre Verluste steigen, so ist Ihr Handeln bedingt durch die Anhaftung an Ihre Meinung über Gold.

Der nicht-anhaftende Trader wird verkaufen oder seine Positionen sogar umkehren (short gehen), wenn sich die Dinge nicht wie ursprünglich angenommen entwickeln. Diese Trader können ihre Vorgehensweise rasch ändern, weil sie nicht an der ursprünglichen Analyse kleben: »Gold ist in einem Bullenmarkt.« Es ist nichts falsch daran, eine aus einer fundierten Analyse stammende Sicht auf den Markt zu haben. Probleme entstehen jedoch, wenn der Verstand an dieser Sichtweise klebt und flexibles Handeln dadurch eingeschränkt wird. In sich verändernden Situationen achtsam und fokussiert zu bleiben, ist eine gute Fähigkeit. Es gibt jedoch keine Möglichkeit, sich den Anforderungen zu entziehen, die nötig sind, um zu dem zweiten, flexiblen Trader zu werden – mit der Zen-Mentalität.

Die Fähigkeit, zur Seite zu treten und nicht nur das Marktgeschehen zu beobachten, sondern auch Ihr eigenes Denken, ist eine der wirkungsvollsten Trading-Fähigkeiten, die Sie entwickeln können.

PETES PERSÖNLICHE TRADING-STORY

Vor einigen Jahren coachte ich einen Klienten, der den Gipfel seiner beruflichen Karriere erreicht hatte. Der Mann war zweifellos intelligent. Allerdings fiel mir von Anfang an bei vielen Trading-Entscheidungen seine starke emotionale Voreingenommenheit auf, die ich in Anbetracht seiner persönlichen Erfolge höchst erstaunlich fand.

Später erhielt ich während der Öffnungszeiten des Markts einen Anruf. Der Klient war sehr emotional und besorgt über die Kursentwicklung an jenem Tag, die eine unerwünschte Wirkung auf eine Reihe von Aktien hatte. Gleichzeitig befand er sich in s einem Job in einer lebensbedrohlichen Situation. Nachdem er eine Weile über den Markt geschimpft hatte, fragte er mich: »Was soll ich tun?«

Ich schwieg einen Moment, dachte an mein Zen-Training und antwortete dann: »Sie schalten Ihren Bildschirm aus, vergessen den Markt für den Moment und konzentrieren sich auf die gerade anstehende Aufgabe.«

Der Klient kam heil aus dieser Situation heraus, aber ich hörte nie wieder von ihm; vielleicht schätzte er meine direkte Vorgehensweise nicht.[7]

---

7 Fast zehn Jahre später, und kurz vor Veröffentlichung dieses Buchs, begegnete ich diesem Herrn erneut. Er handelt immer noch an der Börse und mit mehr Erfolg – ein Beweis für seine Hingabe bei der Bewältigung seiner persönlichen Herausforderungen.

EINE ZEN-GESCHICHTE

Zwei Mönche beobachteten eine Flagge, die im Wind flatterte. Einer der beiden behauptete, die Flagge würde sich bewegen, der andere meinte, es sei der Wind.

Ein Zen-Meister näherte sich und sie fragten ihn: »Meister, bewegt sich die Flagge oder der Wind?«

– »Weder noch«, lautete die Antwort. »Es ist euer Geist, der sich bewegt.«

KAPITELZUSAMMENFASSUNG

- Achtsam zu werden ist der erste Schritt, um das Bewusstsein für Ihr abgelenktes Denken zu entwickeln und dann zu lernen, dieses zu ändern.
- Beobachten Sie den Markt mit Interesse und Neugier, nicht mit Beurteilung und Etikettierung.
- Die Fähigkeit, Ihr Denken zu beobachten, ist die vermutlich wirkungsvollste Trading-Fähigkeit, die Sie entwickeln können.

9

Kontrolle haben und Angst unterdrücken ist keine Lösung

Titel und Inhalt dieses Kapitels überraschen Sie vielleicht, denn häufig hört man über das Traden genau das Gegenteil. Viele glauben immer noch, dass man seine Gefühle kontrollieren muss, um ein guter Trader zu sein. Ich könnte dem nicht noch energischer widersprechen. Tatsächlich erforderlich ist *Emotionserkennung*. Meiner Überzeugung nach ist diese Fähigkeit bei Frauen besser ausgeprägt und deshalb schneiden sie beim Traden besser ab als Männer.[8]

Die Fähigkeit, die eigenen Gefühle zuerst zu erkennen und dann zu verstehen, ist der Schlüssel zum erfolgreichen Traden. Das Unterdrücken von Gefühlen führt nur zu Verwirrung. Sie müssen Ihre Gefühle verstehen, damit Sie eine Strategie entwickeln können, um mit ihnen umzugehen. Frauen scheinen besser in der Lage zu sein, ihre Gefühle zu benennen, was es einfacher für sie macht, ihr Denken zu

---

8 Bose, Subir; Ladley, Daniel & Li, Xin (2016): »The Role of Hormones in Financial Markets« (University of Leicester).

identifizieren und ihre Gefühle zu deuten.[9] Männer sind oft verwirrt von ihren Gefühlen, denn es mangelt ihnen an der Fähigkeit, Emotionen zu benennen und zu verstehen.

Mittlerweile haben Sie vielleicht schon erkannt, dass die bewusste Wahrnehmung Ihrer Gedanken und das Vermeiden von Anhaftung der Schlüssel zum Seelenfrieden sind. Auch Seelenfrieden ist unverzichtbar für erfolgreiches Traden. Ein urteilender und anhaftender Geist trifft schneller ängstliche und unlogische Entscheidungen – ein Szenario, das wir vermeiden müssen, wenn wir langfristig erfolgreich sein wollen.

- Wenn man Angst erkennt und nicht unterdrückt, können innere Ruhe und Seelenfrieden gedeihen.
- Wenn Sie Angst erkennen und nicht unterdrücken, können Sie besser traden.

Ich verwende das Wort »können«, weil im Zen nichts erzwungen oder kontrolliert wird. Erkenntnis, innere Ruhe und Seelenfrieden kommen zu jenen, die aufhören, zu kontrollieren oder etwas mit Gewalt realisieren zu wollen.

FLIESSEN, ABER MANCHMAL AUCH KÄMPFEN

Lassen Sie mich Ihnen ein Beispiel geben, wie das Erkennen – aber nicht Unterdrücken – von Gedanken in einer aggressiven oder chaotischen Umgebung funktionieren kann. Als Jugendlicher lernte ich Karate und ein paar andere östliche Kampfsportarten. Ich versuchte es auch mit Boxen, einer Kampftechnik, die im Westen gängiger ist und sich im Wesentlichen auf zwei Dinge konzentriert: Angriff (schlagen) und Verteidigung (abblocken), mit gelegentlichen Ausweichmanövern.

9 McRae, Kateri; Ochsner, Kevin N; Mauss, Iris B; Gabrieli, John J D & Gross, James J (2008): »Gender Differences in Emotion Regulation: An fMRI Study of Cognitive Reappraisal« (National Library of Medicine (US)).

Östliche Kampfkunsttechniken konzentrieren sich ebenfalls auf Angriff und Verteidigung. Es gibt jedoch einen großen taktischen Unterschied – nämlich, manchmal zur Seite zu treten und die Wucht des Angriffs an sich vorbeiziehen zu lassen. Nicht angreifen, nicht verteidigen; wenn es möglich ist, kämpfen Sie nicht – tun Sie gar nichts! Und wenn sich die Gelegenheit ergibt, nutzen Sie die Stärke des Angreifers zu Ihrem Vorteil. Verspielen Sie nicht den Vorteil des klaren Denkens. Bleiben Sie ruhig und unterlassen Sie es, reaktiv und erfüllt von Angst oder Wut zu handeln.

Diese Philosophie kann auch beim Traden angewandt werden. Wenn der Trade gegen sie läuft, verspüren Trader das Bedürfnis, etwas zu tun. Aber ist Ihnen aufgefallen, dass die Entscheidung, zu handeln, vor allem von Ihrem Wunsch hervorgerufen wird, Ihre unangenehmen Gefühle zu mindern? Angst zu unterdrücken, sie zu ignorieren und sich dadurch vorzutäuschen, Sie hätten alles unter Kontrolle, verhindert die Erkenntnis, dass Sie gerade lediglich auf die Angst *reagieren* statt mit ihr umzugehen.

Angst darf nicht als wertlose oder unbequeme Emotion ausgemustert oder unterdrückt werden.

NICHT DENKEN

Wenn Sie den Film *Last Samurai* mit Tom Cruise als Captain Nathan Algren noch nicht gesehen haben, empfehle ich Ihnen die wunderbare Szene, in der er lernt, mit einem Holzschwert zu kämpfen. Er wird wiederholt besiegt, bis er den Rat eines Samurai-Zuschauers annimmt: »Nicht immer denken.« Der Captain erkennt, dass er zu viel über seine Technik nachdenkt und dadurch Verärgerung und Frustration in sich hervorruft. Als er aufhört, ständig an dem Gedanken zu hängen, ob er es richtig oder falsch macht, beginnt er, mit seinem Gegner zu fließen und dann mit seinem eigenen Schwert. Er gewinnt den Kampf nicht wirklich (sein Gegner und er gehen mit einem Unentschieden auseinander), er hat jedoch ein Erleuchtungserlebnis, weil ihm klar wird, dass er seine Fähigkeiten durch seinen

Kontrollwunsch eingeschränkt hat. *Nicht zu denken* ist der Beginn seiner Meisterschaft.

Dies ist ein wunderbares Beispiel für einen starken, fähigen Mann mit unglaublichem Antrieb und Willenskraft, der sich vom Wunsch seines Verstands nach Kontrolle und Perfektionismus löst. Sobald er zulässt, dass diese Gedanken in den Hintergrund treten, er sich auf den aktuellen Moment fokussiert und mit dem Kampf fließt, erzielt er Erfolge.

Wenn also das Kontrollieren unserer Emotionen nicht die Antwort ist, was ist es dann?

ANGST ZU UNTERDRÜCKEN IST DIE GRÖSSTE FALLE FÜR DEN TRADER

Ein Missverständnis bezüglich der Zen-Stärken besteht in dem Glauben, durch das Kontrollieren des Verstandes würde man die Angst ausschalten. Lassen Sie mich Ihnen versichern, dass dies alles andere als richtig ist.

Im Zen wird dazu ermutigt, sich die Angst bewusst zu machen und sich von ihr zu lösen. Das westliche Denken dreht sich um das Vermeiden oder Kontrollieren des Angstgefühls. Zen fordert uns auf, genau das Gegenteil zu tun – tatsächlich verlangt es von uns etwas Radikales: uns der Angst zuzuwenden und sie anzunehmen!

Diese Theorie ist weniger radikal, wenn wir die Begründung dafür berücksichtigen. Achtsamkeit ist ein wirkungsvolles Werkzeug. Wenn wir nicht darauf schauen, welche Emotionen unsere Entscheidungen antreiben, wie wollen wir dann herausfinden, warum wir immerzu dieselben Fehler im Leben begehen oder unsere Trades sabotieren? Zen fordert Sie nicht dazu auf, Ihre Gedanken, Gefühle und Handlungen »zu vermeiden«, sondern dazu, sie mit Neugier und Wohlwollen zu betrachten. Das kann eine große Herausforderung sein.

Ich habe Menschen gesehen, die buchstäblich aus dem Meditations-Retreat flohen, als sie gebeten wurden, still zu sitzen und über ihre Handlungen im Leben nachzudenken. Die aus der Erkenntnis hervorgehenden Gefühle überwältigen sie, deshalb laufen sie vor der Herausforderung weiterer Wahrnehmung und Erkenntnis davon.

Oft ist es nicht leicht, über Fragen nachzudenken, die der forschende Geist hervorbringt. Zu diesen herausfordernden Gedanken und Lebensfragen können zum Beispiel gehören:

- Warum bin ich in dieser Ehe?
- Warum habe ich diesen Job, den ich hasse?
- Warum sage ich nicht, was ich fühle?
- Warum habe ich das Gefühl, ein Leben in stiller Verzweiflung zu führen?
- Warum habe ich diese Kaufsucht?
- Warum esse ich zu viel?
- Warum trinke ich so viel?
- Warum mache ich so viele Sportwetten?
- Warum habe ich so viel Angst?
- Warum bin ich depressiv?
- Warum schaue ich mir so viele Pornos an?
- Warum stecke ich fest und weigere mich, etwas für positive Veränderungen zu tun?

Das sind ernste Fragen.

Im Meditations-Retreat werden Sie aufgefordert, Ihr gewohnheitsmäßiges Denken und Handeln zu stoppen, um Ihrem Verstand die benötigte Zeit und den notwendigen Raum zu geben, um sich zu öffnen und zu reflektieren. Das Reflektieren wird Ihnen die Fragen und Antworten bewusst machen, die Sie vermeiden – und natürlich wird es manchmal so herausfordernd, dass Sie weglaufen möchten, wie manche es tun.

Trader rennen die ganze Zeit; statt aus dem Meditations-Retreat zu fliehen, laufen sie vor dem Markt davon. Oder sie laufen *zum* Markt, um ihrem unglücklichen Leben zu entfliehen, so wie ich es tat.

Trader müssen auch einen wissbegierigen Verstand haben. Unser Handeln als Trader ist oft ein Spiegelbild unseres Handelns im Leben.

Ab einer gewissen Stufe in Ihrer Trading-Laufbahn müssen Sie sich Fragen wie die folgenden stellen:

- Warum kaufe ich nicht?
- Warum kann ich eine Handelsposition nicht halten?
- Warum kann ich nicht verkaufen?
- Warum schaue ich ständig auf die Bildschirmuhr?
- Warum trade ich so oft?
- Warum ändere ich ständig meine Meinung über den Markt und das Traden?
- Warum verberge ich meine Performance vor denen, die mir helfen könnten?
- Warum kann ich nicht bei einer Methode bleiben, ohne mich ständig einzumischen?
- Warum höre ich nicht mit dem Traden auf und mache eine Pause, um meine Methode zu überprüfen?
- Warum kann ich nicht um Hilfe bitten?
- Warum verheimliche ich meine Performance vor meinem Ehepartner oder meinen Kollegen?
- Warum investiere ich nicht das Geld und die Zeit in ein bisschen Schulung, lerne mehr über diese neue Software und gehe geschäftsmäßiger an mein Trading heran?

Das sind ernste Fragen. Wenn Sie an Trading-Schulungen teilgenommen haben, wurde Ihnen mit Sicherheit geraten, Ihr gewohnheitsmäßiges Traden (Denken und Handeln) zu unterbrechen, um Ihrem Verstand die nötige Zeit und den notwendigen Raum zu geben, um sich zu öffnen und zu reflektieren.

Aber Sie tun diese Dinge nicht, weil Sie in einem Muster feststecken – einem Muster, aus dem Sie scheinbar nicht herauskommen. Sollte das der Fall sein, dann sind Sie süchtig nach Traden.

Wenn Sie den Mut aufbringen, innezuhalten und über all diese persönlichen und Trading-bezogenen Fragen nachzudenken, werden die Antworten versteckt sein hinter der ...

ANGST

Angst vor dem Ergebnis, wenn Sie handeln. Angst vor Verlust, falls Sie einen Fehler machen. Sie fürchten, dass Sie, wenn Sie aus dem verhassten Job aussteigen, möglicherweise keinen anderen finden oder einen annehmen müssen, bei dem Sie viel weniger verdienen. Wenn Sie aus dieser unglücklichen Beziehung aussteigen, fürchten Sie, niemand anderen mehr kennenzulernen, oder sie fürchten sich vor dem emotionalen oder finanziellen Schmerz eines Neuanfangs. Vielleicht fürchten Sie sich vor der Herausforderung, etwas Neues zu lernen, wie zum Beispiel an dem Trading-Kurs teilzunehmen, über den Sie nachgedacht haben, oder eine Backtesting-Software einzusetzen, die zu kaufen Sie bislang vermieden haben. Vielleicht fürchten Sie die emotionale Konfrontation und den Schmerz einer psychologischen Beratung und Behandlung, um Ihre Angst, Ihre Depression oder Ihre Süchte zu kurieren.

Ihre Ängste sind so groß, dass Sie nichts tun. Sie sind wie ein Reh im Scheinwerferlicht eines herannahenden Fahrzeugs.

Gelähmt.

Vor allem folgende Ängste steuern das Handeln eines Traders:

- Angst vor Verlusten.
- Angst, etwas zu verpassen.
- Angst, einen Profit zu verlieren.

Wie fühlen Sie sich? Klingeln die Alarmglocken, weil ich Ihnen aufzeige, wie Sie vielleicht denken und fühlen und was die Probleme sein könnten?

Aber bevor es besser wird, wird es leider erst noch schwieriger. Bis Sie erkennen und akzeptieren, dass die negativen Emotionen und Muster in Ihrem Leben sich in Ihrem Traden wiederholen, werden Sie im Trading niemals erfolgreich sein.

ZEN-BEWUSSTSEIN WIRD SIE VON SCHMERZ UND ANGST BEFREIEN

Erforderlich ist die Fähigkeit, Angst anzuerkennen und weder an ihr zu kleben noch sie zu vermeiden. Diese Fähigkeit zu entwickeln, verschafft die erforderliche innere Ruhe und den nötigen Seelenfrieden, um dauerhaft gut zu performen – nicht nur beim Traden, sondern bei jedem Bestreben, zu dem Sie sich entschließen.

Glücklicherweise gibt es für all das eine Lösung – Buddhas vierte edle Wahrheit:

Es gibt einen Weg, der zum Ende des Leidens führt.

EINE TAISHIN-ZEN-GESCHICHTE (»TAISHIN SHODO« IST MEIN NAME ALS ZEN-PRIESTER)

Als Bestandteil meiner Ausbildung nahm ich an einem fünftägigen Schweige-Meditations-Retreat teil, das von einem älteren tibetanischen Mönch geleitet wurde. Während des Aufenthalts dort konnten wir auf Anfrage eine private Audienz bei ihm haben. Ich hielt mich für ziemlich erfahren, meditierte seit mehr als 25 Jahren, hatte zwei Jahre in einem Kloster gelebt und befand mich in der Ausbildung zum Zen-Priester. Mich quälte eine Frage: Wie können andere und ich Angst überwinden? Ich betrat das kleine Zimmer des Mönchs, verneigte mich respektvoll, wie es die Tradition verlangte, nahm Platz und stellte meine Frage. Die Antwort kam ohne Zögern: »Wende dich ihr zu. Tu sogar mehr als das. Schließe sie in die Arme und nimm sie als das an, was sie ist: ein Teil von dir. Je länger du vor ihr davonläufst und sie vermeidest, desto länger wird sie dein Feind bleiben. In dem Moment, in dem du sie willkommen heißt und ihr Tee servierst, wird sie dein Freund werden.« Beim Traden und im Leben hören wir nie auf, zu lernen.

EINE SUFI-WEISHEIT, DIE AUCH ZEN IST

Du selbst bist dein eigenes Hindernis – überwinde es.
Idries Shah, führender Sufi-Denker des 20. Jahrhunderts

KAPITELZUSAMMENFASSUNG

- Entwickeln Sie die Fähigkeit, Gefühle zu erkennen.
- Geben Sie Ihrem Verstand den benötigten Raum und die notwendige Zeit, um sich zu öffnen und zu reflektieren.
- Erforderlich ist die Fähigkeit, Angst als Gedanken anzuerkennen und sich dann weder an ihn zu klammern noch ihn zu vermeiden.
- Angst zu unterdrücken ist die größte Falle für den Trader. Bewusstheit wird Sie befreien.
- Im Zen ist nichts erzwungen oder kontrolliert.

10

DAS ZEN-SYSTEM FÜR SEELENFRIEDEN UND PROFIT

Erinnern Sie sich an die Vier edlen Wahrheiten:

1. Das Leben ist leidvoll (das Wort »leidvoll« wird oft im Sinne von »unbefriedigend« verstanden).
2. Die Ursache für das Leiden (die Unzufriedenheit) ist Anhaftung.
3. Ein Ende des Leidens ist möglich.
4. Es gibt einen Weg, der zum Ende des Leidens führt.

Die vierte Wahrheit ist das Thema dieses Kapitels.

Wie sieht dieses System aus, von dem Buddha spricht?

UM GUT ZU TRADEN, BRAUCHEN SIE SEELENFRIEDEN

Lassen Sie uns die Korrelationen anschauen, die wir zwischen dem Traden und dem Leben identifiziert haben:

- Sowohl das Traden als auch das Leben sind nicht einfach. Manchmal beinhalten beide einen Verlust, Leiden und mitunter sogar eine Tragödie.

- Sie können nicht immer bekommen, was Sie wollen, weder beim Traden noch im Leben.
- Da wir Menschen sind, ob wir nun traden oder nicht, suchen wir oft nach Fluchtmöglichkeiten aus unserem Leid, indem wir auf Vermeidungs- oder ungesunde Bewältigungsstrategien zurückgreifen.
- Da wir Menschen sind, fürchten wir uns vor unbekannten Ergebnissen.
- Weniger kann mehr sein, wenn wir das Bedürfnis loslassen, ständig die Kontrolle zu haben.
- Wie wir denken, vor allem, ob wir uns unserer dualistischen Denkweise bewusst werden, kann ausschlaggebend sein für unsere Wahrnehmung des Tradens und Lebens.
- Intensive Gefühle können ein Kapital sein und keine Verbindlichkeit. Es ist nicht logisch, unser Kapital zu entsorgen oder zu ignorieren.
- Behalten Sie mit Interesse und Neugier den Markt und das Leben im Auge – vor allem die Handlungen anderer –, aber nicht, indem Sie bewerten und etikettieren.
- Loszulassen bedeutet nicht, aufzuhören, zu lieben, sich zu freuen, traurig zu sein, oder auch sonst keine Emotion mehr zu empfinden.
- Loszulassen kann unser Denken erweitern und selbstauferlegte Beschränkungen verringern.
- Angst ist oft die Wurzel unserer Schwierigkeiten, sowohl beim Traden als auch im Leben.
- Auch Zen-Trader haben angsterfüllte Gedanken – der Unterschied besteht darin, dass sie diese weder beurteilen noch etikettieren. Das bewahrt ihren Verstand vor übereilten Annahmen und reaktivem Handeln und ermöglicht somit einen angemesseneren Umgang mit der Situation.

Den genannten Punkten nach zu urteilen, scheint es schwierig, ohne innere Ruhe und Seelenfrieden in der unsicheren und mitunter chaotischen Umgebung des Aktienmarkts gut zu performen – genauso wenig wie in der chaotischen Umgebung, die das Leben sein kann.

Als Trader und im Leben müssen wir lernen, gelassen zu sein, zu akzeptieren, dass wir in einer unsicheren Umgebung leben und arbeiten, und das Bedürfnis loslassen, das Ergebnis kennen zu wollen.

Wie ich am Anfang dieses Buchs erwähnte, erfordert gute Performance in jedem Beruf Theorie und Praxis – das ist in dem von Buddha entwickelten System nicht anders.

FÜNF DER SECHS REGELN FÜR INNERE RUHE UND GEWINNMAXIMIERUNG

Hier folgt nun der theoretische Teil des Systems aus Zen-Perspektive.

Es gibt fünf theoretische Regeln – von denen Sie manche nicht mögen werden.

1. Sieh davon ab, zu töten.
2. Sieh davon ab, zu stehlen.
3. Sieh ab von übler Nachrede, Klatsch und Tratsch und Lügen.
4. Sieh ab von sexuellem Fehlverhalten.
5. Sieh ab von Rauschmitteln.

Ergänzend dazu ist die sechste Regel der praktische Teil des Systems, der alles zusammenbringt. Und diese Regel lautet: Meditiere (damit werden wir uns im nächsten Kapitel beschäftigen).

Bevor Sie entsetzt zurückrudern und glauben, sie säßen in der Kirche, dem Tempel oder der Sonntagsschule, betrachten Sie einmal das Ziel, das wir anstreben: innere Ruhe und Seelenfrieden.

DIE REGELN ZU BEFOLGEN, HÄLT SIE IM ZEN

Die fünf genannten Regeln sind das, was Zen als die »Fünf Gebote« bezeichnet. Sollte es Ihnen ernst damit sein, sowohl als Mensch als auch als Trader innere Ruhe zu erlangen, dann ist dies das Einstiegspaket in die Sanierung Ihres Handelns. Zen teilt – im Gegensatz zu vielen Religionen, Philosophien oder Glaubenssystemen – die Verantwortung vollständig Ihnen zu, indem »Sieh davon ab« gesagt wird. Es gibt kein »Du darfst nicht ...«. Wie Sie leben und wie Sie traden, ist allein Ihre Entscheidung. Als Trading-Lehrer kann ich Ihnen den Weg zu dem zeigen, was funktioniert; dann ist es an Ihnen, sich zu entscheiden, was zu Ihnen passt.

Als Zen-Lehrer tue ich das Gleiche.

Einige Beispiele aus dem Leben zu den Dingen, von denen Sie absehen sollen:

1. Die meisten von uns laufen nicht herum und töten. Allerdings gibt es Momente, in denen Sie das durch Ihr Verhalten stillschweigend billigen – zum Beispiel, wenn Sie im Supermarkt ein schönes Stück Steak kaufen. Ich sage nicht, dass Sie kein Fleisch essen dürfen; ich verweise lediglich auf die unbewusste Genehmigung eines Handelns, das sie vielleicht verabscheuen. Wenn Sie genötigt wären, den Akt des Tötens eines anderen Lebewesens mit Ihren eigenen Händen vorzunehmen, würde das vielleicht Ihre unbewusst getroffenen Entscheidungen verändern? Abgesehen von dem moralischen Aspekt dieser Diskussion gibt es noch die gesundheitlichen Faktoren. Wir alle kennen die wissenschaftlichen Empfehlungen: Wir wissen, dass eine Ernährung mit weniger Fleisch und dafür mehr Gemüse, Obst und Getreide besser ist für Körper und Geist.
2. Die meisten von uns laufen nicht herum und stehlen. Möglicherweise gibt es jedoch Situationen, in denen Sie es unbewusst oder bewusst tolerieren. Vielleicht bemerken Sie, dass dem Kassierer im Supermarkt ein Fehler zu Ihren Gunsten unterläuft, aber Sie sagen nichts. Ihr Kollege ist an einem Tag nicht im Büro und Ihr Chef lobt das Team für eine geniale Idee. Sie unterlassen es, Ihren Chef darauf hinzuweisen, dass es die Idee Ihres abwesenden Kollegen war und nicht Ihre. Sie loggen sich unter dem Namen und dem Passwort eines Freundes in eine abonnierte Website ein, um die Anmeldegebühr zu sparen. Sie parken auf einem Platz, der für Behinderte reserviert ist, und rechtfertigen es damit, dass Sie nur fünf Minuten brauchen.

3. Die meisten von uns lügen nicht ständig, aber wir beugen die Wahrheit, um emotionale Konfrontationen zu vermeiden. Wir verraten unserem Partner nicht unsere Trading-Fehlschläge und erzählen unseren Kollegen nur von unseren Gewinnen, versäumen es aber, zu erwähnen, dass wir ein Dutzend Verlustgeschäfte auf einem versteckten Konto haben. Unsere therapeutischen Shopping-Touren sind beinahe surreal; eine aufgeblähte Kreditkartenabrechnung wird vor unserem Partner versteckt. Wir beschweren uns über die Organisation des Gemeindefestes, bieten aber weder Hilfe an, noch machen wir konstruktive Vorschläge. Wir tratschen und reden schlecht über andere, dadurch vermeiden wir die Verantwortung für unsere eigenen Kämpfe und Frustrationen.
4. Viele von uns sind ihrem Partner treu. Allerdings sind viele unzufrieden und wünschen sich etwas anderes oder denken ständig darüber nach, aus dieser Beziehung auszubrechen. Seien es seelische Streicheleinheiten oder körperliche Befriedigung, nach denen außerhalb der Beziehung gesucht wird. Sei es durch Bordelle, Callboys oder die Sucht nach Pornografie. Es ist einfacher, zu masturbieren, während wir an jemand anderen denken, als unserem Partner, einem Therapeuten oder engen Freund unsere wahren Gefühle einzugestehen. Unsere Partner sind entweder Objekte der Sicherheit, der körperlichen Anziehung oder der Gewohnheit. Vielleicht fühlen wir uns sexuell unzulänglich oder emotional verunsichert, deshalb meiden wir echte Intimität, möglicherweise wissen wir nicht einmal, was das ist oder wie es sich wirklich anfühlt. Wir gehen an den Aktienmarkt, um uns stimuliert zu fühlen – um überhaupt etwas zu fühlen –, weil wir eine innerliche Leere spüren. Beim Gewinnen und Verlieren fühlen wir uns so zumindest mit einer Sache verbunden, auch wenn es schmerzhaft ist.
5. Die meisten von uns mögen einen Drink und er kann uns nach harter Arbeit vorkommen wie eine Belohnung. Alkohol kann die Nerven beruhigen und unsere Fähigkeit steigern, uns zu entspannen und in Gesellschaft lockerer zu sein. Manchmal werden aus einem Drink drei und plötzlich trinken wir an jedem

Abend der Woche und am Wochenende noch mehr. »Das ist okay, ich bin nur ein Gesellschafts-Trinker«, rechtfertigen Sie es vor sich selbst. Einer oder zwei schaden nicht, andere trinken sehr viel mehr als Sie. Sie trinken sehr viel, halten sich jedoch für funktionstüchtig. Wenn Sie jung sind, werfen Sie auf einer Party oder auf einem Rave vielleicht ein oder zwei Pillen ein. Sie wissen, dass es unklug ist, Pillen und Alkohol zu kombinieren, also nehmen Sie stattdessen ein paar Züge am Marihuana-Joint oder ein bisschen Koks. Sie leben oder arbeiten im Stadtzentrum in einem Unternehmen; Ihre Kollegen gehen jeden Abend etwas trinken, manchmal sogar mittags – das gehört zum Job dazu. Die Morgen-Meetings werden in dem Café im Erdgeschoss abgehalten. Sie brauchen einen oder zwei Kurze, um in Gang zu kommen, und im Laufe des Tages ein paar weitere. Sie trinken Alkohol, um runterzukommen, und Kaffee, um aufzudrehen. Sie können die Gedanken in Ihrem Kopf nicht abschalten und handeln entweder reaktiv oder Ihnen ist oftmals gar nicht bewusst, was Sie sagen oder tun. Sie können sich nur schlecht konzentrieren und es mangelt Ihnen an Aufmerksamkeit, vor allem an Eigenwahrnehmung. Sie haben die Begriffe »Präsenz« und »Flow« schon gehört, beide aber noch nie erlebt oder wirklich verstanden, was damit gemeint ist.

WICHTIGE KORRELATIONEN ZWISCHEN TRADING UND ZEN

Die Bewegungen unserer Finanzmärkte korrelieren miteinander. Was in den Vereinigten Staaten passiert, beeinflusst die europäischen und asiatischen Märkte. Kommentare weltweiter Marktführer können einen Aktienmarkt oder eine Währung in Bewegung bringen. Globales Wachstum steigert die Nachfrage nach Öl und treibt die Aktienkurse und andere Wachstumssektoren der Wirtschaft an. Unsicherheit steigert die Risk-Off-Mentalität und kann zu einer Flucht in Gold und Goldaktien führen. Zinssenkungen können zu einer Nachfrage nach

Finanz- und Immobilienaktien führen. Wie der eine Markt performt und reagiert, wirkt sich auf die anderen aus.

Die Performance eines Traders korreliert mit seinem Lebensstil. Was wir essen und trinken, beeinflusst, wie wir denken. Unsere Lügerei, unsere Selbstsucht und unser wenig hilfreiches Handeln können Gefühle von Verwirrtheit und Verbindungslosigkeit hervorrufen. Die Aufregung und die emotionale Achterbahnfahrt einer Affäre verursachen Schuldbewusstsein, Unschlüssigkeit und Stress. Andere Vermeidungsstrategien in unserem Privatleben führen zu ähnlich ungesunden Bedingungen. Unsere Bewältigungsstrategien und Abhängigkeiten münden oft in finanzielle Schwierigkeiten, was unser zerbrechliches Identitätsgefühl noch mehr unter Druck setzt. Ohne Ehrlichkeit und Integrität werden wir frustriert, wütend, verwirrt, wollen kontrollieren oder handeln reaktiv.

Um dauerhaft erfolgreich zu traden, brauchen wir innere Ruhe und Seelenfrieden. Das erfordert ein Bewusstsein für unsere Gedanken und Gefühle. Sich dieser und unserer dualistischen Denkweise bewusst zu werden, ist jedoch schwierig, wenn wir physisch und mental mit Stress aus allen Richtungen kämpfen. Kohärenz ist der Schlüssel zu innerer Ruhe. Wenn verschiedene Märkte kohärent und konfliktfrei sind, performen sie auf beständige Art. Wenn das Privatleben eines Traders diszipliniert, strukturiert und gesund ist, spiegelt sich das in beständigen Trading-Ergebnissen wider.

Ich gebe zu, dass es anstrengend sein kann, von etwas abzusehen. Aber wenn Sie Leistung wollen, dann denken Sie einmal daran, wie hingebungsvoll Profisportler sind. Sie wissen, dass es Disziplin, harter Arbeit und einer Kombination aus Theorie und Training bedarf, bevor sie sich über die Belohnung des Sieges freuen können. Wenn Sie wie ein Zen-Meister traden wollen, brauchen Sie innere Ruhe und Seelenfrieden. Um diesen Seelenfrieden zu erlangen, müssen Sie so sein wie der disziplinierte und erfolgreiche Sportler. Wenden Sie dieselbe Disziplin bei der Zen-Theorie an – durch die fünf Prinzipien.

Damit Ihr Geist Ihre Bemühungen des Verstehens und Annehmens der Theorie wertschätzt, müssen Sie trainieren. Vergleichbar mit dem körperlichen Training eines Sportlers, ist die Meditation Ihr Training, und genau darum geht es im nächsten Kapitel.

PETES PERSÖNLICHE TRADING-STORY

Im Jahr 2007 verwendete ich ein Trend-Trading-System mit wöchentlichen Zeitrahmen. Ich handelte zudem aggressive Momentum-Systeme, die ich ein paar Jahre zuvor mit meiner F&E-Gruppe entwickelt hatte. Die Märkte waren heiß und die Profite flossen. Allerdings war mein Trading immer noch sprunghaft und instabil – ein Abbild meiner Seele. Ich hatte mich nach 20 Jahren von meiner Partnerin getrennt und lebte allein in einer Wohnung am Strand. Mein Vater war sterbenskrank und ich hatte die Verantwortung, mich um seine Pflege und seine finanzielle Situation zu kümmern. Ich fühlte mich emotional immer noch ausgebrannt wegen eines Immobilien-Deals, bei dem ich zwei Jahre zuvor Geld verloren hatte. Ich war Single, der Welt überdrüssig. Also stürzte ich mich auf die Märkte, suchte verzweifelt nach Identität und begann mit Revenge-Trading[10]. Ich verbrachte viele Nächte (in australischer EST-Zeit) mit dem Traden des Goldmarkts, als die amerikanischen und Londoner Märkte geöffnet waren. Ich nutzte einminütige Charts, um meine Trading-Frequenz zu erhöhen. Ich konnte in einer Nacht 10 000 Australische Dollar gewinnen und in der folgenden Nacht dieselbe Summe verlieren.

Ich war mindestens zehnmal so hoch gehebelt wie mein durchschnittliches Jahreseinkommen, oft höher. Ich erinnere mich, dass mich eine Panikattacke befiel, weil mein Konto an einem volatilen Markttag stark schwankte. Eine schwere Panikattacke fühlt sich an wie ein Herzinfarkt; sehr beängstigend. Eines Abends lag ich zusammengerollt wie ein Fötus auf dem Fußboden und schluchzte: »Ich will einfach nur nach Hause«, wohl wissend, dass ich mich nicht nach einem physischen Zuhause sehnte, sondern nach einem emotionalen. Meine Gefühle

10 Beim Revenge-Trading geht der Trader nach einem realisierten Verlust direkt wieder in den Markt, um den Verlust auszugleichen (»Rache-Trading«).

der Trauer und Freude, meine Identität und mein Selbstvertrauen korrelierten mit meinem Kontostand. Nach einer Glückssträhne warf ich mich in Schale, fuhr mit meinem schicken weißen Mercedes zur exklusivsten Bar im Ort und war der King. Ich plauderte mit den Mädels, spendierte Fremden Drinks und war glücklich und selbstbewusst.

Während meiner Pechsträhnen blieb ich zu Hause oder ging am Strand spazieren, um meine Niedergeschlagenheit im Zaum zu halten, und fragte mich: »Es muss doch einen besseren Weg geben?«

Meine mittel- und langfristigen Trend-Trading-Strategien führten zum Erfolg, aber meine kurzfristigen Impuls-Trades zogen meine Kontostände runter – und mich mit ihnen. Es ging mir nicht gut, und das wusste ich. Das Frustrierendste war, dass ich mich trotz meines Wissens, meiner Intelligenz und Erfahrung, meiner Workshops und Coachings, meiner Recherche, meiner harten Arbeit und meiner Gewinne total mies fühlte.

Das folgende Zitat ist von Alan Watts, einem britischen Autor und Redner. Trotz seiner persönlichen Probleme wird ihm zugeschrieben, den Zen-Buddhismus gedeutet und bekannt gemacht zu haben. Watts war starker Raucher und gegen Ende seines Lebens auch ein starker Trinker. Er starb 1973 im Alter von 58 Jahren.

EINE ZEN-WEISHEIT

Niemand ist gefährlicher verrückt als jemand, der die ganze Zeit bei Verstand ist. Er ist wie eine unflexible Stahlbrücke und die Ordnung seines Lebens ist starr und brüchig.

KAPITELZUSAMMENFASSUNG

- Um gut zu traden, brauchen Sie innere Ruhe und Seelenfrieden.
- Ihre Trading-Performance korreliert mit Ihrem persönlichen Leben.
- Je ehrlicher, strukturierter und disziplinierter Sie sind, desto mehr Erfolg werden Sie im Leben und beim Traden haben.
- Ein gutes Lebenssystem, wie zum Beispiel Zen, ist wie das Einhalten einer guten Trading-Methode: Keines von beiden ist perfekt, aber jedes bietet Struktur in unsicheren Umgebungen.

11

MEDITATION, DIE WICHTIGSTE REGEL DES ZEN-SYSTEMS

Alle guten Methoden beinhalten eine theoretische Komponente. Theorie allein genügt jedoch nicht. Um eine Methode zu beherrschen, muss die Theorie mit Praxis kombiniert werden. Im Hinblick auf die Zen-Methode sind die Fünf Gebote die Theorie und die letzte und abschließende Regel des Systems ist die Praxis: Meditation.

Meditation ist der praktische Teil des Zen-Systems.

Die Praxis (Methode) von Zen ähnelt einer Trading-Methode – aber beide Methoden sind nur nützlich, wenn sie auch umgesetzt werden. Ohne Ihre Trading-Methode eine Zeit lang anzuwenden, werden Sie nicht wissen, wie sie performt und ob sie für Sie geeignet ist. Sie können kein Geld verdienen, indem Sie an der Seitenlinie sitzen und die Trading-Arbeit des Kaufens/Verkaufens und die daraus resultierenden Gefühle vermeiden. Eine der größten Herausforderungen beim Traden besteht darin, die ewige Suche nach Sicherheit aufzugeben, sich Ihren Ängsten zu stellen – und den Trading-Prozess durchzuziehen. Uns ist klar, dass wir traden müssen, um Gewinn zu machen (auch wenn wir uns manchmal nicht danach fühlen).

Um beim Traden Erfolg zu haben, müssen wir einfach traden.

Derjenige, der das Meditieren vermeidet, ist vergleichbar mit dem Trader, der nicht fleißig tradet. Ohne eine Zeit lang zu meditieren, werden Sie den Nutzen des Befolgens der Fünf Gebote nicht schätzen und werden nicht erkennen, wie sich das Tun (oder Nicht-Tun) auf Ihre Persönlichkeit auswirkt. Sie können innere Ruhe und Seelenfrieden nicht erlangen, wenn Sie die Arbeit des Meditierens meiden; und Sie werden nicht in den Genuss der Emotionen und Erkenntnisse kommen, die nur die Meditation hervorbringt. Eine der größten Herausforderungen beim Zen ist das Loslassen – sich von der ewigen Suche nach Sicherheit zu lösen, sich den eigenen Ängsten zu stellen und den praktischen Prozess des Meditierens zu durchlaufen. Um innere Ruhe und Seelenfrieden zu erlangen, müssen wir meditieren (auch wenn wir uns manchmal nicht danach fühlen).

Um beim Zen erfolgreich zu sein, müssen wir einfach meditieren.

DAS STREBEN NACH SEELENFRIEDEN UND PROFIT VERBINDEN

Eine der nützlichsten Übungen, um Ihre Trading-Ergebnisse zu verbessern, ist folgende: Wie erfahren Sie auch sein mögen, Sie sollten sich auf eine Methode festlegen und ausschließlich mit dieser eine Zeit lang sorgfältig und beständig traden. Führen Sie genau Buch über Gewinne und Verluste und die Performance der Trades. Außerdem ist es wichtig, Ihre Gefühle und Reaktionen während des Tradens aufzuzeichnen. Dieses Verfahren des Testens, Messens und Analysierens wird mehr für Ihr Traden bewirken als jeder Kurs, jedes Buch, jeder Vortrag, jeder Podcast, jedes YouTube-Video oder möglicherweise jede andere Art von Ausbildungsform. In den vergangenen Jahren sind Trading-Simulatoren zu einem beliebten Lehrinstrument geworden. Simulatoren rufen jedoch nicht die gleiche emotionale Intensität wie beim Live-Traden hervor, wenn es um Ihr Geld geht.

Sie können zum Beispiel ein Jahr lang mit einem bestimmten System traden – einem System, das für eine wöchentliche Analyse vorgesehen ist. Bleiben Sie dabei, zeichnen Sie alles auf, erlangen/fühlen Sie die Erfahrung und entdecken/erfassen Sie, wie diese Methode Ihr Wissen und Denken erweitert. Ihre Methode kann völlig systematisch, nach eigenem Ermessen oder weitgehend von wirtschaftlichen Fundamentaldaten bestimmt sein. Es kann auch eine Kombination aus all diesen Eigenschaften sein. Sobald Sie sich für eine Methode entschieden haben, ist das Traden mit dieser Methode der einzige Weg, um zu beurteilen, wie sie funktioniert und sich für Sie anfühlt. Ein einfaches System mit nur einer Handvoll Regeln, sorgfältig und geduldig angewandt, wird offenkundig Resultate bringen. Und es wird einen unvermeidbaren Moment des Erkennens hervorbringen. Diesen Moment bezeichnet einer meiner Trading-Kollegen als den »Aha!-Moment«. Dies ist der Moment, in dem man versteht, dass Trading ein Prozess ist – ein Prozess, der sich entfaltet, wenn wir beiseitetreten und ihn einfach laufen lassen.

Nachdem sie eine Weile (das können Jahre sein) im Markt unterwegs sind, wenden sich aufstrebende Trader oftmals mit ihren Fragen an mich. Einige dieser Fragen sind technischer Natur, viele drehen sich jedoch um die mit den Trading-Erfahrungen verbundenen Leiden. Dies ist ein Moment der Erkenntnis: Der Moment, in dem ihnen klar wird, dass sie noch etwas anderes brauchen – etwas, das über das technische Wissen hinausgeht.

Dieses Etwas ist innere Ruhe und Seelenfrieden.

Eine der nützlichsten Übungen, um Zen besser zu verstehen, ist meiner Meinung nach Folgende: Strengen Sie sich an, die Fünf Gebote zu implementieren *und* meditieren Sie regelmäßig. Es ist die Kombination von Theorie und Praxis, die zu einem entspannten und mit sich selbst im Reinen befindlichen Geist führt.

Trading-Disziplin und Zen-Disziplin erfordern eine ähnliche Vorgehensweise. Die Regeln sind einfach – halten Sie sich an diese. Geben Sie Ihr Bestes, sich von den Dingen im Leben fernzuhalten, die die Klarheit Ihres Verstandes behindern. Wenden Sie die Regeln der Fünf Gebote an und steigern Sie diese mentale Klarheit dann durch Meditation. Je mehr Sie die Fünf Gebote in Ihr Leben integrieren, desto leichter wird es Ihnen fallen, zu meditieren. Je mehr Sie meditieren, desto leichter wird es Ihnen fallen, sich an die Gebote zu halten.

Denken Sie daran, dass die Handlungen und Ergebnisse in Ihrem Leben außerhalb des Tradings mit Ihren Handlungen und Ergebnissen beim Traden korrespondieren. Ein gutes, einfaches Folge-dem-Trend-System, angewandt mit Disziplin und Geduld, vermehrt im Laufe der Zeit Kapital und belohnt Sie mit großen Profiten.

Das Zen-System tut das Gleiche für Ihr Leben. Es vermehrt die positiven Eigenschaften und setzt die negativen außer Kraft.

Im Folgenden beschreibe ich einige Vorteile der uralten Praxis der Zen-Meditation. Denken Sie, dass Ihnen diese beim Traden helfen?

- Höheres Selbstwertgefühl und Selbstvertrauen, was Ihre Beziehungen insgesamt verbessert.
- Weisheit und Klarheit des Geistes, was die Konzentration verbessert.
- Mehr innere Stärke und bessere Entscheidungsfindung.
- Verringertes Gedankenkarussell.
- Ein Gefühl von jugendlichem Glück und Aufgeschlossenheit gegenüber dem Leben.
- Das Heilen chronischer Depression und Angst.
- Deutliche Verbesserung des Schlafs.
- Ein leichterer Umgang mit vormals schwierigen Situationen.
- Verringerter chronischer Stress.

DER BONUS DES SECHSTEN GEBOTS: TRADE UND SEI GLÜCKLICH

Die Ansprüche, wie Meditation Ihr Leben verbessert (einschließlich Ihrer Trading-Kompetenz) sind groß. Deshalb ist es wichtig, uns mit dem Konzept der Meditation zu beschäftigen. Das Meditieren soll uns auf gewohnheitsmäßiges Denken aufmerksam machen – schon dadurch kann sich Ihr Traden verbessern. Als Bonus kann es auch zu gesteigertem Glück führen. Schließlich fangen wir alle mit dem Traden an, um unser Leben zu verbessern. Wenn Meditation unser Trading verbessert *und* uns glücklicher macht, erhalten wir auf unsere Investition eine doppelte Rendite.

Wenn Sie das Gedankenkarussell durch Meditation verlangsamen, ermöglicht dieser einfache Prozess die Entwicklung einer wichtigen Fähigkeit: der Fähigkeit, uns das Gedankenkarussell bewusst zu machen.

Ein Beispiel dafür ist, einem Kleinkind zuzuhören, das gerade sprechen lernt. Das Kind plappert ziemlich zusammenhanglos vor sich hin. Sie hören geduldig zu, vielleicht auch amüsiert, und hören die Informationen heraus, nehmen sie jedoch nicht allzu ernst.

Wenn Sie das Geplapper Ihres Verstandes bewusst wahrnehmen können, werden Sie (Ihr Bewusstsein) zum Meister. Der Verstand kann zum Schüler werden. Indem Sie zum Beobachter Ihrer Gedanken werden, können Sie auch zum Fragenden werden, der behutsam Gedanken hinterfragt, die oftmals durch frühere Konditionierung entstehen. Nun können Sie Einblick in die Verarbeitungstechniken Ihres Verstandes nehmen und herausfinden, wie Sie diese verbessern können und dadurch gelassener, klüger, weniger reaktiv und dafür leistungsfähiger werden. Indem wir einen Gedanken einfach nur wahrnehmen, ohne daran zu kleben, werden wir zu Beobachtern unserer Denkprozesse. Indem wir dem Gedanken keine Bedeutung, Schlussfolgerung oder Beurteilung zuteilen, können wir uns von unserer Konditionierung lösen – und sind somit eher in der Lage, eine alternative Sichtweise zu erkennen. Dieses neu entdeckte Bewusstsein gibt dem Geist eine offene und unbegrenzte Sicht und lässt mehr Erkenntnisse auf natürliche Weise entstehen und emotionales Leiden schwinden.

Und nun sprechen wir über einen Trick beim Meditieren – da viele dies als schwierig empfinden.

LEGEN SIE DIESES WERKZEUG FÜR EINE WEILE BEISEITE

Menschen besitzen ein unglaubliches Kapital, über das Tiere nicht verfügen: ein großes, intelligentes Gehirn. Dieses Organ kann unser größtes Kapital sein und unsere größte Bürde. Unsere Gehirne sind Problemlöser und zum Denken konzipiert. Wir können das Gehirn als Werkzeug bezeichnen: , Wenn es gut genutzt wird, ist es das beste Werkzeug, das wir haben. Sobald ein Problem gelöst ist, sollten wir dieses Werkzeug idealerweise beiseitelegen – und sei es auch nur kurz. Aber viele Menschen und Trader legen dieses Werkzeug nie beiseite.

Sie überstrapazieren es, indem sie über der Vergangenheit brüten und sich unnötig über oftmals unwahrscheinliche Konsequenzen der Zukunft sorgen. Sie sind süchtig nach Denken und zahlen für diese Abhängigkeit einen Preis, indem sie nie Seelenfrieden oder innere Ruhe erfahren. Sie können nie wirklich glücklich sein.

Meditation ist eine Pause von geistiger Arbeit. Wenn wir meditieren, gibt es nichts außer dem geduldigen Warten, dass Gedanken abklingen, während wir passiv aufmerksam bleiben. Ich habe ja gerade Tiere erwähnt und werde einen Vergleich zu deren Bewusstseinszustand ziehen: dem Bewusstsein wachsamer Tiere. Stellen Sie sich eine Antilope vor, die im afrikanischen Busch äst. Sie ist ruhig, sich ihrer Umgebung bewusst und bereit, beim ersten Anzeichen von Gefahr zu fliehen. Wenn eine Flucht (falls nötig) abgeschlossen ist, kehrt sie in den Zustand der ruhigen Wachsamkeit zurück und äst weiter, jederzeit bereit, erneut zu reagieren.

Die Meditation lehrt uns, den Verstand auf eine Weise zu nutzen, die viele als das Gegenteil seines eigentlichen Jobs empfinden. Die meisten betrachten Denken als Selbstzweck statt als Mittel zum Zweck. Der Verstand wird am besten genutzt, indem wir seine Logik auf ein Problem anwenden, diese Logik dann beiseitelegen und uns in innerer Ruhe und Seelenfrieden ausruhen – ähnlich der Fähigkeit der Antilope, in den Zustand einer ruhigen Wachsamkeit zurückzukehren.

CARNEGIES VIER SCHRITTE: EIN WESTLICHES BEISPIEL FÜR DAS BEISEITELEGEN DES WERKZEUGS

Als ich ein Kind war, fiel meiner Mutter auf, dass ich mir ständig Sorgen machte. Sie war selbst anfällig für dieses Verhalten und gab mir ein Buch zum Lesen: *Sorge Dich nicht – lebe!* von Dale Carnegie.[11] Ich

11 Carnegie, Dale (2011): *Sorge dich nicht – lebe!*, Frankfurt: S. Fischer; englischer Originaltitel: Carnegie, Dale (1948): *How to Stop Worrying and Start Living*, Bungay (Suffolk): Richard Clay, Ltd).

erinnere mich noch an Carnegies Vier-Schritte-Prozess der meditativen Problemlösung:

1. Identifizieren Sie das Problem oder das, was Sie beunruhigt.
2. Sammeln Sie alle Informationen, die Sie bekommen können. Dieser einfache Schritt kann das Problem oft schon lösen. Falls nicht, bietet er Ihnen aber Optionen, die zu Schritt 3 führen.
3. Auf Basis der in Schritt 2 gesammelten Informationen und Optionen legen Sie Ihr Vorgehen fest.
4. Wofür auch immer Sie sich entscheiden, bleiben Sie dabei! Setzen Sie einen Zeitrahmen für Ihre Entscheidung und bewerten Sie die Situation neu, wenn die Zeit abgelaufen ist.

Zu Beginn seines Berufslebens war Carnegie Lehrer an der Abendschule. Ihm fiel ein Denkmuster bei den Schülern auf. Diejenigen, die sich ständig sorgten, rangen um Fortschritte beim Lernen und in ihrem Leben. Die Schüler, die sich weniger Sorgen machten, erzielten leichter Fortschritte. Um anderen zu helfen, schrieb er das oben erwähnte Buch – eines der ersten modernen Selbsthilfebücher.

Der oben beschriebene Vier-Schritte-Prozess ist ein Beispiel für das Einsetzen des Verstands als Werkzeug der Logik und das Anwenden eines sinnvollen Verfahrens. Ein ähnlicher Prozess kann genutzt werden, um ein logisches und einfaches Trading-System zu entwickeln – wie in Kapitel 3 beschrieben.

Wenn ich Trading-Schülern Carnegies Vier-Schritte-Prozess vorstelle und ihnen beibringe, stimmen die meisten zu, dass Schritt 2 – das Vorgehen festzulegen – eine große Herausforderung ist. Der bei Weitem schwierigste Schritt ist jedoch Nummer 4 – bei dieser Entscheidung zu bleiben. Schritt 4 ist der Punkt, an dem der denkende Verstand nicht aufhören will. Er will nicht von seiner begehrten Aufgabe ablassen, zu verarbeiten und immer wieder neue Lösungen, mehr und bessere Wege zu finden. Er will Sie in Sicherheit wissen, aber in diesem Prozessstadium ist Loslassen und Laufenlassen das, was Sie von Ihrem Verstand brauchen. Entscheidungen und Pläne brauchen Zeit, um zu entstehen und Ergebnisse hervorzubringen. Zweifellos verstehen Sie mittlerweile, wie schwer es manchen Tradern fällt, Profite laufen zu lassen, denn Trading verlangt von Ihrem Verstand loszulassen und laufen zu lassen. Führen Sie auf jeden Fall Ihre Analyse durch, aber sobald Sie sich für einen Trade entschieden haben, handeln Sie gemäß dieser Entscheidung – danach gibt es nichts weiter zu tun. Nun, genau genommen schon! Hören Sie auf, darüber nachzudenken: Lassen Sie das Denken los und den Trade in Ruhe. Legen Sie das Werkzeug der Logik beiseite.

Wenn Sie das nicht lernen, werden Sie den Trade sabotieren, indem Sie sich in den logischen Prozess einmischen, den zu entwickeln Sie vermutlich viel Zeit und Geld investiert haben!

Die Zen-Meditation steigt an dem Punkt ein, an dem Dale Carnegie ausgestiegen ist.

Mittlerweile ist hinreichend bekannt, dass Trading intelligente, analytische und logische Denker anzieht. Kein Wunder, dass ihnen Schritt 4 schwerfällt. Zen auf Ihr Trading anzuwenden, verlangt von Ihnen, zu akzeptieren, anzuhalten, loszulassen und das Unbekannte auszuhalten. Lassen Sie zu, dass sich der Prozess Ihres Plans entfaltet. Das ist verständlicherweise schwierig, wenn Sie darauf konditioniert sind, die Kontrolle zu behalten, häufig Entscheidungen zu treffen oder eine Situation zu mikromanagen.

Dale Carnegie entwickelte eine großartige Idee: Nutzen Sie die Logik des Verstandes, um einen Plan zu entwerfen. Er war Geschäftsmann und wusste, dass Pläne für den Erfolg unerlässlich sind. Beim Traden ist das nicht anders. Allerdings erkannte er nicht, wie schwer es manchen Menschen fällt, nicht wieder in den Sorgenmodus zurückzukehren und der Versuchung zu erliegen, ihren Plan zu ändern, Ideen zu überdenken, zu zweifeln, zu mikromanagen, ständig zu beobachten, sich zu sehr auf das zu fokussieren, was andere tun oder sagen, sich unnötig einzumischen oder zu analysieren, bis sie in einen Zustand der Analyse-Paralyse verfallen. Diese Menschen brauchen eine andere Art von Schulung außerhalb der Logik – oder sogar der Willenskraft.

Sie brauchen Meditation.

NEUROWISSENSCHAFTLER TREFFEN AUF ZEN

Neurowissenschaftler an der Harvard University haben Experimente unter Anwendung von MRI-Scans durchgeführt und fanden heraus, dass sich durch Meditieren der Präfrontalkortex des Gehirns in bestimmten Bereichen verdickt. Zudem stellten sie fest, dass die Amygdala, manchmal auch als das »Angstzentrum des Gehirns« bezeichnet, zu schrumpfen beginnt und stressbedingte Überaktivität reduziert.[12]

In seinen *Essays in Zen Buddhism* beschreibt Professor Daisetz Teitaro Suzuki die Ebenen der Bewusstseinszustände. Er zieht Vergleiche zwischen Meditation und dem, was passiert, wenn Sie tief schlafen. Während tiefer Meditation kommt es zu einem Verlust des Bewusstseins, ein Zustand, der sich nicht von tiefem, traumlosem Schlaf unterscheiden lässt. Der Unterschied besteht darin, dass wir im Schlaf ohne Bewusstsein und ohne Wahrnehmung sind – im Zustand der Meditation dagegen ist unser Verstand entspannt, nimmt aber noch etwas wahr.

Wenn wir meditieren, geraten wir also in einen Zustand des Bewusstseins ähnlich dem einer »Super-Antilope«: ruhig, weniger beeinflusst von äußeren Stimuli, aber bereit, bei Bedarf sofort zu reagieren. Jemandem, der regelmäßig meditiert, ist es möglich (und das versichere ich Ihnen, denn ich habe es selbst mehrmals erlebt und beobachtet), ruhiger und weniger reaktiv zu werden und die Funktionstüchtigkeit zu erhöhen.

---

12 Brown, Elizabeth (2013): »Mindfulness meditation: A mental workout to benefit the brain«, *Science in the News*, Harvard University, 15.04.2013. Sitn.hms.harvard.edu/flash/2013/mindfulness-meditation-a-mental-workout-to-benefit-the-brain.

WAS DIESES WERKZEUG WIRKLICH FÜR SIE IST

Bewusste geistige Aktivität und logisches Denken sind die Lösungen für viele unserer Probleme und Herausforderungen – zum Beispiel das Entwickeln eines Trading-Plans. Fehlgeleitetes Denken kann jedoch mitunter eine nachteilige Auswirkung auf unsere Suche nach dem Glück haben. Viele würden sagen, dass Glück das ideale Ergebnis eines denkenden Geistes ist – der mithilfe seiner Logik ein erfolgreiches Ergebnis hervorbringt. Zen dagegen sagt, dass Glück, innere Ruhe und Seelenfrieden aus der Praxis entstehen, das Werkzeug der Logik beiseitezulegen. Sie werden keinen besseren Zeitpunkt dafür finden als während Ihrer Meditation oder nachdem Sie sich für die Durchführung eines Trades entschieden haben. Diese Praxis des Beiseitelegens wird zwei unschätzbare Fähigkeiten hervorbringen: Erstens werden Sie in der Lage sein, die Erfahrung der meditativen Ruhe mit in Ihr Leben und Ihre Arbeit zu nehmen; zweitens wird die Logik des Verstands gesteigert, indem Sie Pausen vom ständigen Denken und Überstrapazieren machen. Ihr Verstand wird weniger belastet und freier, um besser zu verstehen – während Ihres Tradings und in Ihrem täglichen Leben.

Als Kind müssen wir sprechen und laufen lernen. Vielen ist nicht bewusst, dass wir auch unseren Verstand darauf trainieren müssen, glücklich zu sein. Während der Meditation unser Denken beiseitezulegen und gleichzeitig aufmerksam und passiv bewusst bleiben, macht uns wieder vertraut mit dem Seelenfrieden, den kleine Kinder besitzen. Dieses Gefühl wird manchmal als »Glückseligkeit« bezeichnet. Es ist der wunderbare Moment, den ein Kind bei einer neuen Erfahrung erlebt. Glückseligkeit kann ein Geisteszustand sein, in dem es keine wenig hilfreichen Gedanken wie unangemessene Wünsche, Erwartungen, Ängste und Sorgen über die Zukunft gibt: die Art von Gedanken, die den Wunsch nach exzessiver Kontrolle wecken.

Die Zen-Lebensweise und die Meditation werden Sie mit tiefer innerer Ruhe und Seelenfrieden vertraut machen, weil Sie dem Werkzeug der Logik gestatten, zu ruhen, wenn es nicht gebraucht wird. Das Beiseitelegen der Logik kann vorübergehend sein – vielleicht jeden Tag nur für ein paar Minuten, langsam gesteigert zu dem Ausmaß, das für Sie am vorteilhaftesten ist. Manche finden es konstruktiver, zweimal täglich kürzer zu meditieren als einmal länger. Probieren Sie es aus, und Sie werden Ihre Vorliebe finden. Beim Meditieren ist nicht wirklich etwas zu tun – ruhen Sie sich einfach von der geistigen Arbeit aus, während Sie wachsam und passiv bewusst bleiben, so wie die Antilope.

PETES PERSÖNLICHE TRADING-STORY

Im Jahr 2016 wurde mir die Weihe zum Zen-Priester angeboten. Ich war jedoch noch nicht bereit dafür, sondern brauchte mehr Studium und Training, also reiste ich nach Taiwan und von dort weiter nach Japan in ein Meditations-Retreat. Eines Morgens arbeitete ich neben einem älteren Mönch, ich jätete Unkraut auf den Tempelwegen. Ich stellte ihm eine technische Frage bezüglich Zen und er sagte zu mir: »Siehst du das Unkraut direkt vor dir? Rupf es heraus.« Unverzagt stellte ich eine weitere Frage und die Antwort lautete: »Siehst du das Unkraut neben dir? Rupf auch das heraus.«

An diesem Punkt wurde mir klar, dass er versuchte, mich etwas zu lehren. Im Zen geht es nicht darum, was du weißt, sondern wie du *sein* könntest. Beim Traden ist es genauso.

Von da an jätete ich schweigend.

EINE ZEN-GESCHICHTE

Zwei Mönche, einer älter und einer jünger, reisten gemeinsam. Sie kamen an einen Fluss mit einer starken Strömung. Als sich die Mönche darauf vorbereiteten, den Fluss zu überqueren, sahen sie eine sehr junge und schöne Frau, die ebenfalls hinübergelangen wollte. Die junge Frau fragte die beiden, ob sie ihr auf die andere Seite helfen könnten.

Die beiden Mönche wechselten einen Blick, denn sie hatten beide den Schwur abgelegt, nie eine Frau zu berühren.

Dann, ohne ein Wort zu sagen, hob der ältere Mönch die Frau hoch, trug sie durch den Fluss und stellte sie behutsam auf der anderen Seite ab. Anschließend setzte er seine Reise fort.

Der jüngere Mönch konnte nicht glauben, was gerade passiert war. Nachdem er seinen Reisegefährten wieder eingeholt hatte, war er sprachlos. Eine Stunde verging, ohne dass die beiden ein Wort wechselten.

Zwei weitere Stunden verstrichen, dann drei. Schließlich konnte der jüngere Mönch nicht länger an sich halten und platzte heraus: »Als Mönch ist es uns nicht gestattet, eine Frau zu berühren. Wie konntest du die Frau auf deinen Schultern tragen?«

Der ältere Mönch sah ihn an und antwortete: »Ich habe sie schon vor Stunden auf der anderen Seite des Flusses abgestellt. Warum trägst du sie immer noch?«

KAPITELZUSAMMENFASSUNG

- Meditation ist die sechste und letzte Regel des Systems für Seelenfrieden und Profit.
- Am besten kombiniert man Meditation mit den anderen Lebensstil-Übungen des Zen.
- Ein großes Kapital unseres Geistes ist die Fähigkeit, zu denken (und Probleme zu lösen).
- Eine der schlimmsten Belastungen unseres Geistes ist seine Unfähigkeit, abzuschalten und auszuruhen; für eine Weile den Wunsch beiseitezulegen, zu denken, zu planen, zu erkennen und zu schlussfolgern – weil all das häufig zu Besorgnis führt.
- Trader müssen lernen, sich auf die Kraft des Geistes zu konzentrieren – logisch zu denken, ohne die Tendenz zu viel zu denken –, damit sich die Ereignisse ohne Einmischung entfalten können.
- Zen-Meditation kann einen äußerst intelligenten und wachen Geist hervorbringen, der außerdem gelassen und passiv bewusst ist.

12

SEELENFRIEDEN MESSEN

Wenn das Einhalten der Fünf Gebote und das Meditieren unser Bewusstsein, die Erkenntnistiefe und die Bewusstseinsebenen entwickeln und zudem die Wahrscheinlichkeit steigern, beim Traden und im Leben erfolgreich zu sein, woher wissen wir dann, ob wir gute Fortschritte machen?

Der Sinn beim Implementieren (und Festhalten an) einer Trading-Methode für einen gewissen Zeitraum besteht darin, dass Ergebnisse und Leistung gemessen werden können. Nach dem festgelegten Zeitraum kann man die Methode und/oder Trading-Performance überprüfen und anpassen. Dieser Prozess des Testens und Messens setzt sich fort – und zeigt hoffentlich einen anhaltenden Aufwärtstrend. Beim Traden ist dies ein relativ einfacher Prozess als Teil der Gesamtstrategie. Aber wie misst man die Performance von Meditation oder Bewusstseinsebenen – vor allem, wenn das Ziel darin besteht, die Ebenen von innerer Ruhe und Seelenfrieden beim Traden und im Leben zu messen? Welches Kontroll- und Messsystem steht uns für derart subtile Modalitäten zur Verfügung?

VERWIRKLICHUNG IM ZEN UND TRADINGERGEBNISSE KÖNNEN WEDER ERZWUNGEN NOCH KONTROLLIERT WERDEN

Die Zusammenfassung in Kapitel 8 beinhaltet die Aussage: Im Zen ist nichts erzwungen oder kontrolliert. Die Stärke von Zen entsteht daraus, ein Beobachter zu sein, den Ereignissen zu erlauben, sich zu entfalten, und einer Situation nicht Ihren Willen aufzuzwingen. Allerdings hängt Ihre Fähigkeit, zu entscheiden, wie Ihre Antwort ausfällt, von Ihrer Ebene des Bewusstseins ab.

In seinem Buch *Die Ebenen des Bewusstseins – Von der Kraft, die wir ausstrahlen*[13] erklärt Dr. David Hawkins die Verbindung zwischen den einzelnen Bewusstseinsebenen und menschlichem Verhalten. Außerdem fordert er den Leser auf, darüber nachzudenken, wo wahre Kraft existiert.

Laut Dr. Hawkins wird jede Entscheidung, die wir treffen, und jede unserer Handlungen gesteuert von unserer individuellen Ebene des Bewusstseins. Hawkins führt das Konzept noch einen Schritt weiter, wenn er die Bewusstseinsebene in einer Spannbreite von 20 bis 1.000 m misst und die Ebenen 700 bis 1.000 Personen wie Buddha, Jesus und dem Dichter Khalil Gibran zuordnet – um nur ein paar der vielen, bemerkenswerten, historischen Gestalten zu nennen, die dafür infrage kommen. Einige bekannte Persönlichkeiten, die vor Kurzem lebten oder immer noch leben – wie Mutter Teresa, der Dalai Lama, Thich Nhat Hanh und Eckhart Tolle –, könnten ebenfalls in diese Liste aufgenommen werden. Die niedrigeren Ebenen in dieser Darstellung sind für den Rest von uns; eine gewisse Erleuchtung anstrebend oder zumindest innere Ruhe und Seelenfrieden entwickelnd.

---

13. Hawkins, David R. (1997): *Die Ebenen des Bewußtseins – Von der Kraft, die wir ausstrahlen*, Freiburg: VAK; englischer Originaltitel: Hawkins, David R. (1995): *Power versus Force: An Anatomy of Consciousness – The Hidden Determinants of Human Behavior*, Sedona: Veritas; überarbeitete Neuauflage 2014 Carlsbad: Hay House.

	Ebene	Messwert	Emotion	Prozess	Lebenseinstellung. Das Leben ...
grenzenloses, bewusstes Selbst	Erleuchtung	700–1000	unbeschreiblich	reines Bewusstsein	ist
	Friede	600	Glückseligkeit	Durchlichtung	ist vollkommen
	Freude	540	Gleichmut	Verklärung	ist vollständig
	Liebe	500	Ehrfurcht	Offenbarung	ist wohlwollend
	Vernunft	400	Verständnis	Abstraktion	ist bedeutungsvoll
	Akzeptanz	350	Vergebung	Transzendieren	ist harmonisch
	Bereitwilligkeit	310	Optimismus	Absicht, Vorsatz	ist hoffnungsvoll
	Neutralität	250	Vertrauen	Loslassen	ist befriedigend
	Mut	200	Bejahung	sich ermächtigen	ist machbar
begrenztes, unbewusstes Ego	Stolz	175	Verachtung	Angeberei	ist fordernd
	Ärger	150	Hass	Aggression	ist feindlich
	Begehrlichkeit	125	heftiges Verlangen	Versklavung	ist enttäuschend
	Angst	100	Ängstlichkeit	Rückzug	ist beängstigend
	Kummer	75	Reue	Verzagtheit	ist tragisch
	Apathie	50	Hoffnungslosigkeit	Aufgeben	ist hoffnungslos
	Schuldbewusstsein	30	Schuldzuweisung	Zerstörung	ist böse
	Scham	20	Erniedrigung	Ausmerzung	ist elend

Abbildung 12.1: Ebenen des Bewusstseins

Wenn wir uns die Ebenen in der Tabelle anschauen, ist deutlich zu erkennen, dass man mindestens den Messwert von 200 haben muss, um zu innerer Ruhe und Seelenfrieden zu finden, der zum erfolgreichen Traden nötig ist. Ich schätze mal, dass sich die meisten Trader um den Wert 100 herumbewegen. Auf einer Ebene der Angst agierend, ist ihre Emotion »*Ängstlichkeit*«, ihr Prozess »Rückzug« und ihre Lebensauffassung »beängstigend«. Auf dieser Ebene des Bewusstseins wird ihr Traden aus Emotionen und Handlungen, wie der Furcht zu kaufen, bestehen oder aus Besorgnis, wenn sie einen Trade offen haben. Auf dieser Ebene des Bewusstseins sind sie zudem unfähig, bei einer Methode zu bleiben, verfallen mitunter in Panik und verkaufen früh. Sie erleben ihr Traden als unglaublich beängstigend.

Wenn Sie dieses reaktive Verhalten mit der Bewusstseinsebene von 250 vergleichen, die lediglich 25 Prozent des maximalen Wertes von 1.000 beträgt, wissen Sie, dass Sie einen Trader auf einer gesunden, neutralen Ebene haben: jemanden, dessen Emotion »Vertrauen« ist, der sich im Prozess des »Loslassens« befindet und sein Traden als »befriedigend« erlebt.

Sie können Ihr Bewusstsein auf der Skala weiter nach oben bewegen, indem Sie einen gesunden Lebensstil durch das Einhalten der Fünf Gebote führen und diesen Lebensstil dann mit Meditation kombinieren – dem System für Seelenfrieden und Profit aus Kapitel 10. Wir wissen, was unsere Entscheidungen beim Traden vorwiegend verursacht – Emotion. Achten Sie sorgfältig auf die Emotionen, Prozesse und Lebensauffassungen der Person, die sich im Bereich des begrenzten, unbewussten Egos bewegt. Diese Person wird Mühe haben, beim Traden wie auch im Leben Zen zu sein.

Noch einmal: Vieles korreliert – Seien Sie Zen im Leben und Sie werden Zen beim Traden sein.

In Kapitel 7 habe ich über die Macht der Akzeptanz und das psychologische Verfahren ACT gesprochen. In der Bewusstseinsskala befindet sich Akzeptanz beim Messwert 350. Akzeptanz bedeutet, die Fähigkeit zu haben, das zu akzeptieren, *was ist*, und sich dann einem Plan der Therapie oder Veränderung zu verpflichten. Der Trader mit diesem unbeschränkten, bewussten Selbst (wahre Kraft und nicht das beschränkte, unbewusste Ich) kann seine eigenen Fehler und die anderer verzeihen, überwindet geistig das Chaos, das der Markt regelmäßig produziert, und arbeitet von einer harmonischen Bewusstseinsebene aus.

STELLEN SIE SICH VOR

1971 schrieb John Lennon den Song »Imagine«. Der Text fordert die Menschen dazu auf, sich von den materiellen Besitztümern und Ideologien zu lösen und eine Welt zu erschaffen, in der sie in Frieden leben. Stellen Sie sich vor, wie viel innere Ruhe und Seelenfrieden Sie haben könnten, wenn Sie sich auf den Ebenen 350 bis 600 bewegen würden. Stellen Sie sich vor, wie erfolgreich und reibungslos Sie traden könnten und wie glücklich Sie das in Ihrem Leben machen würde. Ich persönlich spüre, dass ich zwischen den Ebenen 100 bis 600 schwinge, je nachdem, was in meinem Leben passiert. Sehr wichtig ist auch, dass die Ebene, auf der ich agiere, davon abhängt, wie gut ich meine Lebensstil-Disziplin aufrechterhalte – durch die Fünf Gebote und regelmäßiges Meditieren. Ein Aufsteigen innerhalb der Skala kann Wochen oder gar Monate anhalten. Ich bin dankbar, sagen zu können, dass ein Abfall unter 200, der normalerweise nur wenige Augenblicke oder ein oder zwei Tage anhält, seltener vorkommt. Nichtsdestotrotz gibt es ihn. Genauso wie der Markt schwankend sein kann, sind auch Zen-Lehrer und Praktizierende nicht immun gegenüber emotionalen Schwankungen und Durchhänger-Tagen. Für den Fall, dass Sie sich das jetzt fragen: Die Momente, in denen ich mich auf Ebenen von 700 plus fühle, sind jene, an denen ich tief meditiere, möglicherweise an einem Zen-Retreat teilnehme oder ein Kloster besuche.

Sie müssen jedoch das Studium und Praktizieren von Zen nicht so extrem betreiben, wie ich es getan habe. Integrieren Sie die Fünf Gebote und die Meditation in Ihrem eigenen Tempo in Ihr Leben.

Wie Sie erkennen, gibt es auf Dr. Hawkins' Messskala acht Ebenen des bewussten, grenzenlosen Selbst und acht Ebenen für begrenztes, unbewusstes Ego. Um aus Ihrem System für Seelenfrieden und Profit das meiste herauszuholen, schlage ich vor, dieses mit den Eigenschaften der Ebenen 200 bis 250 anzugehen. Auf diesen Ebenen müssen Sie Mut und Neutralität aufweisen, Ihre Ängste loslassen und dem Prozess vertrauen. Solche Ebenen des Bewusstseins können nur gesteigert werden, wenn wir unsere Zweifel beiseiteschieben und unseren Geist für das öffnen, was möglich sein kann.

BEWUSSTSEINSEBENEN SIND KEINE NEUE IDEE

Das Konzept des Messens von Bewusstsein wurde vor vielen Jahren von Zen-Gelehrten erforscht. Ein Zen-Priester namens Kukai (774–835 nach Christus) schrieb ein beeindruckendes Buch mit dem Titel *Abhandlung über die zehn Stufen des Daseins*. Kukai war nicht nur Zen-Priester und -Gelehrter, sondern auch Künstler, Ingenieur und Dammbauer. Er war ein Mann mit vielen Talenten und Gründer seiner eigenen Zen-Lehre. Seine Abhandlung wird jedoch von vielen als sein wichtigstes Werk angesehen. Die folgende Liste zeigt, was Kukai als die Ebenen des Bewusstseins ansah – Ebenen, die der Geist entwickelt, während er sich auf das Erreichen des ultimativen Verstehens zubewegt: die Erleuchtung.

1. Urinstinkte: das Stadium des menschlichen Tiers, vorrangig fokussiert auf Bedürfnisse wie Nahrung, Unterschlupf, Sex und körperliche Sicherheit.
2. Moral: Man erlangt ein Bewusstsein für Moral.
3. Glaube an eine höhere Macht: Man glaubt und verlässt sich auf übernatürliche Wesen. Oft begleitet von der Erwartung eines Himmels (oder besseren Daseins) nach dieser Welt – und dadurch eine Erleichterung bezüglich aktueller Ängste erfahrend. Diese Stufe trifft auf die meisten Religionen zu, nicht jedoch auf Zen.
4. Ego und Bindung an Identität: Man erkennt die Wirkung des Egos. Ein Erwachen hinsichtlich der Auswirkungen der Bindung an das Ego auf die eigene Persönlichkeit und die anderer.

5. Ursache und Wirkung: Man erkennt, dass jede Aktion eine Reaktion hervorruft – und erlangt dadurch ein tiefgehendes Verständnis von Kausalität.
6. Mitgefühl: Man entwickelt ein unterschiedsloses Mitgefühl für alle Lebewesen.
7. Wahrnehmung: Man versteht und erkennt die Tatsache, dass alle Gedanken und Gefühle lediglich die Wahrnehmung des Individuums sind.
8. Einheit: Man erkennt, dass alles auf Erden und im Universum, sei es physisch oder körperlos, miteinander verbunden ist. Oder wie es der berühmte Mönch, der verstorbene Thich Nhat Hanh ausdrückte: zusammenhängt.
9. Leere: Man erkennt, dass alle Gedanken, Gefühle, Wahrnehmungen, Impulse und sogar das Bewusstsein nur Konzepte sind und dass sie nicht real existieren. Wir verleihen ihnen eine existenzielle Bedeutung. Leere gilt auch für physische Dinge, denn alles, wie die Erschaffung eines physischen Objekts, beginnt entweder mit einem Gedanken, einem Instinkt oder über Kausalität.
10. Erleuchtung: Man versteht die vorhergehenden neun Stufen vollständig, vor allem die siebte, achte und neunte Ebene, und ist dann in der Lage, dieses Verständnis in jeden Teil seines Lebens zu integrieren.

Dr. Hawkins und Kukai, der mehr als 1.200 Jahre früher lebte, kamen zu ähnlichen Schlussfolgerungen. Höchstes Bewusstsein kann erlangt werden, indem man ein besserer Mensch wird. Nun können Sie fragen: »Was hat all das mit Trading-Kompetenz zu tun?« Meine Antwort lautet: »Alles«, denn es wird für Sie extrem schwierig sein, gut zu traden, wenn Sie auf den niedrigeren Ebenen verbleiben. Und wie bereits erwähnt, ist damit eine Ebene unter 200 in Dr. Hawkins' Messskala und in den fünf unteren Ebenen von Kukais Skala gemeint.

Ich betrachte diese Ebenen mehr als Bewusstseinszustände denn als Ebenen. Denn wenn wir in der Lage sind, sämtliche Beschränkungen des Denkens aus unserem Bewusstsein zu entfernen, hören die Ebenen auf, zu existieren (diese Aussage entspricht der Denkweise von

Ebene 7 bis 9). Sich selbst oder jemand anderen einer bestimmten Ebene zuzuordnen, ist beinahe unmöglich. Abhängig von unseren Lebensumständen und denen der uns umgebenden Menschen bewegen wir uns auf der Skala auf und ab. Aber mit dem Heranreifen unseres Bewusstseins wächst auch die Fähigkeit, unsere Gemütsverfassung zu erkennen und zu verändern – und deshalb nicht zu lange auf weniger nützlichen Ebenen gefangen zu sein.

MEHR DHARMA, WENIGER DRAMA

Die Veränderungen des Lebensstils, die von Ihnen verlangt werden, und die Verpflichtung zum Meditieren sind keineswegs Bestandteile irgendeiner(s) sadistischen Zen-Disziplin oder -Rituals. Vielmehr sollen Sie erkennen, wie viele Ihrer Gewohnheiten Sie vom Gewahrwerden ablenken. Trader lassen sich durch die Vielfalt, die Finanzmärkte bieten können, vom disziplinierten Handeln ablenken. In unserem Alltag tun wir etwas Ähnliches, wir lassen uns von Verlockungen verführen – zum Beispiel verschiedenen Formen von Technologie, Geräuschen, Nahrung, Alkohol, Sex, Drogen, Plauderei, Klatsch und Tratsch, Überarbeitung oder zu viel Sport. Dies sind Vermeidungsstrategien. Vermeiden des Hineinschauens und Nachdenkens. Vermeiden von oft unbequemen, aber nichtsdestotrotz wertvollen Erkenntnissen. Dem aufmerksamen Leser wird vielleicht an den Fünf Geboten etwas aufgefallen sein: Sie sind nicht konzipiert, um das Leben zu erschweren, sondern um es zu vereinfachen, indem sie die Komplikationen verringern, die in unserem Leben Stress erzeugen. Außerdem wurden sie entworfen, um das Meditieren zu vereinfachen. Ein entspannterer Gemützustand ist das Produkt eines disziplinierteren Lebensstils. Das führt zu entspannterer Meditation – und erzeugt so mehr Achtsamkeit.

Der Abt des Klosters, in dem ich zwei Jahre lebte, hatte einen Lieblingsspruch: »Mehr Dharma, weniger Drama.«

Er liebte diesen Spruch so sehr, dass er einen Autoaufkleber anfertigen ließ. Das Wort »Dharma« bedeutet »das Lehren des Buddhismus«. Wir können also die Bedeutung des Autoaufklebers wiedergeben als:

»Folge Buddhas System, um Seelenfrieden zu erlangen.« Um beim Auto zu bleiben: Stellen Sie sich die Gebote als Transportmittel vor, das Sie auf dem Weg zu wahrer Kraft nutzen, und Meditation als den Treibstoff.

Ein Trading-Coach, der gut strukturierte Methoden lehrt, kann Ihr Verständnis von den Abläufen steigern und für einen Aha!-Moment im Hinblick auf die Märkte sorgen.

Eine gut strukturierte Methode, um Seelenfrieden zu erlangen, wird Ihre Ebene der Achtsamkeit erhöhen. Eine höhere Ebene der Achtsamkeit wird zu einem höheren Niveau an innerer Ruhe und Seelenfrieden führen und somit Ihre Fähigkeit steigern, gut zu traden. Ihr Messinstrument dabei ist, was Sie denken und fühlen. Die Ebene von 350 erzeugt ein Lebensgefühl der Harmonie. Auf dieser Ebene sind Sie stärker im Fluss mit dem Traden und dem Leben. Ihr Stressniveau wird verringert und Sie erkennen Möglichkeiten, die Ihnen bisher verborgen blieben oder die Sie nicht einmal für möglich gehalten hätten.

Zen in das Traden einzubinden, ist nicht irgendein geniales mathematisches Trading-System (kombiniert mit einer geheimen Macht), überliefert von einem steinalten Meister, der auf einem Berggipfel in Japan lebt. Es ist ein einfaches System, um nach besten Kräften ein gesundes Leben zu führen und dieses dann mit Meditation zu verbinden.

Gute Trader eignen sich einfache Systeme an – Einfachheit und Disziplin. Das ist der Schlüssel zu Erfolg und Profiten.

Zen-Meister eignen sich einfache System an – Einfachheit und Disziplin. Das ist der Schlüssel zu innerer Ruhe und Seelenfrieden.

Als ehrgeizige Trader müssen wir demnach ehrgeizige Menschen sein. Es ist ein Kreislauf, den wir immer wieder durchlaufen müssen.

PETES PERSÖNLICHE TRADING-STORY

Als ich Mitte der 1990er-Jahre mit dem Traden anfing, nahm ich an Veranstaltungen in Trading-Klubs und Vereinigungen teil. Ich besuchte auch zahlreiche Trading-Kurse. Teilnehmer bei diesen Veranstaltungen und Kursen unterhielten sich in den Pausen. Mir fiel auf, dass sie sich gegenseitig oft eine bestimmte Frage stellten: »Sind Sie gerade am Markt investiert?« Viele dieser Leute studierten die Märkte und tradeten seit Jahren. Sie schienen keinen Schritt näher an die Realisierung ihres Traums herangekommen zu sein, ein kompetenter Trader oder Investor zu sein – tatsächlich hatten sich viele von ihnen sogar weiter davon wegbewegt. Ich hoffte, bei den erfahreneren Teilnehmern einen Lehrer zu finden. Aber niemand schien in der Lage zu sein, mir eine Methode zu nennen oder klare Antworten auf meine Fragen zu geben, wie ich vorgehen sollte. Sie schienen selbst nicht sicher zu sein bei dem, was sie taten. Sie sagten auch nicht, dass sie momentan nicht am Markt aktiv seien und mir deshalb nicht helfen könnten. Ich stieß auf eine Ebene der Vermeidung und möglicherweise auch Verlegenheit. Sie schienen auf einer Ebene der Angst gefangen zu sein. Vielleicht taten sich einige von ihnen schwer, ihr Wissen mit anderen zu teilen.

Oft verließ ich diese Veranstaltungen frustriert und verwirrt und dachte über die Statistik nach, dass nur etwa 5 bis 10 Prozent der Trader erfolgreich waren. Ich dachte auch über meine Ausbildung als Autolackierer nach und die folgenden Jahre, in denen ich als Lehrer diesen Beruf am College unterrichtete. Da war ein Prozess, den ich gelernt hatte und den ich nun lehrte. Es gab kein »Manchmal lackiere ich und manchmal nicht«. Ich fragte mich, ob die Lösung genau das Gegenteil von dem war, was die meisten Trader taten. Vielleicht bestand die Lösung darin, den größten Teil der Zeit mit dem Markt zu verbringen und Abläufe zu haben, denen man folgt. Abläufe von Methode und Geist.

Der Buddhismus-Lehrer Rinpoche Trungpa sagte einst: »Wenn du nichts über Buddhismus weißt, fängst du am besten gar nicht damit an. Sobald du jedoch angefangen hast, hörst du am besten nicht mehr auf!«

Ich glaube, diese Philosophie gilt auch für das Traden.

EINE TAISHIN-SHODO-GESCHICHTE

Auf meinem Weg zur Priesterweihe hatte ich viele Zweifel über die Kraft der Meditation. Analyse, Theorie und Disziplin waren okay. Aber könnte ich mich für einen potenziellen transformativen Nutzen auf das Unbekannte einlassen? Diese Theorie harmonierte nicht wirklich mit meinem Verstand, der der Logik anhing. Ermutigt von einem Freund begab ich mich in ein Meditations-Retreat, in dem es einen Meditationsmeister gab, der behauptete, über außergewöhnliche Fähigkeiten zu verfügen. Dazu gehörte auch die Fähigkeit, mit einem einzigen Treffen das Denken zu transformieren und das Bewusstsein zu steigern. »Was für ein Unsinn!«, dachte ich. Aber trotz meiner Zweifel begab ich mich dorthin. Unterwegs wurde mir mein bewertendes Denken bewusst. Ich entschied, dass es nicht schaden konnte, meine Zweifel beiseitezuschieben und nach besten Kräften teilzunehmen. Ich würde meine Zweifel weder annehmen noch ablehnen, sondern neutral bleiben (Ebene 250). Bei meiner Ankunft wurde ich eingeladen, mit offenen Augen zusammen mit dem Meister zu meditieren. Es war gelinde gesagt eine transformative Erfahrung. Ich hatte über derartige Erfahrungen Bücher gelesen und Geschichten darüber gehört, aber, wie gesagt, bezweifelt, dass so etwas möglich ist.

Als Nächstes passierte Folgendes: Während wir einander ansahen, bildete sich zwischen uns ein Tunnel. Am ehesten kann ich es als einen Tunnel aus Licht oder Energie beschreiben. Als wäre zwischen uns eine ultimative Verbindung entstanden, die alles über mich preisgab. Ich fühlte mich emotional nackt und völlig ungeschützt. Meine Persönlichkeitsmaske war abgelegt und ich konnte nichts über mich verbergen. Ich erinnere mich noch, dass ich die Augen schloss und den Kopf schüttelte, um das, was auch immer es war, zu testen oder zu zerbrechen, aber jedes Mal, wenn ich die Augen öffnete, war es da. Ein unbeschreibliches Erkennen, eine Verbindung, Frieden, Akzeptanz – sogar Liebe. Dieses Erlebnis schien nur kurz zu dauern, nur wenige Minuten. Es hätte viel länger sein können. Aber die Zeit spielt keine Rolle; die Qualität dieser Erfahrung war das Entscheidende.

Viele Jahre später (und mit mehr Erfahrung) verstand ich, was passiert war. Als unser Geist sich völlig von unserem selbst auferlegten Gefühl des Selbst (Ego) löste (entweder durch unsere eigene Fähigkeit oder durch die Unterstützung des anderen), blieb ultimativer Frieden und Achtsamkeit übrig. Das ist wahre Kraft, erreicht durch Meditation. Und wir alle besitzen diese Kraft.

EINE ZEN-ZEICHNUNG

Das kalligrafische Zen-Symbol Ensō[14]: der Moment, in dem der Geist frei ist und Körper/Geist nicht in ihrem Schaffensprozess eingeschränkt sind.

14 Anm. d. Üs.: Japanisch für »Kreis«

KAPITELZUSAMMENFASSUNG

- Trading-Ergebnisse und Zen-Entwicklung können nicht erzwungen werden.
- Wahre Kraft kommt durch das Implementieren der Fünf Gebote und Meditation.
- Mehr Zen-Dharma ist gleich weniger Drama in Ihrem Traden und Leben.
- Mehr Bewusstsein zu schaffen, steigert innere Ruhe und Seelenfrieden.

13

IDENTITÄT, DAS ICH UND DAS EGO

Sollten Sie bereits andere Trading-Bücher gelesen haben, so sind Sie sicher schon auf die Behauptung gestoßen, dass das Ego für Trader ein großes Problem darstellt. Laut dem *Oxford English Dictionary* bedeutet das Wort »Ego« »Selbstwertgefühl«, »Selbstachtung«, »Selbstbild« und »Selbstvertrauen«.

Eine Menge »Selbst«!

Aus in 26 Trading-Jahren gewonnener, persönlicher Erfahrung sowie nach über 30 Jahren des Meditierens und Zen-Trainings glaube ich, dass der Geist zwischen dem Bewusstsein und dem Unbewussten vermittelt. Ihre Wahrnehmung von Realität wird dann aus diesem Verhandlungsteil erzeugt. Und während dieses Vorgangs entsteht ein Identitätsgefühl.

ZEN FORDERT SIE AUF, ZU ÜBERDENKEN, WAS »IDENTITÄT« BEDEUTET

Man sollte also meinen, dass es beim Ego um das Selbst und die eigene Identität geht.

Und wenn ich Ihnen nun sage, dass Ihre Vorstellung von Ihnen selbst und Ihr Konzept von Identität falsch sein könnten?

Über dieses Konzept sollten Sie einmal nachdenken. Aus Zen-Perspektive haben Sie weder ein Selbst noch eine Identität, zumindest nicht in der Form, wie Sie es wahrnehmen. Das ist eine herausfordernde Feststellung für diejenigen von uns, die in einer modernen westlichen Gesellschaft aufgewachsen sind: einer Gesellschaft, die extrem darauf fokussiert ist, wer Sie sind, was Sie tun und was Sie besitzen, und daraus die Identität erstellt. Eine Identität, an der Sie vermutlich sehr hängen.

Vielleicht verstehen Sie mittlerweile eine grundlegende Zen-Lehre: Ihr Konzept von Realität existiert in Ihrem Kopf und Ihrer Denkweise. Und so ist es auch beim Selbst und der Identität – es ist lediglich eine Wahrnehmung Ihres Geistes. In unserer Gesellschaft sind viele daran gewöhnt, »es gut zu machen«. Das bedeutet, einen gut bezahlten Job zu haben, ein schickes Haus zu besitzen, das neueste Modell eines Autos zu fahren, einen attraktiven Partner zu haben, regelmäßig zu verreisen und viele andere Dinge zu besitzen und zu tun, um uns zu unterhalten – alles, was uns ein Gefühl von Erfüllung verschafft. Wenn wir im gesellschaftlichen Umfeld zum ersten Mal jemandem begegnen, kommt häufig die Frage auf (vor allem von Männern): »Und was machst du beruflich?« In Sydney, wo ich oft arbeite, lautet eine häufige Frage: »Wo wohnst du?« Mittlerweile ist es für andere (die unsere Identität bewerten und unseren sozialen Status beurteilen) nämlich nicht mehr nur wichtig, welchen Beruf Sie ausüben, sondern auch, in welchem Vorort Sie wohnen und welche Schule Ihre Kinder besuchen.

Ich erzähle Fremden nicht oft, womit ich meinen Lebensunterhalt verdiene. Ich weiß, dass sie Vermutungen anstellen, was manchmal zu Unbehagen führt und weitere Erklärungen verlangt. Die Antwort »Ich arbeite im Finanzbereich« erstickt für gewöhnlich das Gespräch im Keim! Gespräche beginnen nur selten mit beseelten Fragen wie »Und was machst du abgesehen von deiner Arbeit?« oder »Geht es deinen Eltern und Kindern gut?« oder »Hast du in letzter Zeit einen guten Film oder ein gutes Theaterstück gesehen?« Üblicherweise liegt der Fokus, wenn wir in eine Beziehung zueinander treten, darauf eine Identität herzustellen und das Konzept vom Selbst zu sichern. Bohrende Fragen, die auf Identität und Ego basieren, können ein schlechter Gesprächsbeginn sein. Schlimmstenfalls erzeugen Sie ein Gefühl von Distanz und Selbstgerechtigkeit, was genau das Gegenteil zu den Eigenschaften ist, die Sie als Trader brauchen – Bescheidenheit ist nützlicher als Ego.

Aus Zen-Perspektive führt das Fokussieren auf das Konzept Ihres Selbst und dessen Identität nicht zu innerer Ruhe und Seelenfrieden. Wir müssen das einschränkende Konzept loslassen, dass unsere Identität an das gebunden ist, was wir tun, wo wir leben und wie viel Geld wir verdienen. Wenn wir unsere Trading-Performance mit unserer Identität verheiraten, werden wir glücklich sein, wenn wir gewinnen, aber traurig, wenn wir verlieren. Wenn Sie zum Beispiel von den Trading-Verlusten eines Freunds erfahren, dann fühlen Sie vielleicht Mitleid mit ihm, aber es wird Ihnen nicht wirklich zusetzen, weil es nicht Ihre Verluste sind. Das liegt daran, dass seine Verluste nicht Ihr Selbstverständnis und Ihre Identität infrage stellen. Ihre eigenen Verluste werden Sie jedoch sehr herausfordern – ein Zeichen dafür, dass Ihr Ego extrem an die erwünschten Ergebnisse gebunden ist.

STARKE BINDUNG AN EIN IDENTITÄTSKONZEPT ERSCHWERT DAS AKZEPTIEREN VON VERLUSTEN

Es gibt ein Ziel beim Trennen Ihres Egos und Ihrer Identität vom Traden. Wenn Sie traden und verlieren, muss Ihr Bindungslevel an das unerwünschte Ergebnis den Gedanken ähneln, die Sie bezüglich Ihres Freunds hatten. Sie müssen die gleiche »Nicht mein Problem«-Geisteshaltung beim Verlust Ihres eigenen Gelds entwickeln. Der Trader muss die Verbindung von Selbstwert mit der Menge an Geld, die er gewinnt oder verliert, demontieren.

Die Zen-Philosophie geht so: Der Verstand will das Konzept bewahren, welches auch immer er von der Identität bereits hat. Das tut er, indem er sich an das vorhandene Konzept klammert oder nach jeder Alternative greift, die er für besser hält. Von dieser Bindung an Identität sprechen spirituelle Führer wie der Dalai Lama, wenn sie sagen, dass Leiden durch »am Selbst festhaltender Ignoranz« entsteht. »Am Selbst festhaltend« bedeutet, nicht bereit zu sein, die Identität loszulassen, die Ihnen so am Herzen liegt. Der Dalai Lama sagt nicht, dass Sie eine unwissende Person sind, aber Sie sind unwissend, was die Tricks angeht, die der Verstand Ihnen spielt, der Sie zum Scheitern verurteilt, weil er zu sehr an dem Verständnis klebt, das Sie von Ihrem Selbst und Ihrer Identität haben.

Zen behauptet nicht, dass Sie keine Ziele oder Ambitionen haben sollen. Zen möchte, dass Sie sich selbst verwirklichen. Zen macht Sie auf die Tatsache aufmerksam, dass es dieses Klammern an Ihr Konzept ist, das Reibung erzeugt und dadurch Ihr seelisches Leid.

Der amerikanische Psychologe Abraham Maslow entwickelte die berühmte Pyramide menschlicher Bedürfnisse. Selbstverwirklichung setzte er an die Spitze. Auf den beiden untersten Ebenen finden sich physiologische Bedürfnisse und Sicherheitsbedürfnisse. Die dritte und vierte Ebene stehen für soziale Bedürfnisse wie Zugehörigkeit und Wertschätzung – erlangt durch Ansehen und Erfolgserlebnisse. Viele Menschen im Westen (und mittlerweile auch im Osten) wurden zu dem Glauben erzogen, dass der Höhepunkt der Leistungskurve ein starkes Gefühl von Identität sei, erreicht durch den Gewinn materieller Güter oder von Ruhm und Ansehen. Kein Wunder, dass wir uns mit dem Traden schwertun, einer Beschäftigung, die oftmals die Herausforderung unerwarteter Verluste mit sich bringt – und Gefühle des Scheiterns hervorruft.

MIT INTELLIGENZ ALLEIN WIRD MAN NICHT ZEN

Das Trading zieht intelligente, erfolgreiche Menschen an. Diese Menschen sind im Leben vorangekommen, indem sie ein bestimmtes Spiel spielten. Dieses Spiel belohnt sie dafür, dass sie intelligent sind und hart arbeiten, lernen, was richtig und falsch ist, und das dann in ihrem Beruf anwenden.

Ego und ein starkes Identitätsgefühl, gekoppelt mit Selbstwertgefühl und Selbstvertrauen, funktionieren oftmals sehr gut. Tatsächlich sind diese Eigenschaften in vielen Berufen notwendig. Bedauerlicherweise funktioniert all das jedoch nicht beim Spiel des Tradens. Sie können eine intelligente, selbstsichere und hart arbeitende Person sein und trotzdem als Trader schnell scheitern. Wenn Sie jedoch umgekehrt Ihren Verstand von Ihrem Ego/Ihrer Identität/Ihrem Selbst lösen können, brauchen Sie keine akademische Bildung, um ein sehr guter Trader zu sein. Wenn Sie sorgfältig daran gearbeitet haben, Ihr Ego zu verstehen, und sich von dem lösen, was ein ungesundes Identitätsgefühl sein könnte – dann herzlichen Glückwunsch! Sie sind auf dem besten Weg, ein Meister-Trader zu werden.

Im Folgenden ein paar Post-it-Notizen, die oben an meinem Computerbildschirm kleben, um mich daran zu erinnern, mir meines Egos bewusst zu bleiben:

- Kluge Menschen verlieren, weil das Ego regiert.
- Meister-Trader verlieren manchmal.
- Meister-Trader nehmen Verluste nicht persönlich.
- Ich akzeptiere Verluste emotional.
- Meister-Trader verabschieden sich von dem Drang, zu gewinnen.
- Ich brauche keine sofortige Belohnung.
- Ich brauche keine externe Belohnung für inneren Wert.
- Beim Traden geht es – manchmal – nicht um das Entwickeln einer besseren Methode – sondern um das Entwickeln einer besseren Geisteshaltung.
- Emotional gebundene Trader schaffen Möglichkeiten für gelassene Trader.
- Das Wichtigste, was du brauchst, sind innere Ruhe und Seelenfrieden.

In meinen Notizen habe ich noch sehr viel mehr Gedächtnisstützen, aber die gerade genannten sprechen mich am meisten an. Distanzieren, Akzeptieren und Loslassen sind einige der am schwierigsten zu erlangenden Eigenschaften – nicht nur als Trader, sondern auch als Mensch. Deshalb habe ich in den vorhergehenden Kapiteln so betont, dass Sie an sich als Person ebenso arbeiten müssen wie an Ihren Trading-Methoden.

Mir ist klar, dass einige von Ihnen noch nicht überzeugt sind, deshalb möchte ich Ihnen im nächsten Kapitel zeigen, wie Sie das in die Praxis umsetzen können.

PETES PERSÖNLICHE TRADING-STORY

Nach einer gescheiterten Ehe früh in meinem Leben erlitt ich im Alter von 26 Jahren meinen ersten Depressionsschub. Mein Hausarzt schlug vor, dass ich im örtlichen Krankenhaus an einem Assertiveness-Kurs zur Stärkung meines Selbstbewusstseins teilnehmen solle, der von Fachleuten aus dem Gesundheitswesen geleitet wurde (auf diesen Kurs folgte ein Kommunikationstraining). In dem ersten Kurs passierte etwas Seltsames. Der dort gelehrte Inhalt drehte sich hauptsächlich um Selbstwertgefühl, Selbstherrlichkeit, Selbstwert, Selbstachtung, Selbstbild und Selbstvertrauen. Es wurde sehr viel Wert darauf gelegt, das zu tun und zu sein, was du möchtest. Wir schrieben das Jahr 1986 und das Modewort lautete »Individualität«. Ein Familienvater um die 40 kritisierte den Inhalt des Kurses und sagte, das sei zu selbst-fokussiert. »Im Leben geht es nicht nur um mich«, sagte er. Nach einer Diskussion mit den Kursleitern verließ er kopfschüttelnd den Kurs und kehrte nie zurück. Die meisten Kursteilnehmer hielten ihn für irregeleitet, frustriert, vielleicht wütend und schlichtweg falschliegend. Ich fragte mich jedoch, ob er recht hatte. Denn selbst mit meinen jungen Jahren war mir ein Trend in der Gesellschaft aufgefallen. Trotz unserer westlichen Privilegien waren viele von uns nicht glücklich und oftmals verwirrt. Freie Denker wie er waren selten. Vielleicht kannte er sein wahres Selbst.

EINE ZEN-GESCHICHTE

Ein junger Mönch wandte sich an seinen Meister und sagte: »Meister, ich befinde mich in einem Zustand tiefsten Friedens und innerer Ruhe. Ich erkenne jetzt, dass all meine geistigen Gebrechen, Schmerzen und Leiden nicht real sind, sondern nur in meinem Geist existieren.«

Nachdem er das gehört hatte, nahm der Meister seinen Gehstock und tippte dem Mönch damit ein paarmal gegen die Stirn.

Daraufhin rief der junge Mönch: »Warum tun Sie das?«

Der Meister erwiderte: »Du hast es gerade gesagt.«

KAPITELZUSAMMENFASSUNG

- Zen fordert Sie auf, zu überdenken, was »Identität« bedeutet.
- Das Anklammern an das Ego/die Identität/das Selbst erschwert das Akzeptieren von Verlusten.
- Intelligenz hilft Ihnen nicht beim Distanzieren, sie kann sogar hinderlich sein.

14

ICH WILL GELD – KEIN ZEN

Vor vielen Jahren, als ich mit dem Unterrichten von Trading begann, bat ich die Teilnehmer am Ende meiner Präsentationen, die Feedback-Formulare auszufüllen. Auf einem dieser Blätter fand ich den Kommentar: »Bringen Sie uns einfach bei, wie man Geld verdient, und kein Psycho-Zeug.« Wenige Monate bevor ich mit der Arbeit an diesem Buch begann, hielt ich ein eintägiges Seminar ab, gefolgt von meiner üblichen Frage-und-Antwort-Runde. Ich fragte die Teilnehmer, ob sie über Zen oder Trading-Philosophie sprechen oder sich noch intensiver mit technischen Trading-Methoden beschäftigen wollten. Die überwältigende Mehrheit wollte Letzteres.

Wenn wir darüber nachdenken, dass statistisch gesehen nur 5 bis 10 Prozent der Trader erfolgreich sind, welches Thema wäre Ihrer Meinung nach nützlicher gewesen? Ich weiß aus Erfahrung, dass viele Leser Zweifel hegen, wie wichtig es ist, Psychologie in ihr Traden zu integrieren – vor allem Trading-Psychologie aus Zen-Perspektive.

Möglicherweise zweifeln Sie am Wert der Zen-Denkweise. Um am Markt Profite zu machen, muss man doch sicher ein überlegenes System haben oder etwas wissen, das andere nicht wissen. Vielleicht besteht der Schlüssel zu Profiten in einem System, bei dem mehr gehandelt wird und dadurch mehr Gelegenheiten entstehen. Vielleicht ist ein automatisiertes System die Antwort – eines, das Sie aktivieren und dann einfach vergessen können und dann zuschauen, wie die Profite auf Ihr Konto fließen.

Haben Sie je in Betracht gezogen, dass Gefühle und Anhaftungen Ihr Denken beeinflussen?

Oder haben Sie je an die Gefühle und Anhaftungen desjenigen gedacht, der das Trading-System entwickelt hat? Dieser Mensch, der ein System entwickelt, von dem er annimmt, dass Sie es wollen (das System, von dem *Sie* denken, dass es viel Geld einbringt)? Haben Sie einmal überlegt, was praktisch und emotional passiert, wenn Sie mit einem dynamischen, aggressiven Hochfrequenzsystem traden?

EIN TAGESSYSTEM FÜR DEN NASDAQ

Lassen Sie uns eine Trading-Methode betrachten – ein Income-Trading-System –, um die Möglichkeiten zu erforschen und zu sehen, ob wir ein wenig Klarheit bezüglich der Fragen im vorhergehenden Abschnitt finden können.

Das im Folgenden besprochene System ist für das mittlere bis fortgeschrittene Niveau gedacht. Um dem Konzept folgen zu können, ist es hilfreich, wenn Sie sich mit den technischen Parametern des Tradings auskennen. Für das Kopieren der Regeln und das Durchführen Ihrer eigenen Scans und Tests benötigen Sie Backtesting-Software. Ich steigere das technische Level bewusst, denn um zu einem dynamischeren System aufzusteigen, muss der Trader mehr Erfahrung haben. Ohne diese Erfahrung wird der Trader sehr wahrscheinlich keinen Erfolg haben.

Das folgende System ist als Einkommensgenerator konzipiert. Es führt etwas mehr als einen Trade pro Woche durch und bringt im Schnitt eine monatliche Rendite von 4,1 Prozent.

Lassen Sie uns zunächst die Details anschauen und dann über die Vor- und Nachteile sprechen:

- Zu handelnde Aktien: Der **Nasdaq 100** ist der Sektor, den das System handelt.
- Startkapital: **100 000 US-Dollar.**
- Positionsgröße: Verwenden Sie pro Trade **20 000 US-Dollar.**

- Führen Sie **maximal fünf Trades gleichzeitig** durch.
- **Reinvestieren Sie keine Profite**, um das Kapital zu erhöhen. Handelskapital und Handelsgröße bleiben konstant.
- Überprüfen Sie, ob der Schlusskurs des Nasdaq 100 über seinem 13-Tage-EMA (»Exponential Moving Average«, zu Deutsch: »exponentieller gleitender Durchschnitt«) liegt.
- Sollte der Nasdaq 100 unterhalb seines 13-Tage-EMAs schließen, gehen Sie *nicht* weiter zum nächsten Schritt.
- Sollte der Nasdaq 100 oberhalb seines 13-Tage-EMAs schließen, gehen Sie weiter zum nächsten Schritt:
- Kaufen Sie am nächsten Tag zum Eröffnungspreis, wenn:
- der Schlusskurs der Aktie der höchste seit 20 Tagen ist und
- der Aktienkurs um 8 Prozent höher liegt als vor 20 Tagen (sodass man aufs Jahr gerechnet von einem Wachstum von 100 Prozent ausgeht) und
- der On-Balance-Volume-Indikator (OBV) höher ist als fünf Tage zuvor.

HANDELSGRÖSSEN UND AUSWAHLREGELN

Falls es mehr Kaufsignale gibt, als Ihr Kapital für den Kauf zulässt, sollten Sie den Aktien mit dem niedrigsten Preis den Vorzug geben.

Das System teilt Ihr Kapital zum Beispiel in fünf Tranchen auf und Sie führen mit einem Kapital von 100 000 US-Dollar fünf Trades zu 20 000 US-Dollar durch. Wenn Sie sich in der hypothetischen Situation befänden, in der das System drei Trades im Wert von 60 000 US-Dollar bietet, würden Ihnen noch 40 000 US-Dollar für Käufe übrig bleiben.

Das System könnte drei Kaufsignale an einem Tag generieren, wie also entscheiden Sie, welche Aktie Sie kaufen? Sie haben nur genug Kapital für zwei Trades, es werden jedoch drei Signale gegeben. Die Antwort lautet: Kaufen Sie die beiden Aktien mit dem niedrigsten Preis und ignorieren Sie die dritte Aktie.

Die drei Trades mit Kaufsignal haben vielleicht Preise von 79, 129 und 327 US-Dollar. In diesem Fall kaufen Sie die Aktien zu 79 und 129 US-Dollar und lassen die Aktie für 327 US-Dollar außen vor.

Ein anderer Fall: Sie haben nur noch 20 000 US-Dollar Kapital übrig, wenn das System bereits vier weitere Trades signalisiert – Ihr Kapital erlaubt höchstens fünf Trades. Dieses Mal hätten Sie genügend Kapital, um nur eine weitere Aktie zu kaufen, und zwar die mit dem niedrigsten Preis: 79 US-Dollar.

Es gibt zwei Gründe, warum das System diese Regel des Bevorzugens der preisgünstigsten Aktie aufweist:

1. Um zu wissen, welche Aktie man kaufen soll, denn eine feste Regel beseitigt jegliche Unentschlossenheit beim Entscheidungsprozess – und vereinfacht ihn dadurch. Es hat jedoch einen weiteren Nutzen. Zu einem späteren Zeitpunkt, beim Überprüfen der Performanz des Systems, ist die Bewertung einfacher, denn es hat kein Ermessen beim Kaufprozess gegeben.
2. Der andere Grund ist mathematische Wahrscheinlichkeit. Backtesting zeigt, dass sich niedrigpreisige Aktien schneller nach oben entwickeln als teure Aktien. Indem wir bei unserem Auswahlprozess diese Regel anwenden, fügen wir dem System eine Momentum-Regel hinzu und kaufen Aktien, die eine größere Chance haben, schnell zu steigen – und maximieren den Nutzen unseres Kapitals.

VERKAUFSREGELN DES ICH-WILL-GELD-SYSTEMS

Die Aktie wird verkauft, wenn der Preis auf einen Trailing-Stop vom 2,5-Fachen seiner Average True Range (ATR, zu Deutsch: wahre durchschnittliche Schwankungsbreite) fällt. Die ATR wird über einen Zeitraum von 20 Tagen berechnet.

ATR ist eine Möglichkeit, die Volatilität des Aktienkurses zu messen. In diesem Fall wird die Volatilität der Aktie über den Zeitraum der vergangenen 20 Tage berechnet und dann mit 2,5 m ultipliziert, was den Level des Trailing-Stops ergibt.

Diese Methode, einen Trailing-Stop mittels des ATR-Indikators einzurichten, unterstützt den Trader, indem er eine Order im Markt hat, die die ganze Zeit aktiv ist – genannt »Conditional Sell Order«.[15]

Bei einer Conditional Sell Order wird der Verkaufspreis vorher festgelegt. Sobald dieser erreicht ist, wird die Aktie automatisch verkauft.

ERGEBNISSE IM LAUFE DIESER ZWEI JAHRE (11. MAI 2019–11. MAI 2021)

- Gewinnrate: 52,5 Prozent.
- Durchschnittlicher Gewinn: 11,1 Prozent.
- Durchschnittlicher Verlust: 4,48 Prozent.
- Die Payoff-Ratio: 2,7 – mit der Gewinnrate von 52,5 Prozent erreicht also jeder Handel im Schnitt einen Gewinn in Höhe des 2,7-Fachen seiner Verluste.
- Gesamtzahl durchgeführter Trades: 118.
- Maximaler Rückgang des eingesetzten Kapitals: 8,9 Prozent.
- Gesamtkapitalrendite im Verlauf der Trading-Aktion: 99 Prozent – Kapital wurde weder aufgezinst noch reinvestiert.

15 Eine *Conditional Order* oder auch »bedingte Order« wird automatisch übermittelt, sobald ein bestimmtes Kriterium erfüllt ist, so dass Optionen gezielt ge- oder verkauft werden.

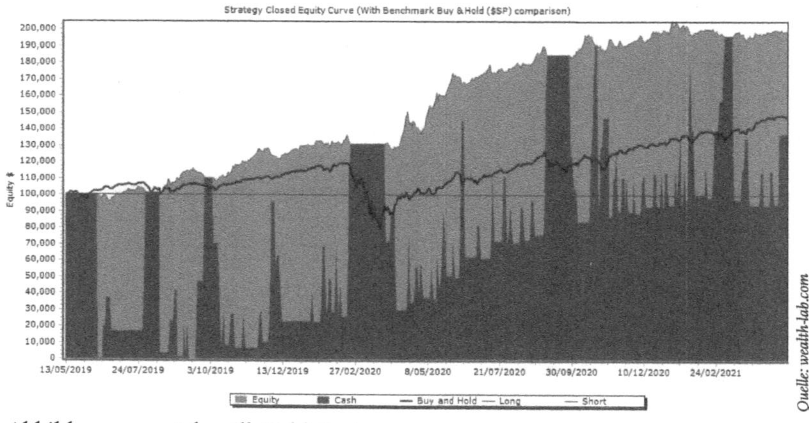

Quelle: wealth-lab.com

Abbildung 14.1: Ich-will-Geld-System

Abbildung 14.1 zeigt die steigende Profitkurve.

Die dunkel schraffierten Bereiche zeigen das Kapital. Dies weist ebenfalls eine steigende Kurve auf, da die Profite angesammelt und nicht reinvestiert oder aufgezinst werden.

Die Linie in der Chart-Mitte steht für eine alternative Investition, sodass wir die Performance des Systems vergleichen können. Sie zeigt das Ergebnis einer Buy-and-Hold-Strategie, wenn der S&P 500 gekauft worden wäre. Das Ergebnis war ein Ertrag von 47,9 Prozent im Vergleich zu den vom System erbrachten 99 Prozent.

Erwähnenswert ist, dass der Trader den S&P 500 während des erheblichen Rückgangs im April 2020 hätte behalten müssen, um den Buy-and-Hold-Return von 47,9 Prozent zu erlangen. Und das trotz der Tatsache, dass dieser Benchmark-Trade fast 20 Prozent unter dem Startkapital und 35 Prozent unter dem kürzlichen Hoch lag. Dies ist ein wichtiger Gesichtspunkt – Trader müssen sich fragen, ob sie über die psychische Resilienz verfügen, einen solchen Trade zu halten und nicht während extrem herausfordernder Zeiten verkaufen.

Abwechselnd stieß das System rasch alle Positionen während des Covid-Crashs ab, so wie es auch während anderer steiler Abstürze verfahren war. Das System ist für einen schnellen Ausstieg konzipiert, da es nicht weiß, wie steil der Absturz sein wird. Über das Problem, keine

Details zu kennen, werde ich in einem späteren Kapitel sprechen: Hier hat wieder Zen eine Antwort.

Im Folgenden ein paar Charts mit Trade-Beispielen, um die Systemregeln in Aktion zu zeigen.

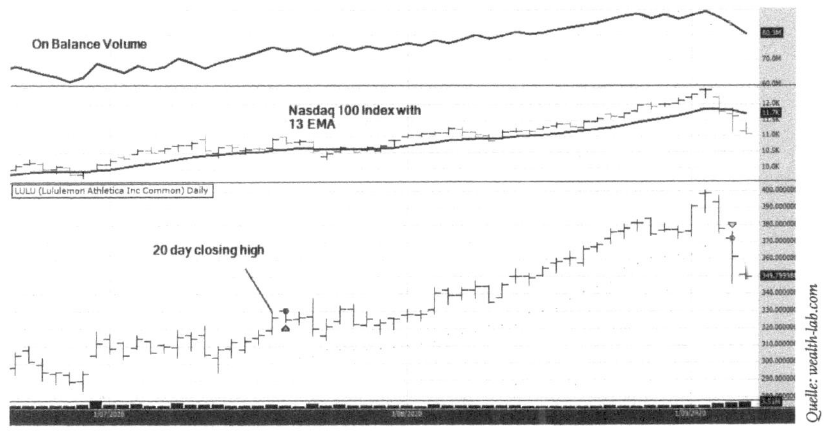

Abbildung 14.2: LULU (1)

Der Aktien-Chart in Abbildung 14.2 zeigt, wie die Methode funktioniert. Der Chart vereint drei Charts in einem:

- Der obere Chart ist das On-Balance-Volume (OBV).
- Der mittlere Chart ist der Index Nasdaq 100 (Index-Symbol »NQ«).
- Der untere Chart ist die Kursbewegung.

Denken Sie daran, dass unsere erste Regel darin besteht, den Nasdaq 100 zu überprüfen und zu sehen, ob der Schlusskurs über dem 13-Tage-EMA liegt, bevor wir fortfahren.

Als Nächstes überprüfen wir, ob der Aktienkurs ein 20-Tages-Hoch erreicht hat.

Die Aktienkursentwicklung wird ebenfalls überprüft. Der Aktienschlusskurs muss 8 Prozent über dem Schlusskurs von vor 20 Tagen liegen. Falls Sie keinen Computer haben, der dies für Sie überprüft, so ist eine manuelle Rückrechnung und Berechnung erforderlich.

Als Nächstes wollen wir, dass das Volumen der Anlage steigt – folglich muss das OBV höher sein als fünf Tage zuvor. Erneut kann eine manuelle Rückrechnung durchgeführt werden. Es ist jedoch sehr viel einfacher, das zu überprüfen, indem der OBV-Indikator in den Chart aufgenommen wird.

Und zu guter Letzt können Sie die Punkte auf dem Chart sehen – und damit den Aktienkurs seit dem Einstieg verfolgen. Wie besprochen ist dies eine Conditional Order, die auf dem Markt platziert ist. Sollte der Kurs auf den angegebenen Wert fallen, wird die Aktie entweder mit Gewinn oder mit Verlust verkauft. Wie bei den meisten Trailing-Stops wird der Ausstiegspreis nie gesenkt, sondern bleibt auf gleicher Höhe oder geht zusammen mit dem steigenden Kurs nach oben.

Der Einstiegspreis wird durch einen Punkt, gepaart mit einem Aufwärtspfeil (da das System im Kurs steigende Aktien kauft) angezeigt. Entsprechend wird der Verkaufspreis durch einen Punkt in Kombination mit einem Pfeil nach unten ausgewiesen (Verkauf, da der Preis fällt). Der in dem Chart 14.2 gezeigte Trade war ein erfolgreicher Trade mit einem Profit von 12,7 Prozent.

Die beiden im folgenden Chart dargestellten Trades folgen zwar denselben Regeln, sind jedoch Verlustgeschäfte. Die beiden Einstiegspunkte auf dem Chart erfüllen zwar sämtliche Regeln des Systems, aber der Kurs fällt kurz nach dem Kauf. Der Aktienkurs erreicht den ATR-Trailing-Stop – das Sicherheitsnetz-Signal, um zu verkaufen. Dieses Mal scheitert die Strategie, deshalb wird verkauft, um Kapital zu erhalten.

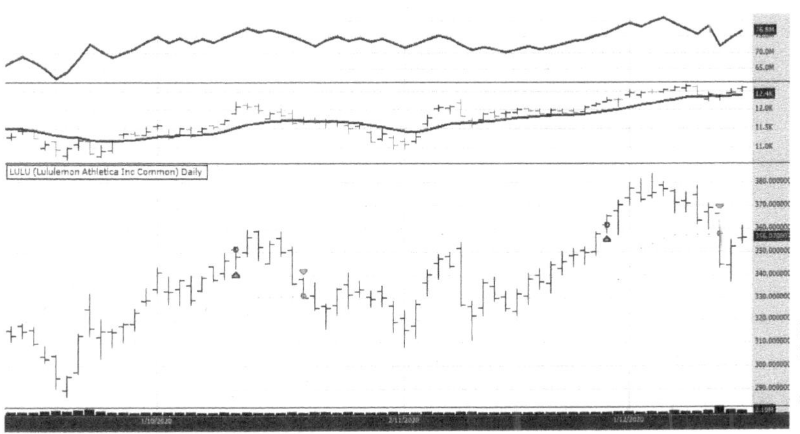

Quelle: wealth-lab.com

Abbildung 14.3: LULU (2)

Sie haben hier also eine Methode, die Ihnen die Kontrolle gibt.

Das System kauft Aktien, die sich in einem starken Aufwärtstrend befinden; es verkauft, wenn das Momentum nachlässt und der Aktienkurs zu fallen beginnt. Sollte der Aktienkurs abstürzen, bevor Gewinn erzielt wurde, so nimmt der Trailing-Stop (basierend auf der Volatilitätsmessung durch ATR) Sie aus dem Trade, um das Kapital zu erhalten.

Sie haben maximal fünf Trades gleichzeitig in dem Portfolio, manchmal weniger. Nur maximal fünf offene Positionen gleichzeitig sorgen für ein leicht zu managendes Portfolio. Die Anzahl der Trades, die in Ihrem Portfolio aktiv sind, hängt ab von Bewegungen des Gesamtmarkts zu diesem Zeitpunkt. Wenn der Index keinen starken Trend aufweist, halten Sie möglicherweise nicht das Maximum von fünf Trades.

Die Trades des Systems können profitabler gestaltet werden durch erweiterte Positionsgrößentechniken. Ich habe es vermieden, diese mit aufzunehmen, da zu viele Informationen den Anfänger möglicherweise überfordern. Die Alternative zu erweiterten Positionsgrößen besteht darin, einfach mit größeren Trades zu arbeiten – was bei einer Börse wie dem Nasdaq 100 möglich ist, wo enorme Liquidität herrscht.

Manche Trader denken vielleicht, dieses System sei die beste Idee seit der Erfindung des Schnittbrots und können es kaum erwarten, ein Stück davon abzubekommen. Erfahrenere Trader oder Leser – vielleicht jene mit einem Hintergrund in Mathematik oder Informatik – denken: »Lass es uns optimieren, für eine dickere Scheibe.« Wie wir wissen, ist es unser Denken, das den Markt macht.

Vielleicht denken Sie jetzt auch: »Das ist besser! Das ist es, was ich will: ein technisches System, das auf klarer Logik basiert. Ich wusste doch, dass Sie uns etwas vorenthalten. Es ist gar kein Hokuspokus-Zen-Denken nötig!«

Ich sagte, dass ich die Vor- und Nachteile einer Methode wie dieser besprechen würde. Diese Überlegungen folgen im nächsten Kapitel.

PETES PERSÖNLICHE TRADING-STORY

Von 2012 bis 2014 lebte ich in einem Kloster und studierte den Buddhismus. Zur selben Zeit setzte ich mein Trading fort und arbeitete weiter als Trading-Lehrer. Ich schlug den Mönchen vor, im Vortragssaal einen Trading-Kurs abzuhalten und dem Kloster einen großzügigen prozentualen Anteil der Profite zu spenden. Sie stimmten zu.

Zum Entsetzen meines damaligen Vorgesetzten entschied ich, dass die Teilnahmegebühr in Form einer Spende zu entrichten sei. Er fürchtete, ich sei verrückt geworden, und sorgte sich, dass ich für meine Arbeit nicht viel bekommen würde. Ich sah das anders und ließ es drauf ankommen – ich wettete sogar mit ihm, wer wohl recht behalten sollte.

»Trading erfordert das Treffen von Entscheidungen«, erzählte ich den Kursteilnehmern. »Eine Ihrer heutigen großen Entscheidungen (und Lektionen) besteht darin, festzulegen, wie viel der Inhalt dieses Kurses und ich Ihnen wert sind. Bitte geben Sie Ihre Spende in einem verschlossenen Umschlag anonym im hinteren Teil des Raums ab.«

Der Betrag, der zusammenkam, war das Vierfache der von meinem Vorgesetzten geschätzten Summe. Die Mönche waren dankbar; ich war sehr zufrieden, mein Vorgesetzter jedoch nicht. Mit dem, was er bei der Wette verlor, konnte ich meine Helfer an diesem Tag bezahlen.

EINE ZEN-WEISHEIT

Wo großer Zweifel herrscht, wird es ein großes Erwachen geben.
Geringer Zweifel, kleines Erwachen.
Kein Zweifel, kein Erwachen.

KAPITELZUSAMMENFASSUNG

- Die Psychologie des Tradens gut zu verstehen, hat viele Vorzüge – es ist klug, sie zu studieren.
- Bevor Sie sich für ein Trading-System entscheiden, überdenken Sie die Motive hinter Ihren Entscheidungen.
- Bevor Sie ein System am Markt anwenden, müssen Sie es extrem gut verstehen; der Teufel steckt stets im Detail.

15

IHR ZUM GELDVERDIENEN ERFORDERLICHER ZEITPLAN

In meinem herausfordernden Beruf sind Dinge wie Organisation, Zeitpläne und Routine wichtig. Sie verringern die Belastung des Arbeitsgedächtnisses und schaffen Struktur in einer Umgebung, die manchmal chaotisch sein kann. Denken Sie an Berufsgruppen, die regelmäßig in chaotischen Umgebungen arbeiten, wie Feuerwehrleute, Fahrer von Rettungswagen, Polizisten oder Soldaten in einer Eliteeinheit. All diese Berufe verfügen über Struktur und Systeme, die in Zeiten der Unsicherheit und Unvorhersehbarkeit aktiviert werden.

Das Ich-will-Geld-System im vorhergehenden Kapitel arbeitet auf Basis eines Tagesplans. Sie benötigen die folgenden Fähigkeiten, Ausrüstung, Disziplin und Routine, damit Sie sich garantiert an die Regeln halten und Trades reibungslos abwickeln:

- Einen Computer mit einem guten Backtesting-Programm und Trading-Softwareprogrammen.
- Die Fähigkeit, die geeignete Software zu programmieren und zu bedienen.
- Zugang zu einem hochwertigen Daten-Feed.

- Ein stabiles Internet (mit Backup), um Handelsplattformen zu benutzen und die Daten täglich aktualisieren zu können.
- Täglich Scans mit Ihrem Softwareprogramm durchführen, um nach Kauf- und Verkaufssignalen zu suchen.
- Den ATR-Trailing-Stop täglich für jeden Trade anpassen, den Sie offen haben.
- Kaufsignale sofort wahrnehmen, wenn diese vom System generiert werden.
- Alle Verkaufssignale engmaschig überwachen, wenn sie vom System generiert werden.
- Ihre Trading-Ergebnisse in einer Tabelle (oder etwas Ähnlichem) aufzeichnen, um die Performance des Systems später überprüfen zu können.
- Die Ergebnisse Ihrer Aktivitäten für eine spätere Überprüfung in einem Trading-Tagebuch aufzeichnen.
- Planen Sie jeden Morgen genügend Zeit vor dem Öffnen der Märkte ein, um Ihre Scans durchzuführen, Stops zu verschieben und Käufe oder Verkäufe zu platzieren.

DISZIPLIN UND SEELENFRIEDEN BEWAHREN

Sie müssen auch für einen ruhigen Arbeitsplatz ohne Ablenkungen sorgen oder die Fähigkeit entwickeln, sich trotz des Lärms oder der Ablenkungen Ihrer Umgebung zu konzentrieren und Aufgaben zu erledigen.

Bevor Sie Ihren Computer einschalten und Ihre Programme öffnen, um zu arbeiten, sollten Sie sich die Zeit nehmen, Ihre Gedanken und Gefühle zu ordnen. Es wird Tage geben, an denen ein bestimmter Trade beängstigend wirkt und Sie den Kauf scheuen. Es wird auch Tage geben, an denen sich der Markt dynamisch entwickelt und Sie nicht verkaufen möchten, obwohl sich der Aktienkurs der Take-Profit-Anweisung nähert. Vielleicht sagen Sie sich: »Das ergibt keinen Sinn«, verschieben Ihre Stops – und ignorieren dabei die Regeln.

Vielleicht sind Sie versucht, an einem fallenden Trade festzuhalten, in dem Versuch, keinen Verlust zu erleiden. Sie hoffen, dass der Kurs sprunghaft wieder steigt, weichen erneut von den Regeln ab und handeln nach Ermessen. Eine Ermessensentscheidung kann Bestandteil der Regeln einer anderen Methode sein. Aber wenn Sie sich einem mechanischen System verschrieben haben, sollten Sie dabei bleiben und die Performance später überprüfen.

Dieses System im Nasdaq generiert etwa 60 Trades pro Jahr, bei 252 Handelstagen im Jahr. Sie müssen aufpassen, dass Sie keine Trades verpassen, denn möglicherweise sind genau das die großen Gewinner. Wenn Sie große Gewinner verpassen, zerstören Sie die positiven Erwartungswahrscheinlichkeiten des Systems.

Sie müssen an allen 252 Tagen am Ball bleiben.

MEHR OPTIONEN

Obwohl dies ein profitables System ist, werden Sie damit nicht viel Geld verdienen, es sei denn, Sie verwenden fortgeschrittene Trading-Methoden zur Bestimmung der Positionsgröße, traden sehr große Portionsgrößen oder traden das System gleichzeitig bei mehreren Indizes, die an Velozität dem Nasdaq ähneln.

Wenn Sie Vollzeit-Trader sind, kann das ein gutes System als Ergänzung zu anderen Methoden sein. Zum Beispiel kann das System mit zwei anderen Methoden kombiniert werden, so dass Sie drei handelbare Systeme haben. Diese drei Methoden können unterschiedliche Strategien verwenden, um sich verschiedene Marktbedingungen zunutze zu machen. Wenn Sie drei Systeme haben, die jeweils 60 Trades im Jahr durchführen, kommen Sie auf insgesamt 180 Trades pro Jahr (im Schnitt 3,5 Trades pro Woche). Eine Verschmelzung von Strategien gewährleistet, dass Sie regelmäßige Trading-Signale erhalten. Theoretisch bedeuten mehr Trades mehr Profit, da eine hohe Trading-Frequenz mehr Möglichkeiten eröffnet. Natürlich müssen Sie gewinnträchtige Systeme haben – und Sie müssen noch mehr am Ball bleiben, wenn Sie sich dazu entschließen, mit verschiedenen Systemen zu arbeiten.

Möglicherweise denken Sie, es wäre eine Idee, eines der Systeme zu automatisieren – um Operationen reibungsloser zu gestalten und emotionale Herausforderungen zu eliminieren oder zumindest zu verringern. Sie müssen die Systeme aber dennoch überwachen. Manchmal kommt es bei Trades nur zu Teilausführungen, was bedeutet, dass Sie nicht Ihre gesamte Order kaufen oder verkaufen können aufgrund geringer Liquidität zum Zeitpunkt des von Ihnen festgelegten Preises. Diese Situation ist bei einem Index wie dem Nasdaq weniger häufig, aber sie kommt vor. Und bei weniger liquiden Börsen wie der australischen ASX 500 passiert es häufiger.

Bei den Plattformen von Brokern gibt es auch Pannen und möglicherweise haben Sie mal einen Stromausfall. Es kommt zu Handelsunterbrechungen. Trading-Tagesauszüge Ihres Brokers können Fehler enthalten. Mitunter müssen Sie Ihren Broker anrufen, Erkundigungen einziehen und Korrekturen vornehmen. Und der Faktor »menschliches Versagen« kann nicht vollständig ausgeschlossen werden. Wenn Sie ein Daytrading-System nutzen, werden Sie den Markt täglich überprüfen, ob das System nun automatisiert ist oder nicht.

Mehr Komplexität bringen Sie ein, wenn Sie Gewinnmargen oder Hebel nutzen, um Ihr Portfolio zu finanzieren.

Vielleicht halten Sie sich für einen guten technischen Analysten und möchten stärker ermessensbasiert traden. Folglich sollten Sie dieses Tages-Nasdaq-System und seine Kaufsignale als Orientierungshilfe für das Timing eines guten Einstiegs nutzen. Das Gleiche können Sie mit Verkaufssignalen tun und diese nutzen, um short zu gehen. Oder Sie sind ein Trader, der einen längeren Zeitrahmen verwendet, und nutzen diese Kaufsignale, um vorhandene Positionen auszubauen. Für welches System Sie sich auch entscheiden, Sie benötigen ein äußerst wichtiges Kapital: innere Ruhe und Seelenfrieden.

Nachdem Sie nun den Großteil dieses Kapitels sowie das vorherige gelesen haben, stelle ich Ihnen dieselbe Frage wie in meinen Seminaren:

Werden Sie die Vorzüge der Zen-Trading-Psychologie und Denkweise in Erwägung ziehen oder halten Sie es für nützlicher, technische Trading-Methoden zu erforschen?

Möglicherweise möchten Sie mehr Informationen und das ist gut, denn das Erforschen alternativer Ideen hat viele Vorzüge.

Deshalb nun noch etwas anderes für Sie, über das Sie nachdenken können – eine weitere Methode, die Sie mit dem Ich-will-Geld-System vergleichen können.

In Kapitel 2 habe ich ein Trend-Trading-System besprochen – eines, das ich nie langfristig genutzt habe, weil ich es für zu einfach und langweilig hielt. Abbildung 15.1 zeigt die Ergebnisse eines Systems, das ebenfalls beim Nasdaq 100 eingesetzt wurde. Es ähnelt dem Ich-will-Geld-System, ist jedoch einfacher. Es arbeitet auf Monatsbasis. Ja – Monatsbasis. Das bedeutet, dass die gesamte Analyse am letzten Handelstag eines Monats erfolgt, als Vorbereitung für den ersten Handelstag des kommenden Monats.

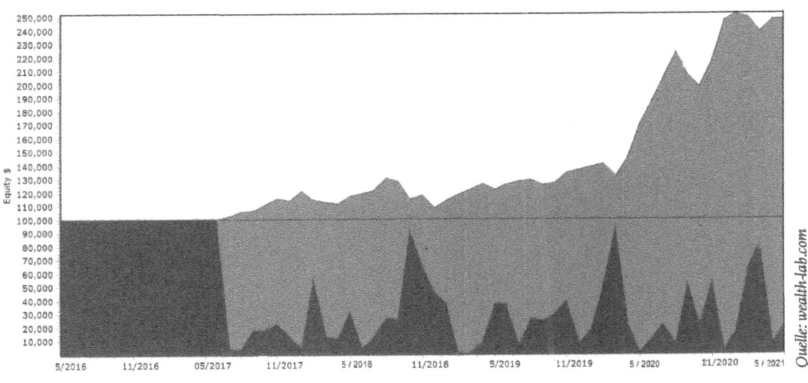

Abbildung 15.1: Zen-Monatssystem

DIE REGELN DES ZEN-MONATSSYSTEMS

- Kaufen Sie eine Aktie, wenn der Schlusskurs der höchste seit zwölf Monaten ist.
- Kaufen Sie stets die preisgünstigste Aktie, falls es mehr als ein Kaufsignal gibt.

- Falls Sie genügend Geld für den Kauf von zwei Aktien haben, kaufen Sie zuerst die preiswerteste und dann die zweitpreiswerteste.
- Verwenden Sie einen Trailing-Stop von 1,5 ATR, berechnet über zwei Monate. Legen Sie im Vorfeld Verkaufs-Orders fest.
- Verwenden Sie pro Trade 8 Prozent des Gesamtkapitals – was Ihnen zwölf Aktien in Ihrem Portfolio ermöglicht. Zinsen Sie die Profite auf. Lassen Sie das gesamte Trading-Kapital einschließlich der Profite im System reinvestiert.

Möglicherweise erkennen Sie Parallelen zum Ich-will-Geld-System.

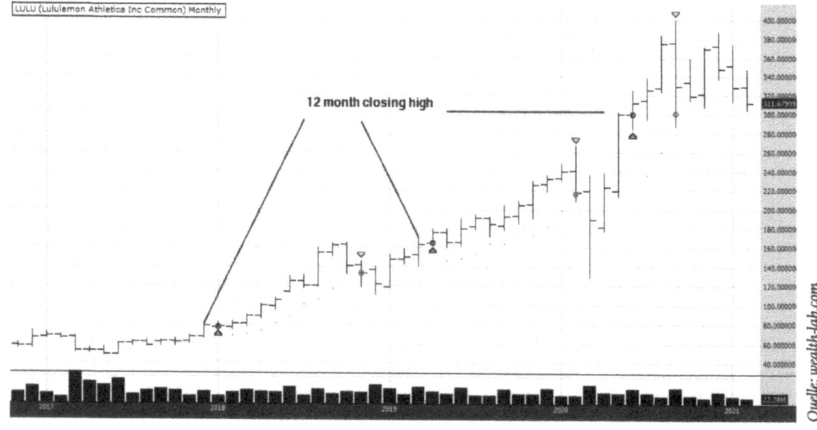

Abbildung 15.2: LULU (3)

Wir verwenden noch einmal die Grafik der LULU-Aktie und sehen, wie das Kaufen und Verkaufen wirkt. Das Kaufsignal steht für den ersten Handelstag des Monats. Das ist der Tag, an dem das System kauft, nachdem der Aktienkurs mit dem höchsten Wert in zwölf Monaten schließt.

Wie beim vorhergehenden System besprochen, nutzen wir einen Trailing-Stop einer im Markt platzierten Verkaufsorder. Dieses Mal ist die Vorgabe 1,5 ATR, berechnet für einen zweimonatigen Zeitrahmen. Sie können sehen, wo die Aktie verkauft wird, wenn Sie den

Trailing-ATR erreicht (das System wird nach dem nächsten Zwölf-Monats-Hoch wieder einsteigen). Zum Trailing-Stop-Ausstieg kann es am Beginn, in der Mitte oder gegen Ende des Monats kommen. Wir wissen es nicht. Wir wissen aber, dass wir einen Stop eingerichtet haben.

ERGEBNISSE

- Der Chart in Abbildung 15.2 zeigt drei Trades; der erste bringt 72 Prozent ein, der zweite 31 Prozent und der dritte schließt mit plus/minus null ab.
- In vier Jahren (17. Mai bis 21. Mai) führt das System 88 Trades durch – 22 Trades pro Jahr oder etwas weniger als zwei pro Monat.
- Das System hatte eine Gewinnrate von 60 Prozent und im Schnitt eine jährliche Rendite von 29 Prozent, es verwandelte 100 000 US-Dollar in 248 000 US-Dollar.

Systeme wie dieses sind das Ultimum an Einfachheit beim Folgen von Trends. Die Methode ist extrem einfach. Die Erfolgswahrscheinlichkeit beim Kaufen von Trendaktien mit Preis-Momentum (niedrigster Preis) nimmt Ihnen die schwere Arbeit ab.

Allerdings müssen Sie beiseitetreten, Ihre Hände vom Lenkrad nehmen und Ihre Finger vom Abzug. Vertrauen Sie dem Prozess. Vertrauen ist Level 250 auf der Bewusstseinsskala von Dr. Hawkins.

Mit innerer Ruhe und Seelenfrieden kann weniger mehr sein.

IHR ERFORDERLICHER ZEITPLAN

Es ist derselbe wie beim Ich-will-Geld-System, aber nur einmal im Monat. Nicht an jedem Handelstag.

Ich kann die Proteste und Fragen förmlich hören:

»Wir können die Märkte oder Zyklen nicht vorhersagen.« –

»Wenn sich die Dinge nun anders entwickelt haben?« –

»Wir wissen nicht, was passieren wird oder ob die Märkte steigen oder fallen.«

Zen hat eine Antwort auf das Nichtwissen und diese finden Sie im nächsten Kapitel.

PETES PERSÖNLICHE TRADING-STORY

Im Jahr 2013 arbeiteten mein Trading-Freund Max und ich zusammen an Mean-Reversion- (MR) oder Mittelwertrückkehr-Systemen.[16] Max war der Meister des MR und entwickelte ein paar clevere Systeme, um am australischen Aktienmarkt zu handeln. Nachdem ich ihn lange genug genervt hatte – und nach ein wenig Zögern seinerseits –, gab er mir netterweise ein System zum Traden. Allerdings war er besorgt. Ich war in erster Linie ein Trend-Trader und es würde mir in psychischer Hinsicht schwerfallen, mich umzustellen. Ich verwarf seine Bedenken (Anmerkung: Identität/Ego/Ich als Profi-Trader wurde infrage gestellt).

»Ich habe schon genug in meinem Leben«, sagte er. Abgesehen davon, dass ich eine Lebenspartnerin und Familie hatte, renovierte ich ein Haus, arbeitete mit Trend-Trading-Systemen, als Dozent für Trading, überwachte Trades, schrieb und aktualisierte meine Website und arbeitete als Freiwilliger im Buddhisten-Zentrum. MR-Systeme würden von mir erfordern, leerzuverkaufen und bei Kursrücksetzern zu kaufen – beides war ich nicht gewohnt, ganz zu schweigen von der erforderlichen Überwachung

16 Mean-Reversion- (MR) Systeme kaufen bei extrem niedrigen Preisen, die dann mit Profit wieder verkauft werden, wenn der Aktienkurs zu seinem Mittelwert zurückkehrt. Diese Methode kann auch bei Höchstpreisen leerverkaufen und dann zurückkaufen, wenn der Kurs wieder auf den Mittelwert gefallen ist. Die meisten MR-Systeme haben eine hohe Gewinnrate, aber eine geringe Payoff-Ratio der Gewinne, deshalb müssen MR-Systeme viele Trades durchführen, um insgesamt profitabel zu sein und bedürfen einer engmaschigen Überwachung.

des halbautomatisierten Systems (»halbautomatisiert«, weil wir uns entschieden, neue Aufträge einzugeben und die vorhandenen etwa 100 Aufträge jeden Morgen manuell anzupassen, bevor der Markt öffnete). Ein paar Monate lang schaffte ich es, wurde jedoch gestresst und bekam viereckige Augen, weil ich so viel auf den Bildschirm starrte. Mit nun vernebeltem Verstand (aber genügend Erfahrung, um das als Warnzeichen zu erkennen) gab ich mich geschlagen und stieg mit Verlust aus dem System aus. Das Ego grinste, Pete schmollte und Max wusste, dass er jetzt besser nichts dazu sagte.

EINE ZEN-WEISHEIT

Das Motorrad, an dem man eigentlich arbeitet, ist man selbst.
Robert M. Pirsig, Zen und die Kunst, ein Motorrad zu warten[17]

KAPITELZUSAMMENFASSUNG

- Mit welcher Methode oder welchem System Sie sich auch zu traden entscheiden, Psychologie (und vor allem Zen-Denkweise) ist ein wichtiger Faktor.
- Innere Ruhe und Seelenfrieden werden Sie großartig unterstützen – für welche Trading-Methode Sie sich auch immer entscheiden werden.

17 „Pirsig, Robert M. (1978): *Zen und die Kunst, ein Motorrad zu warten*, Frankfurt/M.: Fischer Taschenbuch; englisches Original: Pirsig, Robert M. (1974): *Zen and the Art of Motorcycle Maintenance: An Inquiry into Values*, New York: William Morrow."

16

ZEN HAT DIE ANTWORT AUF NICHTWISSEN

»Wenn ich doch nur mit Sicherheit wüsste, was vor sich geht.« Über diese Aussage habe ich viele Male nachgedacht. Wenn man bedenkt, dass ich die Zukunft nicht vorhersagen kann, wie kann ich zumindest versuchen, ein wahrscheinliches Ergebnis vorherzusagen? Ganz bestimmt gibt es einen Weg oder jemanden, der es mir sagen kann. Im Gegensatz zu vielen Religionen, Philosophien, Ökonomen, Handels- und Anlageexperten, Mathematikern, Physikern oder Vertretern jedes anderen Fachgebiets, das Ihnen einfällt, wird Zen Ihnen eine Antwort geben, die Ihnen grausam vorkommen mag: Sie können es nicht wissen.

Im April 2015 schrieb ich an meine Abonnenten einen Newsletter mit dem Titel »Was wäre, wenn«. Leser, die das nicht mehr präsent haben, möchte ich an die Angst und negative Einstellung gegenüber dem Aktienmarkt erinnern, die in diesem Jahr extrem vorherrschten. Der sechsjährige Bullenmarkt seit der globalen Finanzkrise von 2009 wurde nicht wahrgenommen. Angst und Vorsicht waren in aller Munde. Heute wissen wir, dass die fünf Jahre zwischen Anfang 2015 und 2020 sehr stark waren, und das Narrativ Anfang 2020 wurde: »Wir sind seit zehn Jahren in einem Bullenmarkt!« Aber im Jahr 2015 glaubte man, dass sich die Märkte immer noch in einem sechsjährigen Erholungsmodus von der globalen Finanzkrise befanden.

Marktkommentatoren erinnern sich kaum noch an die Vergangenheit und vergessen oder blenden aus, welche Gefühle die Marktteilnehmer während verschiedener Zeitperioden umtrieben. Es scheint der menschlichen Natur zu entsprechen, sich auf das Negative zu konzentrieren und offenbar sind viele unbewusst darauf programmiert, vorsichtig und ängstlich zu sein.

Im Folgenden liste ich auf, was ich 2015 schrieb, um die Ängste meiner Klienten anzugehen. Der Newsletter befindet sich immer noch auf meiner Website.

»UND WENN NUN«

- »Und wenn nun« ist eine Frage, die ich von vielen Investoren und Tradern höre.
- Und wenn nun die Zinsen steigen?
- Und wenn nun der Immobilienmarkt einbricht?
- Und wenn nun der Aktienmarkt einbricht?
- Und wenn nun die globalen Konjunkturprogramme nichts bringen?
- Und wenn nun die globale Verschuldung die Weltwirtschaft in eine weitere große Depression stürzt?
- Und wenn wir nun eine Hyperinflation bekommen und das Geld nahezu wertlos wird?
- Und wenn wir nun eine Deflation bekommen und die Vermögenswerte nahezu wertlos werden?
- Und wenn nun Krieg ausbricht?
- Und wenn nun Europa ins totale Chaos stürzt, weil der Euro zusammenbricht?
- Und wenn nun die Volkswirtschaft Chinas zusammenbricht?
- Und wenn nun alles nur eine globale Blase ist und ein Kartenhaus, das in einer Katastrophe enden muss?

Einige oder alle Aussagen könnten berechtigte Sorgen sein.

Über welche »Und wenn nun« sollten wir uns die größten Sorgen machen? Welche sind die wahrscheinlichsten und in welcher Reihenfolge werden die genannten Szenarien eintreten? Wie ist es dann um unsere Sicherheit bestellt und wie kann ich Familie und Freunde unterstützen? Am sichersten ist es vermutlich, gar nichts zu tun, alles ist zu unsicher und gefährlich.

Investieren und vor allem Traden ist etwas für Schwachköpfe!

FRAGE NICHT, WARUM, SONDERN WAS

Als ich in einem Kloster lebte, war eine der anregendsten und klügsten Aussagen, die ich gehört habe: »Frage nicht, warum, sondern was.« Die Philosophie dahinter: Wenn Sie ständig fragen, warum etwas passiert ist oder passiert (vor allem sich selbst), schickt Sie das auf einen Weg, den Grund von allem, das passiert ist oder noch passieren wird, wissen zu wollen oder zu müssen.

Zu fragen, was passiert, verschafft Ihnen eine klarere Antwort und versetzt Ihren Verstand in die Lage, entsprechend damit umzugehen, statt sich unentwegt aufzuzehren, weil Sie das »Warum« umtreibt. Ist es wirklich notwendig, zu wissen, warum sich ein Trade zum Vor- oder Nachteil entwickelt? Sie könnten sich stattdessen fragen, was passiert, und dann entsprechend damit umgehen. Wenn der Kurs steigt, kaufen Sie. Wenn der Kurs fällt, verkaufen Sie. Die Gründe, das Warum, werden nahezu immer im Nachhinein deutlich.

EINE ALTERNATIVE SICHTWEISE ZU »UND WENN NUN«

- Und wenn nun die Zinsen viele Jahre niedrig bleiben?
- Und wenn nun der Immobilienmarkt nicht einstürzt, sondern sich auf ein stabiles, langfristiges Wachstum einpendelt?
- Wenn nun der Aktienmarkt nicht einstürzt?
- Wenn nun die globalen Konjunkturprogramme funktionieren?

- Wenn nun die globale Verschuldung durch stetes Wachstum und einen Wiederaufbau des Vertrauens langsam abgebaut wird?
- Wenn wir nun eine moderate Inflation haben, die ein gesundes Vermögenswachstum fördert?
- Wenn wir nun Deflation in Bereichen haben, die die Wirtschaft unterstützen, wenn zum Beispiel die Energiekosten weiter sinken, was Haushalte und Unternehmen zu Nachfrage anregt?
- Wenn nun kein Krieg ausbricht?
- Wenn Europa nun nicht ins Chaos stürzt und sich langsam wieder aufbaut?
- Wenn nun China und Indien die europäische Flaute ausgleichen und die Weltwirtschaft antreiben?
- Wenn wir nun an der Schwelle zu einer Phase unglaublichen Wohlstands stehen, wie es ihn nie zuvor gegeben hat, angetrieben durch Technologie, Schwellenländer und Wettbewerbsfähigkeit?

Manches davon oder alles könnte ein Wunschtraum sein, manches aber auch Realität werden. Auf welche »Und wenn nun« sollten wir unsere Energie konzentrieren und darin investieren? Welche sind am wahrscheinlichsten und in welcher Reihenfolge werden sich die genannten Szenarien entfalten? Am besten ist es, die Farm zu verkaufen, das Haus zu beleihen, sich bis zum Hals zu verschulden und in alles zu investieren, was sich bewegt!

Ich trade und lehre hauptsächlich Trend-Trading. Man nennt es so, weil sich diese Strategie auf das Investieren in steigende Kurse und das Verwenden von Risikokontrolle konzentriert, falls der Erfolg ausbleibt. Mangelnder Erfolg heißt nicht, dass Sie sich geirrt haben. Es bedeutet lediglich, dass dieses spezielle Szenario nicht auf die erhoffte Weise funktioniert hat.

Niemand weiß, was passieren wird. Die genannten »Und wenn nun«-Fragen lassen sich unmöglich klären oder in eine Reihenfolge des Eintreffens bringen.

DIE COVID-KRISE VON 2020 BEWEIST UNSER NICHT-WISSEN

Während ich schreibe, versucht sich die Welt von der Covid-Krise zu erholen. Rückblickend betrachtet wissen wir, dass weniger als die Hälfte der negativen Punkte in meinem Newsletter von April 2015 eingetreten sind. Interessanterweise sind mehr als die Hälfte der positiven Punkte jedoch eingetreten. Die Immobilienmärkte sind nicht eingestürzt und die Aktienmärkte haben sich schnell erholt. Die Zinsen sind niedrig geblieben. Trotz unerwarteter Ereignisse wie dem Brexit und der Wahl Donald Trumps zum Präsidenten der Vereinigten Staaten haben sich die Volkswirtschaften vieler Länder in den fünf Jahren zwischen 2015 und 2020 gut entwickelt. Die Aktienmärkte sind gestiegen und es wurden Profite erzielt.

Man kann mit Fug und Recht behaupten, dass vor fünf Jahren niemand hätte sagen können, wie die Dinge heutzutage aussehen würden – vor allem nicht, dass die Welt unter einer Pandemie leiden und das Leben und Vermögen vieler auf so dramatische Weise davon beeinflusst werden würde. Genauso wenig konnte jemand wissen, dass sich die Märkte so schnell von dem durch Covid ausgelösten Ausverkauf erholen würden. Jetzt die Zukunft der Märkte vorherzusagen, ist genauso sinnlos wie damals. Statt sich also zu sorgen, zu fragen und verpassten Gelegenheiten wegen Nicht-Handels aus Angst hinterherzuweinen, könnten Sie über eine neue Herangehensweise nachdenken.

Und zwar die Zen-Philosophie des Nicht-Wissens.

Ich sagte am Anfang dieses Buchs, dass Trader große Angst vor dem Ergebnis haben. Wenn wir das Ergebnis unserer Entscheidungen doch nur kennen würden, so wären das Traden und das Leben so einfach. Wir wollen wissen, wir glauben vielleicht, zu wissen, oder wir haben möglicherweise das Gefühl, dass wir es wissen sollten. In unserer Gesellschaft herrscht eine unglaubliche Tendenz, wissen zu müssen und Lösungen zu finden, um Unsicherheit zu verringern. Ich behaupte, dass diese Geisteshaltung eine Welt voller Menschen hervorbringt, die in ständiger Angst leben. Und dann werden wir von Zen-Lehrern, aber auch von erfahrenen Tradern mit einem Appell konfrontiert, etwas Radikales in Betracht zu ziehen: die Wahrheit einzugestehen, dass wir *nicht wissen* und abwarten müssen, was passiert. Wenn wir diesem Appell mit ganzem Herzen folgen, kann er alles verändern.

»Nicht-Wissen« ist nicht gleich »dumm«. Es bedeutet das, was ich in dem Newsletter gesagt habe: zu fragen, was vor sich geht, statt die weniger nützliche Frage nach dem Warum zu stellen. Die Frage »Warum passiert das?« lässt Sie in dem Wunsch steckenbleiben, alle Antworten zu kennen. Die scharfsinnigere Frage »Was geht vor sich?« gibt Ihnen eine klare Antwort, die Sie zu einer entsprechenden Handlung führt. Wenn das, was vor sich geht, das Fallen des Markts ist und Sie Verkaufssignale erhalten, dann verkaufen Sie. Wenn das, was vor sich geht, ein Steigen der Märkte ist und Sie Kaufsignale erhalten, dann kaufen Sie. Ihre Aktionen können darin bestehen, zu verkaufen, zu kaufen, zu halten oder beiseitezutreten und abzuwarten. Diese vier Handlungen sind berechtigte Reaktionen auf die Frage »Was geht vor sich?« Während des extrem schnellen Ausverkaufs im März 2020 kannte niemand alle »Warums« und »Und wenn nuns«, aber wir wussten alle genau, was vor sich ging – der Markt fiel schnell! Wenn Sie einen definitiven Trading-Plan hatten, bestand die angemessene Reaktion darin, auf das zu reagieren, was passierte – die Antwort darauf, *warum* es passierte, würde schon noch kommen.

Der Zen-Lehrer Suzuki Roshi sagte einst: »Der Geist eines Anfängers ist weit offen und fragend. Der Geist eines Experten ist verschlossen.«

Die Aussage, es »nicht zu wissen«, verschafft uns also eine Flexibilität des Geistes. Die Alternativen »Ich weiß« oder »Ich muss wissen« können fließendes Denken ausschalten und uns durch unsere psychische und kulturelle Konditionierung geistig unbeweglich werden lassen. In unserem ständigen Streben danach, zu wissen, füllen wir unsere Köpfe mit Annahmen. Das ist eine Geisteshaltung, die uns durch unsere mentale und kulturelle Konditionierung zur Untätigkeit erstarren lässt. Nicht wissen zu müssen ist das, was die geistige Flexibilität erzeugt, die ein Meister-Trader benötigt. In unserem Leben scheint oft ein starker Wettbewerb zwischen jenen, die das meiste zu wissen glauben, zu herrschen. Aber bringen jene, die viel wissen, auch immer die besten Trading-Ergebnisse hervor? Wenn das wahr wäre, würden alle intelligenten Menschen auf dieser Welt erfolgreiche Trading-Genies sein – und wir wissen, dass das nicht der Fall ist.

WAS WIR WISSEN

Wir wissen, dass Menschen, die nicht planen und folglich unüberlegte Entscheidungen treffen, häufig scheitern. Menschen, die planen und überlegte Entscheidungen treffen, die auf Wahrscheinlichkeit und Risikokontrolle basieren, sind oft erfolgreich. Wir wissen auch, dass diejenigen, die vertrauen und sich auf ein Verfahren einlassen (Level 250 auf Dr. Hawkins' Bewusstseins-Skala), eine größere Chance haben, ein positives Ergebnis hervorzubringen. Und vor allem haben sie ein Verfahren, um Ergebnisse zu messen und bei Bedarf Veränderungen vorzunehmen.

Wenn wir uns treffen und über die dynamischen Ergebnisse durch Systeme in diesem Buch diskutieren würden, würden Sie vielleicht ausrufen: »Ja, aber es herrschte ein Bullenmarkt!«

Und ich würde Ihnen dann antworten: »Das wusste ich aber vorher nicht.«

Und dann würden Sie fragen: »Ist jetzt ein guter Zeitpunkt, um mit dem System anzufangen?«

Und ich würde antworten: »Ich weiß es nicht.«

Und Sie würden dann denken: »Was für eine Art von Trading-Coach ist das denn bitte? Er weiß es nicht!«

Beim Traden geht es um Wahrscheinlichkeit und darum, in einer unbekannten Umgebung unser Bestes zu geben. Es geht nicht darum, zu wissen, was passieren wird, denn – das sollte Ihnen mittlerweile klar sein – niemand weiß es.

Der erfahrene Trader weiß, dass auf dem Markt alles passieren kann: Kurse können schnell fallen oder hochschießen auf unglaubliche Werte. Deshalb muss der Trader bereit sein, damit umzugehen, statt reaktiv zu handeln – auf die vielen Möglichkeiten.

Wenn wir eine Aktie kaufen, deren Kurs steigt, wissen wir nicht, ob das ein Verlust- oder ein Gewinngeschäft wird. Wir wissen nicht, wie hoch der Gewinn oder der Verlust ausfällt. Was wir jedoch haben, ist die Wahrscheinlichkeit unserer Methode. Zum Beispiel zeigt uns das Verwenden einer Wahrscheinlichkeitsmethode beim Trend-Trading, dass wir, wenn wir dem Prozess folgen, fallende Aktien zu verkaufen und steigende zu halten beziehungsweise zu kaufen, eine gute Erfolgschance haben. Der Markt ist unvorhersehbar, denn wir wissen nicht, wie die Marktteilnehmer reagieren werden.

Der Markt ist eine Masse aus menschlichen Emotionen und, wie Ihnen jeder Verhaltensökonom, professionelle Trader oder Zen-Lehrer sagen wird: versuchen vorherzusagen, was diese Masse an Köpfen tun wird, ist unmöglich.

EINE ZEN-GESCHICHTE

Ein Schüler ging zum Meister und fragte: »Was passiert nach dem Tod?« –

»Ich weiß es nicht«, lautete die Antwort.

»Sind Sie denn kein Zen-Meister?«, fragte der Schüler. »Warum wissen Sie das nicht?« –

»Ich bin noch nicht tot«, antwortete der Meister.

EINE TAISHIN-SHODO-STORY

Als ich mich in Japan in dem Retreat befand, war einer meiner Mitteilnehmer ein ehemaliger Soldat, der bei drei Einsätzen im Irak und in Afghanistan dabei gewesen war. Er tat sich schwer mit dem Leben im Retreat und verkündete eines Tages beim Essen in Anwesenheit des obersten Zen-Priesters, dass er Sex brauche, einen Drink und anderes Essen. Er würde in eine Bar in einer Hafenstadt gehen, seine Bedürfnisse stillen und in ein paar Tagen zurückkommen. Der alte Priester sah ihn an und sagte nur: »Okay.« Ich war überrascht, denn ich hielt mich regelmäßig in dem Retreat auf und hatte etwas Derartiges noch nie erlebt.

Am darauffolgenden Tag brachten der oberste Priester und ich den Ex-Soldaten zum nächsten Bahnhof. Auf dem Rückweg zum Zen-Tempel tat ich meine Meinung kund: Er würde nicht zurückkommen, er sei respektlos und undiszipliniert; er sei unfähig, sich von seinen Süchten zu lösen, vermutlich würde er unter Posttraumatischer Belastungsstörung leiden. Ich hatte ihn verurteilt und etikettiert und dachte, ich wüsste alles. Der Priester sagte nichts, sondern nickte nur.

Ein paar Tage später kehrte der Ex-Soldat genau zu der angekündigten Zeit zurück. Er fügte sich wieder in das Leben im Retreat ein und sagte, wie sehr er die Routine, die Struktur und den Gleichmut vermisst habe. Anschließend wurde er zu einem der hingebungsvollsten Meditierenden, mit dem zusammenzusitzen ich je die Ehre hatte. Der oberste Priester sagte nichts zu alldem. Das brauchte er auch nicht. Der Ex-Soldat und ich hatten beide unsere Lektion gelernt. Du kannst es schlichtweg nicht wissen.

KAPITELZUSAMMENFASSUNG

- Wenn Sie den Markt analysieren, fragen Sie »Was geht vor?« und nicht »Warum passiert das?«
- Ich weiß nicht, was passieren wird. Sie auch nicht, und auch sonst niemand.
- Akzeptieren Sie die Tatsache, dass Sie es nicht wissen. Es wird Ihren Geist von Sorgen und dem Bedürfnis befreien, alles zu überanalysieren.
- Wir wissen, dass Überanalysieren Stagnation erzeugen kann statt der Flexibilität beim Denken und Handeln, die der Trader braucht.

17

EINFACHE ÜBUNGEN FÜR KOMPLIZIERTE PROZESSE

Ich bin davon überzeugt, dass Traden einfach sein kann, wir es jedoch verkomplizieren. Und das ist nicht unsere Schuld, sondern darin begründet, dass wir nicht die entsprechende Denkweise gelernt haben, damit es einfacher wird. Die Denkweise wurde in den vorhergehenden Kapiteln ausführlich beschrieben. Aber wie gut wir auch unseren Geist entwickeln mögen, um mit dem umzugehen, was das Traden und das Leben uns bieten, so gibt es kein Entkommen vor der Notwendigkeit praktischer Lösungen. Aus meinen eigenen Trading-Erfahrungen, ebenso wie durch das Beobachten von Klienten und Schülern, habe ich aufgelistet, was ich als die größten Herausforderungen für jene von uns ansehe, die sich entscheiden, Traden zum Bestandteil ihres Lebens zu machen.

WANN ANFANGEN

Wann man mit dem Traden anfangen soll, ist eine häufige Frage. Der Grund, warum Menschen den Einstieg in das Traden aufschieben, ist Angst. Oft sieht die Angst so aus, dass die Märkte hoch sind und die Menschen fürchten, den Aufstieg bereits verpasst zu haben und dass der Markt nun bald fallen wird. Wenn der Markt im Keller ist, haben die Menschen Angst, weil sie sich von all der Negativität um sie herum beeinflussen lassen. Es ist unmöglich, zu wissen, wann der Zeitpunkt gut ist und wann schlecht. Die Antwort auf »Wann?« lautet vermutlich »Jetzt.« Es gibt ein altes chinesisches Sprichwort: »Die beste Zeit, einen Baum zu pflanzen, ist vor 20 Jahren.«

WAS SOLL ICH TRADEN?

Viele Trader experimentieren mit verschiedenen Trading-Vehikeln. Mit »Vehikeln« meine ich Trading-Methoden wie das Traden von Aktien, Optionen, Optionsscheinen, börsennotierten Fonds, Differenzkontrakten, Rohstoffen, Kryptowährungen, Fremdwährungen – die Liste ist lang. Wenn Sie Mühe haben, mit dem Traden Profite zu erzielen, müssen Sie Ihre Methode vereinfachen und mehr an Ihrer Geisteshaltung arbeiten. Der beste Weg, zu vereinfachen, besteht im Vermeiden exotischer und komplizierter Trading-Vehikel. Ich vereinfache meinen Prozess, indem ich Aktien in meiner Landeswährung trade und an der Börse im eigenen Land trade, der Australian Stock Exchange. Aufgrund dieser Entscheidung mache ich Geschäfte mit Institutionen in meinem eigenen Einzugsgebiet und trade während meiner örtlichen Geschäftszeiten. Diese Dinge tue ich, um mein Leben so sehr wie möglich zu normalisieren. Ich betrachte das Traden in einer fremden Währung (bei Verwendung ausländischer Institute) und das Arbeiten während unüblicher Zeiten als kompliziert und ermüdend.

Es ist Ihre Entscheidung, aber nach meiner Erfahrung versuchen viele Trader zu viele Ideen und Diversifikationen umzusetzen, was zu einem physischen und körperlichen Burnout führt. Möglicherweise haben Sie keine andere Wahl, als in Übersee zu traden, aber aus Gründen der Praktikabilität und des Lebensstils sollten Sie zuerst die Börsen im eigenen Land in Erwägung ziehen und nach Wegen suchen, die Prozesse zu vereinfachen.

MIT WELCHEM ZEITRAHMEN SOLL ICH TRADEN?

Wie in Kapitel 3 erwähnt, ist wohl eine der schwierigsten Entscheidungen, die Sie treffen müssen, der Zeitrahmen für Ihr Trading-System.

Bedenkt man, dass statistisch gesehen 90 bis 95 Prozent der Trader verlieren oder bei plus/minus null herauskommen, scheint es logisch, dass das Vergrößern Ihres Zeitrahmens beim Traden auf wöchentliche Charts zum Analysieren die beste Option ist, um Sie in den Bereich zu bringen, in dem sich die Gewinner aufhalten, und weg von den angstgetriebenen Verlierern, die täglich über Charts brüten.

Wenn Sie Anfänger sind, sollten Sie kurzfristiges Traden vermeiden. Die meisten Trader übertreiben das Traden und die meisten Trader verlieren. Warum sich einem verlierenden Team anschließen? Um innere Ruhe und Seelenfrieden zu bewahren, brauchen Sie einen Zeitrahmen, der kurz genug ist, um genügend Trades zu liefern, damit Sie interessiert bleiben, aber auch lang genug, um Ihnen Zeit zum Nachdenken, Loslassen und bewussten Umgang statt reaktivem Handeln zu lassen. Die meisten Trader finden einen wöchentlichen Zeitrahmen ideal, vor allem wenn Sie noch andere Verpflichtungen haben wie Familie oder einen Job.

DRAWDOWN

Der Portfolio-Drawdown gibt an, um wie viel ein Konto von seinem Höchststand bis zu seinem Tiefststand in Bezug auf das Kapital oder den Investitionsbetrag gefallen ist – und stellt für die meisten Trader eine der schwierigsten Herausforderungen dar, mit denen sie konfrontiert werden. Ich würde sogar behaupten, es ist *die* schwierigste Herausforderung. Der Umfang Ihres Drawdowns hängt von Ihrer Trading-Methode ab. Wenn Sie kurzfristiges Trading betreiben, sind die Ausstiegspunkte normalerweise eng gesetzt (was bedeutet, dass die Ausstiege dicht an den vorherrschenden Kursen gesetzt sind, damit die Verluste gering gehalten werden, falls sich der Kurs in das Gegenteil der von Ihnen gewünschten Richtung entwickelt). Das bedeutet jedoch, dass Sie häufig Trades durchführen müssen, da das System wegen der eng gesetzten Parameter oft kauft und verkauft.

Wenn Sie eine Trend-Trading-Methode wie eine der in diesem Buch besprochenen Methoden verwenden, sind die Ausstiegspunkte normalerweise breiter angelegt und weiter weg vom vorherrschenden Kurs. Folglich sind Schwankungen beim Wert des Eigenkapitals unvermeidbar.

Viele Trader tun sich schwer damit, die Balance zwischen Trade-Häufigkeit und Portfolio-Drawdown zu finden.

Sie fühlen sich angezogen von dem minimalen Trading und den großen Profiten, die Trend-Trading-Systeme liefern können, mögen aber nicht die unvermeidlichen Drawdowns, die diese Systeme ebenfalls hervorbringen. Der Drawdown ist der Zerstörer vieler Trading-Karrieren. Trader verkaufen ihr Portfolio zum denkbar schlechtesten Zeitpunkt und müssen dann mitansehen, wie es sich deutlich erholt.

WIE HOCH SOLLTE DAS STARTKAPITAL SEIN?

Bedenkt man, dass ein Drawdown die vielleicht größte Herausforderung für einen Trader ist, so rate ich meinen Klienten Folgendes: Überlegen Sie sich, in welchem Umfang Sie sich Verluste leisten können. Dieser Betrag sollte Ihr Leben nicht nachteilig beeinflussen. Zum Beispiel: Wenn es einen Equity-Pullback der von Ihnen genannten Summe gäbe, wären Sie dann noch in der Lage, Miete oder Hypotheken zu zahlen, Rechnungen zu begleichen, die Familie zu ernähren, die Beziehung zu Ihrem Lebenspartner nicht zu belasten und nachts ruhig zu schlafen? Welcher Betrag ist für Sie tolerierbar? Wenn Sie sagen würden, dass der Betrag bei 15 000 US-Dollar liegt und Sie ein System mit einem 15-prozentigen historischen Drawdown traden, dann sollte Ihr Startkapital lediglich 100 000 US-Dollar betragen – da 15 Prozent von 100 000 US-Dollar bekanntlich 15 000 US-Dollar sind: der Betrag, den Sie als tolerierbar genannt haben.

Ihr tolerierbarer Betrag muss in einer Höhe sein, bei der Sie während der Marktschwankungen nicht in Panik geraten und verkaufen (also Ihre eigenen Regeln missachten). Alle Systeme erleben Equity-Pullbacks. Sie müssen in der Lage sein, einem solchen Pullback emotional standzuhalten, falls eines oder beide der folgenden Dinge passieren.

1. Das Portfolio-Equity erleidet einen Pullback und Sie sind in der Lage, an Ihren Systemregeln festzuhalten – der Kapitalwert erholt sich und beginnt wieder zu steigen.
2. All Ihre Trades werden von Ihren Stop-Loss-Regeln ausverkauft und Ihr Portfolio in Bargeld verwandelt – das kann während volatiler Marktkorrekturen passieren.

Nun haben Sie ein Worst-Case-Szenario: einen Verlust von 15 000 US-Dollar. Wenn das zu viel für Sie ist, dann können Sie Ihr Portfoliokapital auf 50 000 US-Dollar halbieren und so Ihren Worst-Case-Szenario-Verlust auf 7.500 US-Dollar reduzieren – denn das sind 15 Prozent von 50 000 US-Dollar. Wenn Sie einen höheren Worst-Case-Szenario-Betrag aushalten können, dann steigern Sie die Portfoliogröße bis zu Ihrem emotionalen Toleranzlevel.

Alternativ können Sie auch eine Methode mit einem niedrigeren historischen Drawdown traden. Trading ist jedoch ein Spiel des Gebens und Nehmens. Wie erwähnt bedeutet das Implementieren eines Systems mit einem niedrigeren Drawdown engere Stops, was zu mehr Trades führt. Sie müssen Ihren persönlichen Kompromiss finden zwischen der Anzahl an Trades, die Ihr System umsetzt, und dem Umfang, in dem Sie bereit sind, Schwankungen nach oben und unten bei Ihrem Kapital auszuhalten.

KAUFEN UND VERKAUFEN

Manche Trader tun sich schwer beim Kaufen und andere finden es leicht. Bei den Klienten sind mir zwei vorherrschende Persönlichkeitseigenschaften aufgefallen. Diejenigen, die in anderen Lebensbereichen als dem Trading zuversichtlich und oft erfolgreich sind, haben kein Problem, sich festzulegen und zu kaufen. Bei anderen Unternehmungen haben sie die Erfahrung gemacht, richtigzuliegen. Deshalb gibt es in ihren Augen nichts, wovor man sich beim Traden fürchten müsste. Allerdings fällt ihnen das Verkaufen schwer, oftmals, weil sie vorher keinen Ausstiegspunkt festgelegt haben. Sie sind selbstbewusste Menschen und glauben, diesen nicht zu benötigen, weil sie Scheitern oder Verlust so gut wie nie in Erwägung ziehen. Manchmal werden sie nicht verkaufen, weil das bedeutet, dass sie sich geirrt und verloren haben! Verlust ist ein seltenes Ereignis für diese erfolgreichen und positiv denkenden Menschen.

Die andere Persönlichkeitseigenschaft, die mir bei Tradern auffiel, zeigen jene, die sich beim Kaufen schwertun. Hierbei handelt es sich um die konservativen und oft analytischen Typen mit einer Abneigung gegenüber dem Risiko. Schließlich bringen sie den Mut auf, zu kaufen, normalerweise begleitet von Zögern und Nervosität. Wegen ihrer ausgezeichneten analytischen Fähigkeiten und ausgiebigen Recherche wählen sie oft Trades mit einer großen Erfolgswahrscheinlichkeit. Allerdings fressen Angst und Sorge sie auf und es fällt ihnen schwer, Trades zu halten. Sie neigen dazu, bei ersten Anzeichen eines Pullbacks zu verkaufen. Sie greifen Verkaufssignalen voraus und warten nicht auf die Verkaufsbestätigung durch ihre Regeln. Sie platzieren Verkaufs-Orders zu dicht am vorherrschenden Aktienkurs und werden zu Opfern der heftigen Volatilitätsausschläge des Markts, indem sie unnötigerweise verkaufen. Nachdem sie frühzeitig ausgestoppt wurden, sehen sie später, dass sich ihr Trade in die ursprünglich von ihnen vermutete Richtung entwickelt. Wenn sie ein Verkaufssignal erhalten, sind sie oft diszipliniert und verkaufen so schnell wie möglich, sodass sie nie viel verlieren. Bedauerlicherweise gewinnen sie auch nicht viel, denn es fällt ihnen schwer, Trends zu halten. Oftmals verkaufen sie, bevor der Trend zur Reife gelangt und einen hübschen Profit bringt.

Die zweckmäßige Antwort auf beide Persönlichkeitseigenschaften – ebenso wie auf viele andere angstbasierte Fehler beim Traden – lautet (im Einklang mit der Zen-Denkweise): eine gute Positionsgröße. Positionsgrößenbestimmung bedeutet das Festlegen der finanziellen Größenordnung eines Trades, damit er Ihrer Risikotoleranz entspricht. Positionsgrößenbestimmung und Ausstiegspunkte sind sehr viel wichtigere Faktoren bei Ihrem Trading als die Einstiegspunkte. Es kann Jahre dauern, bis einem Anfänger das klar wird, wodurch er Verluste und verpasste Gelegenheiten hinnehmen muss. Seien Sie keiner dieser Trader – strengen Sie sich an, sichere und profitable Wege zu erlernen, um die Größe Ihrer Trades zu bestimmen.

BEI EINER METHODE BLEIBEN

Dieses ganze Buch wurde geschrieben, um zu erklären, warum Trader oftmals nicht bei einer Methode bleiben. Das Festhalten an einer Methode ist das Wertvollste, was Sie tun können, um Ihr Traden zu verbessern. Eine Methode auszusuchen oder zu entwickeln und sich ihr für eine Weile zu verpflichten, wird mehr für Ihre technische und psychische Entwicklung tun als alles andere.

Wenn Sie zum Beispiel ein Wochen-Trend-System verwenden, ähnlich dem in diesem Buch beschriebenen, schlage ich vor, dass Sie sich diesem zwölf Monate lang verpflichten, um den Markt, Ihre Methode und Ihre Geisteshaltung zu erleben und zu lernen. Wenn Sie ein kürzeres System verwenden, können Sie das auf einen Zeitrahmen von einem bis drei Monate verringern.

Kein Buch, Kurs, Seminar, Coach, Mentor, YouTube-Video oder sonst etwas wird Ihnen mehr über das Traden beibringen, als es zu tun, daran festzuhalten und mit Ihrem eigenen Blut, Schweiß und Tränen Protokoll darüber zu führen. Gutes Training und Coaching ist essenziell, aber nutzlos, wenn Sie sich nicht einer Methode verpflichten.

WIE MAN TRADEN LERNT

Der Meister erscheint, wenn der Schüler bereit ist.

An diesen Spruch glaube ich wirklich. Die meisten angehenden Trader sind zögerlich, was bezahlte Schulungen angeht – mitunter aus gutem Grund. In diesem Bereich sind viele inkompetente und extrem teure Lehrer unterwegs. Viele aufstrebende Trader zahlen nie für irgendetwas. Sie durchforsten das Internet nach der preiswertesten Option. Sie können Opfer skrupelloser Verkäufer werden, die ihnen falsche Versprechungen von schnellem und ewigem Reichtum machen. Wenn es Ihnen ernst damit ist, ein erfolgreicher Trader zu werden, dann brauchen Sie qualitativ hochwertige Unterweisung. Setzen Sie bei der Suche nach einem Lehrer Ihren gesunden Menschenverstand ein. Schließen Sie sich einer Trading-Gruppe oder einem Klub an oder rufen Sie den Lehrer an und bitten Sie darum, mit ehemaligen Schülern sprechen zu dürfen. Und nicht zuletzt sollten Sie prüfen, ob der Lehrer seine Trading-Ergebnisse offenlegt. Das ist ein echter Indikator für die Erfahrung des Lehrers. Behalten Sie jedoch im Hinterkopf, dass man nicht immer der beste Spieler, Trader oder auch Zen-Praktizierende sein muss, um ein guter Coach zu sein.

WANN SOLL MAN AUFHÖREN?

Wenn Sie ständig verlieren oder über eine gewisse Zeit keine regelmäßigen Profite einfahren, sollten Sie jetzt aufhören, zu traden.

Das ist eine logische und simple Abhilfe für das Problem, kann jedoch emotional sehr schwierig sein. Wenn Sie Verluste beziehungsweise keine Rendite einfahren, aber nicht aufhören können, nehme ich an, dass Sie Trading-süchtig sind. Der Grund für Ihre Verluste oder mangelnde Performance ist vermutlich tiefenpsychologischer Natur. Es ist sehr unwahrscheinlich, dass es sich um ein technisches Problem handelt. Das Problem liegt vermutlich weder in Ihrer Methode noch im Markt begründet, sondern in Ihrer Mentalität. Wenn Sie diese Feststellung ziemlich heftig finden, dann sollten Sie einmal an Albert Einsteins berühmte Aussage denken: »Die Definition von Wahnsinn ist: Immer wieder das Gleiche zu tun und andere Ergebnisse zu erwarten.«

Das ist ein ernstes Problem und ein großes Hindernis für Ihre Trading-Ziele. Außerdem ist es ein weitverbreitetes Problem. Wenn meine

Worte bei Ihnen also auf Widerhall stoßen, fühlen Sie sich bitte nicht inkompetent. Sie sind einer von vielen, die mit dem gleichen Problem ringen. Wie ich schon oft sagte, ist das Trading in technischer Hinsicht einfach, in emotionaler jedoch schwierig. Ihre emotionale Wahrnehmung und Resilienz müssen auf eine Ebene gehoben werden, die mit der von Ihnen verwendeten Methode umgehen kann. Oder Sie müssen die Komplexität Ihrer Methode verringern, damit Sie zu der Ebene Ihrer emotionalen Kompetenz passt. Sie befinden sich in einer Phase Ihres Tradings, die ein bisschen Seelenforschung bedarf, und dabei wird Ihnen das folgende Kapitel hoffentlich helfen.

EINE ZEN-WEISHEIT

> »Wenn du die wahre Praxis verstehst, dann können Bogenschießen oder jede andere Aktivität Zen sein. Wenn du nicht verstehst, wie man Bogenschießen im wahren Sinne lernt, dann wirst du dir, wenn du noch so hart trainierst, *lediglich* die Technik aneignen. Es wird dir nicht richtig helfen. Vielleicht kannst du ins Schwarze treffen, ohne zu üben, aber ohne diesen Pfeil und Bogen kannst du gar nichts tun. Wenn du verstehst, um was es beim Üben geht, dann kann dir das Bogenschießen auch ohne Pfeil und Bogen helfen. Diese Art von Stärke oder Fähigkeit erlangst du nur durch das richtige Üben.«
>
> *Shunryu Suzuki*

PETES PERSÖNLICHE TRADING-STORY

Meine Persönlichkeit würde ich als eine ansehen, die eher dem ängstlichen, analytischen Trader entspricht. Ein Trader, der gut darin ist, Stops umzusetzen, bei Kaufsignalen zurückscheut und manchmal gern aus dem Markt herausgeht, um eine mentale und emotionale Pause einzulegen. Zu Beginn des Jahres 2017 reiste ich nach Japan, um mein Zen-Studium fortzusetzen. Mein Portfolio befand sich in einem längeren Seitwärtstrend. Ich hielt es für einen guten Zeitpunkt, eine Pause einzulegen und mich auf das Zen-Studium zu konzentrieren, also löste ich mein Portfolio auf. Die geplante spirituelle Auszeit wurde herausfordernd und ermüdend. Meine schwierigen Gefühle wurden durch die Nachricht verschlimmert, dass ein noch junges, enges Familienmitglied bei einem Unfall ums Leben gekommen war. Da ich mich so weit entfernt aufhielt, konnte ich nicht an der Beerdigung in Australien teilnehmen. Meine Resilienz wurde stark gefordert.

Nach meiner Rückkehr in die Heimat hatten sich die Märkte verändert und erholten sich. Mein System signalisierte einen sofortigen Wiedereinstieg. Aber Kaufen war das Letzte, wonach mir war. Ich hatte eine längere Auszeit erwartet (und hätte sie lieber gehabt). Ich wusste, dass Traden – so wie Zen – ein Prozess ist. Und dieser Prozess forderte mich auf, mich noch einmal zu engagieren. Zögernd und mit zusammengebissenen Zähnen kaufte ich mich wieder ein. Zwei Jahre später war das System um 72 Prozent gestiegen.

Traden kann einfach sein, aber wir machen es schwierig.

KAPITELZUSAMMENFASSUNG

- Die meisten Trader neigen dazu, das Traden zu verkomplizieren.
- Nach gründlicher Recherche sollten Sie so schnell wie möglich anfangen – es ist klug, mit einem kleinen Konto zu beginnen.
- Traden Sie an der Börse Ihres Landes und in Landeswährung – das ist für gewöhnlich einfacher.
- Wählen Sie einen Trading-Zeitrahmen, bei dem Sie sich nicht überwältigt fühlen.
- Weniger Startkapital verringert die unangenehme Erfahrung bei einem Kursrückgang.
- Bestimmen Sie die Größe Ihrer Trades, um das Risiko zu verringern.
- Wählen Sie eine Methode, bleiben Sie dabei, und dann testen und messen Sie deren Performance.
- Falls Sie keine Fortschritte erzielen, hören Sie auf und bewerten Sie Ihre Methode und Ihre Geisteshaltung neu.

18

EIN ABSCHLIESSENDES WORT ZUR MEISTERSCHAFT

WERDEN SIE MEDITATIONSPROFI

Im ersten Kapitel habe ich mathematische Vorteile besprochen. Allerdings gibt es beim Traden noch einen weiteren Vorteil, der selten erwähnt wird: den aus der Meditation gewonnenen Zen-Vorteil.

Trading wird auf viele Weise gelehrt; und es gibt verschiedene Techniken. Auch beim Meditieren gibt es eine Vielzahl an Techniken. In der westlichen Kultur werden am häufigsten zwei Techniken praktiziert:

1. Die Konzentrationsmethode, unterstützt durch Visualisierung, damit der Geist sich besser fokussieren kann.
2. Die Insight- oder Vipassana-Methode, bei der man über Achtsamkeit zur Einsicht gelangt.

Beispiele für Visualisierungsmethoden sind: verbal geführte Meditationen, bei denen Sie aufgefordert sind, sich angenehme Orte vorzustellen (diese Methode wird oft begleitet von sanfter Hintergrundmusik); Konzentration auf einen Gedanken oder ein Objekt, wie das Rezitieren eines Mantras oder Konzentrieren auf das Herz; oder die Verwendung einer anekdotischen Methode, bei der der Meditierende bewusst versucht, Gedanken von Hass und

Wut ins Gegenteil zu verkehren – sie in Liebe und Mitgefühl zu verwandeln.

Die Vipassana-Methode ermutigt Sie, die geistigen Werkzeuge des Denkens und Analysierens abzulegen, damit Sie Einblick bekommen in das, was Ihre Wahrnehmung steuert. Das entspricht der Zen-Methode eher. Ein Beispiel der von Zen-Praktizierenden verwendeten Insight-Methode ist das simple Beobachten des Atmens. Dadurch können Ihr Körper und Ihre Seele zur Ruhe kommen und sich dann auf natürliche Weise lösen, ohne die Hilfe von Visualisierungen oder einer bestimmten Konzentrationsmethode. Die Zen-Methode wird nicht mit Musik oder verbalen Aufforderungen gesteuert, außer bei Meditationsanfängern. Die Zen-/Insight-Methode des Meditierens kann schwieriger sein, aber sie ist meiner Meinung nach nützlicher. Denn es ist die Selbstbeobachtung unseres Denkens, die zu größerer Bewusstheit führt.

Um erfolgreich zu traden, müssen Sie sich darüber bewusst sein, wie Sie denken.

Es ist normal, dass unsere Gedanken herumwandern; eines der Hauptziele der Insight-Meditation besteht darin, den Geist zu lehren, etwas weniger (hoffentlich sehr viel weniger) herumzuwandern. Denn dann ist seine Wahrnehmung klarer.

Der Schlüssel zur Zen-Meditation ist die Fähigkeit der klaren Wahrnehmung, ohne dass man durch beurteilende und etikettierende Gedanken abgelenkt wird.

Die Tür zum zerstörerischen Beurteilen und Ablenken muss geschlossen bleiben. Wenn Sie diese Türen schließen, dann öffnet sich eine andere: die Tür zu Wahrnehmung und Klarheit. Mit dieser Klarheit stellt sich der Seelenfrieden von selbst ein, begleitet von den Vorzügen der Erkenntnis und des Bewusstseins. Und so setzen Sie den Prozess des Loslassens in Gang: Lösen Sie sich von Ihren Urteilen, damit ein neues Paradigma des Denkens eintreten kann. Es gibt jedoch für uns alle, die wir nach Klarheit des Denkens streben, eine weitverbreitete Herausforderung: Wir müssen unsere in der Vergangenheit erfolgte Konditionierung verstehen.

Unsere Persönlichkeit wird aus einer Kombination aus Natur (unsere individuelle Biologie) und Erziehung (soziale und familiäre Einflüsse) geformt. Die Zen-Philosophie ist davon überzeugt, dass alle Menschen nach Sicherheit und Identität streben. Unser Geist heftet sich schnell an das, was wir zu lernen ermutigt wurden und was wir wissen. Anschließend bilden sich in unserem Verstand Überzeugungen zu dem, was wir zu wissen glauben.

Wir sind alle konditioniert oder programmiert, vom frühesten Alter an; das ist für jede Kultur normal. Viele Menschen leben ihr Leben, ohne je zu hinterfragen oder einen forschenden Geist zu entwickeln. Sie machen sich nie bewusst, dass ihr Verstand konditioniert wurde, auf eine bestimmte Art und Weise zu denken. Die Begriffe »Erleuchtung« und »Bewusstwerdung« sind lediglich Beschreibungen einer weiterentwickelten Denkweise jenseits der Norm. Fähige Trader werden sich ihrer Denkweise bewusst und lernen, ruhig auf jede aktuelle Situation zu reagieren, statt mit einem konditionierten Verstand, der vergangene Traumata mit sich herumschleppt, oder einem ängstlichen Verstand, der in der Zukunft lebt. Das wurde in den vorhergehenden Kapiteln ausführlich besprochen. Was nun folgt, ist eine Zusammenfassung der Denkweise, die Sie brauchen, um zu traden wie ein Zen-Meister.

DIE REIHENFOLGE AUF DEM WEG ZUR MEISTERSCHAFT

1. WERDEN SIE SICH DURCH MEDITATION IHRER DENKWEISE BEWUSST

Über die Meditation und ihre Vorzüge habe ich bereits gesprochen. Denken Sie an die Meditation in der sechsten Regel des Systems für Seelenfrieden und Profit in Kapitel 10. Bevor Sie anfangen, zu erkennen, dass Sie alles gewohnheitsmäßig beurteilen und etikettieren, müssen Sie sich zuerst Ihrer Gedanken bewusst werden. Wenn Sie regelmäßig Insight-Meditation (Vipassana) praktizieren, werden Sie diese Fähigkeit lernen.

2. BEURTEILEN ODER ETIKETTEREN SIE IHRE GEDANKEN NICHT

Darüber habe ich in Kapitel 3 detailliert gesprochen. Auch diese Fertigkeit erlernen Sie durch regelmäßige Meditation. Das Ziel besteht darin, das Gehirn darin zu üben, Gedanken zu beobachten, statt sofort dazu überzugehen, etwas zu lösen oder zu reparieren. Beobachten Sie die Tendenz Ihres Geistes, Gedanken zu bewerten und zu etikettieren, und was er für falsch hält – oder richtig!

3. ERKENNEN SIE IHRE ANHAFTUNGEN

Anhaftungen und deren Bedeutung haben wir uns in Kapitel 4 angesehen. Nur sehr wenige Menschen erkennen, wie sich ihr Verstand rasch an eine Sichtweise anheftet – und berücksichtigen nur selten, dass es noch andere Möglichkeiten oder Gelegenheiten gibt. Meistern Sie Ihre Anhaftungen und Sie meistern Ihren Verstand. Meistern Sie Ihren Verstand und Sie werden anfangen, einen anderen Markt zu sehen und zu erleben. An dieser Stelle ist es nützlich, sich an Buddhas zweite Edle Wahrheit aus Kapitel 2 zu erinnern: »Die Ursache für das Leiden (die Unzufriedenheit) ist Anhaftung«.

4. HALTEN SIE EINE WEILE AN ENER BESTIMMTEN TRADING-METHODE FEST

Dies ähnelt dem Rat, der angehenden Zen-Praktizierenden gegeben wird und der da lautet: Halte dich an die Fünf Gebote (siehe Kapitel 9) und meditiere oft. Einer der besten Wege, sich als Trader zu verbessern, besteht darin, an einer Methode festzuhalten und dann an der eigenen Einstellung zu arbeiten. Mittlerweile dürfte Ihnen klar sein, dass Ihr Verstand und die Art, wie er über das Traden denkt, die größte Herausforderung sind. Widmen Sie sich dieser Herausforderung und Sie werden die Belohnung ernten. Wenn es Ihnen schwerfällt, an Ihrer Methode festzuhalten, dann passt entweder Ihre Methode nicht zu Ihrer Persönlichkeit oder Ihr Verstand muss trainiert werden, die Dinge aus Zen-Perspektive zu sehen. Oder das Problem besteht aus einer Kombination von beidem.

5. DIMENSIONIEREN, KAUFEN, VERKAUFEN, WIEDERHOLEN

Trading ist ein Prozess. Um diesen Prozess abzuschließen, müssen Sie lediglich vier Dinge wiederholt tun: die Dimension Ihres Trades bestimmen, Ihren Kauf durchführen, Ihren Verkauf durchführen und den Prozess wiederholen.

In Australien haben wir ein Glücksspiel, das sich »Two-up« nennt. Dabei werden zwei Münzen in die Luft geworfen und darauf gewettet, ob anschließend Kopf oder Zahl oben ist. Wenn man sich den Wurf einer einzelnen Münze ansieht, gibt es eine 50-prozentige Gewinnchance, da der Kopf nur auf einer Seite ist. Wenn Sie 1 Dollar setzen, haben sie eine jeweils 50-prozentige Chance, 1 Dollar zu gewinnen oder zu verlieren. Wenn Sie nun mit einer Trading-Methode arbeiten, die eine 50-prozentige Gewinnrate aufweist und Ihnen bei jedem Gewinn 2,30 US-Dollar einbringt, und Sie jeweils 1 US-Dollar einbüßen, wenn Sie verlieren, ist das dann ein Gewinn-System? Ja, eindeutig (beachten Sie, dass 2,30 US-Dollar oder 2,3 zu 1 die Payoff-Ratio des Ich-will-Geld-Systems war). Warum also nicht immer weiter die Münze werfen? In diesem Fall repräsentiert die Münze das Trading-System. Wenn Sie ein auf einer ähnlichen Gewinnwahrscheinlichkeit basierendes Trading-System haben, dann sollten Sie immer weiter dimensionieren, kaufen, verkaufen und wiederholen. Wenn Sie die Wahrscheinlichkeit Ihrer Methode nicht kennen, verfallen Sie dem ersten der beiden Gründe für erfolgloses Trading, die wir in Kapitel 1 besprochen haben:

1. Sie haben kein Trading-System oder keine Trading-Methode (aus Mangel an Wissen).
2. Selbst wenn Sie eine Methode haben, dann bleiben Sie nicht dabei (weil Sie keinen Zen-Geisteszustand entwickelt haben).

Zu Beginn dieses Buchs sagte ich, dass es mein Ziel sei, die Philosophien und Techniken des Tradings mit Zen zu verbinden. Und dass ich dem Leser zeigen möchte, wie wertvoll es ist, Zen in sein Trading und Leben aufzunehmen – um nicht nur seine finanzielle Situation zu verbessern, sondern auch sein Glück und gesamtes Wohlbefinden zu steigern. Ich möchte Ihnen ein Beispiel von jemandem geben, der das in einem anderen Beruf getan hat, und lasse es diese Person mit ihren eigenen Worten schildern. Diese Worte stammen aus einem Interview mit dieser berühmten Person und wurden im April 2018 in dem Blog *Amuse* gepostet.

MEDITATION

Ich meditiere und mache Yoga aus dem Bedürfnis heraus, einen optimalen Zustand meines Geistes sowie innere Ruhe und Seelenfrieden herzustellen und gleichzeitig Glück und Freude zu verspüren. Jeder hat seinen Weg, diesen Bewusstseinszustand zu erreichen, in dem man gut gelaunt ist und sich selbst liebt, die Menschen um einen herum und diese Welt. Deshalb versuche ich, auf diese Art von Mindset und Herangehensweise an das Leben ausgerichtet zu bleiben. Die vergangenen sieben bis acht Monate waren für mich definitiv nicht leicht. Bei den großen Turnieren blieben die Erfolge aus. Aber darüber hinaus mangelte es vor allem an emotionaler Ausgeglichenheit.

LIFESTYLE

2010 wurde bei mir eine Glutenunverträglichkeit festgestellt. Bis dahin hatte ich nicht einmal gewusst, was Gluten überhaupt ist. Ich entfernte nicht nur diese Produkte, sondern auch Milchprodukte und raffinierten Zucker aus meinem Ernährungsplan, was vielleicht noch wichtiger ist als Gluten. Ich glaube, das half mir nicht nur, in den vergangenen sieben Jahren meiner Karriere besser Tennis zu spielen, sondern auch, ein gesünderer Mensch zu sein, ein Sportler, der sich schneller erholt. Bei mir hat es offenkundig funktioniert. Ich will nicht behaupten, dass dieser Weg für jeden der richtige ist. Aber für mich wurde es zu einem sehr wichtigen, integralen Bestandteil meiner Karriere, meines Lebens.

ÄNGSTE

Ich arbeite jeden Tag sehr hart daran, keine Ängste zu haben. Ich glaube, dass Ängste unser größter Feind in allen Aspekten unseres Seins sind, bei allem, was wir tun. Wenn ich meinen Ängsten zu viel Aufmerksamkeit schenkte, wäre ich nicht in der Lage, das zu erreichen, was ich geschafft habe.

LIEBE UND BEWUSSTSEIN

Ich versuche mich auf die positiven Gefühle zu konzentrieren, die mich antreiben, wie Leidenschaft, Freude und die reine Inspiration, den Sport auszuüben, den ich liebe. Zu diesem Kern muss ich immer wieder zurückkehren: die Tatsache, dass ich es einfach genieße, einen Schläger in der Hand zu halten und täglich zu spielen, auf einem ganz normalen Platz, nicht nur auf dem Center Court beim Grand Slam, versetzt mich in Begeisterung und diese Freude treibt, mich an, weiterzumachen. Ich musste also diese innere Freude der Motivation, des Spielens wiederentdecken. Nicht nur zu gewinnen oder zu verlieren, sondern aus Spaß an der Sache zu spielen.

Seither hat sich mein Leben als Tennisspieler verändert. Nicht nur dahingehend, dass ich motiviert genug bin, um an genügend vielen Turnieren teilzunehmen, sondern auch dahingehend, dass ich in eine neue Bewusstseinsebene eintrete und mich selbst als mehr als nur einen Tennisspieler wahrnehme. Wenn ich nun nach Hause komme, lege ich den Tennisschläger weg und widme mich der Familie, was ich sehr genieße. Und ich glaube, auch das verschafft mir dieses Gefühl von innerer Ruhe und ist eine großartige Erholung.

Falls Sie ihn noch nicht erkannt haben: Es handelt sich um die Tennislegende Novak Djokovic. Während ich im Jahr 2021 das hier schreibe, hat er gerade wieder die Australian Open gewonnen: zum achten Mal. Derzeit hält er damit den Rekord. Dieses letzte Turnier war wohl eines der schwierigsten aller Zeiten – Sportreporter waren einhellig der Meinung, dass er dieses Turnier aufgrund seines mentalen Vorteils gewonnen hat. Novak beschreibt wortgewandt die Eigenschaften, die er als wichtig für seinen beruflichen und persönlichen Erfolg ansieht. Ohne es zu wissen, hat er auch die Philosophien und Techniken aus seinem Buch zusammengefasst – mit derselben Präzision, die er auch bei seinem Sport an den Tag legt.

Ohne es exakt zu formulieren, versteht Novak, wie wichtig es ist, sich von Ergebnissen zu lösen und sich dennoch dem Erfolg zu verpflichten. Zudem hat er erkannt, dass er sich leichter lösen kann, wenn er sich und sein Ego weniger wichtig nimmt. Außerdem lernte er, sich einem gesunden Lebensstil zu verpflichten, zu meditieren und die Freude und Begeisterung für das Tennisspielen wiederzufinden (leider verlieren Trader aufgrund von Stress oft genau diese Freude und Begeisterung). Erinnern Sie sich noch, wie aufgeregt Sie waren, als Sie das Traden entdeckten? Vielleicht sind Sie auch gerade dazugekommen und können es kaum erwarten, loszulegen. Zu viele lassen diese Begeisterung übergehen in Obsession und Angst und zerstören nicht nur ihre Freude am Traden, sondern auch ihre Lebensfreude.

Der Zen-Trader lernt, demütig zu sein, und verabschiedet sich davon, dass alles seinen Vorstellungen entsprechen muss. Ihre Vorstellung ist lediglich Ihre derzeitige Wahrnehmung, möglicherweise ist sie aber nicht das Beste für Sie – oder für andere.

ZIEHEN SIE SICH WIE EIN GUTER KRIEGER MANCHMAL ZURÜCK, UM AM NÄCHSTEN TAG KÄMPFEN ZU KÖNNEN

Falls Sie je mutig genug sind, an einem Meditations-Retreat teilzunehmen, wird Folgendes passieren: Die vielen Dinge, mit denen wir für gewöhnlich unseren Verstand ablenken, werden aus Ihrem Umfeld entfernt. Fernsehen, Computer, Handy, Lesestoff, Radio, Musik – sogar das Sprechen ist manchmal untersagt, da viele Retreats Schweigephasen haben. Anfänger finden den Gedanken an eine stille Einkehr ein bisschen beängstigend, um nicht zu sagen Furcht einflößend. Die meisten Teilnehmer empfinden die Erfahrung der Stille dann aber als eine der nützlichsten und angenehmsten des Retreats.

Lebensmittel werden so pur wie möglich verzehrt, es gibt gesunde, vegetarische Kost. Kein Alkohol, keinen Kaffee (Tee ist manchmal erlaubt), von anderen Getränken mit stimulierender Wirkung wird abgeraten oder der Zugang ist beschränkt. In den meisten Fällen wird zu leichter sportlicher Betätigung wie Yoga oder Gehen ermutigt.

Der Fokus des Retreats liegt natürlich auf der Meditation.

Retreats entfernen den Druck und die Versuchungen des Alltags und erleichtern es, sich an die ersten Fünf Gebote des Systems zu halten. Das befreit Sie größtenteils von Verantwortung und ermöglicht Ihnen, sich auf die Innensicht zu konzentrieren. So wie ein guter Trading-Coach Ihr Verständnis und Ihre Fähigkeit, zu traden steigern kann, so kann ein gut organisiertes Retreat Sie auf eine höhere Bewusstseinsebene bringen. Eine höhere Bewusstseinsebene steigert Ihre innere Ruhe und Präsenz und verbessert dadurch Ihre Fähigkeit, erfolgreich zu traden. Wie bereits gesagt, ist das Vereinigen von Trading und Zen kein geniales mathematisches Trading-System kombiniert mit geheimen Mächten, heruntergereicht von einem steinalten Meister, der auf einem Berggipfel lebt. Es ist ein simples System eines ganzheitlichen Lebensstils nach Ihren besten Kräften, den Sie mit Meditation verbinden.

Gute Trader wenden einfache Systeme an; Einfachheit und Disziplin sind der Schlüssel zu Erfolg und Profiten. Zen-Meister wenden einfache Systeme an; Einfachheit und Disziplin sind die Schlüssel zu innerer Ruhe und Präsenz. Als ehrgeizige Trader müssen wir deshalb ehrgeizige Menschen sein. Es ist ein vollständiger Kreis, den wir durchlaufen müssen. Immer.

EIN ABSCHLIESSENDER RAT

Mein abschließender Rat für Sie auf Ihrer Reise zu erfolgreichem Traden und einem erfüllten Leben lautet wie folgt: Geben Sie Ihr Bestes, um regelmäßig die sechs Regeln von Buddhas System in Ihr Leben zu integrieren – die Fünf Gebote und die Meditation. Wenn Sie die Disziplin verlieren oder Ihnen Fehler unterlaufen, so ist das alles Teil des Weges und niemand ist perfekt. Ich bin mehrfach vom Weg abgekommen. Holen Sie tief Luft und kehren Sie zurück zu dem System, das innere Ruhe und Seelenfrieden entwickelt. Das sind die wichtigsten Eigenschaften, die Sie für ein glückliches und zufriedenes Leben benötigen und um erfolgreich zu traden.

Das Traden kann ein sich wiederholender Prozess sein; Zen ebenso. Mit diesen Gedanken im Hinterkopf und zum Abschluss dieses Buchs will ich wiederholen, was ich eingangs sagte:

Die Gemeinsamkeiten von Trading und Zen sind immens. Beides sind einfache Prozesse, aber nicht zwangsläufig einfach umzusetzen. Die Belohnungen sind beträchtlich, sowohl persönlich als auch beruflich. Als Trader müssen wir uns Methoden anschauen, die funktionieren, einen Wert haben und sich im Laufe der Zeit bewährt haben. Zen ist eine solche Methode.

EINE ZEN-WEISHEIT

Buddhistische Meditation, aber vor allem Zen-Meditation, versucht nicht, zu erklären, sondern aufmerksam zu sein, sich bewusst zu machen, achtsam zu sein – anders ausgedrückt, eine bestimmte Art von

Bewusstsein zu entwickeln, das über die Täuschung durch verbale Formeln – oder durch emotionale Erregung – hinausgeht.

Thomas Merton

EINE ABSCHLIESSENDE GESCHICHTE VON PETE UND TAISHIN SHODO

Für Pete, den Trader, war 2019 eines seiner besten Jahre beim Traden und Coachen. Mein Portfolio entwickelte sich gut, ich unterrichtete viele Klienten, reiste viel und veranstaltete Seminare im ganzen Land. Meine Bücher verkauften sich gut. Ich war glücklich und zufrieden.

Im selben Jahr legte mein Zen-Lehrer eine wohlverdiente Pause ein. Da ich nach ihm die meiste Erfahrung hatte, übernahm ich die Verantwortung, nach besten Kräften an seine Stelle zu treten. Ich wurde Taishin, der Zen-Lehrer. Ich genoss diese Rolle, lernte mehr als erwartet und die anderen Praktizierenden sowie die Neuankömmlinge schienen sich für mich zu erwärmen. Trotz einiger herausfordernder, privater Verantwortungen außerhalb vom Traden und Zen war ich glücklich und zufrieden.

Anfang 2020 markierte der Ausbruch der Covid-Pandemie. Mein System erlitt einen größeren Pullback, als mein Modell vorausgesagt hatte. Die Geschwindigkeit, mit der der Markt abstürzte, verschlimmerte alles noch. Ich war überrascht von der Intensität meiner Gefühle. Mir fiel auf, dass mein Verstand fragte: »Ich bin in Zen trainiert, wieso leide ich so sehr?« Zudem fiel mir auf, dass mein Verstand sein Bild von meiner Identität als Trader, Coach, Autor und Zen-Priester infrage stellte.

Ich war mir meiner Gedanken und ihrer gewohnheitsmäßigen Tendenz, zu urteilen und zu etikettieren, bewusst – Gedanken wie das Bereuen von Vergangenem und Furcht vor der Zukunft. Mein Geist suchte auch nach meiner Identität: die Identität, als wer oder was er mich gern sehen würde. Ich schaffte es, mich an die Regeln meines Systems zu halten, bis weitere

Kursrückgänge meine Stops erreichten und damit den Ausstieg aus all meinen Trades.

Ich fing noch mal von vorn an.

Ich überdachte meine Methode und formulierte Alternativen, schrieb in mein Tagebuch, meditierte, ging ins Fitnessstudio. Ich sprach mit Zen- und Trading-Kollegen. Freunde und vertrauenswürdige Schüler, von denen einige mittlerweile wie Kollegen sind, entkamen nicht meinem Bedürfnis nach Offenlegung und Zweifeln. Ich hörte mir Podcasts über Trading-Psychologie an, legte meine Gedanken und Gefühle meiner Partnerin dar und strengte mich an, nicht in Revenge-Trading zu verfallen.

Kurz gesagt tat ich das, was in diesem Buch steht. Ich praktizierte, was ich predige. Nicht perfekt, aber so gut ich konnte. Letztlich war es nur eine weitere Lektion auf dem Weg von Trading und Zen. Die Lektionen scheinen nie zu enden, sind aber Gold wert.

Trading und Zen sind einzigartige Wege. Sie gestalten sich für jeden von uns so unterschiedlich, wie sich auch unser Geist unterscheidet.

Ich hoffe, vielen von Ihnen auf diesem gemeinsamen Weg zu begegnen.

BIBLIOGRAFIE

Statt die Hunderte von Büchern aufzulisten, die ich gelesen habe, sind die folgenden vier diejenigen, die ich als entscheidend für meine Trading- und Zen-Laufbahn ansehe.

Elder, Alexander (2021): *Alles, was Sie über Trading wissen müssen,* Kulmbach: Börsenbuchverlag; englischer Originaltitel: Elder, Alexander (2021): *The New Trading for a Living,* Hoboken: Wiley, 2. Auflage.

Dr. Elders Werk war das erste Buch, durch das ich die Bedeutung der Psychologie beim Traden erkannte. Ich empfehle dieses Buch nach wie vor meinen Klienten, vor allem das erste Drittel, in dem erklärt wird, wie der Verstand des Traders arbeitet.

Bellafiore, Mike (2011): *Ein guter Trade nach dem anderen,* München: FinanzBuch Verlag; englischer Originaltitel: Bellafiore, Mike (2010): *One Good Trade: Inside the Highly Competitive World of Proprietary Trading,* Hoboken: Wiley.

Mike war einer der ersten Trading-Lehrer, auf die ich stieß, der betonte, man solle sich immer nur auf einen Trade konzentrieren und bei diesem Trade sein, hier und jetzt. Uns verbindet die Liebe zum Golfspielen und dieser Sport ähnelt mitunter dem Traden. Sie spielen am besten, wenn Sie einen Ball nach dem anderen schlagen. Konzentrieren Sie sich darauf und Ihr Golf- (und Trading) Ergebnis wird sich um sich selbst kümmern.

ZEN- UND BUDDHISMUS-BÜCHER

Kornfield, Jack (2010): *Nach der Erleuchtung Wäsche waschen und Kartoffeln schälen: Wie spirituelle Erfahrung das Leben verändert,* München: GoldmannArkana; englischer Originaltitel: Kornfield, Jack (2000): *After the Ecstasy, the Laundry: How the Heart Grows Wise on the Spiritual Path,* London: Rider.

Es gibt so viele gute Bücher über Buddhismus und so viele angesehene Autoren; den Dalai Lama, Daniel Goleman, Thich Nhat Hanh, Shunryu Suzuki und Pema Chödrön, um nur einige zu nennen. Allerdings hege ich eine Leidenschaft für das Integrieren des Zen-Buddhismus in die westliche Kultur und Jack setzt genau das mit seinen Büchern sehr gut um. Wie der Titel nahelegt, müssen wir trotz unserer Erfolge auf anderen Gebieten zu den Grundlagen zurückkehren und die alltägliche Arbeit verrichten – sei es Trading oder eine Form der Selbstverwirklichung wie Zen.

ANDERE RELEVANTE BÜCHER

Goleman, Daniel (2005): *Dialog mit dem Dalai Lama: Wie wir destruktive Emotionen überwinden können,* München: dtv; englischer Originaltitel: Goleman, Daniel (2004): *Destructive Emotions: How Can We Overcome Them? A Scientific Dialogue with the Dalai Lama,* New York: Bantam.

Daniel Golemans bahnbrechender Dialog mit dem Dalai Lama verschmilzt Wissenschaft mit Buddhismus. Das Buch erforscht das Denken einiger der größten, philosophischen und wissenschaftlichen Köpfe und bringt Buddhismus und Neurowissenschaft zusammen. Dieses Buch öffnete mir die Augen für die vorhandenen Möglichkeiten – eines aufgeschlossenen Geistes!

WEITERE INFORMATIONEN ZU THEMEN DIESES BUCHS

Artikel über Trading und Mindset, Meditation, Trading-Kurse und -Systeme (einschließlich mehr Details über die Systeme in diesem Buch) sind erhältlich über meine Website: www.easysharetradingsystems.com.au.

DANKSAGUNG

Zu jedem Buch, wie dick oder dünn es auch sein mag, tragen andere nicht unerheblich bei. Ich bin sehr dankbar für die Hilfe, Ratschläge und Geduld folgender Menschen: Aufrichtiger Dank meiner Partnerin, der Klinischen Psychologin Cynthia Hip-Waye für ihren professionellen und unermüdlichen Input. Dr. Elder für seine Hilfe und konstruktive Kritik. Der Australian Technical Analysts Association und anderen Trading-Gruppen dafür, dass sie mich regelmäßig einladen, um Vorträge zu halten, und dadurch meinen Wunsch zu fortgesetzter Forschung und Entwicklung anregen. Den Mönchen im Kadampa Meditation Centre (meinem ehemaligen Zuhause) in Wamberal, New South Wales, für ihre Akzeptanz, Unterstützung und das Meditationstraining. Meinem Zen-Lehrer in Australien, Jishin Hoka, ohne den es die Silky-Oak-Zen-Gruppe nicht geben würde. Allen Mitgliedern von Silky Oak Zen für ihre Liebe und Unterstützung. Koro Kaisin, leitender Lehrer im Open Gate Zendo (Boundless-Mind-Zen-Schule), in Olympia, Washington State, USA (einfach dafür, dass er da war). Meinen ehemaligen Schülern, Klienten und Mitstreitern bei Trading-Brainstorming-Gruppen für ihre herausfordernden Fragen. Und nicht zuletzt all meinen Freunden und Familienmitgliedern, die mich ermutigt haben (obwohl sie mitunter auch fassungslos waren), weiterzumachen mit meinem Trading, dem Schreiben und dem Zen.

HAFTUNGSAUSSCHLUSS

Das in diesem Buch präsentierte Material erhebt weder den Anspruch, ein Rat zum Traden oder zum Investieren in bestimmte Finanzinstrumente zu sein, noch bestimmte Methoden des Tradens oder Investierens anzuwenden.

Leser sollten nicht auf Grundlage der Informationen handeln, ohne zuvor die Anwendbarkeit auf ihre finanziellen Verhältnisse zu prüfen. Sollten sie nicht in der Lage sein, dies selbst zu tun, müssen sie professionellen Rat einholen. Die Entscheidung, zu traden oder zu investieren, obliegt jedem Einzelnen selbst. Der Autor lehnt ausdrücklich jegliche Haftung gegenüber jedermann ab, für die Folgen von Handlungen oder Unterlassungen von Personen im Vertrauen auf den gesamten oder einen Teil des Inhalts dieses Buchs.

Investieren und Traden beinhaltet das Risiko von Verlusten. Frühere Ergebnisse sind nicht unbedingt ein Hinweis auf zukünftige Ergebnisse.

Peter Castle ist kein zugelassener Anlageberater.

Mit Zen durch das Jahr

Bonnie Myotai Treace

Die Praxis des Zen-Buddhismus mit dem Führen eines Tagebuchs zu verbinden, ist ein effektiver Weg, achtsam zu leben und Stress loszulassen. Das Buch führt Neulinge in der Kunst des Zen ebenso wie erfahrene Praktiker durch 52 Wochen mit Tagebuchanregungen und Schreibübungen, die zu Selbsterkundung, Reflexion und Achtsamkeit inspirieren. Wer sich die Zeit nimmt, unter der Anleitung der erfahrenen Zen-Lehrerin Bonnie Myotai Treace Tagebuch zu führen und zu meditieren, schafft sich ein Instrument, das das körperliche, kreative und intellektuelle Wachstum anregt. Wunderschön gestaltet, mit zahlreichen Illustrationen von Verónica Collignon zum Thema der vier Jahreszeiten Frühling, Sommer, Herbst und Winter.

m-vg.de/qr/bLvvx

176 Seiten | Softcover | 15,00 € (D) | ISBN 978-3-95972-549-1

Tradingpsychologie - So denken und handeln die Profis

Norman Welz

Der größte Feind des Traders ist die Angst. Wer Angst hat, verliert. Und beim Traden heißt das bares Geld. Finanzpsychologe, Mentaltrainer und Trader Norman Welz erklärt, was Angst im Tradingalltag anrichtet. Vor allem aber demonstriert er, wie sie sich beherrschen lässt. Er begleitet den Leser in seiner Entwicklung als Trader und zeigt viele praktische Wege auf, wie man Angst und Stress in den Griff bekommt, ausgeglichen wird und lernt, sich zu konzentrieren. Ein unverzichtbares Standardwerk der Trading-Psychologie.

m-vg.de/qr/b9NCE

256 Seiten | Hardcover | 34,99 € (D) | ISBN 978-3-89879-700-9

Du bist Trader!

Raimund Schriek

Trading fasziniert – nicht nur wegen seiner Verdienstmöglichkeiten. Doch bis du ein profitabler Trader bist, gilt es für dich einige Hürden zu nehmen, denn Erfolg im Trading geht mit der Entwicklung deiner Persönlichkeit einher. Die Auseinandersetzung mit deinen Verhaltensmustern und Glaubenssätzen steht in direktem Zusammenhang mit der Analyse, dem Selbstmanagement und der Umsetzung deiner Strategie auf einer Handelsplattform. Dieses Buch hilft dir, die komplexe Finanzwelt differenzierter wahrzunehmen, und gibt dir Werkzeuge an die Hand, mit denen du deinen Weg zur individuell besten Trading-Praxis finden kannst.

m-vg.de/qr/b9NGL

304 Seiten | Hardcover | 34,99 € (D) | ISBN 978-3-89879-930-0

Ichimoku-Trading

Karin Roller

Das Ichimoku-Trading basiert auf einem vor dem Zweiten Weltkrieg konzipierten Indikator, der dem Trader zeigen soll, wo der Kurs sich hinbewegt und wann der richtige Zeitpunkt zum Ein- und Ausstieg ist. Erfunden wurde dieser Indikator von einem japanischen Journalisten namens Ichimoku Sanjin, dessen Charts in Japan nicht nur im Aktienmarkt sehr populär wurden, sondern auch im Devisen-, Anleihen-, Futures-, Rohstoff- und Optionsmarkt ihre Anwendung fanden. Obwohl diese Technik schon vor mehr als 30 Jahren publik gemacht wurde, findet Sie erst in den letzten Jahren internationale Beachtung. Karin Roller ist in Deutschland die Expertin auf diesem Gebiet und ist dafür verantwortlich, dass Ichimoku-Trading immer populärer wird.

m-vg.de/qr/b9NH6

240 Seiten | Hardcover | 39,99 € (D) | ISBN 978-3-89879-948-5

Die unbekannten Magier der Märkte

Jack D. Schwager

Die Magier der Märkte – eines der meistverkauften Finanzbücher aller Zeiten – sind zurück! Auch diesmal hat Jack Schwager außergewöhnlich erfolgreiche Trader befragt, um zu erfahren, wie sie so erfolgreich wurden. Das Besondere: Die interviewten Spitzen-Trader sind Privatpersonen, die mit ihrem eigenen Geld traden und jeweils ihre ganz eigene Strategie entwickelt haben, um sensationelle Börsenerfolge zu erzielen. Das Ergebnis ist eine einmalige Sammlung von Tradingstrategien und einzigartigen Erfolgstipps, die allen Tradern helfen können, ihre persönliche Strategie zu entwickeln und bessere Ergebnisse zu erzielen.

m-vg.de/qr/bLvtv

368 Seiten | Hardcover | 26,99 € (D) | ISBN 978-3-95972-435-7